BORGERS

150 years – one family

VOM BOCHOLTER WATTEFRITZEN ZUM INTERNATIONALEN AUTOMOBILZULIEFERER

JÖRG LESCZENSKI | THOMAS MAYER | ANDREA H. SCHNEIDER

KLARTEXT

Impressum

1. Auflage Juni 2016

Autoren
Jörg Lesczenski/Thomas Mayer/Andrea H. Schneider

Redaktion
Andrea H. Schneider

Fotografien
(siehe Bildnachweis)

Lektorat/Herstellung
Klartext Verlag, Essen

KLARTEXT

Friedrichstraße 34–38,
45128 Essen
info@klartext-verlag.de,
www.klartext-verlag.de

in Zusammenarbeit mit
der Gesellschaft für
Unternehmensgeschichte e. V.

Satz & Gestaltung
Volker Pecher, Essen

Druck und Bindung
Werbedruck GmbH Horst Schreckhase,
Dörnbach 22, 34286 Spangenberg

ISBN 978-3-8375-1209-0

www.klartext-verlag.de

150 years – one family!

Borgers feiert seinen 150. Geburtstag – Grund genug, sich zu freuen, dankbar zu sein und möglicherweise auch zu erkennen, dass das eigene Wirken einerseits für den Erfolg sehr wichtig ist, andererseits aber auch nur einen kleinen Ausschnitt dieser langen Unternehmensgeschichte darstellt.

Vielleicht geht es Ihnen, liebe Leserinnen und Leser, genauso wie mir und Sie sind anlässlich unseres Jubiläumsjahres neugierig geworden: Wie hat damals eigentlich alles angefangen und was waren die Begleitumstände der ersten Jahre? Wie stellte sich das Leben in der Textilhochburg Münsterland in dieser Zeit dar? Wie musste ein Unternehmer „gestrickt" sein, um unter den widrigen Umständen schwerer Kriege, Zerstörungen, Brände und Krisen die Fabrik am Laufen zu halten? Wie war die Zusammenarbeit zwischen „Chef" und Mitarbeitern? Warum gibt es das Unternehmen Borgers heute noch – trotz oder gerade wegen der Borgers-Familie? Gibt es eher Kontinuität oder mehr Brüche in der langen Unternehmensgeschichte? Wie können wir aus der Geschichte das Heute erklären und was können wir daraus für die Zukunft lernen?

Getreu dem Motto „Wer die Vergangenheit nicht kennt, ist dazu verurteilt, sie zu wiederholen" lade ich Sie ein, mit uns in die Borgers-Geschichte einzutauchen.

Ich bin froh und dankbar, dass mein Vater zusammen mit internen und externen Fachleuten nach gründlichem Quellenstudium Licht in das Halbdunkel unserer Unternehmensgeschichte gebracht hat. Er ist auf scheinbare Selbstverständlichkeiten, manche Überraschung und viel Spannendes gestoßen. Den Autoren, Dr. Andrea H. Schneider von der Gesellschaft für Unternehmensgeschichte in Frankfurt – auch als Koordinatorin des Projekts –, Dr. Jörg Lesczenski von der Universität Frankfurt und Dr. Thomas Mayer vom Borgers-Archiv danke ich sehr für ihre Arbeit, die nicht nur vieles zu Tage gebracht hat, sondern mir in der Zusammenarbeit auch große Freude machte.

Liebe (ehemalige) Mitarbeiterinnen und Mitarbeiter, neben den (Hobby-) Historikern und Neugierigen sowie denjenigen, die nicht nur an guten Produkten zu wettbewerbsfähigen Preisen interessiert sind, ist dieses Buch vor allem Ihnen gewidmet: Dass es Borgers trotz der verschiedensten Bedrohungen und extern wie intern verursachten Krisen immer noch gibt, ist nicht nur auf das unternehmerische Geschick meiner Vorfahren zurückzuführen. Vielmehr haben Sie und die vielen Generationen von Mitarbeitern vor Ihnen mit ihrer Leistungsbereitschaft, Kompetenz und Treue wesentlich dazu beigetragen, dass aus der kleinen Bocholter „Hinterhofwerkstatt" heute eine international agierende Unternehmensgruppe geworden ist, die mehr als 7.000 Mitarbeiter beschäftigt. Dafür sind nicht nur wir Gesellschafter sehr dankbar. Dank und Hochachtung gilt natürlich insbesondere vor dem Hintergrund der aus heutiger Sicht fast unglaublichen Wiederaufbauleistungen nach den beiden Weltkriegen und einigen Großbränden in unserer Fabrik.

Ich wünsche Ihnen, liebe Leserinnen und Leser, eine spannende Lektüre und viele interessante Einblicke in 150 Jahre Borgers-Geschichte.

Werner Borgers,
Bocholt, März 2016

Inhaltsverzeichnis

Borgers in Bocholt – Eine außergewöhnliche Geschichte.
Einführende Bemerkungen

„Borgers. 150 years – one family". Das Motto der Unternehmensgruppe im Jahr ihres Firmenjubiläums kommt durchaus selbstbewusst, mit einem gewissen Stolz und fast schon ein wenig trotzig daher. Ist eine so lange Unternehmensgeschichte wirklich ein trefflicher Grund zu feiern? Aber selbstverständlich. Das irdische Leben ist unweigerlich zeitlich begrenzt, 150 Jahre zu leben ist bis heute – und wohl auch in Zukunft – praktisch ausgeschlossen. Ein derart biblisches Alter, ein Platz unter den „Jahrhundert-Champions" ist bislang aber auch den meisten Unternehmen in Deutschland verwehrt geblieben und wird heutzutage neu gegründeten Firmen kaum noch prognostiziert.[1] Allein schon deshalb ist die Geschichte der Borgers-Gruppe bemerkenswert.

Die Vergangenheit (und Gegenwart) des Bocholter Unternehmens ist noch aus einem anderen Grund außergewöhnlich. Die Firmengruppe ist immer noch im Besitz von Nachkommen der Gründerfamilie und wird in der fünften Generation auch im operativen Geschäft von Angehörigen der Familie Borgers geführt. Auch das gelingt nicht vielen Unternehmen; ist die „Macht der Familie"[2] doch immer Chance und Gefahr zugleich. Das vielfältige Zusammenspiel zwischen der Gründerfamilie (sowie ihren Nachkommen) und „ihrem" Unternehmen ist nicht wie von selbst ein Pakt für die Ewigkeit, sondern muss von Generation zu Generation neu ausgehandelt werden.

Es müssen viele Voraussetzungen erfüllt sein, damit ein Familienunternehmen überhaupt die Chance hat, älter als 100 Jahre zu werden. Die Interessen von Unternehmen und Familie müssen über einen langen Zeitraum in Einklang gebracht und in Balance gehalten werden, was nicht leicht fällt, da Familie und Unternehmen von vornherein unterschiedlichen Ansprüchen und Erwartungen gerecht werden müssen. Ein Unternehmen erfolgreich zu führen, verlangt ein ausgeprägtes Arbeitsethos und Marktorientierung, verlangt nüchternen Sachverstand und Konkurrenzdenken. Das Familienleben hingegen erfordert von allen Angehörigen Zeit, die gerade dem Unternehmer als Familienoberhaupt häufig fehlt, erfordert Emotionalität und gegenseitiges Verständnis. Es müssen außerdem genügend Nachkommen geboren sowie zu Unternehmern erzogen und ausgebildet werden. Zugleich müssen Kinder- und Kindeskinder gleich über Generationen hinweg bereit sein, ihren Lebenslauf in den Dienst des Unternehmens zu stellen. Konflikte zwischen den Generationen müssen bewältigt und zu guter Letzt die Nachfolgefrage regelmäßig erfolgreich geregelt werden – gerade hier scheitern nicht wenige Familienunternehmen.

Ein Unternehmen, das schon 1866 gegründet wurde und heute noch besteht, hat notgedrungen tiefe politische Einschnitte erlebt: Die Einigungskriege und die Reichsgründung von 1870/71, den Ersten Weltkrieg als „Urkatastrophe" des 20. Jahrhunderts samt der schweren Niederlage des wilhelminischen Deutschlands, die Gründung und den viel zu schnellen Untergang der Weimarer Republik sowie die verheerende Zeit des Nationalsozialismus und des Zweiten Weltkriegs. Und schließlich die Teilung Deutschlands in zwei deutsche Staaten, der Niedergang der sozialistischen Staaten und die Wiedervereinigung der alten Bundesrepublik mit der ehemaligen DDR. Neben den vielfältigen politischen Brüchen sind die wirtschaftlichen Erschütterungen nicht zu vergessen. Die industrielle Revolution in der zweiten Hälfte des 19. Jahrhunderts, die Zeit der atemberaubenden Inflation 1923, die schwere Weltwirtschaftskrise seit 1929, die wirtschaftliche Talsohle in der Bundesrepublik nach dem Wirtschaftswunder und schließlich die weltweite Finanz- und Wirtschaftskrise 2008/09 stellten auch Borgers immer wieder vor schwierige Herausforderungen.

Eine Textilfirma, die alle politischen Zäsuren seit 1866, alle gesamtwirtschaftlichen und branchenspezifischen Krisen im wahrsten Sinne des Wortes überlebt hat, muss ihre Produktionsstruktur und ihr Artikelsortiment notwendigerweise fortlaufend verändert und neuen Bedürfnissen angepasst haben. Während der Gründungsvater des Unternehmens Johann Borgers seine Watte an Schneider, Polsterer und auch an Kutschenbauer lieferte, heißt es heute: Borgers – „Comfort for your car". Im Mittelpunkt der Unternehmenspolitik und der Produktionsprozesse stehen „des Deutschen liebstes Kind" und die „Kapitäne der Landstraße". Wenn es um die textile Automobilausstattung von Pkw und Lkw, wenn es um Hutablagen- und Kofferraumsysteme, textile Radlaufschalen, Motorhaubendämpfungen, Stirnwandisolationen, Unterbodenverkleidungen oder um die Kabinenauskleidung von Lkw geht, ist in der Automobil- und Kraftfahrzeugindustrie Borgers gefragt.

Anlässlich ihres 150jährigen Firmenjubiläums hat die Borgers AG die Gesellschaft für Unternehmensgeschichte beauftragt, den Wandel der Firmengruppe vom Bocholter „Wattefritzen" hin zu einem international aufgestellten Systemlieferanten in der Automobilbranche aufzuarbeiten. Vor dem Hintergrund der allgemeinen Politik-, Sozial- und Wirtschaftsgeschichte werden der fortlaufende Wandel der Märkte, von Angebot und Nachfrage in der Textil- und Automobilindustrie beschrieben, die Produkt- und Marktstrategien von Borgers herausgearbeitet und die Beziehungen zwischen einem Zulieferbetrieb und seinen Großkunden beleuchtet. Darüber hinaus setzt sich die Studie ausführlich mit der Familie Borgers, ihren unterschiedlichen Generationen, ihren „Charakterköpfen" und vor allem mit ihren zahlreichen Streitigkeiten auseinander, die das Unternehmen bisweilen an den Abgrund geführt haben.[3]

Eine Unternehmensgeschichte lässt sich am Ende nur schreiben, wenn dem Historiker genügend „Rohstoff", genügend Quellen und Materialien zur Verfügung stehen. Dass die Borgers AG – im Gegensatz zu vielen anderen mittelständischen Unternehmen – seit Jahren einschlägige Bestände zur eigenen Geschichte sammelt und verwahrt, kam dem Autorenteam sehr entgegen. Daneben wurden zahlreiche Dokumente aus dem Bundesarchiv in Berlin, dem Landesarchiv Nordrhein-Westfalen und dem Archiv der Industrie- und Handelskammer Nord-Westfalen ausgewertet. Das breite Quellenstudium hat es letztlich ermöglicht, das bisherige Bild der Unternehmensgeschichte um neue Facetten zu bereichern und manche Urteile in der bisher vorliegenden Literatur älteren Datums zu korrigieren.[4]

Thomas Mayer arbeitet die Gründung und die Expansion von Borgers sowie die Geschichte des Unternehmens in den Jahren des Ersten Weltkriegs auf. Anders als viele andere Unternehmer seiner Generation, die ihre Firma mit der finanziellen Hilfe ihrer Eltern aufgebaut hatten, ließ sich Johann Borgers nahezu mittellos auf das Abenteuer einer Betriebsgründung ein. Der unternehmerische Blick war ihm gewiss nicht fremd, wurde er doch in einer Familie aus dem Textilgewerbe groß, die allerdings von der fortschreitenden Industrialisierung ins Abseits gedrängt wurde. Handspinner vom Schlage seines Vaters Anton Borgers mussten sich der wachsenden Konkurrenz dampfbetriebener Spinnereien beugen. Es fehlte das nötige Kapital, um im Strukturwandel der Textilbranche noch weiter mitzuspielen. Das Eigentum der Familie floss dahin, die Armut drohte. Die materielle Not und der drohende Niedergang der Familie wurden bei manchem Angehörigen zu einer „elementaren Triebfeder"[5] für den Weg in die Selbständigkeit. So war es auch bei Johann Borgers.

Alles begann in einer kleinen Werkstatt, alles begann mit einer guten Idee: Johann Borgers war davon überzeugt, dass sich Textilabfälle mit Gewinn weiterverarbeiten und veredeln ließen. Er richtete Anfang Mai 1866 zunächst eine Wattewerkstatt im damaligen Hinterhaus der heutigen Osterstraße 37 in Bocholt ein, die er wenig später in drei Räume des Bäckereimeisters Johann Ratering verlegte (heutige Langenbergstraße 16). Der neue Standort erwies sich auch aus privaten Gründen als Glücksfall. Johann Borgers heiratete die Tochter seines Vermieters Franziska Ratering, die sich keineswegs mit ihrer Rolle als fürsorgende Ehegattin zufrieden gab. Die rasche Expansion des Betriebs bis hin zur Aufnahme der industriellen Produktion 1898 in der neu errichteten Dampf-Wattenfabrik Johann Borgers am Stenerner Weg trieb sie als Buchhalterin, Steuerexpertin, „Sparkommissarin", als Unternehmerin mit Weitblick und Mut entscheidend voran. Nach 1900 produzierte Borgers weiße, schwarze, braune, graue und blaue Industriewatten sowie Deckenwatte, die u. a. an Polsterer, Schneider, Kutschenbauer und auch an Kunden, die Matratzen oder auch Verpackungen herstellten, geliefert wurden.

Unter der Geschäftsführung ihrer drei Söhne Franz (1872 bis 1935), Wilhelm (1874 bis 1937) und Fritz (1884 bis 1954) setzte sich der Boom weiter fort. Borgers entwickelte sich endgültig zur größten Wattefabrik im wilhelminischen Deutschland. Nachdem die Produktionsanlagen 1914 von zwei Großbränden schwer getroffen und mühsam wieder aufgebaut worden waren, ging es dem Unternehmen auch während des Ersten Weltkriegs finanziell gut. Die „Bocholter Wattefritzen" erhielten von der Heeresverwaltung den Auftrag, Schießbaumwolle herzustellen, verkauften Watten für die Versorgung von Verwundeten und profitierten schließlich auch von der Entscheidung der staatlichen Behörden, ihnen das Monopol für die Produktion von Watte in Norddeutschland einzuräumen. Der Mangel an Rohstoffen und Arbeitskräften, der häufig den Betriebsalltag bestimmte, sowie der innerfamiliäre Streit in der Geschäftsführung warfen Borgers nicht ernsthaft aus der Bahn.

Andrea H. Schneider zeichnet den Weg des Unternehmens in der politisch und wirtschaftlich aufwühlenden Zeit zwischen 1918 und 1945 nach. Borgers erholte sich von den Folgen des Ersten Weltkriegs (ungenügende Energieversorgung, finanzielle Engpässe etc.) schneller als andere Betriebe und stellte in den nächsten Jahren die Weichen der Unternehmenspolitik in mancher Hinsicht neu. Mit der notwendigen Bereitschaft zum Risiko setzten die Bocholter bei ihrer Suche nach neuen Aufträgen nun auf eine Branche, die zwar langsam an Bedeutung gewann, aber noch längst nicht zu den herausragenden Schrittmachern in der deutschen Wirtschaft gehörte: die Automobilindustrie. Der durchaus mutige Schritt erwies sich als die richtige Wachstumsstrategie, die wichtige Entscheidungen nach sich zog. Der neue Kurs erforderte hohe Investitionen und frisches Kapital, das durch die (vorübergehende) Umwandlung von Borgers in eine Aktiengesellschaft und das Engagement eines familienfremden Mitaktionärs aufgebracht wurde. Die Ausrichtung der Unternehmenspolitik auf die Großkunden der Automobilindustrie (wie z. B. Opel und Daimler) und ihre internationalen Märkte führte darüber hinaus 1931 zur Gründung einer Niederlassung in Berlin (die freilich auch die wichtige Konfektionsindustrie bediente) und zu einer intensiven Suche nach Geschäftspartnern im Ausland. Borgers rief 1931 in den Niederlanden eine Gesellschaft ins Leben (N.V. Trust- en Handel Maatschappij Tehan), über die die Firma La Ouate Industrielle im französischen Persan gegründet und geführt wurde. In einer ehemaligen Teppichfabrik wurden seit März 1931 zunächst Polsterwatten für die Automobilsitze französischer Automobilfirmen produziert.

Diese neue Ausrichtung führte allerdings auch zum ersten großen Streit innerhalb der Unternehmerfamilie. Franz Borgers war mit den angestrebten amerikanischen Methoden nicht einverstanden und lehnte die neue strategische Ausrichtung ab. Sogar die Beteiligung an der 1929 gegründeten Aktiengesellschaft nahm er nicht wahr, so dass der Stamm Franz Borgers zu diesem Zeitpunkt nicht mehr direkt am Unternehmen beteiligt war. Es war kein völliges Zerwürfnis – blieb Franz doch im Vorstand der AG –, aber der Beginn eines jahrzehntelang schwelenden Konflikts zwischen den Stämmen und den Generationen.
Mit der Machtergreifung der Nationalsozialisten, der „Gleichschaltung" von Politik und Gesellschaft und mit dem Übergang zu zahlreichen staatlichen Eingriffen in das Wirtschaftsleben, änderten sich die Spielregeln für alle Unternehmen fundamental. Auch wenn die Familie Borgers die NS-Ideologie ablehnte, musste sich die Unternehmensführung mit den neuen Verhältnissen arrangieren, wenn sie die Produktionsfähigkeit ihrer Betriebe aufrechterhalten

wollte. Wie andere Unternehmen auch, ging Borgers rasch dazu über, sich im NS-Staat einzurichten und die Möglichkeiten, die das Wirtschaftssystem bot, auszuschöpfen. Die Produktionsanlagen wurden modernisiert und erweitert, die Geschäfte liefen zeitweise überaus erfolgreich, das Unternehmen lieferte an die Flugzeugindustrie und die Wehrmacht. Moralische Bedenken gegen die Übernahme jüdischer Betriebe – allerdings zu angemessenen Preisen – gab es nicht und auch der Einsatz von Zwangsarbeitern wurde aus ökonomischen Gründen begrüßt.

Wie leicht die Geschichte eines Familienunternehmens Gefahr läuft, zum sprichwörtlichen Drama zu werden, zeigte sich bei Borgers besonders in den Jahrzehnten zwischen der frühen Bundesrepublik und der weltweiten Finanz- und Wirtschaftskrise 2008/09, die Jörg Lesczenski beleuchtet. Nachdem in der unmittelbaren Nachkriegszeit Schutt und Trümmer beseitigt worden waren und die Produktion wieder anlief, erlebte Borgers im Fahrwasser des westdeutschen Wirtschaftswunders blühende Jahre. Hatte der Aufschwung die schwelenden Konflikte zwischen den drei Cousins in der Geschäftsführung Werner, Fritz jun. und Hermann noch halbwegs übertüncht, brach mit dem Ende der Wirtschaftswunderjahre der Sturm los. Das Unternehmen wurde bis weit in die 1970er Jahre gleich von einer dreifachen Krise erfasst. Die Nachfrage in der Textil- und Automobilbranche brach vor allem in der Wirtschaftskrise 1973 bis 1975 empfindlich ein und die neuen, Ende der 1960er Jahre berufenen familienfremden Manager waren ihrer Aufgabe nicht gewachsen. Noch schwerwiegender wog allerdings der Familienstreit, der in eine schwere Führungskrise mündete. Die Familienstämme kämpften auf offener Bühne und hinter den Kulissen um Macht und Einfluss, stritten um Nachfolgefragen und um ihren Platz in der Geschäftsführung. Etwas Ruhe brachte 1972 erst die Ernennung von Werner Borgers zum Alleingeschäftsführer.

Mit der Übergabe der Geschäftsführung von Werner an seinen Sohn Franz Borgers 1979 begann in mancher Hinsicht ein neues Kapitel in der Unternehmensgeschichte. Borgers sah sich einem beschleunigten Branchenwandel gegenüber, der die Zulieferer beträchtlich unter Druck setzte und ihnen neue Aufgaben abverlangte. Darauf mussten Antworten gefunden werden. Die Internationalisierung der Autoproduktion führte zu der Entscheidung, den Großkunden zu folgen und zunächst in West- und nach dem Zerfall des Ostblocks auch in Osteuropa Niederlassungen zu errichten. Die Unternehmenspolitik wurde konsequent darauf ausgerichtet, zum Systemanbieter in der Automobilindustrie zu werden. Die internationale Expansion erforderte freilich zusätzliches Kapital, das erneut durch die Umwandlung von Borgers in eine Aktiengesellschaft beschafft werden sollte. Mit der Gründung der AG wurde im Übrigen auch ein Schlussstrich unter die jahrelangen quälenden Familienstreitigkeiten gezogen.

Nach der anspruchsvollen Internationalisierung und der gezielt vorbereiteten Stabsübergabe von Franz an seinen Sohn Werner Borgers zeigte sich einmal mehr, wie nahe Boom und Krise beieinander liegen. Gerade im Amt, hatte der neue Geschäftsführer die schwere Finanz- und Wirtschaftskrise 2008/09 samt ihrer Folgen zu bewältigen. Die Unternehmensgruppe wankte, ließ Federn – und zog den Kopf aus der Schlinge. Es folgten Jahre der Neuausrichtung und des globalen Wachstums.

Die Gesellschaft für Unternehmensgeschichte e. V. ist der Borgers AG für die sehr gute Kooperation zu Dank verpflichtet. Die herzliche Aufnahme der Projektgruppe bei allen Mitarbeiterinnen und Mitarbeitern des Hauses sowie regelmäßige Meetings in offener, meinungsfreudiger Atmosphäre wirkten stets befruchtend. Das Autorenteam bedankt sich ausdrücklich bei Franz und Werner Borgers, die trotz ihrer zahlreichen beruflichen und familiären Verpflichtungen Zeit fanden, als Zeitzeugen Zusammenhänge darzulegen, über die schriftliche Dokumente schweigen, und die jederzeit bereit waren, mit wachem Auge und leidenschaftlichem Interesse Manuskripte zu lesen und zu kommentieren.

Jörg Lesczenski, Andrea H. Schneider
März 2016

I. Not macht erfinderisch.
Die Gründung

Die Firmengründung durch Johann Borgers 1866: Werkstatt zur Wattefertigung[1]

Wir schreiben den 1. Februar 1864. Mit dem Einmarsch österreichisch-preußischer Truppen in das tiefverschneite Schleswig begann der Krieg gegen Dänemark. Ursache war die vertragswidrige Eingliederung Schleswigs in den dänischen Staat. Zu diesem Zeitpunkt war Johann Borgers 22 Jahre alt. Als er mit seinem schnellen Husarenpferd den Eider-Fluss von Holstein nach Schleswig überquerte, hörte er zum ersten Mal Kanonendonner.[2] Der zum Kriegsdienst eingezogene Johann kämpfte mit 180 Paderborner Husaren an der Seite preußischer Fußsoldaten tapfer, aber erfolglos in der Schlacht von Missunde am 2. Februar 1864 gegen 2.500 Dänen.

Bei schneidendem Wind und eisiger Kälte unternahm Johann Borgers mit seinen Husarenkameraden viele weitere gefährliche Ritte, um die zurückweichenden Dänen – manchmal auch tollkühn in ihrem Rücken – auszuspähen und plötzlich anzugreifen.[3] Mit seinem Regiment kehrte Johann Borgers dann am 22. Dezember 1864[4] in die Heimatgarnison bei Paderborn zurück; noch Ende 1864 war er wieder in seiner Heimatstadt Bocholt.[5]

Die Rückkehr in die ärmliche Wohnung des Hauses Nr. 621 in der Nähe der Lieb-

Johann Borgers war einer der Husaren (Bildmitte), die am 6. Februar den Grenzfluss Schlei überschritten haben. Im Gefecht bei Missunde am 2. Februar konnten die Dänen den Übergang der Preußen über die Schlei nach Schleswig noch verhindern.

Der Firmengründer Johann Borgers (1841 bis 1914) begann 1866 mit der Wattefertigung. Aufnahme um 1890.

Infolge der Industrialisierung verarmten die Heimweber und -spinner. Der Firmengründer Johann Borgers hat "öfter erzählt, wie glücklich er gewesen sei, als die mühselige Arbeit am altmodischen" Handwebstuhl für ihn Ende der 1850er Jahre mit seinem Eintritt in die erste Bocholter Dampfweberei Witwe P. Willemsen zu Ende war.

frauenkirche[6] war überschattet vom unerwarteten Tod seiner nur 44jährigen Mutter Johanna Christine im November 1863. Das Geld seiner Eltern war völlig aufgebraucht. Kurz entschlossen entschied sich Johann Borgers daher, „selbständig zu werden".[7] Aus einer Unternehmerfamilie stammend und mit den Kriegserfahrungen in Eigenständigkeit erprobt, versuchte er dem „schon längeren Verfall des elterlichen Vermögens und Hauses" nun aktiv entgegenzuwirken.[8]

Der Gründer des heutigen Unternehmens Johann Borgers stammte aus einer Textilunternehmerfamilie, die eine Spinnerei betrieben hatte: Schon sein Ururgroßvater Jacobus Borgers (*1721) gehörte um 1750 zu den Webermeistern in Bocholts „Baumseiden-Gilde" (Halbbaumwoll-Zunft).[9] Im Münsterland wurde die Halbbaumwolle (Baumseide) im 18. Jahrhundert fast nur in Bocholt und Warendorf hergestellt:[10] Baumwollfasern und Leinenfasern wurden zu Fäden versponnen und diese beiden Fäden zu Halbbaumwolltüchern auch für Bekleidung gewebt.[11] Diese Baumseide war Bocholts Hauptprodukt bis um 1850.

Johann war von seinem Vater nach seiner „Schulentlassung in einer der damals neu errichteten Dampfwebereien" untergebracht worden; rechtzeitig bevor dieser die eigene Spinnerei schließen musste.[12] Als er aus dem Feld zurückkehrte, konnte sich Johann Borgers entscheiden, ob er die in Aussicht gestellte Meisterstelle anstreben[13] oder eine eigene Werkstatt betreiben wollte. An die Verlockung der modernen, dampfbetriebenen Webstühle, die meist aus England eingeführt worden waren, erinnerte sich Johann noch.[14] Die eigene Geldnot bedeutete zunächst den Einsatz alter, gebrauchter Kleinmaschinen. Als Jugendlicher hatte er sich selbst am Handwebstuhl abquälen müssen.[15]

Die letzten britischen Maschinenexportverbote wurden erst 1843 beseitigt. In England tätige Techniker, die ihr technisches Wissen anderen Staaten zur Verfügung stellten, waren sogar mit der Todesstrafe bedroht.[16] So wurden auch in Bocholt Fabrikdampfmaschinen erst 1852, also 65 Jahre nach dem Bau der ersten Dampfspinnerei in England (1787), eingesetzt.[17]

Obwohl Johann Borgers als künftiger Meister einer bestens aufgestellten mechanischen Großweberei im Unterschied zu seinem Vater keine Existenzsorgen gehabt hätte, entschied er sich, die Unternehmertradition seiner Vorfahren fortzusetzen. Während Johann sich zwischen der damals zukunftsweisenden Maschinenproduktion und seiner Selbständigkeit entscheiden konnte, erging es seinen jüngeren Brüdern anders. Ihre Not trieb Arnold und Ferdinand Borgers Anfang der 1870er Jahre nach Amerika.[18] Die Auswanderung aus Deutschland infolge der Massenarmut war damals allerdings eine nicht selten ergriffene Chance auf ein besseres Leben.[19] Johann, dem seine Position als „Untermeister" dieses Schicksal erspart hat, entdeckte in den ersten Monaten 1865 eine Nische in der Textilproduktion:[20] „Er hatte von Webern, die in anderen Städten beschäftigt gewesen waren, gehört, daß die in Webereien und Spinnereien anfallenden Rückstände aus Baumwolle und Wollwaren zu Watte" verarbeitet wurden. „Die Watte würde aus den aufkommenden Lumpen usw. teils mit der Hand, aber auch schon maschinenmäßig hergestellt und brächte guten Gewinn."[21] Eine dauerhafte Nachfrage nach Watte war bei „Schneidern und Polsterern" gegeben.[22] Auch kauften damals Hausfrauen Watte in kleinen Textilwarenläden (Manu-

Borgers-Kunden waren Textilwarenläden wie der von Wilhelm Wyen in Bocholt, Ecke Nobelstraße/Ravardistraße, Aufnahme von 1928.

fakturläden), um damit Steppdecken und wattierte Unterröcke selbst herzustellen.

Johann Borgers' Entschluss stand damit fest: Er wollte „Wattefabrikant" werden. Allerdings fehlte es ihm an fähigen Mitarbeitern und an Geld.[23] Er musste also zusehen, die Rohstoffe besonders preiswert einzukaufen: Auf der Suche nach billigen Rohstoffen fand er Faser-, Garn- und Konfektionsreste, die in den Textilfabriken oft wie „Abfallstoffe" behandelt wurden.[24] Um den Wattebetrieb aufzubauen, eignete sich Johann Borgers nun Fachwissen zur Wattefertigung an:[25] Er besuchte in Bocholt „im Laufe der Jahre" 1865 bis 1866 „kleine Wattebetriebe", die Joseph Westerhoff und August Tangerding gehörten.[26]

Die eigene Firmengründung und die Einrichtung der Wattewerkstatt in einem gemieteten Dachbodenraum im damaligen Hinterhaus der heutigen Osterstraße 37[27] fanden Anfang Mai 1866 statt.[28] Es handelt sich um Thesings 1844 erbautes Pferdegöpelhaus, das an der heutigen Gasthausstraße (Standort Provinzial-Filiale Küppers) lag, und den für die angrenzende Spinnerei (Langenbergstraße) nötigen Antrieb beherbergte.[29]

Von seiner Vermieterin Maria Thesing, der Witwe des Willemsen[30]-Spinnereileiters Johann Heinrich Thesing,[31] erwarb Johann 1866 eine selbstgefertigte „Kratze" (kleine „Krempel"[32] oder „Handkarde") für Watten inklusive Leimtopf und Leimbürste. Mit einer „Kratze" wurden die Fasern parallel ausgerichtet und bildeten so ein Vlies. Der Leim diente zum Schutz der Watte: Nur wenn die Wattevliesbahnen einseitig geleimt, und damit einseitig gefestigt und geglättet worden waren, konnte man sie nach dem Aufeinanderlegen für den Transport später wieder trennen. Daneben kam noch ein „Wolf" zum Einsatz, mit dem Alttextilien und Konfektionsreste zerfasert wurden, bevor sie mithilfe der „Kratze" zum Vlies wurden.[33] Die 25 Taler (708 Euro) für diese Geräte borgte Johann sich bei Laurenz Ellering, einem angesehenen Bocholter Bäckermeister.[34]

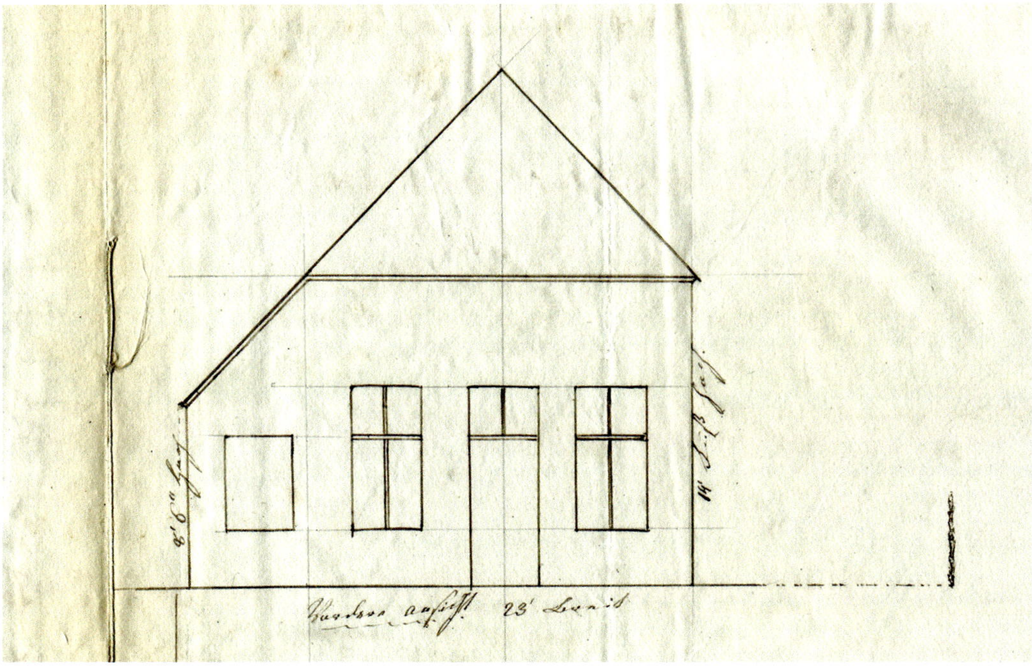

Bauzeichnung des kleinen Antriebshauses der Spinnerei Johann Thesing, 1844. Anfang Mai 1866 richtete Johann Borgers dort im Dach seine erste Wattewerkstatt ein (heute Liebfrauenplatz 4a).

Im Reißwolf wurden Gewebereste gerissen, um Einzelfasern zu gewinnen: Johann Borgers kurbelte dazu einen Zylinder a mit spitzen Eisenzähnen an, der sich in einem zylinderförmigen Kasten drehte. An den Innenseiten des Kastens waren oft ebenfalls Eisenzähne angebracht.

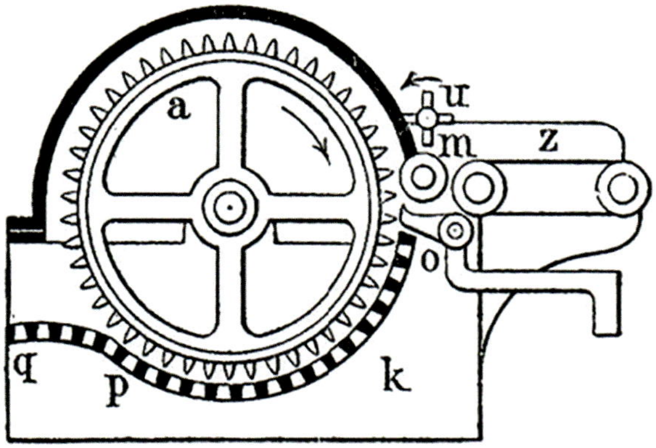

Franziska Borgers (1841 bis 1924) um 1880. Die autobiographische "Lebensgeschichte" der Gründergattin wurde zwischen 1882 und 1907 verfasst und ist eine wichtige Quelle für die Entwicklung der Firma Borgers im 19. Jahrhundert.

Johann Borgers konnte nur mit einer Leiter in seine kleine Holzdachwerkstatt gelangen. Auch war es brandschutztechnisch nicht zulässig, dass er die mit feuchtem Kartoffelleim bestrichenen Watten „am Ofen rund herum getrocknet" hat.[35] So mietete er beim Bäcker Johann Ratering, seinem späteren Schwiegervater, in der heutigen Langenbergstraße 16 drei Räume. „In einem wurden die Watten mit der kleinen Kratze angefertigt, in dem andern oberhalb des Backofens dieselben getrocknet, und der dritte wurde als Schlafraum, Schreibstube etc. benutzt". Er bezahlte für die drei Räume, mit Heizluft des Backofens, Kochen des Leimtopfes und Kost fünf Taler, also ca. 142 Euro, die Woche. Noch vor dem Umzug hat Johann Borgers Herrn Tacke, einen von Thesings Spinnern, als ersten „Arbeiter" eingestellt.[36] Damit war der Grundstein für das heutige Unternehmen gelegt, zumal der Firmengründer nun seine künftige Frau, die Tochter des Bäckermeisters Ratering, näher kennenlernen konnte. Ob Franziska Ratering (1841 bis 1924) ihrem Vater die Vermietung der Betriebsräume an ihren späteren Mann Johann vorgeschlagen hat oder ob Johann seine Franziska erst mit dem Umzug zur Bäckerei Ratering kennenlernte, lässt sich nicht mehr herausfinden. Wir werden aber die große Bedeutung der Firmengründerfrau Franziska Borgers, geborene Ratering für die expansive Entwicklung der Firma Borgers noch später eingehend veranschaulichen.

Als weitere „Hilfsarbeiter" stellte Johann später seine ehemaligen Kollegen aus der damals größten Bocholter Weberei Witwe P. Willemsen, der ältesten Dampfweberei Bocholts, ein.[37] Diese vier Mitarbeiter – Günsing, Steffen, Lixius-Wolbring und Henderk Belting – blieben bis zum Ruhestand treue Mitarbeiter bei Borgers.[38] Johann Borgers hatte jene Kollegen „ausgewählt, in die er Vertrauen setzte" und die Erfahrungen in der Wattebearbeitung mitbrachten.[39] Der „Wattehersteller" war nur ein Hilfsberuf, der nach kurzer innerbetrieblicher Schulung ohne handwerksübliche Ausbildung zum Gesellen ausgeübt wurde. Johann Borgers selbst „war ein nüchterner und fleißiger Arbeiter".[40] Auch er stand „mit dem blauen Arbeitskittel" im eigenen Betrieb und sprach „Bokelts Platt".[41] „Vater Borgers", wie er später genannt wurde, setzte Vertrauen in seine „Hilfsarbeiter", die vor allem durch jahrzehntelange Treue zu Borgers „Stützen und Säulen des Betriebs" wurden.[42]

Die Gründung des handwerklichen Betriebs und die schweren Anfangsjahre jedoch hatte Johann Borgers mit „frischem Mut, mit nötiger Kraft und Ausdauer, mit großem Gottvertrauen" bewerkstelligt: Außer Sonntags wurde „vom frühen Morgen bis zum späten Abend" gearbeitet.[43] Allerdings benötigte er eine weitere Finanzspritze, um seine Arbeitskräfte entlohnen und den bereits erwähnten Reißwolf kaufen zu können. So borgte er am 16. Juni 1866 weitere 50 Taler von Laurenz Ellering.

Ellering, der Gastwirt, Bäckermeister und Stadtverordneter war, erwies sich als besonders „hochherzig", als der Firmengründer in den Krieg gegen Österreich ziehen musste: „Johann, kümmst dou trügge, dann büs dou ehrlick genug, mij dat Geld wär te gewwen, moor följs dou, dann schenk ick et dij."[44]

Ellerings Firmengründungskredit in Höhe von insgesamt 75 Talern mutet relativ klein an; für den Gründer jedoch war er entscheidend.[45] Der ledig gebliebene, stets gutgelaunte, humorvolle Ellering blieb zeitlebens ein Kapitalgeber, der Johann

Im Krieg Preußens gegen Österreich 1866 trug Johann Borgers die blaue Uniform des 1. Westfälischen Husaren-Regiments Nr. 8 (Regimentsstandarte im Bild). Am 9. Juni 1866 marschierten preußische Truppen in das von Österreich verwaltete Holstein ein, worauf Österreich beim Bundestag die Mobilisierung von Bundestruppen erfolgreich beantragte. Preußens Sieg beendete die über 200jährige Rivalität zwischen Österreich und Preußen um die Vorherrschaft in Deutschland: Österreich wurde von Deutschland getrennt und der Deutsche Bund aufgelöst.

Borgers Vertrauen schenkte.[46] Die gemeinsame katholische Glaubensüberzeugung mag dabei neben dem Vertrauen in die unternehmerische Fähigkeit von Borgers die Kapitalgabe erleichtert haben. Allgemein wurde Johann Borgers als „solider und zuverlässiger Mann, dem man gern hilfreich zur Seite stand und Geld zu mäßigem Zinssatz lieh", beschrieben.[47]

Diese gewagte Unternehmensgründung ohne Eigenkapital wirft Fragen auf, die nur beantwortet werden können, wenn wir die Vorfahren von Johann Borgers in den Blick nehmen: Warum hat keiner der drei Brüder die Borgers'sche Textilunternehmertradition mit Webstuben und Spinnereien fortgeführt? Wie konnte es soweit kommen, dass der Spinnmeister Anton Borgers seinen Söhnen keine Zukunftsperspektive mehr bieten konnte? Um diese Fragen beantworten zu können, werfen wir nun einen Blick auf die direkten Vorfahren des Firmengründers.

Ein Rückblick – Vom Webermeister zum Spinnereibesitzer

Johann Borgers stammte – wie gesagt – aus einer alten Textilunternehmerfamilie. Sein Ururgroßvater Jacobus Borgers (*1721) gehörte zu den „wenig vermögenden" Webermeistern der Baumseidengilde Bocholts.[48] In den 1740er Jahren hat Jacobus Borgers sein Meisterstück angefertigt, so dass die Baumseidengilde ihm das Webermeisterrecht, und damit auch das Gildenmitgliedsrecht, verliehen hatte.[49] Jacobus Borgers gehörte also zu den 124 Baumseidenwebern Bocholts. Bocholt war um 1750 ein kleines Landstädtchen mit noch nicht einmal 500 Haushalten. Fast jede vierte Hausgemeinschaft war eine Weberfamilie, in der meist auch gesponnen wurde. Man kann sich das damalige Bocholt mit seinen engen, fast überall nach Unrat riechenden Gassen gar nicht klein genug vorstellen. Die Baumseidenweberei war allerdings außerhalb der Gilde streng verboten.[50] Es blieb ein langer Kampf im 18. Jahrhundert zwischen den Handwerksmeistern der Gilde und den aufkommenden Textilverlegern.[51] Mit dem Fachwissen der Meister ging auch die Ehre der Handwerker einher – und schlussendlich auch stabile Verkaufspreise.[52] All dies war aber durch das Verlagswesen bedroht. Der Aufschwung des Textilverlagssystems in Bocholt in der ersten Hälfte des 18. Jahrhunderts hing mit dem damals aufkommenden starken Handel mit Holland[53] zusammen.[54] Wir werden das Verlagswesen am Beispiel von Borgers unten noch veranschaulichen.

Jacobus Borgers, seine Söhne, Enkel und Urenkel waren Textilhandwerksmeister, die noch von der Gilde geprägt waren: Die Ehre des Meister- und Berufsstandes war für sie unvereinbar mit Berufswechsel, Ehrgeiz, Karriere, Gewinnstreben, Neuerungen und freiem, riskantem Wirtschaften.[55] Streng achtete man auf die Einhaltung der überlieferten alten Handwerksrechte, -gewohnheiten und -sitten. Konkurrenz entstand den Gildemeistern durch die Landhandwerker, die ohne Gildezugehörigkeit, kostengünstiger und nach Gilderecht illegal produzierten. So mussten sich die meisten Gildemeister dem System der Textilverlage anschließen, um diesem Wettbewerb standhalten zu können.[56] Nicht nur aus Sicht der Bocholter Baumseidenmeister eine Abhängigkeit, die mit der Meisterehre nur schwer zu vereinbaren war.[57]

Im Alltag war die Familie des Gildemeisters als Selbstversorger tätig; wie

Ansicht von Bocholt kurz vor der Gründung der Firma Borgers: Im 18. Jahrhundert betrieben alle Bocholter Bürger nebenerwerblich den Ackerbau. Dies sollte sich vor allem im Zuge der Industrialisierung nach 1850 entscheidend ändern.

üblich in kleinen Landstädten. „Fast alle Einwohner der Stadt Bocholt, mit Ausnahme der Armen, beschäftigten sich außer ihrem etwaigen sonstigen Gewerbe mehr oder minder mit Ackerbau."[58] So wurde 1749 Jacobus Borgers' Mutter Aleyda Borgers, geb. Gebbing (1688 bis 1769) als Ackerbürgerin bezeichnet.[59] Der sandige, wenig ertragreiche Boden im Raum Bocholt wiederum hat nicht wenige Bauern zum textilhandwerklichen Nebenerwerb gezwungen.

Als das Städtchen Bocholt im letzten Jahr des Siebenjährigen Krieges (1756 bis 1763) harte Opfer bringen musste, war Hermann Schwartz – ein Cousin von Jacobus Borgers – Bürgermeister. Kriegsbedingt musste die Baumseidengilde 24.300 Münsterische Reichstaler (459.270 Euro) abführen. Aber auch die ständigen Lebensmittellieferungen und Soldateneinquartierungen waren eine große Last für die Einwohner.[60] Die Stadt Bocholt war durch den Krieg finanziell fast ruiniert:[61] In der Not gelang es der Bocholter Stadtregierung 1761, vom Fürstbistum Münster die Genehmigung zur Prägung von über 300.000 eigenen Kupfermünzen mit Buchen-Stadtwappen im Wert von 4.000 Reichstalern (75.600 Euro) zu erhalten.[62] Johann Borgers' Großvater Heinrich Borgers (1787 bis 1861) gehörte allerdings dann zu Beginn des 19. Jahrhunderts zu den 14 Baumwollverlegern Bocholts.[63] Diese Verleger (auch Fabrikverleger oder Fabrikanten genannt) beschafften die Rohstoffe für Heimspinner und -weber. Das Verlagswesen bestand nicht zwingend aus Fabriken, sondern die Verleger ließen viele Meister gegen Stücklohn spinnen oder weben. Anschließend übernahmen sie den Vertrieb der Produkte.[64] Ein Geschäftsmodell, das auch heute noch vielfach praktiziert wird. Um 1820 hatte Bocholt 4.000 Einwohner, die fast alle katholisch waren.[65] Der durchschnittliche Bocholter Verleger hatte 1816 einen Jahresumsatz von ca. 10.000 Talern (262.000 Euro).[66] Da Heinrich Borgers im „Verzeichnis der Bocholter Baumwollen-Fabrikanten" von 1816 nicht auftaucht,

Wohlhabende Großverleger (wie z. B. in Bocholt Peter Drießen und Ludwig Schwartz) waren immer weniger bereit, die relativ teuren Preise der ca. 2.000 Heimspinner und -weber der Bocholter Region zu akzeptieren. Englische Fabriken mit mechanischen Webstühlen stellten in der ersten Hälfte des 19. Jahrhunderts Gewebe zu unschlagbar günstigen Preisen her. In Schlesien trieb 1844 die Verarmung die Heimweber in einen Aufstand.

gehörte er zu den Kleinstverlegern mit ca. 20 Heimspinnern und -webern.[67] Ein Kleinstverleger wie Heinrich Borgers hatte jedoch nur wenig mehr Einnahmen als sein eigener Heimspinner oder -weber. Es reichte gerade zur Bezahlung der Lebenshaltungskosten für eine kleinbürgerliche Familie.

Wie überall brachte die Zugehörigkeit zum Napoleonischen Staat auch für Bocholt 1811/12 grundlegende Veränderungen: infolge des Handelsverbots mit dem feindlichen England entstand ein Schwarzmarkt; gepaart mit verhassten Hausdurchsuchungen nach Kolonialwaren. Die Gilden wurden aufgelöst. Jährliche Militäraushebungen entzogen der kleinen Stadt die Arbeitskräfte und ein drückendes Steuersystem erstickte alles Wachstum.[68] Diese Umwälzungen erklären, warum Heinrich Borgers mal als „Spinner" (1812), dann als „Weber" (1813 bis 1815) und schließlich wieder im Spinnhandwerk (1817) tätig war.[69] Er wurde durch die gestiegenen Garn- und Baumwollpreise gezwungen, von einem Handwerk zum anderen zu wechseln. Die Kriegswirren und die fortwährenden Einquartierungen französischer, preußischer und russischer Einheiten bis September 1814 machten den Handwerksmeistern in Bocholt das Leben schwer.[70] 1816 brachte dann auch noch eine Missernte, verursacht durch zu viel Regen, Bocholt an den Rand einer Hungersnot.[71]

Schließlich aber setzte sich die Familie Borgers im Spinnhandwerk fest und so tauchten Mitte des 19. Jahrhunderts die „Baumwollspinner" Heinrich Borgers und sein Sohn Anton Borgers mit ihrem je eigenen „Gewerbs-Betrieb" in der Gewerbesteuer-Rolle auf.[72] Sie hatten für ihre je eigene „Baumwollspinnerei Mittleren Umfanges" monatlich zehn Silbergroschen an Steuern zu zahlen. Allerdings endete die vermeintliche Ruhe im Spinnereiwesen für Anton Borgers 1847 abrupt: Die Jahre 1846 und 1847 waren in Bocholt von Missernten, Hunger, Arbeitslosigkeit und Krankheiten geprägt. Dies hatte zur Folge, dass Anton die Baumwollspinnerei nicht aufrechterhalten konnte und sie Anfang 1847 „eingegangen" ist.[73] Allerdings nur vorübergehend: drei Jahre lang betrieb Anton Borgers einen „Kleinhandel mit Colonialwaren, Viktualien und Brennmaterial".[74] Die Lage spitzte sich jedoch zu und so war er 1849 nur noch als Krämer aktiv.[75] Die Revolution von 1848/49 hatte den Handel und das Gewerbe in Bocholt gehemmt und wurde nicht zuletzt wegen ihrer Ausschreitungen von der ja primär katholischen Stadt abgelehnt.[76] Allerdings konnte Anton Borgers bereits kurz nach dem Scheitern der Revolution für wenige Jahre (bis Januar 1853) mit 14 jugendlichen Beschäftigten, mit fünf Spinnmaschinen und 500 Spindeln zum Gewerbe als „Baumwollenspinner Mittleren Umfangs" mit dem alten Jahressteuersatz von vier Talern zurückkehren.[77]

Nun aber holte das aufkommende Industriezeitalter die Unternehmerfamilie Borgers endgültig ein. 1852 wurden in Bocholt erste Dampfspinnereien, nämlich die von Tangerding (acht PS) und Sommers (vier PS), errichtet. Vor allem aber die große englische 2 × 40-PS-Dampfspinnerei Gebrüder Drießen, die 1858 mit 11.000 Spindeln in Betrieb genommen worden war, erdrückte die kleineren Betriebe.[78] Im Jahr zuvor zählten alle 60 Bocholter Spinnereien insgesamt nur 12.000 bis 13.000 Spindeln![79]

Neben den Produktionsmitteln waren es aber auch die Einkaufsmargen, die den Wettbewerb anwachsen ließen. Die kleinen Betriebe kauften die Baumwolle in kleinen

Dieses kleine Mädchen arbeitete an großen Selfactor-Spinnmaschinen in der Spinnerei in Lancaster, South Carolina, als Lewis Hine sie 1908 fotografierte. In Preußen gab es Fabrikarbeitsverbote für Kinder unter neun Jahren (1839) und unter zwölf (1853/1855), die aber nicht überall beachtet worden sind.

Mengen bei den Großhändlern, vor allem bei A. Ketteler & Söhne, ein. Drießen dagegen kaufte direkt in England zu viel günstigeren Preisen. Selbst die beiden kleinen Dampfspinnereien Bocholts konnten sich gegen Drießens dreigeschossige Großspinnfabrikation kaum behaupten: Tangerding schrieb 1859: „Durch das Entstehen von so großen englischen Spinnereien ist es für uns kleinere Fabrikanten unmöglich geworden, im Garnverkauf concurrieren zu können.“[80] Der rücksichtslose Verdrängungswettbewerb, verursacht durch die dampfbetriebenen Großspinnfabriken im Zuge der Industrialisierung, war nicht mehr aufzuhalten.[81]

Für 1854/55 lässt sich keine Gewerbetätigkeit bei Anton Borgers mehr nachweisen. Als „Baumwollenspinner“ zahlte Anton 1856 nur noch zwei Taler an Jahressteuern, „arbeitet steuerpflichtig“ seit Januar 1858, musste aber seit November 1859 einen „Kleinhandel mit Kohlen“ betreiben.[82] Ende Juni 1859 gab er seine Spinnerei endgültig auf.[83] 1860 sah er sich dann gezwungen, selbst den „Kleinhandel mit Kohlenlager geringen“ Umfangs aufzugeben, um 1861 als „Kohlenhändler“ seine berufliche Laufbahn fortzusetzen.[84] Johann Borgers musste den Niedergang des väterlichen Standes vom „Fabrikanten“ zum Krämer und dem damit einhergehenden Verfall des Eigentums seiner Familie mit ansehen.[85] Diese Veramung von Anton Borgers war umso schmerzlicher, weil er mit der Geburt seiner letzten Tochter Johanna Franziska (1861) nunmehr zwölf Kinder zu versorgen hatte.[86] Anton Borgers gehörte zu den 58 Handspinnereibesitzern, die zwischen 1858 und 1861 ihre Bocholter Betriebe mit zusammen 11.100 Spindeln endgültig schließen mussten.[87] Gilde- und zunftmeisterliche Lebens- und Arbeitsgemeinschaften mit Lehrlingen und Knechten (Gesellen) konnten in dieser Zeit nicht länger aufrechterhalten werden. Der in der Spinnbranche in den 1850er und 1860er Jahren notwendig gewordene Übergang zur industriellen Fertigung scheiterte bei Borgers am fehlenden Kapital. Die Industrialisierung wurde von den bereits im 18. Jahrhundert am Überseehandel beteiligten Großverlegern wie z. B. den Feilenverlegern Mannesmann in Remscheid[88] und den Bocholter Familien Schwartz und Drießen vorangetrieben. Nur diese Großverlegerfamilien konnten das notwendige Kapital für die Beschaffung der modernen Technik aufbringen.[89]

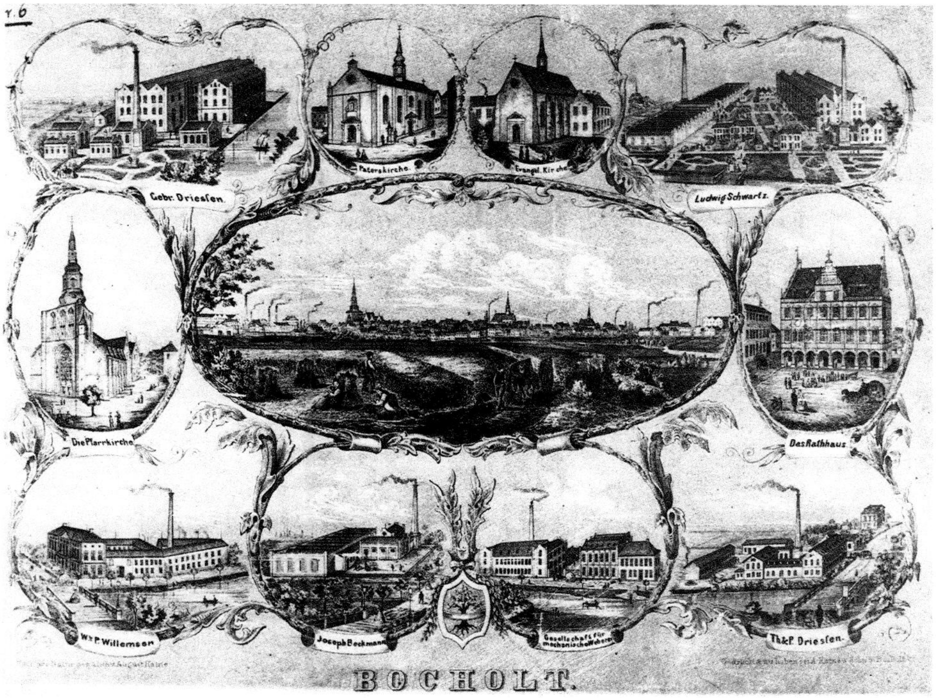

Die Industrialisierung kommt um 1860 in Bocholt zum Durchbruch: Dampfgroßfabriken, Rathaus und Kirchen in Bocholt 1864.

Der verarmte Anton Borgers brachte seinen Sohn Johann in der Dampfweberei Witwe P. Willemsen unter. Johann brachte es dort zum Untermeister. Mittellose Spinn- und Webermeister mussten um 1860 in den Fabriken arbeiten, was eine Hungersnot in Bocholt und anderen Textilorten verhindert hat.

Durch die 1857 erbaute mechanische Groß-spinnerei Gebr. Drießen schlossen um 1860 Bocholter Handspinnereien wie die von Anton Borgers ihre Tore.

Drei große Dampffabriken wurden von der Firma Ludwig Schwartz seit 1858 betrieben: Die Weberei am Ostertor (links), die vierstöckige Spinnerei seit 1863 (Höhe Christuskirche) (rechts) und dazwischen die Bleiche, die erst 1869 gebaut wurde.

II. Wattefertigung von 1866 bis 1896. Von der Klein- zur Großwerkstatt

Nach diesem Rückblick in die Zeit der Vorfahren des Gründers kehren wir wieder zurück in das Gründungsjahr der Firma Borgers: Johann Borgers hatte seine künftige Frau Franziska, die Tochter seines Vermieters Johann Ratering, vermutlich erst nach der Einrichtung seiner kleinen Wattewerkstatt über der Backstube richtig kennen und lieben gelernt. Der Junggeselle Johann Borgers hatte von 1866 bis 1869 die traditionelle Handwerksfamilie, wo die Gesellen und Lehrlinge zur erweiterten Familie des Meisters gehörten, ständig vor Augen: Borgers war Teil von Raterings Hausgemeinschaft, weil er im Haus der Bäckermeisterfamilie wohnte und von ihr verpflegt wurde:[1] Er wird wohl nicht in seiner eigenen kleinen Schlaf- und Schreibstube seine Mahlzeiten eingenommen haben, sondern mit den teils im Haus wohnenden Gesellen und Lehrlingen am Tisch der Familie seiner späteren Schwiegereltern.

Franziskas Familie war 1866 noch wohlhabend: Borgers' künftiger „Schwiegervater, der allseitig geschätzte Bäckermeister und Stadtvater Johann Ratering", besaß damals „in der Langenbergstraße bedeutende Liegenschaften":[2] Ihm gehörte „das Stadtviertel zwischen Gasthausplatz bis zum Bürgerkrug die ehemalige Gaststätte „Bürgerkrug" am Liebfrauenplatz,[3] der Stiege neben dem Bürgerkrug und der Straße bis zu demselben zurück, ferner die heutige Pastorat Liebfrauen".[4] Ratering hatte zwar „sein Gut Braomweide in Lowick" und einen „großen Teil vom Fildeken"[5] verkauft, doch mussten Johann Borgers und Franziska in den drei Jahren ihres gemeinsamen Wohnens in der Bäckerei mit ansehen, wie das relativ große Vermögen ihres Vaters zerfiel: Josef Ueffings Sohn bezeichnet Johann Raterings Immobilienbesitz sogar als „ein Millionenvermögen": „Das alles ist durch die Spinnerei, durch die Stadtverordneterei etc. etc. zum Kuckuck gegangen, ein Millionenvermögen. Gott tröste ihn in der Ewigkeit und verzeih ihm seine vielen Schnäpse. Ein Baaskerl [sehr guter Mann] war Dein Urahne doch."[6] Anscheinend hielt er als Besitzer der ältesten Spinnerei Bocholts wie Anton Borgers viel zu lange an der ruinösen, nicht mehr wettbewerbsfähigen Handspinnerei fest. Wahrscheinlich vernachlässigte er dadurch und durch sein Engagement als Stadtverordneter und Armenrat die Bäckerei. Bis heute muss der Bäckermeister eines Kleinstbetriebs viel längere Arbeitszeiten hinnehmen als der durchschnittliche Erwerbstätige. Als „Inhaber vieler sonstiger Ehrenposten" im Schützenverein St. Georg als „Platzmajor", „in der Paterskirche" (Liebfrauen) usw. konnte Johann Borgers' Schwiegervater die Bäckerei nicht so führen, dass das Vermögen erhalten werden konnte.

In den drei Jahren der Wattefertigung im Hause Ratering sahen Johann Borgers und seine Verlobte hilflos mit an, wie Johann Ratering eine Immobilie nach der anderen verkaufen musste. So zerplatzte auch für Johann die Hoffnung, der Vater seiner Braut Franziska könne ihm weitere Darlehen für den Betrieb geben. Gewiss hat der verarmte Ratering bedauert, dass er seinem baldigen Schwiegersohn, den er „als soliden und zuverlässigen Mann" schätzen gelernt hatte,[7] seit 1867 kein Geld mehr leihen konnte. Mag ein Redakteur des Bocholter Volksblatts Johann (Jans) Ratering noch so sehr als „das größte Bocholter Original" feiern: Seine Tochter konnte ihre Enttäuschung über die Verarmung ihrer Eltern kaum verbergen, wenn sie noch 25 Jahre nach ihrer Hochzeit mit Johann Borgers am 31. Juli 1869 vorwurfsvoll schreibt:[8] „Da die Eltern sowohl von Borgers als auch von Ratering nicht aufpaßten ging das gehabten & geerbten Vermögen immer mehr zurück, so daß den Kindern keinen Pfennig Vermögen und noch nicht einmal die allernötigste Aussteuer zu Theil wurden. Hoch angerechnet mochte es einen Werth von 100 Mark haben."[9] Die tüchtige Frau von Johann Borgers hat viele Jahre später noch bitter beklagt, dass „noch lange nach der Hochzeit Fleisch, Kuchen und Kleider bezahlt werden" mussten, „weil die Eltern es nicht hatten".[10] Mochte die Hilfe der Eltern für das Brautpaar noch so gering gewesen sein, Johann Borgers hatte dennoch fast drei Jahre lang seine Erlöse aus dem Watteverkauf großenteils für den Bau einer Werkstatt und für Wohnungsmöbel ansparen können. „Etwas vor" der Vermählung hat er dann „ein kleines Häuschen Osterstraße 48 gekauft für 700 Thaler" (18.620 Euro).[11] „Er konnte freilich noch keinen Pfennig darauf abtragen und übernahm die darauf lastende Hypothekschuld von 400 Thaler."[12] Gemeint ist hier nicht nur das Grundpfandrecht, sondern auch das damit verbundene Hypothekendarlehen der Bank. Die noch fehlenden 300 Taler zum Hauskauf hatten ihm „Schwester und Schwager als Darlehen versprochen".[13] „Doch am Zahlungstage blieb das Geld aus." Fieberhaft, mit „Schweißtropfen" auf der Stirn hat er sich dann in seiner Bedrängnis „an mehrere Bekannte [...] mit dem Schreiben seines Schwagers" gewandt, aber nur „Entschuldigungen" gehört: Alle behaupteten, „kein Geld augenblicklich in der Kasse" zu haben.[14] Schweren Herzens lief er dann in seiner Not zu Laurenz Ellering, der ihm prompt die 300 Taler lieh. Doch sein Kreditgeber hat ihn damals auch ernsthaft ermahnt: „Nun siehst, wie es mit dem Geldleihen geht, laß es dir gute Lehre sein, und strebe darnach, daß du andere Leute nicht nöthig hast."[15] Diese Lehre wurde Johann Borgers dann zur Richtschnur seines Lebens.

Noch im Juli 1869 errichteten Maurermeister Behnen und Zimmermeister Varwick die erste eigene Werkstatt im kleinen Hintergarten des gerade renovierten Borgers-Häuschens.[16] In der nun anbrechenden harten Zeit, in der die hohen Schulden abzutragen waren, war Franziska Borgers ihrem Mann eine große Stütze. Zehn Jahre vor ihrer Eheschließung hatte die damals 17jährige Franziska den Tod ihrer Mutter verkraften müssen.[17] Zusammen mit ihrer Schwester Therese (*1839) übernahm sie die Aufgaben ihrer Mutter Catherina, geb. Hüls (1809 bis 1859) im Vier-Kinder-Haushalt und in der Bäckerei. Damit war sie gewohnt, sparsam und hart arbeitend durch das Leben zu gehen. „Mit was für Aussichten, Noth, Sorgen wurde der junge Haushalt angefangen. Kein Wunder das noch in späteren Jahren Sparsamkeit Hauptwort war, um ihren Kindern vor der Sorge zu bewahren, die sie früher gehabt."[18] Die ersten drei Kinder der Familie Johann Borgers haben diese Zeit der Armut noch erlebt: Maria (1870 bis 1945), Franz (1873 bis 1935) und Wilhelm (1874 bis 1937). „Einfach wurde gelebt, geflickt und gestopft, im Haushalt gespart, wo nur eben möglich."[19]

Mit größter Sparsamkeit

Die langwirkende Erziehung zur Sparsamkeit zeigt sich gerade dann, als es der Familie Borgers nach 1898 finanziell wesentlich besser ging. Johann Borgers soll um 1900 zu August Bielefeld (1878 bis 1934), dem Mitinhaber der Bocholter Textilfirma Wilh. Wolterink & Co., heute Wolbo, gesagt haben: „Ik kann met et Gatt [=Hintern] ne mehr Geld verdenen as met de Holzklasse.“[20] Während Bielefeld als junger Mann in die gepolsterte zweite Klasse stieg, strebte der ca. 60 Jahre alte Johann Borgers gewohnheitsmäßig der dritten Klasse zu. Die gewohnheits- und überzeugungsgemäß gewählte Holzklasse war zwar für Sohn Franz Borgers noch verbindlich,[21] Willy Borgers aber benutzte bei Nachtfahrten mit der Bahn in den 1930er Jahren die zweite Klasse, die weniger besetzt war als die dritte Klasse. Die Kritik des Bruders Franz, er verschwende dadurch Geld, wies Willy zurück: Er habe sich dort besser ausstrecken können.[22] Aber auch Willy konnte sich seinen Vorbildern nicht ganz entziehen, und so nutzte er für seine Fahrten zum 1930 gekauften Borgers-Werk in Persan-Beaumont, er war eine große Hilfe für den jungen Werksleiter Gérard Friedland, die dritte Klasse.[23] Fritz Borgers (1914 bis 2007) bekräftigte als Augenzeuge, dass die Inhaber der Firma Borgers bis 1931 aus Sparsamkeit nur in der dritten Bahnklasse auf Holzbänken fuhren.[24] Als weiterer Beleg dafür, dass die Erziehung zu größter Sparsamkeit die Kinder des Firmengründers nachhaltig prägte, folgende Geschichte:[25] Um 1933 fuhr Hermann Bollwerk, Borgers-Cheffahrer bis 1956, mit dem Anfang 1932 angeschafften ersten Firmenwagen den Geschäftsführer Franz Borgers auf einer Dienstreise durchs Ruhrgebiet. Es war eine über vier Meter lange „7 bis 8-sitzige Brennabor“-Limousine Juwel 6 Typ B, ein „Riesen-Pkw, schlimmer zu steuern als ein Lastwagen.“[26] Die Kinderwagen- und Autofabrik Brennabor in Brandenburg war 1932 zahlungsunfähig und lieferte Borgers den seit 1929 gebauten Typ B als Ausgleich für nicht mehr bezahlte Rechnungen zu einem günstigen Preis. Als Bollwerk durch eine Stadt fuhr, bat Franz seinen Fahrer, er möge nach einem Friseurgeschäft Ausschau halten. Ein Schnitt sei überfällig. Als Bollwerk vor dem Friseur hielt, befahl Franz Borgers ihm erregt und fast barsch: “Fahren Sie weiter, mein Gott, fahren Sie weiter. Parken Sie weiter weg!!” Erst als Bollwerk etwa 100 Meter vom Friseur entfernt geparkt hatte, gab ihm sein Chef eine Erklärung für sein sonderbares Verhalten: “Wenn der Friseur den neuen Firmenwagen gesehen hätte, hätte er gewiss das Doppelte für den Schnitt berechnet.” Diese Geschichten zeigen, dass die Kinder von Johann und Franziska Borgers schon früh erkannten, dass in Haus und Betrieb „mit der größten Sparsamkeit gearbeitet werden“ musste.[27]

Gleich nach der Hochzeit 1869 übernahm die „tüchtige Hausfrau" Franziska ungeachtet ihrer Aufgaben im Hause auch die Firmenkorrespondenz und die Buchhaltung und erledigte beides über 30 Jahre lang zur Zufriedenheit ihres Mannes.[28] Franziska fühlte sich aber ein Jahr nach ihrer Hochzeit beim Ausbruch des Krieges im Juli 1870 überfordert: Sie hatte sogar große Angst davor, die Verantwortung für den Kleinstbetrieb übernehmen zu müssen, als „der Vater der Kinder, der Inhaber des Geschäftes", „so rasch und unerwartet [mit nach Frankreich] mußte".[29] Die drohende Einberufung ihres Mannes war für die junge Mutter „das Schlimmste": Konnte sie in der finanziellen Notlage ihrer Familie ohne Johanns Hilfe die Lieferanten hinhalten und die Kunden zur schnellen Zahlung bewegen?[30] Wie erleichtert war Franziska, als bei der Musterung ihr geliebter Mann „als ‚untauglich' entlassen" wurde: Er könne mit dem verkrüppelten Daumen die Zügel seines Husarenpferdes nicht mehr sicher halten.[31] Für Franziska war Johanns Kriegsuntauglichkeit „sein guter Stern" und keine Schande, wie dies in nationalen Kreisen gesehen wurde. Sie ließ sich von den nationalen Siegesfeiern, durch Glockengeläute und Viktoriaschießen deutschlandweit, auch in Bocholt, begangen, nicht mitreißen, zumal kriegsbedingt 1870 bis 1871 „das Geschäft nicht florierte".[32]

In dieser für die wachsende Familie Borgers „sorgenschweren Zeit von 1869–1876"[33] waren die Eheleute aber insgesamt nicht unzufrieden: „Doch auch mit Freuden sah das junge Paar, dass das Geschäft sich machte, dass man hoffen konnte, allen Verpflichtungen gerecht zu werden."[34] Die Eheleute führten also tatsächlich gemeinsam das Geschäft. Die Mitarbeit der Ehefrauen bei der Führung von kleinen Handwerksbetrieben war damals wie heute üblich. Außergewöhnlich ist aber die Meinung des Sohnes Fritz Borgers (1884 bis 1954), „daß die Firma nicht Johann Borgers, sondern Franziska Borgers hätte heißen müssen."[35] Die Hintergründe erschließen sich aus folgenden Ausführungen.

Die sogenannten Gründerjahre 1871 bis 1873 belebten Handel und Gewerbe vielerorts im neugegründeten Deutschen Kaiserreich infolge des siegreichen Krieges und der französischen Reparationszahlungen: In dieser Zeit wurden relativ viele Textilfabriken in Bocholt gebaut; allein zwischen Juli und September 1872 drei Webereien, eine Bleicherei und eine Rauerei.[36] Die Stadt wuchs schnell: in fünf Jahren um 1.000 Bürger auf ungefähr 7.000 im Jahr 1875.[37] Franziska erkannte in der Tat die sich daraus ergebenden Möglichkeiten zur Erweiterung des Geschäfts seit der Gründerzeit, die zur „Umgestaltung des alten Handbetriebes in eine Dampfwattefabrik"[38] führten:[39] „Als der Krieg nun vorüber war, da kamen die guten 70er Jahre. Was hätte man da alles können, wenn Mittel und Maschinen da gewesen. Doch an diesen fehlte es, aber nicht an Fleiß. Täglich wurde von 6 Uhr früh bis abends 10 geschafft. Und sehr oft wurde die ganze oder halbe Nacht dazu verwandt." Die große Nachfrage nach Watte konnte man in den frühen 1870er Jahren aber weder durch harte Arbeit noch durch lange Arbeitszeiten oder mit dem Kauf einer Handgöpel als verbesserter Antriebskraft für die Krempel[40] befriedigen. Johann Borgers gehörte als Handbetriebsinhaber somit weiterhin zur untersten, nämlich dritten Steuerklasse und zahlte 1871 zwölf Taler, drei Silbergroschen und elf Pfennig (ca. 264 Euro) an Steuern.[41] Die jährliche

Franziska Borgers (1841 bis 1924), 1891. Die Ehefrau des Firmengründers seit 1869 hat entscheidend dazu beigetragen, dass Borgers um 1900 zu einem großen Industrieunternehmen wurde.

Steuererklärung war schon damals Aufgabe von Franziska Borgers,[42] die sie dann auch in den 1890er Jahren mit den beiden Söhnen Franz und Willy machen sollte.

Franziska hat früh erkannt, wie mühsam und ineffizient die einzig vorhandene Krempelmaschine mit den Armmuskeln von Johann oder von einem seiner drei Mitarbeiter betrieben wurde.[43] Um eine größere Werkstatt mit dampfbetriebenen Maschinen kaufen zu können, hatte Franziska in all den Jahren sparsam gewirtschaftet und eine eigene Sparkasse in einem Blumentopf geführt.[44] Als die entsprechende Summe zusammen war, brauchte sich Johann Borgers weder um die Finanzierung der Kaufsumme noch um die Wahl der geeigneten Immobilie zu kümmern: Wichtige unternehmensrelevante Entscheidungen wurden von Franziska vorbereitet und getroffen, die ihr Ehemann in der Öffentlichkeit durch das Unterzeichnen der Kaufverträge und das Stellen der Baugenehmigungsanträge stillschweigend als seine eigenen erscheinen lassen konnte:[45] Im Frühjahr 1875 kaufte Johann Borgers nämlich „die von seiner Frau auskundschaftete Besitzung Osterstraße 55 (jetzt 62), ein altes großes Haus mit großem Garten, von dem damaligen Besitzer Matthias Küppers“, einem Landwirt aus Lankern, „für 10.950“ Mark (70.080 Euro).[46] Franziska hatte endlich einen „großen Hofraum“ gefunden, „wo das Geschäft durch Zusetzung von ein paar Maschinen und Dampfkraft zu vergrößern“ war: Der Bau dieser ersten mechanisch betriebenen, mit Trockenkammer ausgestatteten Borgers-Wattefabrik stieß jedoch auf ungeahnte Schwierigkeiten: Monate nachdem im großen Garten an der späteren Südmauer (damals Neuthormauerstraße) der „Bau einer Wattenfabrik am 5 t[en] Mai 1875 auf dem Grundstücke Flur A No. 210 genehmigt“ worden war, sah sich Johann Borgers „genöthigt, [...] wegen des schlechten Baugrundes von den Gewölben Abstand zu nehmen“.[47] Allerdings ließ er sich nicht entmutigen und entschied sich entgegen der damals üblichen Bauweise von Gewölben für eine Eisenkonstruktion mit „Balken und Pliesterdecken“.[48] Mit 5.970 Mark (38.208 Euro) blieben die Baukosten für die 168 Quadratmeter „kleine Fabrik von 12 × 14“ Meter[49] im üblichen Rahmen. Das Bauunternehmen Behnen hatte die ersten beiden eigenen Borgers-Betriebe von 1869 und 1875/76 gebaut.

Franziska selbst war vollauf damit beschäftigt, das bislang „von der Blume von Bocholt bewohnte“[50] Haus, das „vollständig verfallen war“, „wohnlich zu machen“.[51] Franziska übte also Führungsaufgaben mit aus, neben und im Einverständnis mit ihrem Mann; sie hatte laut ihrem Schwiegersohn „de Buxe“ an.[52] Frau Borgers erzählte öfter, wie sie zum ersten Male ihren Mann durch das arg verwahrloste Wohnhaus geführt habe, in dem keineswegs ideale Mieter gehaust hätten. Sie habe ihre Röcke hochgenommen, so schmutzig sei es dort gewesen. Es musste gründlich gereinigt, desinfiziert und ausgeräuchert werden.[53] Fussboden, Dach und Fensterrahmen mussten erneuert, vieles gestrichen werden. Trotz Franziskas tatkräftiger Mithilfe kostete die Hausrenovierung 2.405 Mark.[54] Bedenken, ein Haus zu kaufen, das von einer Prostituierten – „der Blume von Bocholt“ – bewohnt worden war, kannte „Mutter Borgers“ nicht beziehungsweise fielen bei ihr angesichts der betriebswichtigen Größe des relativ kostengünstigen Anwesens nicht ins Gewicht.

Borgers´ erste Dampf-Wattewerkstatt (links im Bild) lag zwischen Südmauer und Südwall. 22 Jahre hat Johann Borgers in dieser Kleinfabrik gearbeitet, die er 1875 im Garten des neu gekauften Wohnhauses Osterstraße 55 (heute Nummer 62) errichten ließ.

Johann Borgers' Übergang vom rein handwerklich ausgerichteten „Wattenmacher" zum kleinen „Fabrikanten" (seit 1874)[55] des Industriezeitalters ist also letztlich auf die Geschäftstüchtigkeit seiner Frau zurückzuführen, die das Fabrikgelände aussuchte und durch einen harten Sparkurs finanziert hatte. Augenfällig wird der Wechsel vom „Werkstatt"-Handwerker zum Besitzer einer kleinen Dampffabrik durch die am 11. Februar 1876 endgültig genehmigte „Betriebsetzung eines Locomobil Dampfkessels".[56] Diese 1866 gefertigte 8-PS-Lokomobile[57] wurde im Kesselhaus der an der Südmauer neu errichteten Wattefabrik montiert und diente als Antrieb für zwei weitere neu angeschaffte Kratzen (Krempel).[58] Diese meist auf den Kessel montierte Dampfmaschine war bei Kleinbetrieben wie Borgers sehr beliebt.

Großen Wert legte Borgers schon damals auf Energieeinsparmöglichkeiten beim Dampfmaschinenbetrieb: „Der Abdampf wurde wieder für Trockenzwecke [geleimte Watte] nutzbar gemacht und im Winter diente er noch als Heizung."[59] Zwar hatte Borgers diese nur zwei Meter lange Lokomobile für lediglich 1.725 Mark gekauft.[60] Doch die Transportkosten von einer Zwirnerei in Mönchengladbach-Waldhausen nach Bocholt waren „ziemlich hoch", so dass die von der Firma Balk erledigte „Montage und die Transportkosten ungefähr gleich hoch waren".[61] Da Bocholt erst 1878 seinen ersten Bahnanschluss erhielt, war der Transport eine echte Herausforderung. Die Lokomobile wurde zunächst mit der Bahn von Mönchengladbach über Ruhrort und Oberhausen nach Empel gebracht und dann von Empel/Rees mit einem Pferdewagen nach Bocholt. Transport und Montage kosteten 1.365 Mark, so dass die Gesamtkosten für die erste Borgers-Dampfmaschine immerhin 3.090 Mark (19.776 Euro) betrugen.[62]

Inklusive der beiden Krempel für geschätzte knapp 600 Mark wurden also

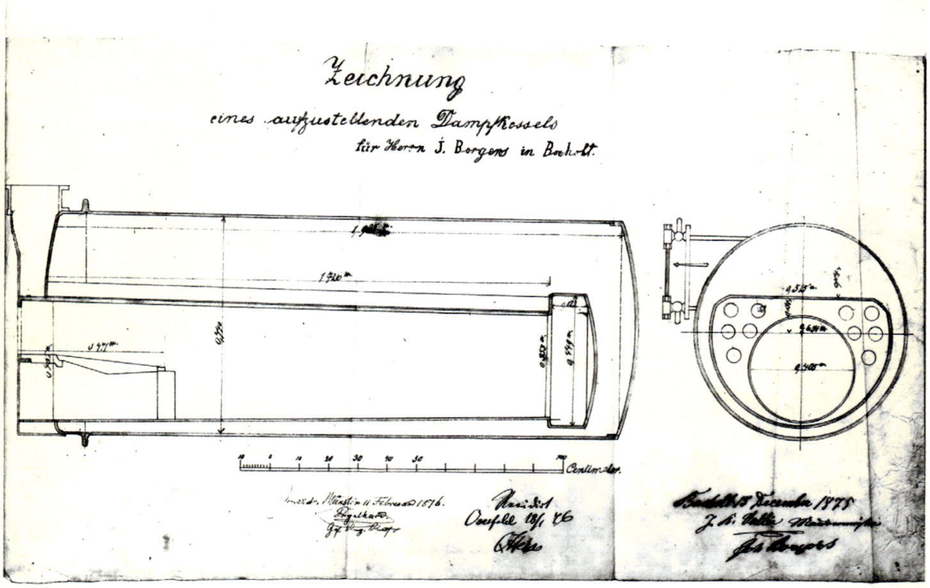

1875/76 ca. 23.000 Mark (ca. 147.000 Euro) an Gesamtkosten für Kleinfabrik, Haus und Garten aufgewendet. Dies konnte nicht alles bar bezahlt werden, sondern bedurfte eines neuen Hypothekendarlehens.[63] Die Darlehensraten „ließen noch immer alles Verdiente verschwinden",[64] auch wenn Obst und Gemüse in Franziskas Garten nicht nur für den eigenen Haushalt, sondern auch für den Verkauf bestimmt waren:[65] Franziska verkaufte in jedem Frühjahr vor allem den Landwirten selbst herangezogene Pflanzen wie „Kohl, Rüben, Kappes (Weißkohl) usw." Obwohl Franziska mit diesem Straßenverkauf so manche zusätzliche Mark verdient hatte, konnte eines Samstags der Wochenlohn an die drei Mitarbeiter nicht bezahlt werden.[66] Johann Borgers wollte dies schon seinen Mitarbeitern mitteilen, als Franziska kurzentschlossen zu ihrer Freundin Emma Oberhagen ging. Emma, die sehr erfolgreich Damenhüte anfertigte, lieh ihr die fehlende Geldsumme. Ende der 1870er Jahre „ist es verschiedentlich vorgekommen", dass am Lohntag Franziska diesen Bittgang zur Freundin als „Retter in der Not" wiederholen musste. Angesichts solch beherzter Aktionen ist Franziskas Ansicht über die Hausfrauenrolle gar nicht so „scherzhaft" gemeint, wie dies ihr Schwiegersohn Bernhard Lensing glaubte, als die Firmengründerfrau einmal zu ihm sagte:[67] „Ne gode Husfrouw mutt drij Dele hebben: denn grötsten Platz in't Bedde, denn Schlöttel an de Geldkiste und et leste Wurd." Immerhin betrachtet Lensing Franziskas Aussage mit einem Augenzwinkern als „treffenden Beitrag zur Lösung der heute [1953] so heiß umstrittenen Frage der Gleichberechtigung von Mann und Frau im Familienleben". Wenn Franziska „anders dachte als ihr Mann, so schrieb sie so, wie sie es für richtig hielt. Wenn dann Johann sagte: ‚Ziska, läs et mij vör', nun, dann war die geschäftstüchtige Frau

Die nur zwei Meter lange und 85 Zentimeter hohe Borgers-8-PS-Lokomobile stammte aus einer Zwirnerei in Mönchengladbach-Waldhausen.

Die Familie Borgers, 1885: v. l. Maria, Franziska, Franz, Josef, die Mutter Franziska mit Sohn Fritz, Vater Johann und Willy.

Diplomat genug, etwas vorzulesen, von dem sie wußte, daß er dieser Meinung war. Wenn Johann später erfuhr, daß er hinters Licht geführt worden war, ärgerte er sich darüber nicht."[68] Die Leistungen und die Geschäftstüchtigkeit seiner Ehefrau Franziska hat Johann Borgers stets dankbar anerkannt: Sehr oft sagte er meist im Familienkreis: „Jao, wen ick neet so'ne düchtige Frouw e'hatt hädde, was et met mij neet völle worden",[69] ja „was et met unse Fabrik net völl e'worden. Ick gung fake öwwer Dag up de Jagd und nachts drömen ick van't Geschäft. Dann saoh mine Frouw in Hus, Gaorden un Fabrik nao't rechte. So ne Frouw is Gold wert."[70] (Ja, wenn ich nicht so eine tüchtige Frau gehabt hätte, wäre aus mir nicht viel geworden, ja wäre aus unserer Fabrik nicht viel geworden. Ich ging oft tagsüber auf die Jagd und nachts träumte ich vom Geschäft. Dann sah meine Frau im Haus, im Garten und in der Fabrik nach dem Rechten. Solch eine Frau ist Gold wert).

Der Firmengründer Johann Borgers gehört also zu den wenigen Männern, die damals bereit waren, die Verdienste für den Unternehmenserfolg mit ihren Ehefrauen zu teilen. Immerhin trat er nach außen als Entscheidungsträger und Vater der Betriebsfamilie in Erscheinung, denn „bei all ihrer Tüchtigkeit trat Frau Borgers nie in den Vordergrund", auch dann nicht, „wenn Johann, wie es öfter vorkam, halbe oder ganze Tage auf die Jagd ging [...]. Er sagte dann bloß: ‚Ziska, dou kaß ok wall es nao denn Betrieb sehn'."[71] Dann „ging sie mit Umsicht und Ruhe ihrer Arbeit nach und sah auch in der Fabrik nach dem Rechten".[72]

Dennoch belasteten die ersten Investitionen das junge Unternehmen schwer. „Doch endlich kam die Zeit, wo man alles bezahlt" hatte.[73] Von den 1878 bzw. 1880 eröffneten Bahnverbindungen Bocholt-Wesel bzw. Bocholt-Winterswijk profitierte auch Borgers durch schnellere und kostengünstigere Vertriebs- und Einkaufswege, die auch mehr Aufträge – erledigt durch viele Überstunden – ermöglichten.[74] Es mag 1880 gewesen sein, als die letzte Rate des Darlehens von 1875 bezahlt worden ist und als „die ersten 1.000 Mark zur Banken Drieshen[75] gebracht" wurden.[76] Ungefähr 25 Jahre nach der Unternehmensgründung gelang es dem Ehepaar Borgers erstmals, ein Geschäftsguthaben bei der Bank auszuweisen. Dass man damals eine Zeit großer finanzieller Schwierigkeiten, die auch die eigene Grundversorgung gefährden konnten, hinter sich ließ, rief sich die Familie Borgers auch später immer wieder ins Gedächtnis: „Mit welcher Freude und Hoffnung dieses geschehen, ist später oft erzählt worden."[77]

Da wir leider keine Bilanzunterlagen oder konkrete Produktionszahlen aus der Zeit haben, können wir die gute Unternehmensentwicklung seit 1880 nur aus dem stetigen Anwachsen des Geschäftsguthabens ablesen: Weil seit 1880 wohl jährlich ein Betrag zwischen 1.400 bis 2.200 Mark auf das Borgers-Guthaben bei der Bank Driessen eingezahlt werden konnte, waren bis 1892 23.000 Mark angespart worden.[78] So bot die Krawattenindustrie 1893/94 dem Wattebetrieb Borgers „gute und lohnende Beschäftigung", dass allein der Krawattenhersteller Witwe F. Hutz auf einmal sogar 9.000 Mark ins Borgers-Haus brachte.[79] Heimlich wurden diese neun 1.000 Mark-Scheine abends ins Bankhaus Driessen gebracht, womit

Eine Eisenkrempel zur Vliesproduktion mit Arbeiter- und Wender-Walzen, die rund um die obere Häfte der Trommel angeordnet sind. Diese Walzenkarde von 1913 (Fa. C.E. Schwalbe, Werdau, 1913) steht in der Tuchfabrik Müller – LVR-Industriemuseum Euskirchen.

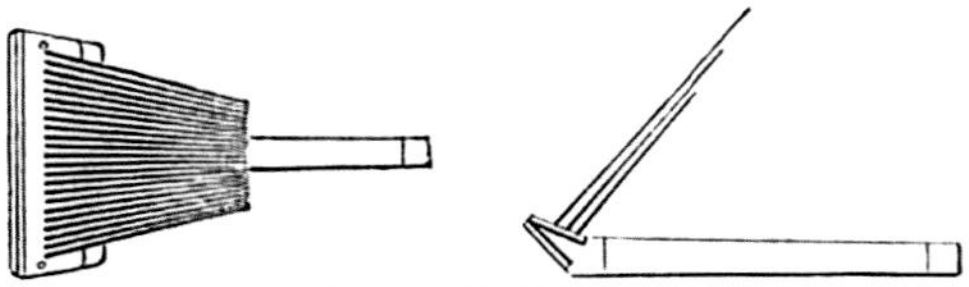

Fig. 23 Wollkämme.

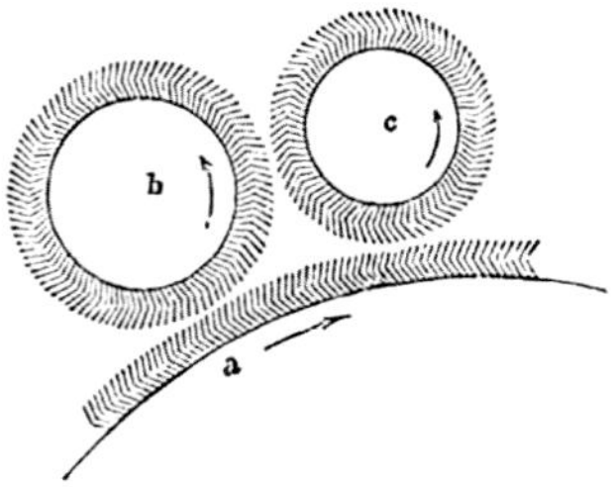

Fig. 10. Häkchenstellung der Walzenkarde.

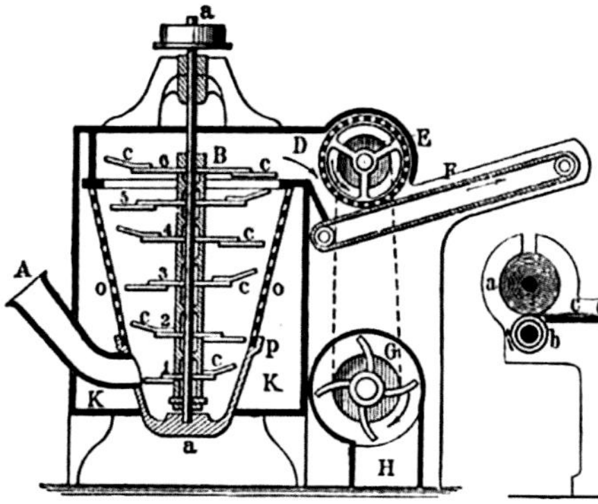

Fig. 4. Konischer Wolf.

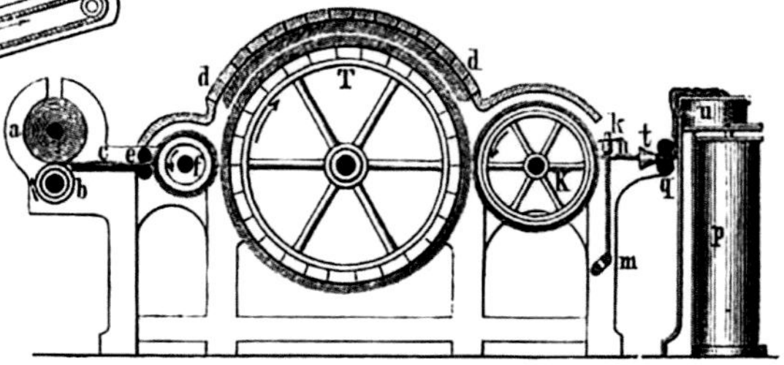

Fig. 9. Deckelkratze.

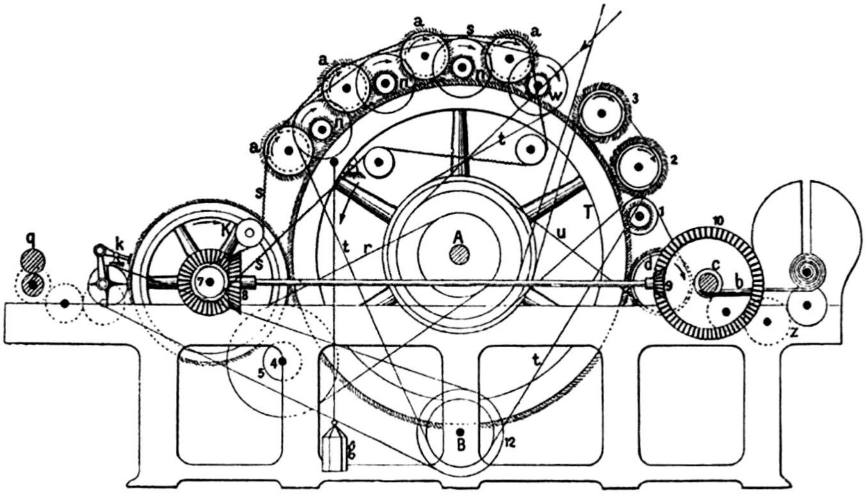

Fig. 11. Walzenkarde (Seitenansicht).

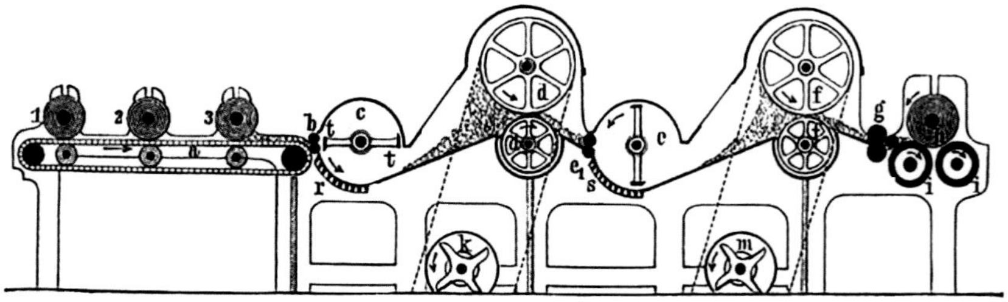

Fig. 5. Schlagmaschine.

Figur 9: Krempel mit feststehendem Deckel d: Der von der Schlagmaschine (Fig. 5) kommende Wickel wird durch die Walze b abgewickelt, durch zwei Speisewalzen in den Walzen-Deckel-Zwischenraum kratzend hindurchgeführt, so dass ein feines Vlies entstand.

Figur 10 und 11: Funktionsweise einer Walzenkarde.

Der 16jährige Franz Borgers wurde 1889 in Wesel abgelichtet. Die Ausbildung hatte er gerade in der väterlichen Wattewerkstatt beendet.

dann nunmehr 1894 ein Kontostand von 35.000 Mark erreicht war. So manche 1.000 Mark kamen noch hinzu, so dass diese ca. 40.000 Mark (268.000 Euro) als solide Grundlage für die Finanzierung des Neubaus der beiden Wohnhäuser an der Osterstraße im Jahre 1895 dienten.[80]
Wie wurde damals 1886 in der kleinen Wattefabrik gefertigt? Es gab insgesamt drei Krempel im Borgers-Betrieb: Eine schmale Maschine mit einer Arbeitsbreite von nur 60 Zentimeter war lediglich für Deckenwatte geeignet.[81] Die beiden 100 Zentimeter breiten Krempel dienten der Fertigung von geleimter Watte. „Diese Krempel waren ältester Bauart und mit feststehendem Deckel im Gegensatz zu den späteren Krempeln."

Die Produktivität dieser alten Krempel war niedriger als die der neuen. Franz Borgers setzte sich in den 1890er Jahren dafür ein, die Produktivität durch den Kauf von Krempeln mit wandernden und mit Garnituren bezogenen Deckeln zu steigern.[82] Diese Mahagoniholz-Deckel konnten sehr schön dem Tambour (Großwalze mit zahnartigen Garnituren) angepasst und sogar während des Betriebes abgenommen und gereinigt werden. Eine solche Krempel hatte bei zwölfstündiger Arbeitszeit eine Tagesproduktion von 240 bis 250 Pfund Vlies.[83]

1887 wurde aus der 1881 in Konkurs gegangenen Spinnerei von Aloys Sommers eine 120 Zentimeter breite Krempel, komplett mit „Arbeiter" und „Wender",[84] erworben.[85] Im Gegensatz zu den vorhandenen Borgers-Maschinen war die neue Maschine ganz aus Eisen. Diese Eisenkrempel war so schwer, dass deren Inbetriebnahme sehr vorsichtig erfolgen musste, da der Hauptantriebsriemen leicht abrutschen konnte. Der Kauf gebrauchter Krempel blieb bei Borgers bis zur Jahrtausendwende üblich.

In den 1880er Jahren existierten in Bocholt noch fünf andere Wattefabriken, die aber kleiner als Borgers waren: Dalk, Johann Tangerding, Westerhoff, Appweiler und ein G.[86] Franz Borgers berichtet uns von diesem G. folgende Geschichte: G. machte die damals besten Bocholter Watten aus reiner Baumwolle, die er allerdings nachts aus den Schuppen der Spinnerei Ludwig Schwartz stahl. August Schwartz richtete dann in der Spinnerei eine Nachtwache ein, die den Dieb verhaften sollte. G. jedoch entkam mit knapper Not nach Holland.

Der älteste Sohn des Firmengründers, Franz (1873 bis 1935), wurde wegen der Arbeitsüberlastung von Johann Borgers, der „sich gesundheitlich nicht wohl fühlte," 1886 „vom Gymnasium abgemeldet"[87] und ohne Rücksicht auf seinen Schulabschluss bereits mit 13 Jahren „mit ins Geschäft gesteckt".[88]

Die Kleinstbetriebsgröße von Borgers ließ Standesunterschiede nicht zu: Es war 1890 noch eine kleine „Wattenfabrik mit 8 Arbeitern", die „8000 Kilogramm Watte" jährlich lieferte.[89] Man kann sich das alltägliche Arbeitsleben des jugendlichen Franz gar nicht hart genug vorstellen: Um vier Uhr morgens musste er zusammen mit seiner Schwester Maria, die der Mutter z. B. Pflanzen pflücken half, aufstehen.[90] Wenig später heizte er bereits die Lokomobile in dem „noch fast handwerklichen Betrieb", damit um sechs Uhr die Dampfbetriebsfabrikation beginnen konnte. Die Arbeitszeit begann morgens um sechs und dauerte bis 19.30 Uhr.[91] Der Dampfbetrieb erforderte eine viel größere Pausen-Disziplin als beim Handbetrieb: 15 Minuten Frühstückspause um acht Uhr, dann eine Stunde Mittagspause und schließlich

Franz leistete 1892/93 in Köln seinen Wehrdienst ab.

Willy Borgers 1893 als „Einjährig-Freiwilliger" beim Garde-Füsilier-Regiment in Berlin.

Fritz, 1889: Franziska nahm auch Fritz, ihr letztgeborenes Kind, schon mit fünf Jahren zu den Schneidern mit. Nach Verkauf der Watte konnte dann noch z. B. eine Hose für Fritz in Auftrag gegeben werden.

15 Minuten Vesperpause am frühen Abend. Noch bevor Franz 1892 als Wehrpflichtiger nach Köln zum Westfälischen Fußartillerie-Regiment Nr. 7 eingezogen wurde,[92] „sorgte er für den mehr oder weniger reibungslosen Ablauf der Fabrikation".[93] „Da Franz Borgers bis dahin noch nichts Besonderes an Ausbildung erhalten hatte, hoffte er dann im Anschluss an seine Militärzeit etwas lernen zu können, doch wurde dies seitens der Eltern mit der Begründung abgelehnt, es wäre jetzt nicht möglich."[94]

Franziska Borgers, wie erwähnt federführend in Buchhaltung und Geschäftskorrespondenz, war aber noch Ende des 19. Jahrhunderts auch im Vertrieb und bei der Auslieferung der Watte tätig: In der Familie Nienhaus (heute Gärtnerei Nienhaus Bocholt) hat man oft erzählt, dass sie meist mit einem Sohn all die Jahre bis um 1900 die fertige Watte mit einer Schubkarre zu den Schneidern und Polsterern in Bocholt und Rhede gebracht habe.[95] Das wurde überliefert, weil es bereits damals überholt war, dass die Fabrikantenfrau Watte in geringen Mengen über Land eigenhändig verkaufte – zu einer Zeit (im Jahre 1899), als Borgers bereits über 121.000 Kilogramm Watte in alle Welt lieferte.

Von 1876 bis 1895 bildete die Familie Borgers eine „hausindustrielle Produktions-, Arbeits- und Lebensgemeinschaft."[96] In dieser Gemeinschaft war die Ehefrau des Gründers, „die erste und wichtigste Arbeitskraft, die die Familie dem Betrieb unentgeltlich bereitstellte". Das war damals gar nicht so unüblich. „Ein großes Verdienst um den Aufbau und guten Gang des Betriebes in den ersten Jahren gebührt der Frau Borgers, geb. Ratering, die ihrem Manne an Energie und Tatkraft nicht nachstand, wenn nicht gar zeitweise ihn übertraf."[97]

So hat die „unternehmerische Funktion" der Ehefrau, „in vielen kleineren und mittleren Betrieben – vor allem [...] in der Gründerphase" anzutreffen,[98] die Entfaltung eines stark auf den Unternehmensbesitzer zugeschnittenen[99] Führungsstils stark eingeschränkt. Folglich findet sich bei Borgers ein eher als elterlich zu bezeichnender Führungsstil.[100] „Nach außen"[101] trat dies jedoch wenig in Erscheinung: So wurde im Bocholter Volksblatt vom 18. Juli 1914 Johann Borgers unausgesprochen dem Typus des „Selfmademan", man denke hier z. B. an Robert Bosch oder Gottfried Schenker,[102] zugeordnet: „Wie unsere Leser wissen, ist der Gründer und früher langjährige Leiter der Fabrik, die er mit seltenem Geschick aus allerkleinsten Anfängen zur größten Wattefabrik Deutschlands zu machen verstand, am vorigen Sonntag gestorben und am Mittwoch, am Tage vor dem neuen Brandunglück bestattet worden."

III. Das Industrieunternehmen. Von der Jahrhundertwende bis zum Ersten Weltkrieg

Die Familie Borgers und die große Politik – Johann Borgers und seine beiden Kreditgeber als Staatsfeinde?

Am 18. Januar 1871 wurde der preußische König von den deutschen Fürsten zum deutschen Kaiser ausgerufen: Damit wurde in Versailles der erste deutsche Nationalstaat gegründet. Preußens Krieg gegen Österreich 1866 und gegen Frankreich 1870/71 hatten den Weg zum Deutschen Kaiserreich freigemacht, in dem Preußen die Vormachtstellung hatte. Im 1815 gegründeten Deutschen Staaten-Bund, dem auch viele Kleinstaaten angehörten, gab es zwei Führungsmächte: Österreich und Preußen.[1] Johann Ratering, der Schwiegervater von Johann Borgers, und Laurenz Ellering, der Kreditgeber des Gründers, waren 1866 aktiv gegen Bismarcks Absicht, mit dem Angriff auf Österreich den Deutschen Bund zu zerschlagen, vorgegangen und hatten eine Petition gegen den „unheilvollen Krieg" und für Bismarcks Entlassung unterschrieben.[2] Damit und wegen ihrer Kirchentreue galten sie als Staatsfeinde,[3] was 1874 dazu führte, dass die preußische Regierung Laurenz Ellering verbot, sein Amt als gewähltes Mitglied der Stadtregierung anzutreten.[4] So fühlten sich viele Bocholter, wie das gesamte Münsterland, in dem nun von Protestanten dominierten Zentralstaat weniger gut aufgehoben. Laurenz Ellering, Johann Borgers und Johann Ratering standen im Kampf Preußens gegen Kirche und Zentrumspartei (Kulturkampf 1871 bis 1886) auf der Seite ihres Stadtpfarrers: Georg Vahrenhorst (St. Georg Bocholt 1859 bis 1879) war sogar als Unterzeichner des Soester Programms 1870 Mitgründer der Zentrumspartei.[5] Franziska Borgers gab ihrem Vater, dem „Beherrscher des Klingelbeutels in der Paterskirche" (Liebfrauenkirche), Spendengelder für die notleidenden Priester in Bocholt. 1875 wurden nämlich die Zahlungen des Staates an Priester, die bis dahin als Entschädigung für die Enteignung der Kirche 1803 gezahlt worden waren, eingestellt.[6] Von 1879 bis 1886 gab es keinen Stadtpfarrer in Bocholt, weil der Staat eine Neubesetzung verboten hatte. Nachweislich hat sich die Familie Borgers auch für den Papst und für den vom Staat abgesetzten und inhaftierten Bischof von Münster eingesetzt, der nach Holland fliehen musste: z. B. durch die Organisation von Kundgebungen für Papst und Bischof im Vorstand des St. Georgius-Schützenvereins.[7] Dies erregte das Misstrauen der Staatsbehörde, die durch Amtsenthebungen, Prozessionsverbote etc. den Einfluss der Kirche in Schule und Gesellschaft beseitigen und das innerkirchliche Geschehen überwachen wollte.[8] Dieses Engagement der Familie Borgers war Ausdruck ihrer Glaubensüberzeugung und verstärkte letztlich ihr ablehnendes Verhältnis zum preußischen Zentralstaat. Eine gewisse Distanz zum Staat blieb bei Borgers auch dann noch bestehen, als Bischof Brinkmann 1884 unter dem Jubel zahlreicher Bocholter nach Münster zurückkehren durfte.[9]

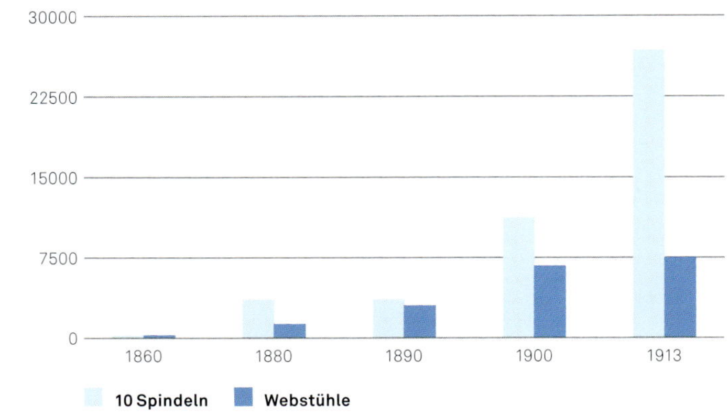

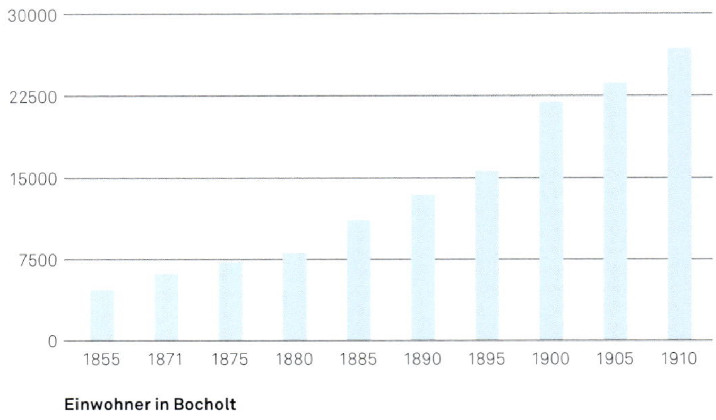

Graphik 1: Textilindustrie in Bocholt. Quelle: Westerhoff, *Bocholter Textilindustrie*, 171.

Graphik 2: Bevölkerungswachstum in Bocholt. Quelle: Dez.-Volkszählungsergebnisse in: StABo; Reigers, *Bocholt 19. Jh.*, 296.

Der Sprung in die industrielle Fertigung und Expansion

Die Industrialisierung verlief auch in Bocholt atemberaubend: Die Zahl der Bocholter Textilarbeiter stieg von 1.400 (1881) auf 5.200 im Jahr 1898.[10] Mit dem rasanten Aufschwung kamen auch fremde Arbeitskräfte nach Bocholt. Von 1875 bis 1900 verdreifachte sich die Stadtbevölkerung auf 21.000 Personen.[11] Bocholt war mit Abstand die größte Webereistadt der münsterländischen Textilindustrieregion.[12]

Mit der wachsenden Bevölkerungszahl stieg auch der Bedarf an Watten. Davon profitierte Borgers: Ungeleimte Watte wurde als Füllung für Stepp- und Tagesdecken sowie für Matratzenauflagen, einseitig geleimte Wattetafeln als Polsterwatte vor allem für Kissen und Sitzmöbel und als Schneiderwatte für Röcke, Anzüge etc. verwendet.[13] Der zunehmende Wattebedarf hing auch mit dem stark wachsenden Güterverkehr und dem Ausbau des Eisenbahnnetzes zusammen: Watte eignete sich hervorragend als Verpackungsmaterial für den Transport von hochwertigem Obst und von empfindlichen Produkten.[14] So gab es um 1900 Watte-Verpackungen z. B. für alle Winter-Calville-Äpfel, die mit der Bahn transportiert wurden. Auch Trauben wurden auswattiert, z. B. in Postsendungen des Schlosses Friedrichshof in Cronberg-Taunus. Schmuck, kleine zerbrechliche Maschinenersatzteile und innovative Elektroartikel wie die 1881 eingeführte Kohlenfadenlampe verlangten nach weicher Ummantelung für den Versand. Eine frühe Elektrifizierung (seit ca. 1885) erlebten die Menschen z. B. im Ruhrgebiet und im märkischen Sauerland.[15] Glühlampen mit Kohlefäden oder mit Glühfäden aus Osmium oder Tantal waren jedoch gegen Erschütterung sehr empfindlich. Auch sie wurden deshalb vor dem Einschachteln in Watte gewickelt.[16] Wattiert wurden auch die seit 1906 verkauften Wolframleuchtkörper.[17] Als der stoßfestere Wolframleuchtkörper von 1911 die übrigen Leuchtkörper schnell weitgehend vom Markt verdrängte,[18] konnte das Borgers nicht gefallen, da deshalb 1911/12 die Watte als Verpackungsmaterial für Glühlampen durch die günstigere Wellpappe ersetzt wurde: „Manche Industrien, wie vor allem die Elektrizitätsbranche brauchen infolge Verbesserung ihrer Fabrikate

(Lampen) überhaupt keine Watte mehr, oder haben solche durch billigere Stoffe ersetzt."[19] So stockte bei Borgers die stürmische Expansionsphase 1912: Der Jahresversand von Watten und Vliesen, den damals einzigen Borgers-Produkten, war bis dahin von Jahr zu Jahr von 121 Tonnen (1899) auf fast 853 Tonnen (1911) gestiegen. 1913 lieferte die Wattefabrik mit 873 Tonnen schließlich 16 Tonnen weniger als im Vorjahr. Nach zwölf erfolgsverwöhnten Jahren erstmals ein Rückgang.[20]

Zum Trennen der Wattebahnen und zum besseren Transport der Watte leimte Borgers damals große Wattemengen einseitig. Als Polsterungsmaterial wurde Borgers-Watte im medizinischen Bereich schon lange bei Schienenverbänden eingesetzt.[21] Es scheint sogar, dass Wundärzte Borgers-Wattetafeln bester „Qualität weiss"[22] spalteten „und die ungeleimte, rauhe, flockige Seite" auf die Wunde auflegten.[23] Da es keinen Direktvertrieb an Krankenhäuser und Arztpraxen gab, wusste Borgers nichts von dieser kaum sterilen Blutstillung mit Borgers-Watten.

Johann und Franziska im Konflikt – Werkstatterweiterung oder Fabrikneubau?

Die 1887 von Borgers gekaufte Eisenkrempel erhöhte die Produktion geleimter Wattetafeln so sehr, dass der neben dem Kesselhaus gelegene Trockenraum an der Stadtgrabenseite der Fabrik zu klein wurde.[24] Also sollte ein Erweiterungsbau mit Sheddach links von der kleinen Wattefabrik an der Südmauer errichtet werden.[25] Allerdings kamen nun die ersten Beschwerden seitens der Stadt: Eine Tür sollte zugemauert werden. Da sich die Grundstücke zwischen Südmauer und Stadtgraben (Südwall) vor 1900 zu einer bevorzugten Wohngegend entwickelt hatten, störten Betriebe wie Borgers mit ihrem Lärm und ihren Gerüchen. Das waren Beschwerdegründe, die Borgers noch lange verfolgen sollten.

Franz Borgers war mit der Qualität des neuen Trockenraums allerdings nicht zufrieden: „Die Wattetafeln, welche Abends zum Trocknen aufgehangen wurden, waren meistens des morgens noch feucht." Grund dafür waren der verschlammte Stadtgraben-Boden[26] und die geringe Abdampfnutzung im Trockenraum, der nun nicht mehr direkt am Kesselhaus lag. Franz war sich darüber im Klaren, dass die Kleinfabrik zwischen Südmauer und Stadtgraben der steigenden Wattenachfrage nicht gewachsen war: „Es war alles aufs Primitivste und unzweckmäßig eingerichtet."[27] Er wollte die Leimerei mechanisieren: Sehr oft musste Franz nämlich „die schwierigste und anstrengendste Arbeit" des rein handwerklichen Leimens verrichten: Die Wattetafeln wurden an den dampfbetriebenen Krempeln zur fertigen Größe zugeschnitten und dann auf einem Tuch mit einer langen Bürste mit aufgeschäumtem Knochenleim bestrichen. Johann Borgers gelang es auch nicht, das Problem „der primitiven Entstaubung" in der Südmauerfabrik zu lösen.[28] Besonders unangenehm war die Fertigung von schwarzer Watte aus dunklen Rauabfällen,[29] die deshalb nur zwei- bis viermal im Jahr stattfand. An diesen Tagen der Vorratsproduktion von Schwarzwatten wurde es dann immer dunkler in der Werkstatt. Franz Borgers und seine Mitarbeiter stöhnten oft über die mühsame Reinigung: Sie mussten alle Wände, Böden, Maschinen und Werkzeuge teilweise mit einer Lösung aus Salzsäure gründlich vom dunklen Staubauswurf befreien.

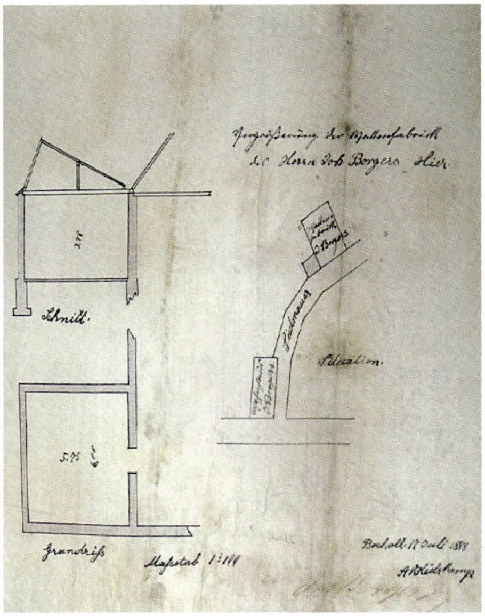

1888 erweiterte Johann Borgers gegen den Willen seiner Frau die Südmauerwerkstatt. Franziska wollte stattdessen einen Großfabrikbau.

Die Südmauerwerkstatt von Borgers: eine späte Aufnahme des lange erhaltenen Gebäudes.

Die Strafandrohung wegen des Erweiterungsbaus, die kräftezehrende Handleimerei und die Staubprobleme trugen dazu bei, dass Franziska und Franz Borgers schon Anfang der 1890er Jahre nach einer großen Lösung der immer akuter werdenden Platzprobleme suchten.[30] Von einem neuen Fabrikstandort wollte Johann Borgers indes nichts wissen.[31] Dabei war auch ihm bewusst, dass für eine leistungsfähige Dampfmaschine kein Stellplatz vorhanden war. Trotz der Einwände von Franz und Franziska setzte Johann alles daran, die alte Südmauerwerkstatt zu erweitern: So errichtete er noch Anfang der 1890er Jahre zwei weitere Anbauten.[32]

Franziska verfolgte jedoch den Plan eines Fabrikneubaus: Damit keine Gelder für Altfabrik-Anbauten zur Verfügung stehen konnten, forderte sie gerade jetzt ein neues Wohnhaus: Die achtköpfige Familie hatte zwar eindeutig zu wenig Wohnraum in dem alten Haus,[33] doch bisher waren Unternehmensbedürfnisse vorrangig gewesen. Am 17. Oktober 1894 richtete Johann Borgers sein Baugesuch an den Bürgermeister für ein repräsentatives Haus mit Wasserleitung an der Osterstraße mit der späteren Nummer 64.[34] Nach dem Einzug im Frühjahr 1896 fand Franziska Borgers das neue Zuhause so schön, dass sie lieber sterben wollte, als nochmals umzuziehen.[35] Franziska überredete ihren Mann auch zum Abriss und Neubau der Osterstraße 62. Die hohe Doppelhaus-Bausumme von 55.000 Mark (369.000 Euro) stand, so Franziskas Kalkül, ihrem Johann für seine längst genehmigten Werkstattanbauten nicht zur Verfügung.

Bereits drei Monate vor Baubeginn der Privatvilla kaufte Johann Borgers an der Blücherstraße ein Grundstück mit Wohnhaus und Hofraum.[36] Etwas später wurde ein weiteres benachbartes Grundstück erworben. 1889 konnte Borgers auf diesen Grundstücken sieben erbaute Mietwohnungen günstig zur Verfügung stellen. Diese Arbeiterhäuser an der Blücherstraße und der Doppelhausbau Osterstraße 62–64

Ostseite des 1875 von Borgers gekauften Hauses der „Blume von Bocholt" Ecke Südmauer/Osterstraße. Rechts unten eine Baugrube für den Neubau Osterstraße 64. Aufnahme von 1895. V. l. die Borgers-Familie: Franziska, Franz, Maria (Mariechen), Fritz und deren Mutter Franziska Borgers (1841 bis 1924).

sollten als Hypothek zur Sicherung von Krediten für den Fabrikneubau dienen.[37] Franz bezeichnete später diesen Hypotheken-Plan seiner Mutter sogar als „etwas frivol"; Johann Borgers durfte von diesem Plan nichts wissen, er hätte ihn damals gewiss abgelehnt.[38]

Franziska konnte zwar die Genehmigung eines 20 Meter hohen Schornsteins und einer 20-PS-Dampfmaschinen- und Kesselanlage für die Altfabrik Ende 1895 nicht verhindern.[39] Doch entzog sie diesem Dampfbetriebvorhaben Gelder, die in den Erwerb von Arbeiter- und Privathäusern flossen. Immer wieder pochte sie darauf, dass nur ein Industriefabrikneubau genügend „Platz und Raum und Kraft" für die steigende Produktion bieten würde.[40] Wie anstrengend dieser Konflikt mit ihrem Mann gewesen war, zeigt ihr Ausruf einige Jahre später: „Was hat das erst Kampf gekostet, ehe der Entschluß gefaßt, das Grundstück Fildeke zu erwerben!" Als Johann Borgers im Frühsommer 1896 dennoch Anstalten machte, seine längst genehmigten Erweiterungsbauten endlich errichten zu lassen, eine gewisse Geldsumme dafür war wieder erwirtschaftet, suchten Franziska und Franz verzweifelt nach einem Komplizen. Was ihnen in anderthalb Jahren nicht gelungen war, sollte nun jemand erreichen, der „großen Einfluss auf Vater Borgers hatte":[41] Es handelte sich um den Bocholter Stadtverordneten Max Hugo von Velsen (1854 bis 1935).[42] Max von Velsen war als Spinnereidirektor der Firma Ludwig Schwartz (seit 1879) und dann als Mitinhaber der 1889 gegründeten Baumwollspinnerei von Velsen & Co. der wichtigste Borgers-Lieferant von Rohstoffen für die Watteproduktion.[43] Auch im eigenen Interesse erfüllte der Zulieferer den Wunsch von Franziska und Franz Borgers, er möge Johann Borgers von der Notwendigkeit eines Industriefabrikneubaus überzeugen.[44] Dies gelang ihm schnell. Der Firmengründer suchte nun eifrig auf eigene Faust nach einem geeigneten Grundstück. So über-

Links das Doppelhaus von Johann Borgers in der Osterstraße 62–64 um 1910. Der Rohbau Osterstraße 64 (ganz links) wurde Ende Juli 1895 nach drei Baumonaten an der Ecke Stadtgraben (Südwall) fertiggestellt.[45] Die erste Etage der Osterstraße 64 wurde 1895/96 an Antonia Dübigk, Witwe des Borgers-Lieferanten Emil Dübigk,[46] vermietet. Im Frühjahr 1896 zog dann das Ehepaar Borgers mit seinen Söhnen Franz, Wilhelm, Josef und Fritz und ihren Töchtern Maria und Franziska in das neue Wohnhaus ein. Anstelle des nun abgerissenen alten Borgers-Wohnhauses ließ Borgers ein Eckhaus zur Südmauer hin so bauen, dass es zusammen mit Osterstraße 64 ein Doppelhaus bildete. Laden und Wohnung der Osterstraße 62 wurden vermietet.

raschte er Ende August 1896 seine Söhne mit einem Kaufvertrag und verkündete stolz: „Ich habe ein großes Gelände für unsere neue Fabrik gekauft!“ Das Grundstück lag am südlichen Teil des Stenerner Weges und reichte vom Barloer Weg zum Stenerner Weg.[47] Die erwachsenen Söhne Franz und Wilhelm waren damals enttäuscht, dass ihr Vater sie bei der Grundstückssuche nicht beteiligt hatte.[48]

Die Entscheidung für einen Neubau erwies sich nach nur kurzer Zeit als überaus richtig, stürzte doch in der Osterzeit 1897 kurz nach dem Abtransport der Maschinen in den Neubau „das alte Gebäude zusammen“.[49] Nach dem Wiederaufbau vermietete Borgers die alte Südmauerfabrik an die Riet- bzw. Weberkammfabrik[50] Carl Küppers sen.[51] Einige Jahre später wurde die ehemalige Borgers-Fabrik (1875 bis 1897) als Lager für das Wohnhaus Osterstraße 62 genutzt.[52]

Ein Industrieunternehmen entsteht – Selbstläufer oder größte Schwierigkeiten?

Am 15. September 1896 folgte das Baugesuch für das neue Stammwerk.[53] Der Rohbau sollte nur 8.862 Mark kosten, verschlang aber dann mehr als das Doppelte.[54] Der Bauleiter, Ingenieur A. Wieber, hatte sich nicht als guter Architekt erwiesen.[55] Am 10. März 1897 war die Fabrik im Rohbau fertig, so dass Mitte April endlich die 28-PS-Dampfmaschine mit Wasservorwärmer an die Kesselanlage angeschlossen und in Betrieb genommen werden konnte.[56]

Zu dieser Zeit wurden die alten Maschinen aus der Südmauerfabrik in die neuen Räume gebracht. Umwälzende Neuerungen gab es jetzt im Betrieb: Johann Borgers, seine beiden Söhne Franz und Willy sowie etwa ein Dutzend Arbeiter hatten noch in der Zeit von Ende April bis in die Sommermonate 1897 hinein die größte Mühe, in dem großen neuen Fabrikraum die drei alten Kratzen an die neuen Transmissionen anzubringen:[57] „Das eine paßte nicht zum andern. Die Watten wurden noch mit der Hand geleimt, große Aufträge konnten nicht angenommen werden, weil keine passenden Maschinen vorhanden" waren. Franz und Willy arbeiteten nun seit Sommer 1897 „gemeinschaftlich zur Vergrößerung des Geschäfts".[58] Um „große Aufträge" nunmehr in Angriff nehmen zu können, hatten sie die fast halbleere Fabrikhalle seit Ende 1897 mit großenteils gebraucht gekauften Maschinen ausgestattet.[59]

Jetzt kam der Firmengründer so richtig in Fahrt: Ende März 1897 ließ er sich einen Erweiterungsbau und einen Abortanbau genehmigen, was die Fabrik um ein Drittel vergrößerte.[60] Johann Borgers beachtete auch die Hygienevorschriften des Bürgermeisters, die man damals in allen Bereichen eingeführt hatte. Zur Zeit der Borgers-Firmengründung war man sich selbst in Medizinerkreisen noch nicht der Gesundheitsgefährdung durch unhygienische Verhältnisse vollauf bewusst. Zwar hatte Borgers Anfang des 20. Jahrhunderts wie auch sonst in damaligen Fabriken üblich noch keine Klosettspülung.[61] Erst im Juli 1913 wurden „14 Stück Waschtoiletten aufgestellt."[62] Große Freude herrschte damals in der Borgers-Fabrik, als die neu verlegte Wasser- und Abflussleitung erstmals genutzt werden konnte. Vorschriftsmäßig aber sorgte Borgers bereits 1897 dafür, dass der von den üblichen Abortsickergruben aufsteigende „Geruch nicht in den Fabrikraum kommen" konnte, wozu auch eine zusätzliche Fluchtwegtür beitrug. Seit Juli 1897 vermietete Borgers der Buntweberei Geisel & Elsberg den 11.000 Mark teuren Erweiterungsbau in der „Borgers Fabrik."[63]

Wohnungsbau für Mitarbeiter

Wir haben bereits gesehen, dass der betriebliche Wohnungsbau mit der Einrichtung von sieben Arbeiterwohnungen an der Blücherstraße in zwei Schritten bei Borgers überraschend früh in Angriff genommen wurde, nämlich noch vor dem Fabrikbau und im ersten vollen Produktionsjahr des Werks am Stenerner Weg.[64] 1898 erhielt so die Hälfte der Borgers-Arbeiter eine günstige Arbeiterwohnung. Das sollte sich aber schnell ändern, weil das Wachstum die Einstellung vieler Arbeiter erforderlich machte. 1890 hatte es nur acht Mitarbeiter bei Borgers gegeben,[65] 1913 waren es schon 71.[66] Schon 1872 wurden relativ früh durch Unternehmen in Bocholt Arbeiterwohnungen errichtet.[67] Borgers stellte mit sieben Arbeiterhäusern fast fünf Prozent aller 1899 in Bocholt vorhandenen 158 Arbeiterwohnungen. Seit 1900 erfolgte der Arbeiterwohnungsbau fast ausschließlich durch den Bocholter Bauverein eGmbH von 1898,[68] dem Borgers mehr als 15 Jahre später beitreten sollte.[69] Im Familienumfeld von Borgers stand die Förderung von Arbeiterwohnungen überhaupt hoch im Kurs: So stand Franz Borgers' Schwager, Cornelius Thywissen, 30 Jahre an der Spitze der Neusser Arbeiterwohnungsgenossenschaft.[70]

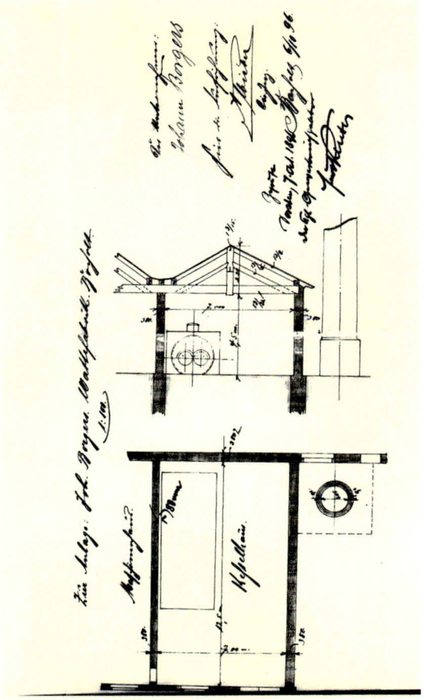

Der Borgers-Antrag zum Bau eines Kessel- und Maschinenhauses 1896.

Mit der neuen Fabrik begann die Ära des Industrieunternehmens Borgers, das allein im Januar 1899 mehr Watte auslieferte als der Borgers-Betrieb im ganzen Jahr 1890.[71] Durch die expandierende Wattefertigung war man nunmehr vollends kein kleingewerbliches oder handwerkliches Unternehmen mehr. Der Gründer sah sich deshalb nun gesetzlich (nach §§ 1, 4, 29 HGB von 1897[72]) dazu verpflichtet, am 16. April 1898 seine Firma eines „Einzelkaufmanns" (nach § 28 HGB) zur Eintragung in das Handelsregister beim Amtsgericht Bocholt anzumelden (seit 1907 im Handelsregister A 178). Diese Registrierung unter der Nummer 326 verpflichtete Borgers zur Bilanzierung und zur Führung von Handelsbüchern.[73] So stellten auch Franziska und Franz Borgers seit 1898 für den Schluss eines jeden Geschäftsjahrs Inventar und Bilanz auf, bis im Jahre 1910 Hermann Unland die bereits fast 70 Jahre alte Frau des Firmengründers darin ablöste.[74] Nachdem Johann Borgers am 1. Januar 1902 seine Söhne Franz und Wilhelm als Teilhaber in die Firma eintreten ließ, zog sich der Firmengründer von der Geschäftsführung zurück.[75]

Die industrielle Fertigung beginnt

Im Winter 1898/99 trieb die Dampfmaschine über Transmissionen und Riemenanlage bereits einen Batteur (Schlagmaschine zur Reinigung) und acht Karden (Krempel) an. Neben diesen Faseraufbereitungsmaschinen wurden auch eine Schleifmaschine und eine Leimmaschine dampfbetrieben. Als weitere technische Neuerung wurde eine Zentrifuge eingekauft und zwar nur 15 Jahre nachdem die erste brauchbare Zentrifuge von dem Schweden Carl de Laval hergestellt worden war.[76] Die ersten Wäscheschleudern, um 1900 angeboten, waren mit einer Handkurbel zu betreiben.[77] „Zur mechanischen Ausscheidung von Verunreinigungen aus der Leimlösung" konnte zwar die trommelförmige Zentrifuge auch eingesetzt werden.[78] Borgers benötigte die Zentrifuge aber vor allem, um gewaschene Textilstreifen (Strips) und Lumpen so zu schleudern, dass die Restfeuchte ein gutes Reißen ermöglichte. Die Zentrifuge sollte den Einkauf von Textilstreifen, wohl vor allem Konfektionsreste aus den Webereien, in großen Mengen ermöglichen: Als wichtigsten Borgers-Rohstoff verdrängten schon Anfang 1900 Textilstreifen den Rauabfall.[79] Bis 1905 kauften Willy und Franz Borgers noch kein Altgewebe in nennenswerten Mengen ein: Erstmals 1905/06 erwarben sie 300 Kilogramm „alte Säcke" und 461 Kilogramm „alte Lappen".[80] Eine Folge des in der ersten Bocholter Textilkrise (1900 bis 1904) deutlich gestiegenen Preises für Rauabfälle.[81] Aber dies war noch nicht alles. In der „nie gekannten Krise" der Bocholter Textilindustrie 1910[82] mussten sich die Gründersöhne dann sehr ernste Gedanken machen.[83] Warum nicht alte Lumpen als neue Rohstoffe für Borgers nehmen? Immerhin stiegen um 1900 die Lumpen-Vorräte außergewöhlich an. In der Massenpapierherstellung benötigte man nämlich keine Lumpen als Hauptrohstoff mehr. Beim Altgewebe war jedenfalls kein Preisanstieg zu erwarten.[84] So lieferte allein die Velsen-Spinnerei Ende 1912 der Firma Borgers 16,7 Tonnen leere Säcke und Verpackungsgewebe (Emballage) als Rohstoffe.[85] Ende 1912 hatte Borgers zwar immerhin einen Vorrat von mehr als 76 Tonnen an Faserstaub, Fasern und Fäden im Wert von 26.619 Mark. Doch steigerte sich der Gewichtsanteil des Gewebes am Gesamtrohstoffvorrat (24 Tonnen Ende 1898;

117 Tonnen Ende 1912) von sieben Prozent Ende 1898 auf über 35 Prozent Ende 1912. In den Folgejahren sollte die Bedeutung von Geweberohstoffen weiter zunehmen, so dass sie in den 1920er Jahren für Borgers bedeutsamer waren als die Faser- und Fädenrohstoffe.

So lag es Ende 1911 nahe, eine eigene Industriereißerei einzurichten. Sie wurde in der zweiten Hälfte 1912 für 10.808 Mark aufgebaut.[86] Seit März 1913 arbeitete Borgers mit zwei von Fritz Borgers ausgesuchten zwei- und dreizylindrischen Großreißmaschinen nach dem System des Oldhamer Maschinenbauers Platt Brothers,[87] bei dem Fritz Borgers Volontär war.

Wie wurde aber jetzt Watte bei Borgers jahrzehntelang Tag für Tag hergestellt? Mit der Axt wurden zunächst die hart gepressten Baumwollballen zerschlagen.[88] „Amerik. Baumwolle", Textilstaub, Garnabfälle, Rauh- und Scherabfälle sowie Textilstreifen[89] wurden erst einmal in den 1899 erworbenen „Willow"-Wolf, der Eisenstifte hat, geworfen.[90] Seit 1912 wurde bei Borgers Gewebe mit Schmelzöl befeuchtet, damit faserschonend gerissen werden konnte.[91] Die Schlag- und Reißwölfe sollten diese Rohstoffe auflockern, reinigen, zerrupfen und reißen.[92] Danach schlug der Putz-„Batteur" das Wollmaterial durch

Innovationen

Franz und Willy Borgers wollten eine innovative Fabrikausstattung; so war es ein großer Tag als die neue Fabrik elektrisch beleuchtet wurde! Eine relativ teure „elektrische Anlage" (Gleichstromanlage) zum Betrieb der „Seil- und Riemenanlage" und zur Werksbeleuchtung für immerhin 2.540 Mark (16.260 Euro) wurde gekauft.[93] Sicher hatte Willy, der in einer großen Weberei ausgebildet worden war, dort aber dann nach seiner Miltärzeit in Berlin 1893/94 „keine passende Stellung erhalten" hatte,[94] schon das neue Licht gesehen: Bereits Ende des 19. Jahrhunderts, also lange bevor Bocholt am 4. Oktober 1913 aufgestromt wurde, erzeugten nämlich große Spinnereien und Webereien ihren Strom für die Beleuchtung ihrer Betriebs- und Bürogebäude durch einen an die Dampfmaschine angeschlossenen Generator selbst.[95] Dampfmaschinenbetriebene Generatoren hat Borgers seitdem eingesetzt, um Bewegungsenergie in elektrische Energie umzuwandeln: Besonders effizient darin war der 1887 erfundene Drehstromgenerator. Zusammen mit Drehstrommotor, Anlasswalze und Schaltanlage wurde ein Drehstromgenerator von der Kölner Siemens-Schuckert-Werke GmbH 1912 bei Borgers montiert. Dafür gab Borgers 11.813 Mark aus, sicher eine zukunftsweisende Investition.[96] Zwar war die Gaslampenbeleuchtung eindeutig heller und besser als die flackernden Petroleumlampen, die Johann Borgers wohl noch bis in die frühen 1870er Jahre zur Werkstattbeleuchtung hatte. Doch wie oft mussten Brandherde bekämpft werden, ausgelöst vom offenen Licht der Gaslampen, das mit dem Staub bei der Verarbeitung leicht brennbarer Rauabfälle in Berührung kam: Franziska betete täglich, dass Gott Borgers vor Brand beschützen möge, so groß war die Brandgefahr in damaligen Wattefabriken![97]

Kaufmannslehrling Fritz Borgers mit seiner Schwester Ika, 1902. Als Fritz Borgers von 1902 bis 1904 eine kaufmännische Lehre in der Brüsseler Firma Narath Frères absolvierte, beklagte er sich über die häufige „schlechte Laune" seines Vorgesetzten.[98] Franziska Borgers hielt ihrem Sohn daraufhin den christlichen Dienstgedanken, der geduldiges Ertragen der Launen des Vorgesetzten einschließe, mahnend vor Augen.[99]

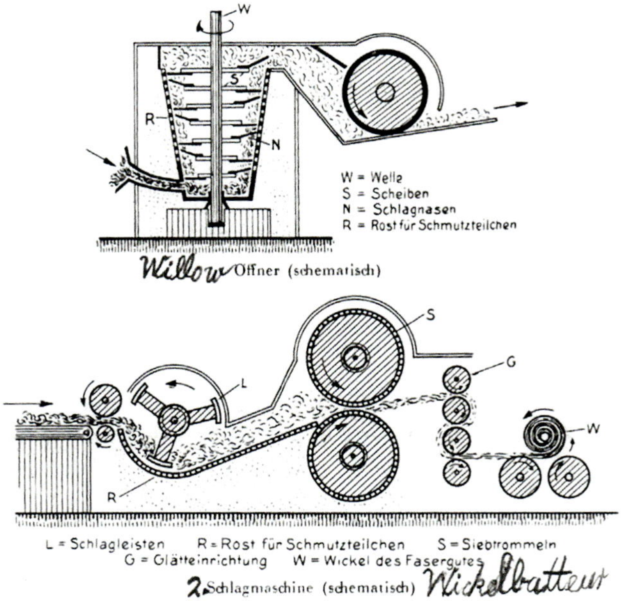

Willow und Wickel-Batteur (Wattenmaschine).

Flügelwellen und entstaubte mit „Ventilatoren".[100] Dann wurde im Wickel-„Batteur" (auch Wattenmaschine genannt) das Fasermaterial noch einmal geschlagen, bevor es durch Druckwalzen zu einem dünnen Vlies gebildet und auf Zylinder aufgewickelt werden konnte.[101] Dieses Vlies wurde nun in einer Wattekrempel kardiert.[102] Nach dem Krempeln (Kämmen der Fasern) wurden die Wattebahnen über Walzen durch die Leimwannen der „6 Leimmaschinen" (1909) geführt.[103] Schließlich hat die „Watteschneidemaschine" die Wattebahnen in Tafeln geschnitten.[104]

Streik bei Borgers im Kaiserreich

Wir schreiben den 14. April 1905: Es war ein kalter, unfreundlicher Apriltag. Johann Borgers lag noch im Bett, als seine Frau um 5.30 Uhr ihr tägliches Morgengebet verrichtete:[105] Franziska Borgers flehte ihren Gottvater als Arbeit- und Verdienstgeber[106] täglich um „Liebe, Frieden und Einigkeit zwischen den Arbeitern und Prinzipalen" (Firmeninhabern) an. Sie bat Gott darum, er möge „auch heute wieder der Inspektor, der erste Werkführer der Fabrik" und „der Kaufmann, der die Ware ein- und verkauft" sein. Somit wurde von Borgers die staatliche Fabrikinspektion zum Schutz der Arbeiter als gottgegeben akzeptiert. Franziska betete für ihre Feinde und vergessene Menschen. Da Gott als Herr im Unternehmen angesehen wurde, war die Auffassung der Familie Borgers, „Herr im Haus" der eigenen Firma zu sein, durch die zehn Gebote, Kirchengebote (z. B. Sonn- und Feiertagsruhe) und die katholische Soziallehre[107] eingeschränkt.

Johann Borgers schlief immer noch, als seine Frau um sechs Uhr das Bocholter Volksblatt vom Zustellerjungen entgegennahm und ihrem Sohn Franz reichte, der mit Willy schon am Frühstückstisch saß. Plötzlich

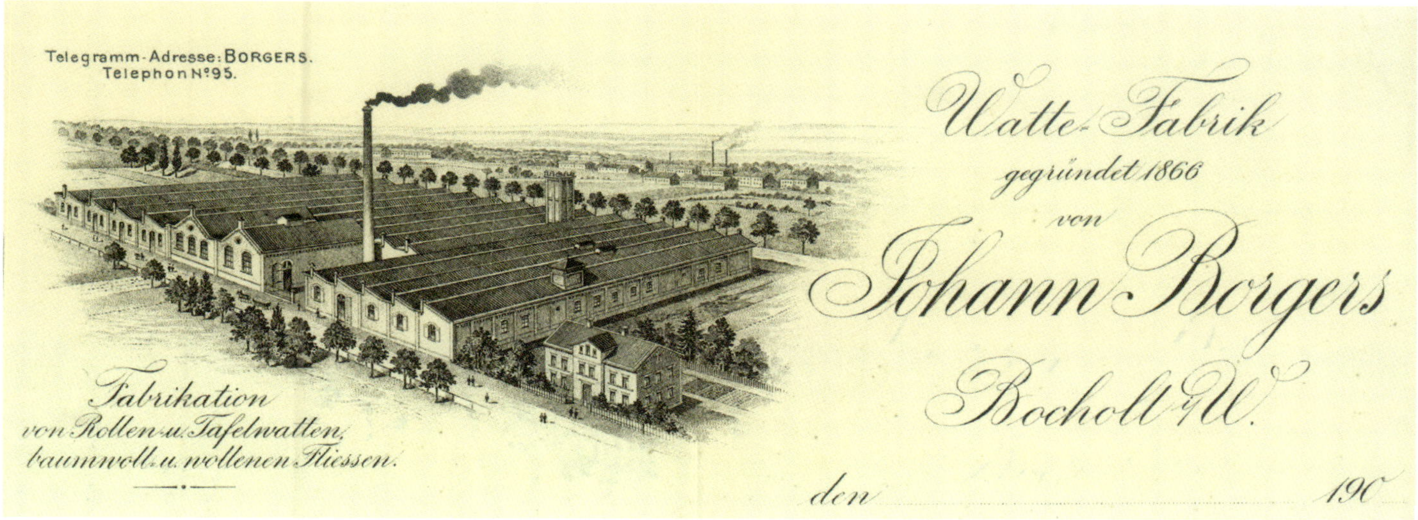

Die im Herbst/Winter 1896/97 gebaute Borgers-Fabrik am Stenerner Weg. Die Fabrik ist gezeichnet im Borgers-Briefkopf von 1908.

ein Schrei: „Was! Das gibt's doch nicht! Hier steht, es seien ernste Differenzen zwischen der Firma Johann Borgers und ihren Arbeitern ausgebrochen!? Der Lensing steckt dahinter! Den haben wir ja auch noch gewählt!" Er reichte Willy die Zeitung. „Warum schreist Du so?" fragte Mutter Franziska ihren Franz, der ganz aufgeregt hin- und herging. Franz bat Willy, den Artikel vorzulesen:

„Zwischen der Firma Johann Borgers (Wattefabrik) und ihren Arbeitern sind ernste Differenzen ausgebrochen. Die Firma hat bisher in ihrem Betriebe eine 66stündige Arbeitszeit pro Woche eingeführt. Der Wunsch der Arbeiter geht dahin, daß pro Tag nicht länger wie 10 ¾ Stunden gearbeitet werden soll, mit Schluß der Arbeitszeit an den Samstagen um 5 ½ Uhr. Mit der Verkürzung der Arbeitszeit darf keine Lohnreduktion verbunden sein. Diesem gerechten Verlangen der Belegschaft will die Firma nicht entsprechen. Wir ersuchen die Arbeiterschaft Bocholts, bis zur Erledigung der angeführten Differenzen die Firma Borgers zu meiden. Zentralverband der christl. Textilarbeiter Deutschlands [christl. Textilgewerkschaft].
I. A.: Adolf Lensing, Sekretär." [108]

So oder so ähnlich mag sich die Szene in der Familie Borgers abgespielt haben. Was wird es für die Familie Borgers für ein furchtbarer Schock gewesen sein, als ausgerechnet die zentrumsnahe, christliche Textilgewerkschaft der Öffentlichkeit mitteilte, dass die Borgers-Arbeiter mit dem Elfstunden-Tag unzufrieden seien? Hastig hatte man in den letzten sechs Jahren des starken Betriebswachstums ca. 20 Arbeiter einstellen müssen. Und nun dieser Schock! Dass diese für Borgers peinliche Mitteilung von Adolf Lensing (1875 bis 1952), dem Bezirksleiter der christlichen Textilgewerkschaft (1904 bis zum NS-Verbot 1933), unterzeichnet war, ärgerte die Familie Borgers besonders: Lensing war nämlich Kan-

Die Bocholter Gymnasialprofessorentochter Aenne Weber (1891 bis 1919) und Fritz Borgers heirateten am 4. September1913, Aufnahme um 1913. Wie 1910 vertraglich vereinbart,[109] arbeitete Fritz von November 1912 bis März 1913 beim weltweit größten Maschinenbauer Platt Brothers Oldham nahe bei Manchester.[110] Fritz war anfangs sehr beeindruckt und unsicher:[111] „Es sind Volontäre vertreten aus aller Herren Länder. [...] Fast kann sich solch ein armer Wattenfritze neben diesen schneidigen Herren gar nicht sehen lassen." Seine Briefe aus England an Aenne zeigen, dass sein Minderwertigkeitsgefühl allmählich verschwand.[112]

Die Familie Borgers zur Zeit des Werkbaus am Stenerner Weg um 1897 in der neuen Rolle als Industrieunternehmerfamilie: v. l.: Franz, Wilhelm, Franziska, Franziska, geb. Ratering, Johann Borgers, Fritz, Maria und Josef.

didat der Zentrumspartei, den die Familie Borgers just 1905 in die Stadtverordnetenversammlung bis 1910 gewählt hatte![113] Der 1899/1900 in Bocholt gegründete „Verband christlicher Textilarbeiter Westfalens" hatte schon damals 300 Mitglieder. Dieser Gewerkschaftsverband gründete dann 1901 mit anderen Verbänden den Zentralverband christlicher Textilarbeiter.[114]

Sicher haben sich Willy und Franz aber gefragt, warum ausgerechnet sie als treue Zentrumsparteiwähler von den zentrumsnahen Gewerkschaftern „angegriffen" wurden. Warum wurden 1905 nicht die jüdischen oder liberalen Fabrikanten mit Arbeitskämpfen bedroht?[115] Die christliche Textilgewerkschaft, fast 700 Bocholter waren schon Mitglied, benötigte nicht nur in Bocholt schnelle Erfolge.[116] Denn die rasch stärker werdenden SPD-nahen Textilgewerkschaften[117] erkannten ihre Existenzberechtigung nicht an.[118] Gerade 1905 entflammte in Bocholt ein Kampf zwischen der christlichen und der 1902 gegründeten SPD-nahen Gewerkschaft.[119] So kam es zu handfesten Auseinandersetzungen unter den 450 Besuchern der ersten Großversammlung der SPD-nahen Gewerkschaft am 28. Mai 1905. „Sogar Rufe wie: ‚Wir wollen Dir [Lensing] die sch ... Rippen polieren!' schwirrten durch den Saal. In der Nähe des Kollegen Lensing erhob sich ein Genosse, um auf ihn einzudringen." [120]

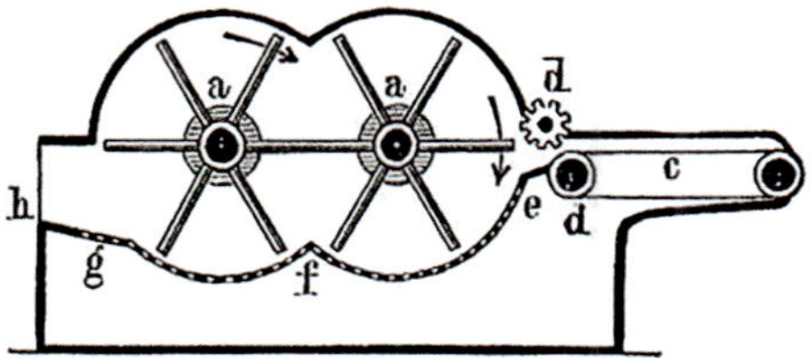

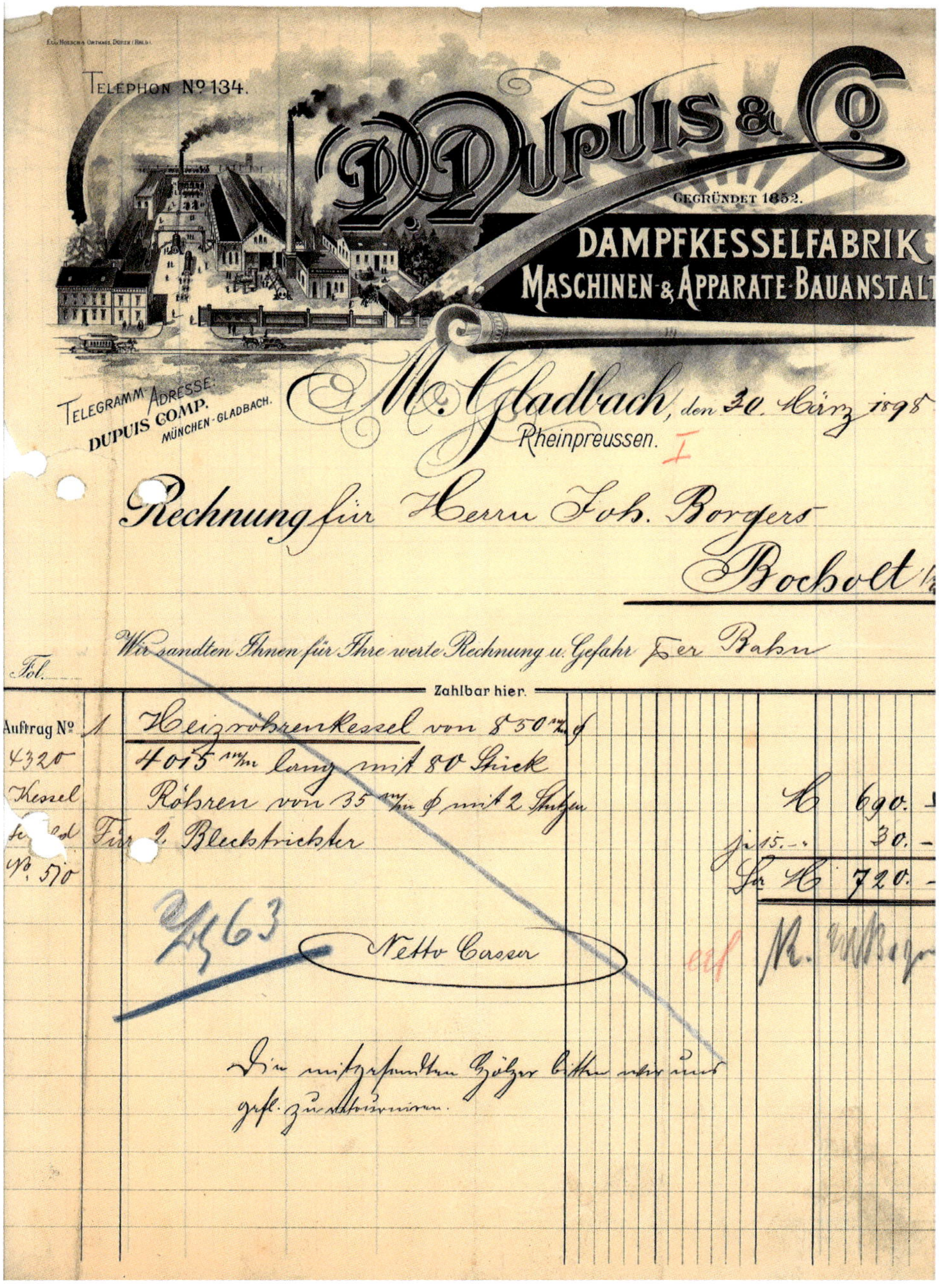

Telephon No 134.

Dupuis & Co.

Gegründet 1852.

Dampfkesselfabrik

Maschinen- & Apparate-Bauanstalt

Telegramm Adresse: Dupuis Comp. München-Gladbach.

M. Gladbach, den 30. März 1898

Rheinpreussen.

Rechnung für Herrn Joh. Borgers

Bocholt

Wir sandten Ihnen für Ihre werte Rechnung u. Gefahr per Bahn

Fol.

Zahlbar hier.

Auftrag No 4320 Kessel	1	Heizröhrenkessel von 850 m/m ⌀ 4015 m/m lang mit 80 Stück Röhren von 35 m/m ⌀ mit 2 Stutzen	M 690. –
No. 510	Für 2 Blechtrichter	à 15.–	30. –
			Sa M 720. –

Netto Cassa

Die mitgesandten Hölzer bitte ... gefl. zu retournieren.

Die damals übliche Schlagmaschine hatte zwei Wellen (a) mit je sechs Reihen von je sechs Stäben, die mit 500 Umdrehungen das über Tuch (c) zugeführte Fasermaterial schlugen und damit auflockerten. Durch den Rost fiel der nicht verwertbare Feinstaub.

Dupuis-Dampfkesselrechnung: Der vier Meter lange Dampfkessel wurde von der Dampfkesselfabrik Dupuis am 30. März 1898 Borgers in Rechnung gestellt.

Franz Borgers war praktisch und technisch ausgerichtet. Er kritisierte seine Eltern dafür, dass sie ihn zu früh von der Höheren Bürgerschule abgemeldet und ihm nur eine zweijährige kaufmännische Ausbildung in einer Bocholter Weberei zugestanden haben. Die Aus- und Weiterbildung seiner Brüder Willy und Fritz war dagegen ausgezeichnet: So war z. B. Fritz Volontär u. a. in England beim größten Maschinenbauer der Welt, bei Platt Brothers.

Das P & C-Kaufhaus in Düsseldorf wurde 1901 eröffnet. Peek & Cloppenburg war von 1900 bis 1915 einer der größten Borgers-Kunden: Watte für Sakko-Ärmel etc.

Die täglich entlohnten Arbeiter hatten am 14. oder 15. April 1905 mit Billigung der christlichen Gewerkschaft gekündigt. Die Borgers-Brüder erkannten die Forderungen noch vor Ablauf der 14tägigen Kündigungsfrist an,[121] so dass die Kündigungen von den Arbeitern zurückgenommen werden konnten.[122] Borgers gab so schnell nach, weil Zentrumspartei und Klerus die christliche Gewerkschaft unterstützten.[123] Schließlich hatte auch die Familie Borgers Angst vor der „socialdemocratischen Organisation," die u. a. zur Gründung der christlichen Gewerkschaft in Bocholt geführt hatte.[124] Den jungen Geschäftsführern gelang es nicht so schnell, ähnliche Treuebeziehungen, die vor der Auflösung der hausindustriellen Produktions- und Lebensgemeinschaft 1895 selbstverständlich waren, mit den neu eingestellten Arbeitern einzugehen. Die Gründersöhne kämpften noch gegen das „Plodde-Borgers"-Image und für ihre Anerkennung als Wirtschaftsbürger: Da Borgers 1905 noch keinem Unternehmerverband angehörte, war ein solidarisches Eingreifen für die faktisch bestreikte Firma Borgers (z. B. durch Massenaussperrung) von Seiten der Textilunternehmer Bocholts nicht zu befürchten. Es gab also für die christlichen Gewerkschafter genügend Gründe, warum mit einem schnellen Nachgeben der Borgers-Brüder gerechnet werden konnte. Mit einer unternehmersolidarischen Massenausperrung rechneten die christlichen Gewerkschafter wohl auch nicht, als sie sich 1913 entschlossen, die jüdische Firma Cosmann & Cohen zwecks Lohnerhöhung zu bestreiken.[125] Auf diesen Streik der Cohen-Arbeiter reagierten alle 55 Bocholter Arbeitgeber der Fabrikanten-Vereinigung mit einer durch Kündigungen bewirkten Aussperrung von ca. 5.200 Arbeitern (vor allem am 23. und 30. Juni).[126] Borgers gehörte 1913 zu den fünf Textilunternehmen in Bocholt, deren „Firmeninhaber nicht zur Fabrikanten-Vereinigung" gehörten. Borgers war an die Aussperrungsverpflichtung der Vereinigung nicht gebunden; so nahm Borgers an diesem größten Arbeitskampf Bocholts (April bis August 1913) nicht teil. Die 71 Borgers-Arbeiter haben damals „erklärt, weiter arbeiten zu wollen".[127]

Borgers und seine neuen Kunden

Für Johann Borgers und seine Söhne war es eine Herausforderung, die immer größer werdende Zahl der Kunden zu beliefern. Traditionell kauften die Schneider der Region immer noch direkt bei Borgers ihre kleinen Wattemengen ein. Die tatkräftige Frau des Firmengründers, immer noch federführend in Buchhaltung und Geschäftskorrespondenz, war noch um 1900 im Vertrieb und bei der Auslieferung der Watte tätig. Zu dieser Zeit lieferte Borgers bereits über 121 Tonnen Watte (im Jahr 1899).[128] Dazu mussten die Dienste der Bocholter Transport-Gesellschaft (BTG) und anderer Spediteure – belegbar seit 1898 – in Anspruch genommen werden.[129]

Borgers hatte damals bereits relativ viele Kunden, die mehrheitlich Watten für unter 100 Mark im Jahr bestellten. Johann Borgers setzte sich an Neujahr 1902 endgültig zur Ruhe, als seine Söhne Franz und Wilhelm „in die Firma Johann Borgers Wattefabrik Bocholt aufgenommen wurden".[130] Der knapp 60jährige Firmengründer fühlte sich seit 1898 angesichts der neuen technischen Herausforderungen eines stark wachsenden Industrieunternehmens überfordert und „war klug genug, rechtzeitig zu kapitulieren." So ist es verständlich, dass er in den ersten vier Jahren des Borgers-Industrieunternehmens Geschäftsreisen nicht nur mit dem Zweispänner in die Nachbarorte und in die geliebten holländischen Grenzorte machte. Er besuchte mit der Eisenbahn auch Kunden in größeren Städten wie Köln oder Utrecht. Vor allem sein Sohn Willy, der stärker kaufmännisch ausgerichtet war als der eher technisch orientierte Franz,[131] machte sich anhand der Erfah-

Der 1878 errichtete Bocholter Bahnhof, um 1910: Für den Waggonversand nach Wesel, Winterswijk und seit 1910 auch nach Münster[132] wurde die Borgers-Watte in Ballen von einem Kubikmeter sowie einem Gewicht von etwa 50 bis 60 Kilogramm zusammengepresst. Die Normalverpackung der Watte bestand dabei nur aus Krepppapier mit fester Kordel. Den Transport zum Bocholter Bahnhof übernahm die Bocholter Transport-Gesellschaft mit von zwei Mulis gezogenen Flachwagen, auf denen pyramidenförmig fünf bis sechs Lagen gestapelt waren. Das große Volumen bei relativ geringem Verkaufspreis der Watte stellte immer schon ein Transportkostenproblem dar.[133]

rungen seines Vaters mit den wichtigsten Borgers-Kunden vertraut. Der Kundenstamm von Borgers selbst ist schwer zu erfassen. In den Hauptbüchern sind nur die Schuldner, nicht aber alle Kunden aufgelistet. Die Zahl muss aber beachtlich gewesen sein, waren doch bereits Ende 1904 über 400 Kunden Schuldner.[134] Auch konnten viele Neukunden in ganz Mitteleuropa in diesen Jahren gewonnen werden. Zweifelhafte Forderungen von 8.000 Mark 1903/04 lassen darauf schließen, dass es Probleme mit zahlungsunwilligen oder -unfähigen Kunden gab.[135]

Die kaufkräftigsten Kunden von Borgers waren vor allem die größten Versand- und Kaufhäuser in Mitteleuropa, die seit den 1890er Jahren eröffnet worden sind. Der zunehmende Wohlstand breiter Bevölkerungskreise ermöglichte dieses Geschäftsmodell mit weltweit günstigen Waren- und Rohstoffgroßeinkäufen. Johann und Wilhelm Borgers hatten die Ehre, dem Königlich Sächsischen Hoflieferanten F. A. Seiler Watten zu verkaufen.[136] Die 1876 von Josef Seiler gegründete Tuchhandlung F. A. Seiler in Dessau mit Zweigniederlassungen in Dresden, in sechs deutschen Großstädten, in Mailand und Amsterdam, war der bedeutendste Kunde für Borgers.[137] Seiler eröffnete in den 1890er Jahren das damals weltweit „größte Versandhaus“ mit „ca. 27.500 m² Bodenfläche“. Schon vor 1914 lieferte Seiler aus Dessau jährlich deutschlandweit eine Mio. Pakete mit Tuchen, Damenstoffen, Futterstoffen, Baumwollwaren, Posamenten (Textilbesatzartikel wie Kordeln), Anzug- oder Kostümstoffen.

Der für Borgers zweitwichtigste Kunde war das Einkaufshaus Heinrich Esders & Co. in Hamburg.[138] 1894 hatte Heinrich Esders in Dresden ein Spezialgeschäft für Konfektion eingerichtet. Heinrich Esders und sein Bruder Stefan besaßen mehrere Großkaufhäuser in verschiedenen Städten Europas. Die Brüder ließen im Verlagssystem die Bekleidung herstellen und traten als Großeinkäufer auf dem Weltmarkt auf. Damit konnten sie ihre Waren zu günstigen Preisen breiten Käuferschichten anbieten. Der Waren-

Der Kunde Heinrich van de Locht, Kaufmann aus Geldern,[139] wird Schwiegersohn des Gründers. Die engere Hochzeitsgesellschaft vor der Fabrikmauer am 20. Januar 1903: Vorne sitzend die Brauteltern Franziska und Johann Borgers; dahinter das Brautpaar Heinrich van de Locht (1868 bis 1947) und Maria Borgers (1870 bis 1945); Marias Bruder Josef mit seiner Frau Christine, geb. Scholten. 2. v. l. Fritz Borgers; 4./5. v. l.: Ika B. und Bernhard Lensing, die sich erst 1908 vermählten. 2./3. v. r. die frisch gebackenen Geschäftsführer Franz und Willy Borgers mit ihren späteren Ehefrauen.

hausinhaber Leopold Juda stand an dritter Stelle der Borgers-Kunden. Borgers belieferte das große Warenhaus in Stettin von seiner Eröffnung 1901 an mit Produkten.[140]

Ein weiterer wichtiger Kunde war Leonhard Tietz (1849 bis 1914), der Gründer der gleichnamigen Kaufhauskette (heute Kaufhof). 1889 errichtete Tietz in der boomenden Industriestadt Elberfeld bei Wuppertal eine Filiale. In den Tietz-Filialen (Düren 1895 u. a.) wurde stets, was neu war, zu teilweise relativ günstigen Festpreisen bar bezahlt. Neben dem Umtauschrecht überraschte viele Kunden auch das riesige Waren-Sortiment an „Garn-, Kurz-, Posamentier-, Putz-, Tricotagen-, Wäsche-, Weiss-, Woll-, Stapel- Manufactur-Waaren."[141]

Das Unternehmen Phil. Heymann war für Borgers so wichtig wie der Kaufhof-Gründer Tietz: Borgers lieferte der Herrenwäschefabrik Phil. Heymann[142] in Elberfeld Watten für Wintermode und wohl auch für den oberen Ärmelbereich der Anzüge, Mäntel usw.

Johann Borgers lieferte auch nach Belgien Watten, nämlich an das in den 1890er Jahren eröffnete Großkaufhaus von J. B. Gobert & Co. in Verviers.[143] Jean-Baptiste Gobert-Martin (1848 bis 1921) war der Begründer und Inhaber riesiger Kaufhäuser in Paris (À Réaumur von 1897) und in Belgien (Verviers u. a.).

Sicher hatte die Familie Borgers auch gute Geschäftsbeziehungen zu den Utrechter Bekleidungseinzelhändlern Johann Theodor Peek und Heinrich Anton Cloppenburg (1844 bis 1922). Diese Firmengründer haben Borgers-Watten bereits in den Anfangsjahren ihres Unternehmens von 1900 bis 1904 eingekauft.[144] Sofort nach der Eröffnung der großen Kaufhäuser in Berlin und Düsseldorf 1901 führte Peek & Cloppenburg (P & C) Konfektionsgrößen ein, eine bahnbrechende Idee. Vielleicht erhielt auch Familie Borgers seit 1907 von Peek & Cloppenburg illustrierte Sortimentsprospekte (mit Preisliste) per Post, eine weitere damals ungewöhnliche Aktion. Jedenfalls war das Berliner Kaufhaus Peek & Cloppenburg auch noch bis in die Weltkriegsjahre hinein ein Hauptkunde von Borgers, weil im

Borgers' größter Kunde zu Beginn des 20. Jahrhunderts war Seiler in Dessau, das damals größte Versandhaus mit 27.500 Quadratmeter Bodenfläche. Zeichnung um 1912.

Berliner Borgers-Lager immer neue für P & C bestimmte Watten 1911 bis 1915 gestapelt wurden.[145] Die relativ teure „schwarze Mäntelwatte" von Borgers war bekannt für ihre wärmenden Eigenschaften.[146] Die „graue Ärmelwatte" war kostengünstiger. Für „Fantasie-Tapisserie-Artikel" und für Unterröcke kaufte die Mönchengladbacher Strumpfwaren-Fabrik Gebrüder Heinemann Watten von Borgers.[147]

Während sich die Absatzgebiete der Firma Borgers 1898 noch auf Westfalen, den Niederrhein, das Ruhrgebiet, Niedersachsen, die Niederlande sowie auf Köln, Trier, Frankfurt a. M., Mannheim, Kassel, Magdeburg, Leipzig und Berlin erstreckten, weiteten sie sich in den Folgejahren systematisch aus. 1902 belieferte Borgers erstmals auffallend häufig Neukunden in Berlin, in Breslau, in Stettin, in Posen und in der Schweiz (Bern, Lausanne, Genf, Zürich u. a.).[148] Auch die Schweizerische Uniformfabrik[149] und die Schweizerische Kleiderfabrik,[150] beide mit Sitz in Zürich, waren Kunden. Jahrelang belieferte Borgers auch Globus Zürich,[151] das 1892 von Josef Weber gegründete erste große Warenhaus der Schweiz.[152] Die Globus-Attraktion waren elektrisch beleuchtete Schaufenster. Der vielfältige Einsatzbereich von Watte zeigt sich auch darin, dass die Hamburger Möbelfabrik Borgers-Kunde war.[153]

In dieser Wachstumsphase von 1898 bis 1912 errichtete das Bocholter Unternehmen, um die Kunden schneller beliefern zu können, Watteballenlager in deren Nähe. Das erste 1898 in Berlin.[154] 1902/03 folgten dann Stettin, Breslau, Liegnitz, Zürich, Aschaffenburg und 1905 Rotterdam.[155] Diese kundennahen Speditionslager, sie lagen bei den von Borgers beauftragten Spediteuren,[156] sollten große Watteballenvorräte aufnehmen (Ende 1903 im Wert von fast 7.000 Mark). Die Großabnehmer hatten nämlich meistens nicht ausreichend Lagerraum für die vielen großräumigen Watteballen. Die Großkunden bestanden zudem

Das Warenhaus Leopold Juda in Stettin war zumindest vor 1914 ein Großkunde von Borgers.

auf immer kürzeren Lieferfristen, so dass sie immer weniger außerhalb ihrer Großräume (Berlin etc.) einkaufen wollten. So standen z. B. für das Berliner Kaufhaus Peek & Cloppenburg im Berliner Borgers-Lager stets Watteballen bereit.[157] Nach Rotterdam (1905) ließ Borgers 1907 in Paris ein zweites Auslieferungslager im Ausland einrichten.[158] Borgers hatte also auch damals schon „just in time" liefern müssen. In den 1920er Jahren verschärften sich bei Borgers diese bereits erwähnten Lieferprobleme, so dass Borgers 1931 in Berlin dazu überging, vor Ort zu fertigen.

Zum Neujahrsvorrat 1914 im Berliner Borgers-Lager gehörten auch zwei Ballen gebleicht Sarotti. Sarotti benötigte wohl wie Nestlé die Borgers-Watte zur „Auskleidung der Deckel von den Pralinenschachteln."[159] Die Konditoren von Sarotti und später auch von Nestlé polierten gewiss mit den damals teuersten Borgers-Watten die Pralinengießformen, um Kuvertüre und Wasserflecken zu entfernen, einen Oberflächenglanz auf der Schokolade zu erzielen und um die Schokolade nach dem Erkalten leichter aus der Gießform lösen zu können.[160] Die damals üblichen scharfen Spülmittel rauten nämlich die Formen an.[161]

Auch die weltweit führende, innovative Chemieindustrie Deutschlands kaufte Borgers-Watten, so z. B. die Celluloidfabrik Butzon in Krefeld. Um 1880 wurden die ersten „Gewerbeanlagen für Herstellung von Celluloid" in Deutschland errichtet.[162] Als Zelluloid bezeichnet man eine Gruppe von Kunststoff-Verbindungen, die aus Cellulosenitrat (auch Schießbaumwolle oder Blitzwatte genannt) und Campher hergestellt wurden. Das erstmals 1856 gefertigte Zelluloid wird als der erste Thermoplast angesehen. Aus Zelluloid stellte man um 1900 z. B. Kämme, Messergriffe, Brillengestelle und Spielzeug her.

SAROTTI
Schokolade

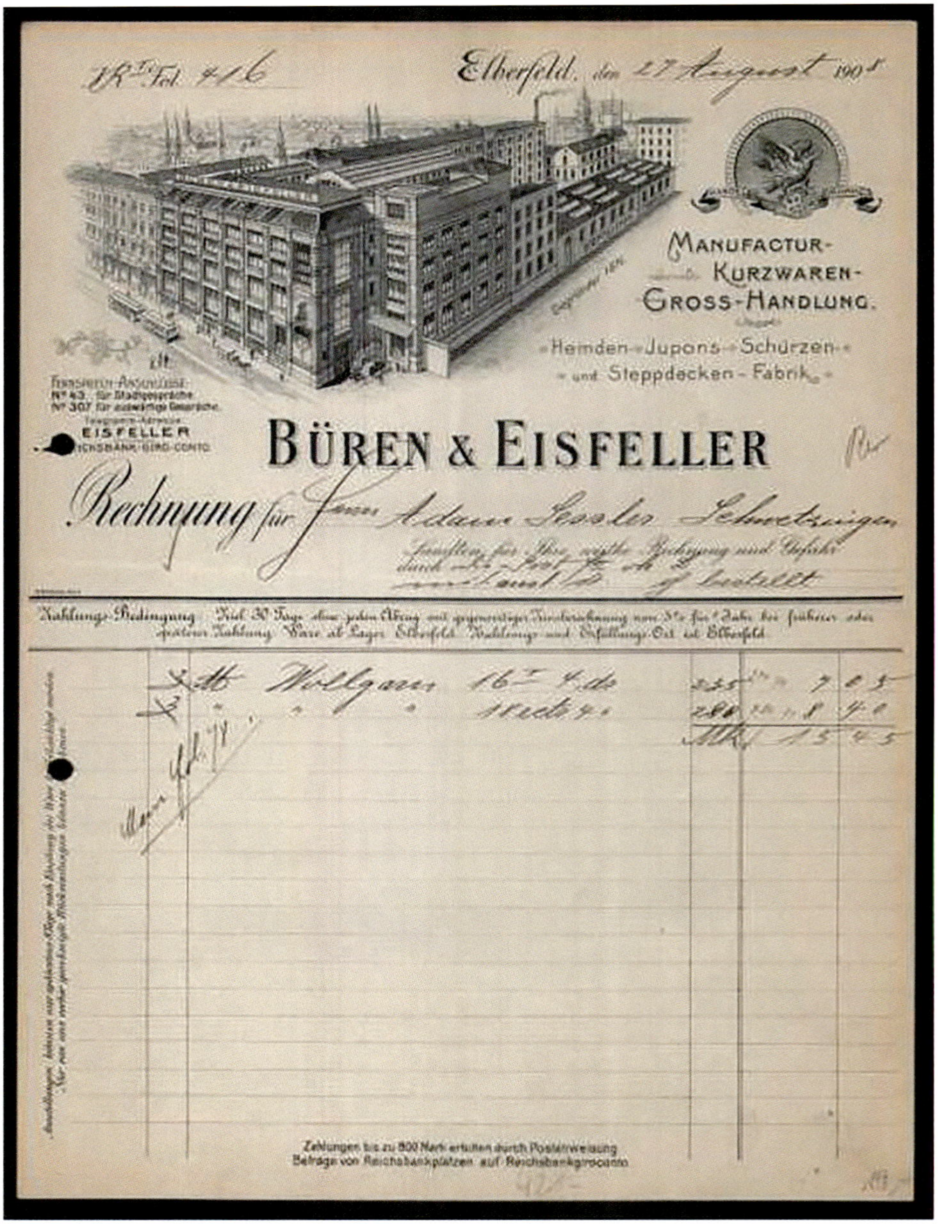
Elberfeld, den
MANUFACTUR-
KURZWAREN-
GROSS-HANDLUNG.
Hemden - Jupons - Schürzen -
und Steppdecken - Fabrik
EISFELLER
BÜREN & EISFELLER
Rechnung für
Zahlungs-Bedingung
Zahlungen bis zu 800 Mark erfolgen durch Postanweisung
Beträge von Reichsbankplätzen auf Reichsbankgiroconto

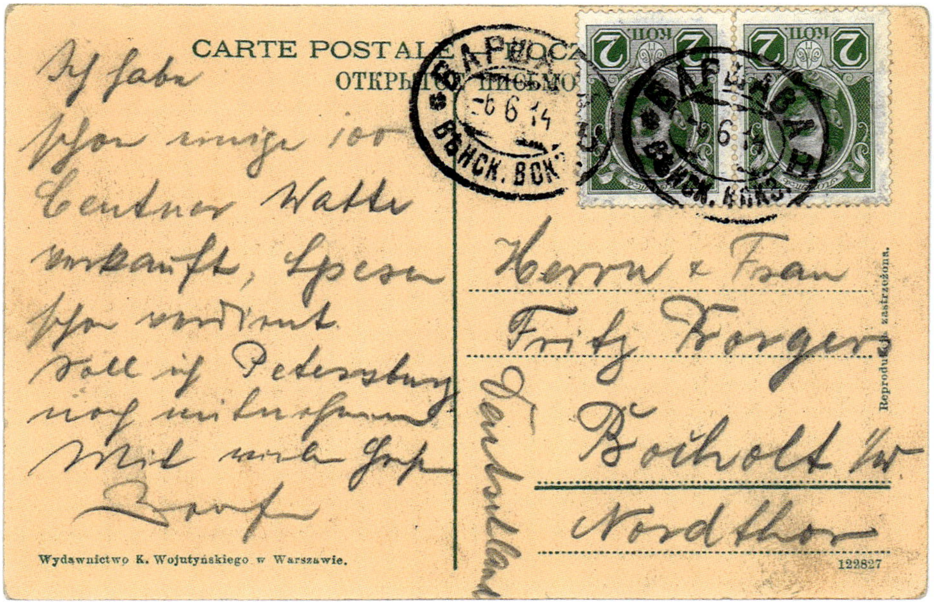

CARTE POSTALE
ОТКРЫТОЕ ПИСЬМО

Ich habe
schon einige 100
Centner Watte
verkauft, Spesen
schon verdient.
Soll ich Petersburg
noch mitnehmen.
Mit vielen Grüßen
Franz

Deutschland

Herrn u. Frau
Fritz Borgers
Bocholt i/W
Nordthor

Reproduction zastrzeżona.

Wydawnictwo K. Wojutyńskiego w Warszawie.

122827

Sarotti-Werbeplakat um 1920. Mit Borgers-Watte kleideten Sarotti und Nestlé Pralinenschachteln aus und polierten die Pralinengießformen.

In der Textilgroßhandelsstadt Elberfeld hatte Borgers neben der Herrenwäschefabrik Phil. Heymann auch noch einen zweiten wichtigen Kunden, nämlich die Textil-Großhandlung Büren & Eisfeller.[163] Ungeleimte „Deckenwatte" als Füllung für Steppdecken sowie Watte für Winter-Unterröcke (Jupons) und Schürzen wurden geliefert. Die Textil-Großhandlung Büren & Eisfeller GmbH existierte noch bis zu ihrer Fusion mit Friedrich Seydt & Söhne 1923.[164]

Als Fritz Borgers (links) als Platt-Volontär bei Miss Firth in der Greengate Street 90 in Oldham wohnte, konnte er N. Gunn als Handelsvertreter für Borgers gewinnen.[165]

Am 6. Juni 1914 schrieb Franz Borgers an Fritz und Aenne Borgers diese Postkarte aus Warschau, damals eine Stadt im russischen Zarenreich:[166] „Ich habe schon einige 100 Centner Watte verkauft, Spesen schon verdient. Soll ich Petersburg noch mitnehmen."

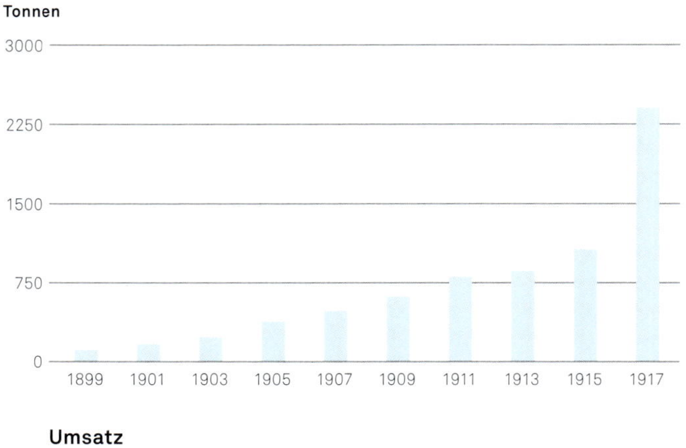

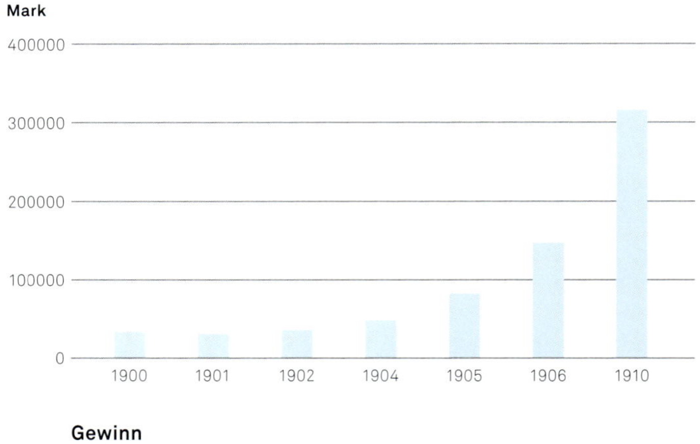

Graphik 3: Borgers-Umsatz, 1899 bis 1917 (in Tonnen).

Graphik 4: Borgers-Gewinn, 1900 bis 1910 (in Mark).[167]

Die Unternehmerfamilie zwischen handwerklichen Wurzeln und Industriellenstatus

Mit dem Anwachsen der Gewinne, dem modernen Hausbau und der neuen Fabrik hatte die Unternehmerfamilie bereits vor der Jahrhundertwende ihren handwerklichen, kleinbürgerlichen Hintergrund endgültig verlassen. Bei Borgers war der erste Schritt in Richtung Wirtschaftsbürgertum die Einstellung von Dienstmädchen. Die Auflösung der „hausindustriellen Produktions-, Arbeits- und Lebensgemeinschaft" als zweiter Schritt hin zum Wirtschaftsbürgertum vollzog sich bei der Familie Borgers 1897 durch die Verlegung der Produktion in eine neu gebaute Fabrik, 15 Minuten Fußmarsch entfernt vom 1895 erbauten repräsentativen Wohnhaus. Erst jetzt war eine Trennung von Erwerbs- und Privatsphäre möglich, die notwendig war, um wirtschaftsbürgerliche Lebensformen privat entfalten zu können. Denkt man an die Schubkarrenauslieferungen, ihren Gemüse- und Pflanzenanbau und -verkauf war Franziska Borgers wenig bereit, sich den Lebensstil der Mutter von Wirtschaftsbürgern und Industriellen anzueignen.

Franziska Borgers, „eine tatkräftige und energische Frau", blieb diese großbürgerliche Lebenswelt in der Tat völlig fremd.[168] Zeitlebens sprach sie Bocholter Platt („Marieken, stoa up, Planten plücken") und diente als „Mutter Borgers", dann als „Oma Borgers" ihrer Familie bzw. den Familien ihrer Söhne mit Gartenarbeit, Kinderhüten usw. Wegen häufiger Erkrankung ihrer Schwiegertochter Aenne, die Fritz Borgers geheiratet hatte, betreute Franziska Borgers Aennes kleinen Sohn Fritz (geb. 1914) während der Kriegsjahre.[169] Auch dachte sie noch „einige Tage vor ihrem Tod, am Heiligabend 1924" an das Wohl ihres Enkels Werner:[170] Damals „sagte sie vom Sterbebett aus zum Mädchen, das bei ihr stand: „Do den Junge `ne Appel." Auch wenn ihre Söhne den „größten Wattefabriksbetrieb von ganz Deutschland"[171] leiteten, rechnete die Frau des Firmengründers ihre Familie zeitlebens nicht zum Stand der wirtschaftsbürgerlichen Textilfabrikanten Bocholts, was Aenne bezeugte:[172] „Als ich ihn [Säugling Fritz Borgers] neulich in himmelblau bebänderter Mütze mitnahm, meinte sie: ‚Du siehst aus wie ein Kind von Schwartz und nicht von Borgers.'" Die Textilunternehmerfamilie Schwartz gehörte zu den

Ein Ausflug ins Grüne überraschend locker und keineswegs vornehm-wirtschaftsbürgerlich: Mutter Franziska, Ika (links) und Maria (rechts). Vorne rechts Fritz mit seiner Pennälermütze.

angesehensten der Stadt Bocholt und war sehr vermögend.

Mit dem Übergang auf die zweite Generation im Jahr 1902 begann das rasche Wachstum des Unternehmens. Auch Investitionen in innovative Anlagen zeichneten diese Phase aus: So wurden Ende 1906 eine weitere „Dampfkesselanlage" und 1910/11 ein 50 Meter hoher Schornstein,[173] ein Bürotrakt sowie ein Kessel- und Maschinenhaus[174] gebaut. Die neue Kesselanlage musste erst 1963 durch einen neuen Kessel mit Schwerölfeuerung ersetzt werden.[175]

So wurde mit der Herstellung von Rollen- und Tafelwatten sowie Vliesen begonnen. Am 1. Dezember 1908 änderte das Unternehmen seine Gesellschaftsform.[176] Aus der seit dem 16. April 1898 eingetragenen Einzelfirma wurde die Johann Borgers - Offene Handels-Gesellschaft (OHG).[177] Damit waren nun auch die Brüder Franz Borgers (1873 bis 1935) und Wilhelm Borgers (1874 bis 1937) persönlich haftende Gesellschafter.[178]

Das Netzwerk der Unternehmer

Durch Johann Borgers' langjährige Tätigkeit im Vorstand des Schützenvereins waren seine Familie und die des führenden Textilunternehmers Schwartz miteinander bekannt. Johann war ein leidenschaftlicher Jäger, der hin und wieder auch werktags auf die Pirsch ging. Währenddessen prüfte seine Frau, ob in der Südmauerfabrik alles in Ordnung war. Sein zweiter Lebensabschnitt (1902 bis 1914) „stand ganz und gar unter der Devise: Im Wald und auf der Heide, da such' ich meine Freude, ich bin ein Jägersmann." Über die Jagdleidenschaft freundete sich der Firmengründer mit dem Textilfabrikanten Albert Beckmann, Sohn von Mathilde Schwartz, an.[179]

Unter der Führung der zweiten Borgers-Generation wurde das Stammwerk am Stenerner Weg nach Einschätzung des Bocholter Volksblatts bis 1914 zum „größten Wattefabriksbetrieb von ganz Deutschland".[180]

1826/27 erwarb der Textilfabrikant Ludwig Schwartz das 1795 fertig gestellte Bocholter Herrenhaus Woord (heute Münsterstraße 13) und errichtete um 1860 auf dem sehr großen Grundstück zwei Dampffabriken.

Die drei Brüder Franz, Willy und Fritz lernten, sich allmählich in der Welt der Industriellen zurechtzufinden.

Wirtschaftsbürgerlicher Ausdruck war auch der neue Firmenbriefkopf, der noch vor der Umwandlung in die OHG erstmals gedruckt wurde.[181] Zu sehen ist die Fabrik mit 16 Sheddächern, hohem Schornstein und Staubturm, mit zwei Verwaltungsgebäuden und einer Meisterwohnung. Stolz wird auf dem Briefkopf mit der „Fabrikation von Rollen-, Tafelwatten und Fliessen für alle Industriezwecke“ geworben. Mit der Massenfertigung wurde auch ein neues Netzwerk mit Großhändlern, Industriellen und anderen angesehenen Wirtschaftsbürgern geschaffen. So schrieb Fritz 1908: „Die Firma bekommt immer noch einen vorzüglicheren Ruf bei der Kundschaft & ihrer Entwickelung sind absehbare Grenzen noch nicht gesteckt.“[182]

Am 10. August 1909 wurden die Bande in die Industriellenwelt gefestigt durch die Hochzeit von Franz Borgers mit Gudula Thywissen (1872 bis 1968). Sie war Tochter einer katholischen Unternehmerfamilie in Neuss: „Die Familie gehört zu den angesehensten der Stadt und ist sehr vermögend.“[183] Als Vorsitzender der Bürgergesellschaft in Neuss (1913 bis 1931) und als Komiteemitglied des Neusser Bürger-Schützen-Vereins[184] gehörte Franz Borgers' Schwager, Cornelius Thywissen, zu den Honoratioren der Stadt Neuss, der er 25 Jahre als Stadtverordneter diente.[185] Er engagierte sich vielfältig für Neuss.[186] Gudula Borgers war gebildet. So strich sie gegenüber ihrem Enkel Franz Borgers (*1941) oft die Bedeutung der „sieben Klassiker“ heraus: Goethe, Schiller, Wieland, Herder, Lessing, Klopstock und Jean Paul sollte man wenigstens teilweise gelesen haben.[187] Dabei war ihr Französisch vorzüglich, und so hat sie ihrem Vater regelmäßig aus einer französischen Zeitung, die im Haushalt vorhanden war, vorgelesen.[188]

Familie Borgers 1913 im Garten Südwall 14 zur Neubaueinweihung des Hauses von Franz Borgers: Die Firma J. Borgers OHG hatte damals bereits 70 Mitarbeiter. Hinten stehend v. l.: Franziska B., geb. Husmann (*1883) (Willys Frau); Gudula Borgers, geb. Thywissen (1872 bis 1968) mit Tochter Cornelia (*11.10.1912) und ihrem Gatten Franz (1873 bis 1935); Firmengründer Johann Borgers; Fritz Borgers; Christine Borgers, geb. Scholten; Wilhelm Borgers; Christines Gatte Josef Borgers (1876 bis 1941). Vorne sitzend v. l.: Aenne Borgers, geb. Weber mit Gudulas Tochter Walburga B. (*1911); Kaufmann Heinrich van de Locht; Franziska Borgers, geb. Ratering.

Der neue Dampfmaschinenraum bei Borgers, um 1910.

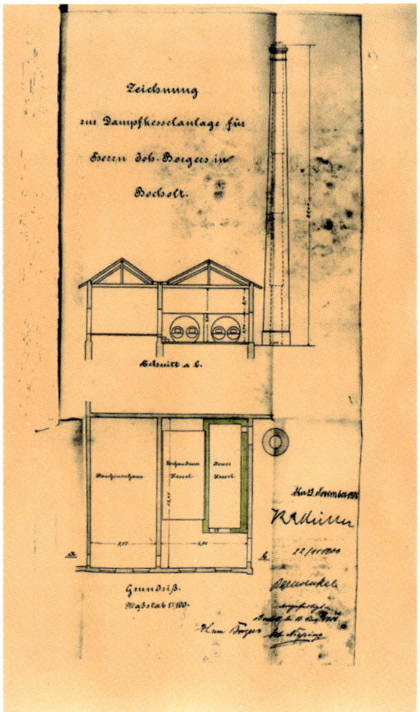

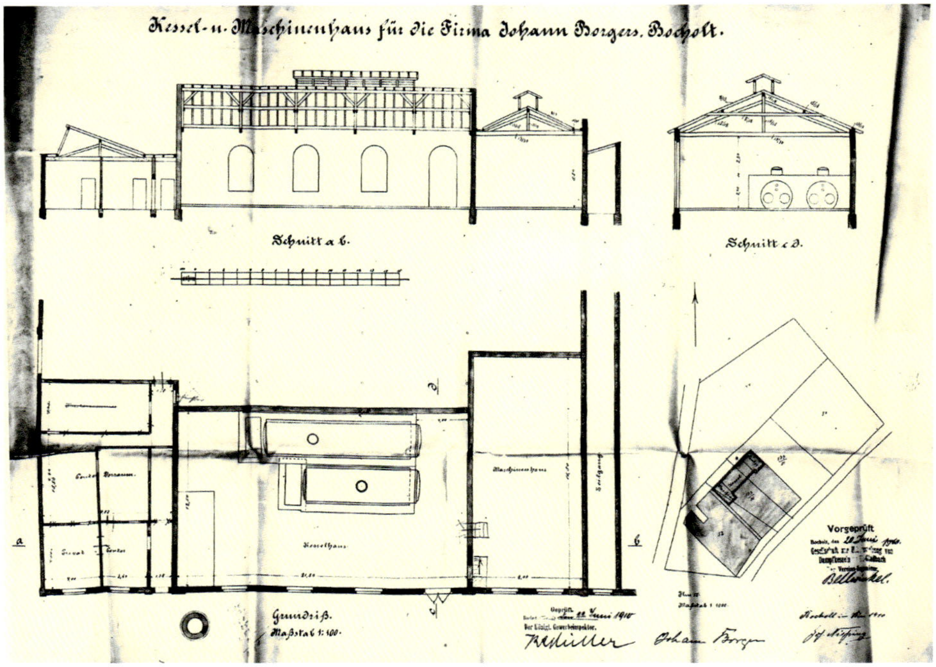

1910 gaben Franz und Willy Borgers das Ende 1896 gebaute Kessel- und Maschinenhaus (12,5 × 12,5 m) auf. Dafür ließ Borgers ein großes Kesselhaus (21,5 × 12,5 m) und ein großes Maschinenhaus (8 × 16,5 m) errichten.

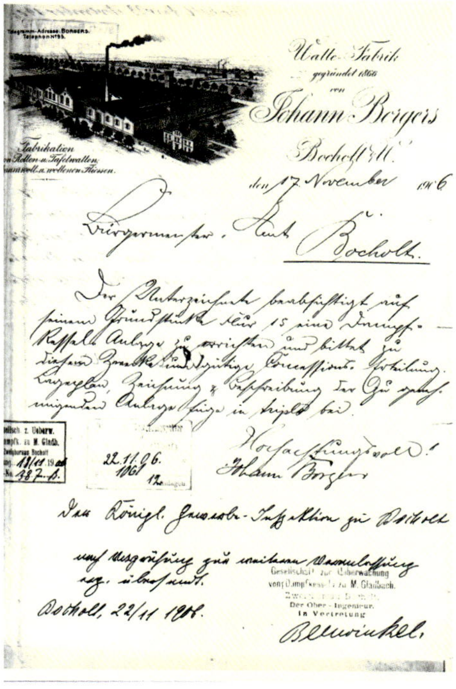

Antrag von Borgers 1906, eine Dampfkesselanlage zu errichten.

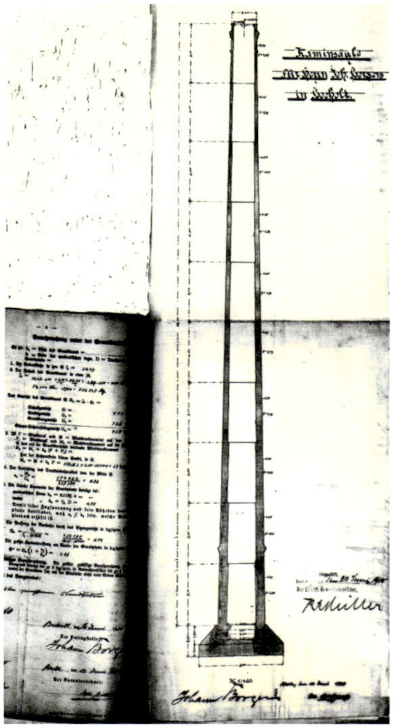

Der Borgers-Schornstein wurde 1910 von 25 auf 50 Meter Höhe vergrößert.

Der Jäger Johann Borgers
(1841 bis 1914), um 1910.

Borgers im Wirtschaftsbürgertum

Die Vermietung von Arbeiterwohnungen, die Einstellung von Hauspersonal, die repräsentativen Fabrikantenhäuser zeigen, dass die Familie Borgers spätestens 1896 nicht mehr zum Kleinbürgertum gehörte. Dieser Schritt ins mittlere Bürgertum war also schon getan, als die industrielle Fertigung im Winter 1897/98 bei Borgers begann. Durch die Expansion hätte man dann zum Wirtschaftsbürgertum, das zum gehobenen gehörte, aufsteigen müssen. Dies wollten Johann und Franziska Borgers aber unter keinen Umständen. Das Gründerpaar wollte sich nämlich kein wirtschaftsbürgerliches Verhalten angewöhnen, auch wenn Borgers in der Rangliste der größten Steuerzahler Bocholts von Platz 100 (von 1.242 Steuerzahlern in 1895) nach 1898 stetig auf höhere Plätze vorrückte.[189] Denn die Expansion brachte ja schon bald ein Aufsteigen von Borgers in die zweite (mittlere) Steuerklasse mit sich.

Johann Borgers (Mitte unten: der dritte auf dem Boden sitzende Jäger von rechts) inmitten seiner Hubertus-Jagdgesellschaft, um 1900: Die Jagdkameradschaft u. a. mit Fabrikanten wie dem Kommerzienrat Karl Herding und Albert Beckmann (jun.) sowie mit Rechtsanwälten (Kayser) ermöglichte ihm den Kontakt zur Oberschicht.

Anfang 1909: Verlobung von Franz und Gudula Thywissen, genannt Julchen. Franz heiratete in eine sehr angesehene Neusser Unternehmerfamilie ein.

Krisenmanagement nach Großbränden 1914

In Bocholt fegte am 13. Februar 1914 ein eiskalter Westwind durch die Gassen. Plötzlich „gegen 7 Uhr ertönten wieder einmal die Signale unserer Städtischen Freiwilligen Feuerwehr durch die Stadt. Greller Feuerschein, der in nordöstlicher Richtung den ganzen Himmel bedeckte, deutete auf ein Großfeuer von einem Umfange hin, wie es in unserer Stadt seit Jahren nicht gewütet. Im Fabrikationsraum der Wattefabrik von Johann Borgers, des größten Wattefabrikbetriebes von ganz Deutschland, am Barloer Weg und Stenerner Weg, gegenüber dem neuen Armen- und Waisenhause war – wie es heißt, infolge Heißlaufens eines Maschinenlagers – kurz vor Arbeitsschluß ein Feuer ausgebrochen, das wegen des herrschenden Westwindes bald einen riesigen Umfang annahm. Bald war der etwa 100 Meter im Geviert messende Shedbau, der als Fabrikationsraum diente, vom Feuer erfaßt. Die Feuerwehr war mit möglichster Schnelligkeit zur Stelle und verhinderte dadurch, daß sie fortgesetzt die den Fabrikations- vom Maschinen- und Lagerraum und den Kontoren trennende Brandmauer unter Wasser nahm, ein Übergreifen des Brandes trotz des ungünstigen Windes. So war es möglich, größeren Schaden zu verhüten. Vom Maschinenraum ist nur ein Teil des Dachstuhles abgebrannt. Die große Dampfmaschine hat nur wenig gelitten. Der Fabrikationsraum ist völlig ausgebrannt. Sämtliche in ihm befindlichen Maschinen sind zerstört. Die Feuerwehr unter der Leitung des Branddirektors Kommerzienrat von Velsen und des stellvertretenden Branddirektors Fabrikanten Rudolf Fischer bekämpfte den Brand durch elf Rohre von drei Hydranten aus. Leider stürzte bei den Löscharbeiten ein älterer Feuerwehrmann Peters aus beträchtlicher Höhe von der Leiter, wobei er sich innere Verletzungen zuzog. Er mußte zu einem Arzt gebracht werden. Eine riesige Menschenmenge hatte sich in den umliegenden Straßen angesammelt. Bei diesem ersten großen Brande seit Bestehen unserer Wasserleitung bewährte sich diese in bester Weise. Ohne die Wasserleitung wäre die ganze Fabrik samt Lager usw. unrettbar verloren gewesen. Auch die letzthin neuangeschafften Schlauchrohre der Feuerwehr bewährten sich trefflich. Durch den Brand sind, wie wir hören, 40 bis 50 Arbeiter beschäftigungslos geworden.“[190] Soweit die Nachricht über den Brand bei Borgers im Bocholter Volksblatt vom 14. Februar 1914. Hilflos mussten Johann Borgers und seine Frau am 13. Februar 1914 mit ansehen, wie ihr Lebenswerk großenteils abbrannte. Denkbar, dass der Gründer etwas Mut gefasst hat, als er seinen Freund von Velsen als Branddirektor in voller Aktion sah.

Bürgermeister Wesemann berichtete später, die Wattefabrik, welche „zum größten Teil niederbrannte, erlitt durch den Brand einen Schaden von 150–200.000 Mark“.[191] Am 6. April 1914 zahlte die Magdeburger Feuerversicherung Borgers immerhin eine Vergütung von 155.805 Mark.[192] Die Brandursache ließ sich auf eine Selbstentzündung zurückführen, verursacht durch Heißlaufen des Maschinenlagers (Gleitlagers).[193] Aufgrund der wachsenden Auftragslage musste die Fabrik schnell wieder aufgebaut werden. Schon am 2. März beantragte die Firma, „die Fundamente der Umfassungsmauern“ anlegen zu dürfen.[194] Die Fabrik wurde aber nicht nur wieder aufgebaut, sondern auch gleich noch erweitert.[195] Zwei Tage bevor für die Eisendachkonstruktionen endlich am

Jesus! Maria! Joseph!

„Wachet und betet, damit ihr nicht in Versuchung fallet, denn ihr wißt weder den Tag noch die Stunde."

✝

Zum christlichen Andenken

an den im Herrn entschlafenen

Rentner Johann Borgers.

Geboren am 19. September 1841 zu Bocholt i. Westf. verschied er infolge eines Schlaganfalles, versehen mit den Heilsmitteln der katholischen Kirche nach 45jähriger glücklicher Ehe am Sonntag, den 12. Juli 1914.

Seine Seele wird der frommen Fürbitte empfohlen.

Er ruhe in Frieden!

Gebet.

Erbarme dich, o Herr, der Seele deines Dieners Johann, der im Leben und Sterben auf dich gehofft hat; verzeihe ihm, was er aus menschlicher Schwachheit gesündigt und laß ihn bald deiner Anschauung teilhaftig werden, durch Christum unsern Herrn. Amen.

Süßes Herz Jesu, sei meine Zuflucht! (300 T. A.)
Süßes Herz Jesu, sei meine Liebe! (300 T. A.)
Süßes Herz Maria, sei meine Rettung! (300 T. A.)
Mein Jesus Barmherzigkeit! (100 T. A.)
Vater unser . . . Gegrüßet . . .

J. & A. Temming, Bocholt.

Franziska und Johann Borgers, einige Monate vor dem Tod des Firmengründers am 12. Juli 1914.

Der Totenzettel von Johann Borgers 1914 belegt, wie lebendig in der Gründerfamilie der feste Glaube war.

14. Juli 1914 die Baugenehmigung erteilt wurde, ereilte der nächste Tiefschlag das Familienunternehmen. Johann Borgers starb, der Gründer „der Fabrik, die er mit seltenem Geschick aus allerkleinsten Anfängen zur größten Wattefabrik Deutschlands" gemacht hatte. Gesundheitlich war es Johann Borgers scheinbar noch gut gegangen:[196] In Bad Oeynhausen, wo er im Frühling 1914 einen Kuraufenthalt machte, hatte ihm der Arzt gesagt, er könne wohl 100 Jahre alt werden. Nach der Kur pflegte Johann Borgers dann zu sagen: *„Ik bün wär so gelenkig, dat ik mej met beide Beene teglik vör't Gatt schlaohn kann"*[197] (Ich bin wieder so gelenkig, dass ich mit beiden Beinen zugleich meinen Hintern schlagen kann. Johann Borgers traf am 10. Juli 1914 aus heiterem Himmel ein Schlaganfall, dem er am 12. Juli 1914 erlag.[198] An seinem Begräbnis am 15. Juli nahm eine große Zahl von Verwandten, Bekannten und Jagdfreunden teil. Der Jagdclub Bocholt ließ dem toten Jäger zu Ehren ein zünftiges letztes „Halali" über sein Grab blasen.

Der Schmerz der Familie Borgers über den Verlust des geliebten Ehegatten und Familienvaters war am Tag nach der Bestattung ungebrochen groß. Nach einem anstrengenden Tag machten die drei Brüder um 20.30 Uhr Feierabend und kehrten zu ihren Familien zurück. Man stand noch trauernd unter dem Eindruck des plötzlichen Schlaganfalls des verehrten Vaters.

Franz Borgers ließ sich aber bei aller Trauer die Freude über das neue Haus im Südwall 14[199] nicht nehmen. Zudem hatte seine Frau Gudula drei Tage zuvor Werner

Einweihung Südwall 14 im Speisezimmer: Franz und Gudula feierten 1913 ihren Einzug ins neugebaute Haus Südwall 14. V. l.: Fritz Borgers und seine Frau Aenne, geb. Weber; Hausherrin Gudula, geb. Thywissen; Willy Borgers; Christine, geb. Scholten; Franz Borgers; dessen Vater Johann Borgers; Franziska Borgers; Franziska Borgers, geb. Ratering; Heinrich van de Locht; Josef Borgers.

geboren.[200] Besonders die über dreijährige Walburga freute sich, dass sie nicht nur eine Schwester, die anderthalbjährige Cornelia, sondern nun auch einen Bruder hatte. Auch Fritz und Aenne Borgers genossen ihr junges Eheglück nun schon seit über zehn Monaten in dem von Sütfels erbauten Haus Nordallee 55 (heute Adenauerallee).[201] Beinahe sechs Jahre war Willy Borgers mit seiner Frau Franziska geb. Husmann verheiratet und lebte seitdem mit ihr zur Miete in der 1907 erbauten Villa Nordallee 14, bis er dieses Haus dann 1913 kaufte.

Die Gründung von angemessenen Haushalten mit einem Dienstmädchen[202] wurde den Brüdern durch eine Vermögensvereinbarung vom 26. Mai 1910 ermöglicht.[203] Franz und Wilhelm erhielten für ihre Tätigkeit bis Ende 1901 je 15.000 Mark von ihren Eltern. Aus Anteilen am Firmenvermögen hatten von Ende 1909 bis Ende 1911 Franz 65.686 Mark und Wilhelm 48.726 Mark[204] für private Wohnzwecke entnommen. Fritz Borgers hatte von 1906 bis 1912 als Angestellter bei Borgers gearbeitet, wurde aber nicht schon Anfang 1911 wie vorgesehen, sondern erst im Juli 1913 Mitinhaber der Firma.[205] So entnahm Fritz den für seine Tätigkeit 1912/13 von seinem Vater gewährten Gewinnanteil von 51.000 Mark für die Gründung seines Hausstands 1913.[206]

Diese Privatentnahmen beeinträchtigten das Firmenvermögen kaum, war es doch bis Ende 1909 auf knapp über eine Mio. Mark angewachsen.[207] Die Unternehmensanteile wurden Anfang 1910 in Höhe von je 335.332 Mark den drei Inhabern Franz, Willy und Johann übertragen. Die

Erst sechs Jahre nach dem tragischen Tod seiner Frau Aenne ließ Fritz Borgers 1925 eine Villa von der Duisburger Baufirma Gebrüder Kiefer in Backsteinmassivbauweise, auf Symmetrie ausgerichtet und mit großem Wohnkomfort, bauen. Marmorfußboden und hochwertige Parkettfußböden sind in der Adenauerallee 79 (damals Nordallee) noch heute erhalten.[208]

Übergabe der Inhaberschaft an die zweite Generation und deren eigene Familiengründungen waren also gelungen, so dass die drei Brüder an diesem 16. Juli eigentlich zufrieden sein konnten. Gerade hatte an diesem Donnerstag um 22.30 Uhr der Zirkus Corty-Althoff seine Abschiedsvorstellung beendet, als laute Alarmsignale die Bocholter aufschreckten.[209] In allen Häusern der drei Borgers-Brüder mögen sich ähnliche Szenen abgespielt haben: Der ängstliche Blick aus dem Fenster, die Ahnung, es könnte die eigene Fabrik sein, das erregte Hinaustreten und der Schreckensruf: „Unsere Fabrik brennt wieder!" Fritz Borgers verließ seine hochschwangere Aenne, Franz seine Familie und Willy seine Frau und seine Kinder Hermann (fast 5), Ika (3 Jahre) und Baby Martha. Alle eilten hastig zur Wattefabrik.

So traf die Familie am 16. Juli 1914 der bislang schwerste Schicksalsschlag, der die Existenz der Firma zu vernichten drohte: Die zweite große Brandkatastrophe in nur fünf Monaten.[210] Als die Borgers-Brüder fast zeitgleich eintrafen, waren sie entsetzt: Das ganze große Fabrikgebäude stand bereits in hellen Flammen. Die Brüder wussten, wie blitzschnell das Feuer sich durch die 200 Tonnen an Textilabfällen, Watten und Vliesen durchfressen konnte. Als fast zeitgleich mit den Brüdern der Löschzug von der Feuerwehrzentrale in der Langenbergstraße eintraf, war den Geschäftsführern und den Wehrleuten klar, dass die brennenden Gebäude wegen der Durchzündungen nicht mehr zu retten waren. Nach anderthalb Stunden Schwerstarbeit gelang es den Feuerwehrleuten den dachlosen Neubau vor den Flammen zu retten. Erfolgreich konnte auch der Übergriff der Flammen auf die gegenüberliegende Fabrik Drießen & Becker verhindert werden. Bis in den frühen Morgen hinein war die Feuerwehr im kräftezehrenden Einsatz. Als Fritz Borgers

Das 1907 von Josef Nießing erbaute Bürgerhaus Nordallee 14 hat der Wattefabrikant Wilhelm Borgers (1874 bis 1937) vom Bauunternehmer Hermann Hitpass gemietet und 1913 gekauft.[211]

Willys weißes Bürgerhaus Nordallee 14 um 1930 rechts neben der Jugendstil-Villa des Webereibesitzers August Fischer (1867 bis 1940).[212]

Die Familie Borgers wohl im Frühjahr 1914 nach dem ersten Großbrand vor Johann Borgers' Doppelhaus Osterstraße 62/64: Hinten stehend v. l.: Josef Borgers mit seiner Frau Christine; Bernhard Lensing; Franz Borgers; Lensings Frau Franziska, geb. Borgers; Maria und Heinrich van de Locht; Franziska (geb. Husmann) und Willy Borgers. Vorne sitzend v.l.: Fritz und seine Eltern Franziska und Johann Borgers.

um zwei Uhr morgens nach Hause kam, versuchte er seine verängstigte hochschwangere Frau zu beruhigen: „Es ist nicht das Schlimmste, das uns treffen konnte."[213]

Am Freitagmorgen konnten sich die Borgers-Brüder ein Bild von der furchtbaren Wut des Feuers machen. Das ganze Fabrikgebäude war in einen Trümmerhaufen verwandelt worden. Selbst am Mittag gab es überall noch viele schwelende Brandherde. Der ganze, nach dem Februarbrand provisorisch eingerichtete Fabrikationsraum mit zum Teil neuen Maschinen, die Lager und Büros waren den Flammen zum Opfer gefallen.

Alle Warenvorräte waren verbrannt. Da der Neubau noch lange nicht betriebsfertig war, musste der ganze Betrieb ruhen. Der entstandene Schaden wurde auf Hunderttausende von Mark geschätzt. Die Magdeburger Feuerversicherung erstattete Borgers am 21. November 1914 jedoch nur noch 91.695 Mark (61.085 Mark „für verbrannte Maschinen" und 30.610 Mark „für verbrannte Gebäude").[214] Zirka 50 Arbeiter verloren ihre Arbeit. Es war also der Teil, der vom Großbrand Mitte Februar verschont geblieben war, nun auch abgebrannt.[215] Zwar blieb wenigstens die neue Reißerei von 1912 vom Feuer verschont.[216] Die Schicksalsschläge waren jedoch heftig für die Familie Borgers: ein Tag nach der Bestattung des Firmengründers die zweite Brandkatastrophe innerhalb von fünf Monaten.

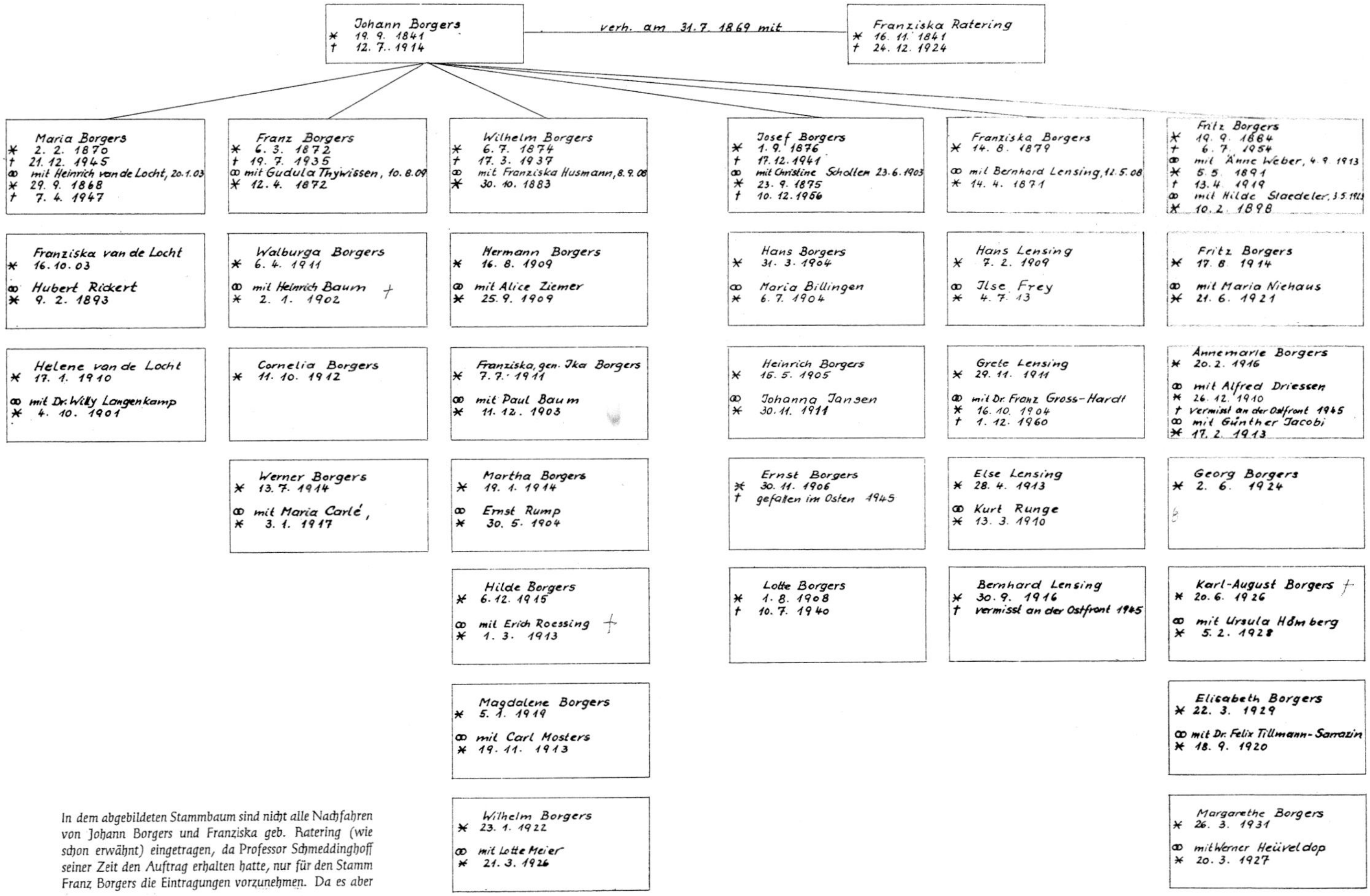

In dem abgebildeten Stammbaum sind nicht alle Nachfahren von Johann Borgers und Franziska geb. Ratering (wie schon erwähnt) eingetragen, da Professor Schmeddinghoff seiner Zeit den Auftrag erhalten hatte, nur für den Stamm Franz Borgers die Eintragungen vorzunehmen. Da es aber

Stammbaum: Johann und Franziska Borgers, ihre Kinder und Enkel.

Nach dem Großbrand vom 16. Juli 1914 war der Fabrikationsraum vom Erdboden verschwunden, die Maschinen zerstört.

Borgers im Ersten Weltkrieg

Von der Julikrise zum ersten Kriegswinter 1914/15

Mehr als zwei Wochen vor dem zweiten Großbrand hatte das Attentat in Sarajewo Europa in helle Aufregung versetzt: Am 28. Juni 1914 wurden der Thronfolger Österreich-Ungarns, Erzherzog Franz Ferdinand, und seine Gemahlin bei ihrem Besuch in Sarajevo von Gavrilo Princip, einem Mitglied der serbisch-nationalistischen Bewegung Mlada Bosna, ermordet. Das Attentat in der bosnischen Hauptstadt löste die sogenannte Julikrise aus, die sich mit ihren Spannungen unter den Großmächten in Europa verhängnisvoll verschärfte. In den in ganz Europa verbreiteten Formen von „übersteigertem Nationalismus" lagen die tieferen Ursachen für das Attentat.[217] Die halbherzigen Bemühungen, den Frieden zu erhalten, die England und Deutschland unternommen hatten, scheiterten letztlich am gegenseitigen Misstrauen.[218] Russlands Teilmobilmachung gegen Österreich-Ungarn wurde seit dem 25. Juli geheim, dann ab dem 29. Juli offen durchgeführt: Dies war der unumkehrbare Schritt in Richtung Krieg der Großmächte.[219] Das Räderwerk der Bündnisfälle, Mobilmachungen und Kriegserklärungen war nicht mehr aufzuhalten und führte in den Ersten Weltkrieg, der mit zehn Mio. Toten und unzähligen Verwundeten die Urkatastrophe Europas darstellt.

So waren die beiden Großbrände 1914 für Aenne nicht das Schlimmste, sondern erst die Einberufung ihres Mannes Fritz zum Kriegsdienst Anfang August 1914.[220] Mit dem Stolz einer jungen Fabrikantenfrau, die aber um ihren Fritz besorgt war, versicherte Aenne Mitte Februar 1915 ihrem Mann, der im fernen Königsberg/Ostpreußen stationiert war: „Die Fabrik steht jetzt wieder, und zwar so stolz und schön, wie

Bocholter Volksblatt
verbunden mit
Anholter Zeitung
Amtlicher Anzeiger der Städte Bocholt und Anholt, der Aemter Rhede, Dingden, Liedern und Werth
Nr. 80 Montag, 3. August 1914.
Der deutsch-russische Krieg.
Deutsche und französische Mobilmachung. — Beginn der Feindseligkeiten. — Mobilmachung der Nachbarstaaten. — Besetzung Luxemburgs.

Bocholter Volksblatt
verbunden mit
Anholter Zeitung
Amtlicher Anzeiger der Städte Bocholt und Anholt, der Aemter Rhede, Dingden, Liedern und Werth
Nr. 179 Mittwoch, 5. August 1914. Nr. 179
Krieg mit Rußland und Frankreich.
Allgemeiner Bettag. — Thronrede zur Eröffnung des Reichstages. — Kleinere Gefechte. Kriegserklärung an Frankreich.

Bocholter Volksblatt
verbunden mit
Anholter Zeitung
Amtlicher Anzeiger der Städte Bocholt und Anholt, der Aemter Rhede, Dingden, Liedern und Werth
Nr. 180 Donnerstag, 6. August 1914. Nr. 180
Krieg mit Rußland, Frankreich und England.
Eine weltgeschichtliche Sitzung des Reichstages. — Einmarsch deutscher Truppen in Belgien. Vernichtung einer russischen Kavalleriebrigade. — Englands Kriegserklärung.

Die Geschäftsführer Franz und Willy (v. l.) haben Borgers seit 1902 zu einer beachtlichen Expansion gebracht. In den Großbrand- und Kriegsjahren erwies sich Willy als brillianter Krisenmanager und Kaufmann. Franz war eher praktisch orientierter Techniker. Fritz (rechts im Bild) wurde nicht lange nach seinem Eintritt in die Geschäftsführung Soldat an der Ostfront. Josef (2. v. r.) trat nicht in die Firma ein.

sie noch nie gewesen ist. Mit Bewunderung und auch wohl Neid wird sie von vielen angesehen. Wenn sie sich in Zukunft so tapfer hält wie ihre Vorgängerin, dann verdient sie diese Gefühle allerdings. Vorläufig ist es ja nur eine äußere Form, noch ohne Seele. Wie wird noch einmal alles werden? Wie mag alles nur am 13. Februar 1916 ausschauen? Hoffentlich lenkt der Herrgott alles zum Guten.“[221]

Obwohl Fritz Borgers Anfang August 1914 Soldat wurde und die beiden anderen Brüder noch viele Monate später damit rechneten, einberufen zu werden, stellte Willy Zurückstellungsanträge[222] und arbeitete mit Franz fieberhaft an neuen Bauplänen.[223] Am 9. September 1914 wurde der Wiederaufbau von „Contorgebäude nebst Meisterwohnung“ „am Stenernenweg [...] genehmigt.“ Trotz größtem Bauarbeitermangel – fast alle Arbeiter standen im Feld – konnte die abgebrannte Fabrik unter Aufbietung aller Kräfte[224] schon Ende September 1915 vollständig „fertig gestellt“ werden.[225]

Vom brand- und kriegsbedingten Zusammenbruch der Watteproduktion von ca. 61 Tonnen im Juni 1914 auf nur ca. zwei Tonnen im August 1914 erholte sich Borgers bereits im Oktober 1914 (34.750 Kilogramm).[226] Im Katastrophenjahr 1914 lieferte das Unternehmen Borgers an seine Kunden knapp 530 Tonnen Watte und Vliesstoffe. Das war dennoch mehr als 1908 ausgeliefert wurde, nämlich ca. 511 Tonnen. Diese zweite Wachstumsphase gründete aber auf einer großen kriegsbedingten Abhängigkeit vom Staat als für Borgers nunmehr wichtigstem Kunden:[227] „Die ‚Kunstbaumwollfabrik‘ blieb erhalten und arbeitet jetzt Tag und Nacht für die Heeresverwaltung, indem sie ‘Kunstbaumwolle’ verfertigt, woraus [salpetersäureangereicherte] Schießbaumwolle hergestellt wird.“ Erst im Februar 1915 wurden die von Borgers eingesandten Proben gerissener Watte von der Pulver-

Nellen & Quack

NELLEN & QUACK SPEDITION-VERZOLLUNG

SPEDITION, COMMISSION, AGENTUR.
GRONAU i/W. RHEINE i/W.

Comptoir in Gronau.

ZOLLABFERTIGUNG
Vertreter mehrerer Dampferlinien

Durchfrachten für Maschinenteile, Baumwoll- und Leinengarne aus England, Schottland, Irland

Leinengarne aus Belgien und Frankreich

Regelmässige Dampferlinien von und nach STETTIN, (BERLIN, POSEN, BRESLAU), DANZIG KÖNIGSBERG i. Pr., HAMBURG, KOPENHAGEN BORDEAUX, SCANDINAVIEN, RUSSLAND, LEVANTE

Sammelladungen

Rohtabake aus Holland.

Express- und Frachtgut-Verkehr nach Grossbritannien und Irland

ASSECURANZ – Lagerung und Rollfuhrbetrieb

Giro-Conto beim GRONAUER BANKVEREIN
durch Reichsbankstelle Münster.
Telegramm-Adresse: Wienandts Gronauwestfalen
Telefon No. 39 u. 40.
Postscheck-Conto Köln

Gronau i/Westf., den 29. Juli 1914.
Holländische Grenze.

Herrn Johann Borgers
Bocholt

Wir verzollten für Ihre werte Rechnung:

NOTA

Zoll zufolge Declaration	M.	120,— Pf.
Aus- und Einpacken, Netto Verwiegung, Sortiren	„	
Declaration und Wiegelohn	„	
Oeffnen und Schliessen	„	
Besorgung	„	
Fracht	„	58,50
„	„	
Nachnahme	„	
Transportversicherung	„	11,10
Frachtbriefstempel	„	
Holländische Stationskosten	„	,85
o/o Provision auf Vorlagen	„	,25
Porto, Depeschen	„	,60
	M.	191,30 Pf.

Unsere Rechnungen sind in Baar ohne jeden Abzug nach Empfang portofrei zu begleichen.
Für alle durch uns ausgeführten Speditionen gelten unsere allgemeinen Uebernahme-Bedingungen.

Die letzte Maschinen-Lieferung aus England für Borgers: ein Willow am 29. Juli 1914, bevor die britische Kriegserklärung am 4. August 1914 die Seeblockade gegen die Mittelmächte zur Realität werden ließ.

und Munitionsindustrie als tauglich eingestuft, um zu Cellulosenitrat (auch Schießbaumwolle oder Blitzwatte genannt) weiterverarbeitet werden zu können.[228] Vor dem Ersten Weltkrieg und noch während der ersten sieben Kriegsmonate spielten Behörden für Borgers als Kunden keine große Rolle. Dennoch lief die Produktion auf hohen Touren. In der wiederaufgebauten Wattefabrik wurde im Frühjahr und Sommer 1915 bis 21 Uhr gearbeitet: An vier breiten Krempeln fertigte Borgers hauptsächlich Deckenwatten, also Innenfutter für Schlafdecken.[229] Ende November 1914 nach dem Abbruch der sehr verlustreichen deutschen Angriffe am Yser-Kanal und bei Ypern war der Krieg im Westen endgültig zum blutigen Stellungskrieg erstarrt.[230] Zu dieser Zeit erledigte Borgers noch große Aufträge von Vorkriegskunden, z. B. 20 Tonnen Watte für die Herrenwäschefabrik Phil. Heymann in Elberfeld.[231] Anfang 1915 war auch noch der Export ins neutrale Holland für Borgers von großer Bedeutung: So hatte die Firma Veltmann & Bunt in Leiden 200 Tonnen Deckenwatte bestellt. Doch da man das kriegsführende Deutschland in den Niederlanden „zum Teil für verloren" gehalten hatte, gab es Mark-Gulden-Kursschwankungen, die den Handel mit Holland erschwerten.[232] Anfang Juli machte, so ärgerte sich der Buchhalter Hermann Unland, die Heeresverwaltung Borgers einen dicken Strich durch die Rechnung, indem sie die Ausfuhr von sämtlichen Sorten Watte verbot.[233] Im Sommer und Herbst 1915 unternahm Willy deshalb viel, um diese Textilexportverbote legal irgendwie zu umgehen.[234] Die Ausfuhrbewilligung nach Holland, in die Schweiz und in das von deutschen Truppen besetzte Belgien konnte er aber dauerhaft nicht erhalten. Sein Argument, Borgers habe große Aufträge aus diesen Staaten vorliegen, fruchtete in Berlin nicht. Auch seine Idee, Borgers-Watte gegen Baumwolle einzutauschen, scheiterte am blockadebedingten Baumwollmangel in Holland.[235] Trotz staatlicher Watteexportverbote konnte Borgers dank der Heereslieferungen von Schießbaumwolle und dank großer Inlandskunden mit Hochdruck arbeiten und selbst die Lagerbestände veräußern.[236]

Bocholter Rekruten, noch in Zivilkleidung, in den ersten Augusttagen 1914. Willy Borgers gehörte zu den wenigen, die schon im Herbst 1914 erkannten, dass der Krieg lange dauern würde.[237]

Schießbaumwolle (Blitzwatte) für das Kriegsministerium und das norddeutsche Wattemonopol

Folglich war es eine Umstellung für die Firma Borgers, als im Frühjahr 1915 der erste Auftrag zu einer „Heereslieferung" von Schießbaumwolle in Angriff genommen wurde.[238] Nach dem Willen der Heeresverwaltung sollte die Borgers-Reißerei in Lohnarbeit Schießbaumwolle herstellen. Die Produktion von Borgers ging nun zu fast 74 Prozent an das Kriegsministerium.[239] Wie kam es zu diesen Aufträgen des preußischen Kriegsministeriums an Borgers? In Berlin war eine überaus wichtige Kriegswirtschaftsgesellschaft, die „Aktiengesellschaft zur Verwertung von Stoffabfällen" gegründet worden.[240] Diese Gesellschaft war eines von 120 Unternehmen, die dem preußischen Kriegsministerium (später dem Reichswirtschaftsministerium) unterstellt waren.[241] Die Berliner Stoffgesellschaft sollte die Produktion von ausreichenden Mengen Schießbaumwolle durch die Zuteilung beschlagnahmter Lumpen sicherstellen. Kommissionsmitglied war der schärfste Konkurrent von Borgers: Georg Messing (1853 bis 1929). Sein Unternehmen, Wwe. B. Messing, war Lieferant von „Verbandwatten, Schiessbaumwolle" und „Spinnputzwolle".[242] Zugleich war Messing auch einer der wichtigsten Rohstofflieferanten von Borgers.[243] Georg Messing hatte jedenfalls kein Interesse, Borgers über die Auftragslage in Berlin gut zu informieren.[244] Daraufhin begab sich Willy Borgers selbst nach Berlin, denn Borgers brauchte die Aufträge des Kriegsministeriums, um Rohstoffe zu erhalten. Willy verhandelte in Berlin so geschickt mit Vertretern des preußischen Kriegsministeriums und der Rohstoffgesellschaft, dass Borgers direkt von der Stoffgesellschaft zusätzlich Lieferungen erhielt. Die Firma Borgers hatte gerade den ersten Auftrag des Kriegsministeriums in der Tasche, als urplötzlich in Bocholt ein weiterer starker Wettbewerber auftauchte.[245] Anfang Juni 1915 wurde eine Baumwollfasergesellschaft gebildet, die in der Industriestraße 1 in Wietholds leerstehender Spinnerei[246] eine große Reißerei für Schießbaumwolle einrichtete. An der von Georg Messing geführten Gesellschaft waren unter anderen Horkheimer und der Borgers-Lieferant Maurenbrecher, ein Krefelder Reißereimeister, beteiligt.[247] Schon bald bedienten in dieser neuen Reißerei 100 polnische Arbeiter aus dem von deutschen Truppen besetzten Lodz[248] 40 elektrisch betriebene Reißmaschinen. Das Kriegsministerium war Ende Juli 1915 mit der Überlassung weiterer Reißmaschinen aus Lodz auch für Borgers einverstanden.[249] Ende August fuhr Franz Borgers „im Auftrage des Kriegsministeriums" mit drei Herren von der Kriegsrohstoffabteilung[250] nach Lodz, um Maschinen und Lumpen zu besichtigen und eventuell abzutransportieren.[251] Für Borgers kamen diese polnischen Maschinen schlussendlich aber kaum in Betracht, da fast alle ohne Entstaubung waren. Deshalb ließ Borgers im Herbst 1915 vom sächsischen Maschinenbauer Paul Trützschler & Gey in Crimmitschau vier neue, sehr leistungsfähige Reißmaschinen montieren. Zwar sah man bei Borgers „mit Gottver trauen dem Frieden entgegen". Aber Wilhelm Borgers erwartete, dass es noch lange dauern würde. Die Reißerei arbeitete auf Hochtouren, um die Lager zu füllen.[252]

Der zweite Wachstumsschub des Unternehmens ab Juni 1915 war bedingt durch den rasant ansteigenden Wattebedarf für das Verbinden unzähliger Kriegsverwundeter[253] und für Schießbaumwolle. Allein in den drei Sommermonaten 1915 fertigte Borgers 25 Tonnen Verbands- und Hospitalwatte.[254] Aus der „hausindustriellen Produktions-, Arbeits- und Lebensgemeinschaft" mit acht Arbeitern, die 667 Kilogramm Watte im Monatsdurchschnitt 1890 lieferten, war ein Industrieunternehmen geworden, das mit 140 Beschäftigten allein im Dezember 1915 über 224.000 Kilogramm Watte und Vliese fertigte. Borgers erreichten im Dezember 1916 jeden Augenblick neue Anfragen, ob die Produktion nicht noch erhöht werden könne.[255] Größere Aufträge für Watte mussten jedoch abgelehnt werden, da die alten Borgers-Vorräte aufgebraucht waren und die den Wattefabriken zugeteilte Rohware immer noch nicht eingetroffen war. Man spürt den Zorn von Hermann Unland über die Stoffgesellschaft, die offenbar die großen Watte-Aufträge für Borgers zugunsten der von ihr eingeforderten Fertigung von Reißbaumwolle für Spinnzwecke ignorierte: „Nicht allein, daß die zugestandene Menge immer noch nicht eingetroffen ist. Nicht allein, daß die uns zugestandene Menge arg beschnitten wurde, schien es, dass man am liebsten die Rohware anstatt für Watte für Spinnzwecke verarbeitet sehen möchte." Blitzwattelieferungen dürften zwar bei Borgers auch noch im Frühjahr 1916 mehr als zwei Drittel der Gesamtliefermengen ausgemacht haben.[256] Doch seit Juni 1916 brauchte man Reißbaumwolle (Kunstbaumwolle) nicht mehr vorwiegend für Blitzwatte, sondern für Spinnzwecke, weil die Pulverfabriken nunmehr große Mengen Holzzellulose der Reißbaumwolle beigaben, was sich gut bewährt hatte. Infolge von Englands Seeblockade herrschte in Deutschland nämlich Mangelwirtschaft: Rohstoffe und Lebensmittel mussten „gestreckt" werden: So wurde auch die kriegswirtschaftlich besonders wichtige Kohle mit „Schlammkohle, Koksruß oder Braunkohle" gestreckt.[257] Dies verschlechterte die Kohlequalität: So gerieten die Borgers-Mitarbeiter am 13. Dezember 1916 „ziemlich in Aufregung", weil das Schiff „so schlechte Kohlen geliefert hatte, daß man den halben Betrieb hatte still legen müssen.

Bocholt wird Garnisonsstadt: Bürgermeister Clemens Wesemann begrüßt das Ersatz-Bataillon Landwehr-Infanterie-Regiment Nr. 13 am 15. Februar 1916 auf dem Marktplatz.[258]

Willy und der Meister rannten immerfort hin und her.“[259]

Eines Tages im Januar oder Februar 1917 kam dann die einschneidende Weisung von den Ministerialbehörden in Berlin: Nur die beiden größten Wattefabriken Deutschlands, und zwar Borgers im Norden und Kufner & Sohn München[260] im Süden, sollten Watte produzieren dürfen.[261] Die vielen kleineren Wattefabriken sollten ihre Produktion vollständig einstellen. Borgers und Kufner erhielten nun die den anderen Watteunternehmen zugehenden Aufträge übermittelt. Ebenfalls weisungsgemäß hatte Borgers dann die Bestellungen zu erledigen. Der Gewinn musste mit dem eigentlichen Auftraggeber, dem inaktiven Wattefabrikanten, geteilt werden. Zwar stöhnte Unland über die vielen damit erforderlich gewordenen Schreibereien und Buchungen, doch konnte er damit seine weitere Zurückstellung vom Fronteinsatz ausreichend gut begründen. Borgers hatte also 1917/18 ein vom Staat verfügtes Watteproduktionsmonopol für Norddeutschland; ein Monopol freilich, das viele unproduktive Wattefabrikanten am Gewinn beteiligen musste.

Konflikte der drei Borgers-Brüder

In den Quellen finden sich nur selten Hinweise auf Spannungen innerhalb der Geschäftsführung. In der zweiten Jahreshälfte 1914 wurde von Willy Borgers das Wachstum so stark vorangetrieben – „Gearbeitet wird von 7 ununterbrochen bis 10 Uhr, sonnabends bis 12“[262] –, dass es mit seinen beiden Mitgeschäftsführern zum Konflikt kam: Aenne Borgers, die Frau des an der Ostfront kämpfenden Geschäftsführers Fritz, war schon Mitte Februar 1915 aus allen Wolken gefallen, als sie zufällig mitbekommen hatte, dass die Arbeiter 15 Stunden durcharbeiteten und gar nicht mehr, wie dies früher üblich war, abgelöst wurden.[263] Aenne versuchte, ihres Mannes „Stelle zu vertreten“ und sich für die Arbeiter einzusetzen.[264] Seit Monaten traf sie sich mit Willy regelmäßig, um ihm von seinem Bruder Fritz zu berichten.

So hat Aenne am 20. Februar abends Willy nach ihrem Bericht über Fritz auch einen „Vortrag gehalten, daß es meiner Ansicht nach nicht recht ist, die Arbeiter, die doch wahrhaftig nicht die kräftigsten sind, von morgens 7 ununterbrochen bis abends 10 Uhr durcharbeiten zu lassen“. Sogar das Mittagessen müsse seit Ende 1914 den Arbeitern gebracht werden. Samstags werde sogar bis Mitternacht gearbeitet. Eindringlich appellierte Aenne an Wilhelms Gewissen und sein Mitgefühl: „Was hat nun ein solcher Arbeiter vom Leben, morgens, wenn er zur Arbeit geht ist's dunkel, wenn er nach Hause kommt, ist's wiederum dunkel, die Sonne, Frau und Kinder bekommt er kaum zu sehen.“ Dass das Familienleben viel zu kurz komme, war aber nicht Aennes Hauptargument gegen die 92-Stunden-Woche, sondern die betriebswirtschaftlich besonders relevante Krankheitsgefahr: „Die Gesundheit der Arbeiter geht doch schließlich vor alles und was eben nicht geht, das geht nicht, ich

Die 13er marschieren mit klingendem Spiel von der Nordstraße zum Bocholter Marktplatz Ende Mai 1916.

Willy Borgers (1874 bis 1937).

möchte wenigstens die Verantwortung dafür nicht auf mich laden."[265]

Willy beteuerte daraufhin seiner Schwägerin, „er hätte selbst schon daran gedacht die Arbeiter zu entlasten, er könne aber beim besten Willen keine neuen Kräfte bekommen." Zudem habe er „mit dem blondlockigen Jänsken süße Brötchen backen müssen, nur um ihn wieder zu bekommen." Selbst arbeitswillige junge Männer wie Jänsken waren offenbar nicht bereit, solch fast unmenschliche Arbeitszeiten dauerhaft zu ertragen. Willy kam aber bis zu diesem Gespräch mit Aenne gar nicht auf den Gedanken, einen Teil der neuen Aufträge, an Zahl und Wattemenge zunehmend, abzulehnen. Er sei jetzt aber immerhin, so versicherte er Aenne, „wirklich froh, wenn mal öfter bei der Post nichts dabei wäre". Ab März 1915 werde es große Staatsaufträge geben, weil die Heeresverwaltung die gerissene Borgers-Ware als tauglich für Schießbaumwolle gefunden habe. Aenne hat ihm zwar „sehr zugeraten" diese staatlichen Großaufträge anzunehmen.[266] Doch sie beschwor ihn, „dafür lieber Watte für Holland schwimmen zu lassen, denn ans Vaterland müsse man doch jetzt an erster Stelle denken".[267] Franziska Lensing, Willys Schwester, unterstützte Aenne nun so „kräftig, sodaß Willy zuletzt sagte, beruhigt Euch nur, ich werde es genau so machen, wie Ihr es haben wollt." So wurde der 15-Stunden-Tag durch den 14-Stunden-Tag ersetzt. Zwar versicherte Aenne ihrem Mann, Willy sorge „sonst gut für seine Arbeiter." Doch vergesse „er manchmal, daß nicht alle Menschen solche Arbeitspferde sind wie er selbst und auch nicht alle, besonders in der jetzigen teuren Zeit, sich daheim so stärken können wie er." [268]

Aenne hatte beobachtet, dass aufgrund der gestiegenen Preise, die Familienmitglieder weitaus besser genährt waren als ihre Mitarbeiter. Sie war als Frau sensibler für die Not der Arbeiterfamilien in so besonders schweren Zeiten, zumal Willy das Dilemma „Großaufträge, aber viel zu wenig Arbeitskräfte" den Blick für diese große Not versperrte. Selbst bei Grundnahrungsmitteln kam es zu Versorgungsengpässen. Gerade zu dieser Zeit, Anfang Februar 1915, musste nämlich die Brotkarte eingeführt werden.[269] Diese erste staatliche Regulierung eines Lebensmittels erfolgte, weil seit Kriegsbeginn „einige Lebensmittel knapp zu werden drohten und die Preise für manche Waren, namentlich Hülsenfrüchte [Getreide], stark stiegen." Die Brotkarte gestand dem Verbraucher nur noch eine festgeschriebene Menge an Brot und Mehl zu. Bis Ende 1916 fielen auch die wichtigsten anderen Grundnahrungsmittel unter die Ernährungsrationen. Lange Schlangen vor den Lebensmittelgeschäften waren an der Tagesordnung. So kam es den Arbeiterfamilien von Borgers durchaus zugute, dass Willy in den ersten neun Kriegsmonaten die monatliche Überstundenbezahlung durch eine Zulage ergänzte:[270] Jede Familie erhielt pro Kopf „ein Pfund Buchweizenmehl zum halben Preis". Doch die unverheirateten Borgers-Leute wurden dadurch so unzufrieden, dass Wilhelm Mitte Juni 1915 diese Mehlzulage durch Lohnerhöhungen in regelmäßigen Abständen ersetzte. Obwohl diese zehn und mehr Prozent betrugen, wogen sie keineswegs die durch die Inflation bedingten Kaufkraftverluste auf: Der Stundenlohn des Schlossergesellen August Dieckhues erhöhte sich von 46 Pfennig (ab Febr. 1914) auf 52 Pfennig (ab Juli 1915) und dann auf 60 Pfennig (ab Juli 1916).[271] Innerhalb dieses Jahres gab es in Bocholt eine Lebensmittelpreissteigerung von 36,8 Prozent, aber bei Borgers nur eine Gesellenlohnsteigerung von 13,34 Prozent. So sank die

Telegramm-Adresse: BORGERS.
Telephon N° 95.

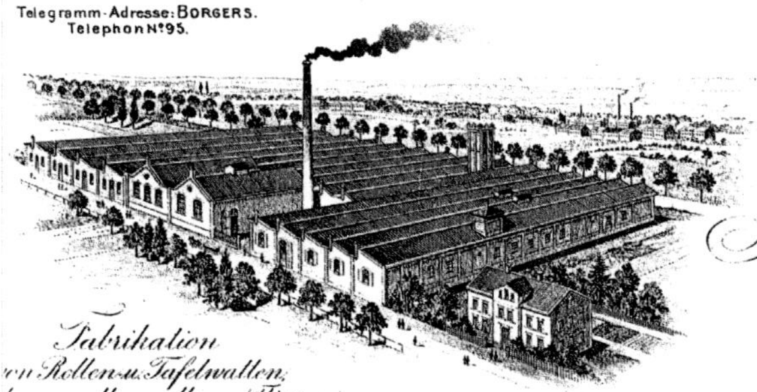

Watte-Fabrik
gegründet 1866
von
Johann Borgers
Bocholt i/W.

Fabrikation
von Rollen- u. Tafelwatten,
baumwoll. u. wollenen Fliessen.

den 190

Z E U G N I S.

Jm Anschluß an seine bei mir bestandene dreijährige Lehrzeit war der Schlossergeselle und Dreher August Dickhues noch vom 19. Mai 1912 bis heute in obiger Eigenschaft bei mir tätig.

Was ich bereits in seinem Lehrzeugnis gesagt habe, kann ich wiederholen. Dickhues hat sich als ein durchaus akkurater, gewissenhafter Arbeiter bewiesen, der in seinem Fach gründlich Bescheid weiß und auch befähigt ist, selbständig zu handeln und zu arbeiten. Er hatte hier alle vorkommenden Reparatur-Arbeiten zu besorgen, war tätig an Drehbänken, Bohrmaschinen, Schmirgelsteinen, am Feuer etc. etc. Während dieser Zeit half er noch einen großen Drehstrom-Generator montieren und erwarb sich auch allgemeine Kenntnisse in der elektr. Beleuchtung.

Ueber seinen Fleiß und seine Führung kann ich mich nur lobenswert aussprechen, da er sich nicht das allergeringste zu schulden kommen ließ. Jch kann den Jnhaber dieses Zeugnisses jedermann bestens empfehlen.

Bocholt, 13. November 1913.

Die Firma Borgers stellte August Di(e)ckhues ein sehr gutes Zeugnis aus. Sein Gesellenlohn sank aber im Laufe des Krieges angesichts der zunehmenden Teuerung real.

Der 12. Mai 1908: Hochzeitsbild von Franziska Borgers und Bernhard Lensing, der seine Erinnerungen an seinen Schwiegervater Johann Borgers aufgezeichnet hat.

Kaufkraft aller deutschen Arbeiter dramatisch im Verlauf des Kriegs: Die Teuerungsrate bei Lebensmitteln betrug 1918 mehr als 300 Prozent im Vergleich zu 1913, was die Lohnsteigerungen auffraß.[272]

Der große kriegsbedingte Arbeitskräftemangel machte Willy in der Tat zu einem besonderen „Arbeitspferd", denn er verlangte von sich und von Franz den vollen Einsatz zunehmend auch als Meister und Monteur: Diese körperlich anstrengende Arbeit in der Produktion musste Franz von Jugend an verrichten. Als Geschäftsführer hatte er seit 1902 jedoch zunehmend andere Aufgaben (Technische Leitung/Entwicklung, Lieferantenverkehr, Investitionsentscheidungen usw.). Er wurde immer nervöser, wenn „so vieles zu erledigen" war und es „manchmal drunter und drüber" ging, weil „kein Meister vorhanden" war und „so viele eingeübte Arbeiter fehlten."[273] Wilhelm verstand sich auch selbst als Garant für den Unternehmenserfolg in Kriegszeiten: Er, Wilhelm, müsse nämlich allein „dafür sorgen, daß alles so weiter geht so gut es eben geht."[274] Er beklagte zu viele „junge unerfahrene Menschen" zu haben, „die vielfach nicht wollen und nicht können." Er „habe in der Reißerei 60jährige und 18jährige! So bin ich Meister, Chef und alles in einer Person und nicht zu gut letzt auch Diplomat." Als solcher schloss er im Winter 1914/15 langfristig angelegte Lumpenlieferverträge mit der Lumpensortieranstalt Ph. Stern in Halle/Westf.[275] Willys Verhandlungsgeschick half ihm aber nichts, als Anfang Juni 1915 „das Kriegsministerium sämtliche brauchbaren Lumpen auf den bunt Cattun von Stern, wo ich über 100.000 Kilo noch zu empfangen hatte, mit Beschlag belegt" hat. Dieser Buntkattun war ein aus ungefärbtem Baumwollgarn leinwandartig gewebter Stoff, der farbig bedruckt war. Nur die bleichbaren hell- und mittelbunten Kattunlumpen wurden „mit Beschlag belegt."[276] Dagegen waren „die echt roten, dunklen und blauen Farben noch frei, weil sie sich nicht zum Bleichen eignen und deswegen für Pulver und Schießbaumwolle nicht in Betracht" kamen. Auch Prokurist Unland befürchtete deshalb, dass bei Borgers das Rohmaterial zu knapp werden könnte.

Der zunehmende Druck auf das Unternehmen entlud sich zwischen den beiden Brüdern. Größte Arbeitsbelastungen und Materialnot brachten Ostern 1915 das Fass zum Überlaufen: Es kam zum richtigen „Krach mit Franz": Franz versuchte seinen Bruder zur Vernunft zu bringen: „Wie kannst Du nur so lange die Männer mit Hochdruck arbeiten lassen! Immer mehr Aufträge halst Du uns auf; das ist doch Blödsinn! Ich werde die Fabrik nicht wieder betreten, wenn am nächsten Sonnabend wieder bis Mitternacht gearbeitet wird."[277] Wilhelm wiederum kritisierte fast verletzend die Arbeitsleistung seines Bruders, die hauptsächlich krankheitsbedingt eingeschränkt war: „Wenn doch Franz etwas von dem regen Arbeitsgeist dieses eisernen Mannes [Georg Messing] mitbekommen hätte!"[278] Dieser Konflikt zwischen den Brüdern ebbte schlussendlich auch nicht mehr ab. Auch in den 1920er und 1930er Jahren fanden sich immer wieder Themen, bei denen die beiden grundsätzlich unterschiedlicher Meinung waren. Trotz aller Schwierigkeiten führten sie jedoch bis zum Tod von Franz Borgers 1935 das Unternehmen gemeinsam. Diese Schwierigkeiten, geboren aus sehr unterschiedlichen Naturen, sollten die Borgers-Familien noch weitere zwei Generationen belasten.

Leider kam es auch zwischen Franz und Aenne zu Spannungen, die sich bei Aenne entluden, als sie keinen Gemüsegarten, der

Haus der Familie Borgers, Osterstraße 62/64. Franziska Borgers betreute hier 1914 bis 1918 die Kinder der kranken Aenne Borgers (1891–1919): Fritz und Annemarie.

damals durchaus lebenswichtig war, auf dem Fabrikgelände erhalten konnte:[279] „Mein Stückchen Land an der Fabrik werde ich wohl nicht bekommen, Franz hat sich einen großen Komplex dort gesichert und davon wird er mir nichts abgeben wollen, denn Franz ist sehr geizig und denkt immer nur an sich, ich werde ihn darum auch nicht danach fragen. Und das übrige wüste Stück ist mal erstens sehr wüst, zweitens hat es wenig Sonne und drittens habe ich auch niemanden, der es mir zurecht machen könnte. Ich will nur sorgen, daß ich noch frühzeitig etwas Dünger bekomme, ehe auch der alle weg ist."

Durch das Fehlen des an die Front eingezogenen Meisters Wilhelm Dieckhues und weiterer Fachkräfte wurde die Arbeitsüberlastung der verbliebenen Mitarbeiter immer größer: Wilhelm Dieckhues, der seit fünf Jahren bei Borgers arbeitete, wurde bereits am 1. August 1914 zum Kriegsdienst einberufen; sein Bruder August – seit 1909 im Unternehmen – am 28. September 1916. Da weder Schlosser auf dem freien Markt verfügbar waren, noch eine interne Abteilung für die Reparatur von Maschinen vorhanden war, war August Dieckhues unentbehrlich. Er entwickelte sich zum zentralen Reparateur bei Borgers, weil er schon in seiner Lehrzeit (1909 bis 1912) und im ersten Gesellenjahr bei den „häufigen Maschinen-Reparaturen", bei der Montage der beiden neuen Kessel und 200-PS-Dampfmaschinen sowie eines „großen Drehstrom-Generators" mitgearbeitet hatte.[280] Allerdings gelang es Wilhelm Borgers aufgrund mehrfacher Anträge, Wilhelm Dieckhues im August 1915 vom Kriegsdienst befreien zu lassen. „Vorige Woche [Anfang April 1915] habe ich nun direkt beim Generalkommando Meister Dieckhues, den Heizer, Flasswinkel und noch einige andere reklamiert. Ob's was nützt? Beurlaubt wird man nicht und man schickt uns lieber 100 gefangene Russen und selbst Arbeiter aus Lodz, als einige Soldaten aus dem Felde."[281]

Von der alten Garde verblieben nur die Buchhalter Hermann Unland, Reinhold Marschner (geb. 1878) und Fritz Günsing – Sohn eines der ersten Mitarbeiter von Borgers.[282] Wilhelm Borgers beklagte zwar, dass so viele wertvolle Mitarbeiter zum Kriegsdienst eingezogen wurden, doch konnte er sich gerade in diesen krisenbelasteten Zeiten zum unentbehrlichen Unternehmensführer aufschwingen. Er hatte neue, große Ziele und Visionen. Dass auch andere Entscheidungsträger den Unwillen von Franz Borgers teilten, ließ Wilhelm unbeeindruckt. Er gefiel sich in seiner Rolle des alles überflügelnden Geschäftsführers, der alles Alte, Festgefahrene überwinden und Neues, nie Dagewesenes schaffen wollte.[283]

Mit einem Paukenschlag versuchte Willy Borgers den akuten Arbeitskräftemangel am 5. Juni 1915 zu lösen: Gegen den Willen der Familie Borgers und der Belegschaft wurden Frauen als Arbeitskräfte in der Produktion eingesetzt.[284] Zunächst zwei Frauen, die nachdem sie sich bewährt hatten, durch weitere 13 ergänzt wurden. Abgesehen von Frau Kock, die im Versand die Watte verpackte, bedienten diese Frauen erstmals Reißmaschinen und Krempel, was bislang Männern vorbehalten war. Trotz der Einwände der Familie und der Mitarbeiter stellte Wilhelm in den nächsten Monaten noch mehr Frauen ein.[285] Krupp beschäftigte – so verteidigte sich Willy – doch allein für die Granatendreherei ca. 1.000 Frauen. Nach dem Krieg sollten die Frauen wohl auch nach Wilhelms Ansicht den zurückkehrenden Männern wieder weichen.[286]

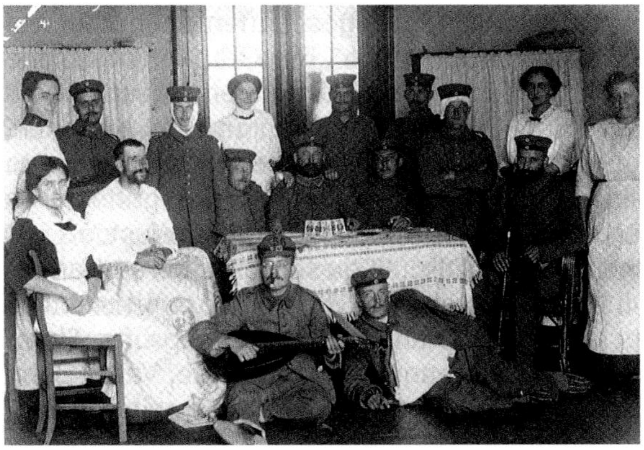

Manöver am 4. Juli 1915 auf dem Hünting in Bocholt: Verwundete stellten Kämpfe im Stellungskrieg dar. 5.000 Menschen schauten zu.

Patriotismus, Fürsorge und soziales Engagement im Krieg

Dem Unternehmen ging es trotz kriegsbedingter Umstände, trotz des Familienstreits um die Ausrichtung der Fabrik, trotz des Mangels an Arbeitskräften und Rohstoffen finanziell gut. So verwundert es wenig, dass die Familie Borgers über das Unternehmen hohe Kriegsanleihen zeichnete, so z. B. Franziska und Wilhelm Borgers im Jahr 1915: „Aus Mutter lockte ich ganze 100.000 Mark heraus, ich zeichnete 50.000 Mark."[287] 1915 wurden von Borgers insgesamt Kriegsanleihen in Höhe von 240.000 Mark (912.000 Euro) gezeichnet.[288] 1918 belief sich dann der Gesamtbestand an Kriegsanleihen auf 374.000 Mark.[289]

Der Erste Weltkrieg löste vor allem durch die englische Seeblockade allein in Deutschland eine große Hungersnot mit 800.000 Todesopfern aus.[290] Zum Selbstverständnis der Familie Borgers gehörte wesentlich eine sozial-fürsorgliche Verantwortung der Firmenleitung: Im „Respekt vor der Würde der von Christus geadelten Person jedes Menschen", eine Haltung die Papst Leo XIII. auch von allen Unternehmern forderte,[291] legte die Firma Borgers stets größten Wert auf das karitative Spenden- und Stiftungswesen: So heißt es im Bocholter Volksblatt vom 26. August 1916: „Die Firma Johann Borgers hat aus Anlaß ihres 50jährigen Bestehens zum Besten der Lungen- und Säuglingspflege der Stadt Bocholt eine Stiftung von 10.000 Mark gemacht, die der Walderholungsstätte zugute kommen soll."[292] Die am 25. Juni 1913 von Dr. Alff, Bocholts Zweitem Bürgermeister (1910 bis 1922), eröffnete Kuranlage „Walderholungsstätte" wurde durch den Verband für Wohlfahrtspflege als Sommertagesstätte für tuberkulosegefährdete Kinder auf einem zwölf Morgen großen Pachtgrundstück an der Alffstraße am nördlichen Stadtrand eingerichtet. Mit der Unterbringung von Kindern im Wege der Kriegswohlfahrtspflege begann am 29. November 1915 der Ganzjahresbetrieb mit durchschnittlich sechswöchigen Kuren. Bis zur Borgers-Stiftung wurden in der Walderholungsstätte bereits 378 Kinder gepflegt, die dort durchschnittlich vier Kilo zunahmen. Mit Hilfe der Borgers-Gelder konnten in der Folge Wasser und Licht verbessert und die Liegehalle erweitert werden. „Eine weitere Stiftung derselben Firma Borgers in der gleichen Höhe von 10.000 Mark soll zur Speisung bedürftiger Kinder und Frauen verwendet werden und zwar besonders zur Ausdehnung der Suppenküchen des Elisabethvereins. [...] Bürgermeister Wesemann gibt der Hoffnung Ausdruck, daß diese zweite wohltätige Stiftung während des Krieges nicht die letzte bleiben werde."[293]

Die Borgers-Stiftungen waren umso notwendiger als sich auch in Bocholt die britische Blockade, aber auch andere Kriegsfaktoren für die Bevölkerung negativ auswirkten: So gab es seit Anfang 1916 einen „stärker hervortretende[n] Fleisch- und Fettmangel" und seit Ende 1916 „die größte Kartoffelknappheit".[294] Seit Februar 1917 gab es überhaupt keine Kartoffeln mehr in Bocholt.[295] Für die von Borgers im August 1916 gespendeten 20.000 Mark hätte man zur gleichen Zeit im Durchschnitt von ganz Preußen knapp 114 Tonnen Speisekartoffeln (113.636 Kilogramm), 68.500 Hühnereier oder 30.350 Kilogramm Weißbrot einkaufen können. Auch die Familie Borgers hat vorübergehend, nämlich im Winter 1916/17 „den Hunger kennengelernt"; trotzdem gab es von Borgers für jeden Arbeiter „Weihnachtsgaben" (z. B. 1916: 3 Pfund (1.500 g) vom Schwein und ein Weizenbrot).

Die Firma Borgers kaufte 1916 vor Weihnachten 2.675 Pfund Mehl.[296] Da damals nur etwa 100 Arbeiter bei Borgers beschäftigt waren, wurde das übrige Mehl, also wohl ca. eine Tonne Mehl, an Menschen verteilt, die besonders unter der Hungersnot zu leiden hatten. Weil viele Familien Ende 1916 in Bocholt und in weiten Teilen Deutschlands hungerten, wurde am 1. Dezember 1916 vom Staat angeordnet, dass alle im Reich vorhandenen Kohlrüben durch die Gemeinden beschlagnahmt werden sollten.[297] So versorgte auch Bocholt damals die arme Bevölkerung mit unzähligen Waggons Steckrüben. Weil es nur Kohlrüben gab, sprach man vom berüchtigten „Steckrübenwinter" 1916/17, zumal „die damaligen Wochen hinsichtlich der Ernährung zu den schlimmsten des Krieges, auch hier in Bocholt, gehört haben."[298] Auch in der Kriegszeit wurden die regelmäßigen Zuwendungen an den „Katholischen Arbeiterinnenverein", den „Elisabethverein", an das „Hospiz" in Bocholt, an den „Verein für Säuglingspflege", den „Vinzenz-Verein",[299] die protestantischen „Anstalten Bethel", an den „Fürsorge-Verein für Lungenkranke" und an das Erholungsheim „Walderholung" aufrecht erhalten.[300] Diese mit Stiftungen und Spenden zum Ausdruck gebrachte Solidarität mit den Kriegsopfern war allerdings in Bocholt, das sicher exemplarisch für viele deutsche Industriestädte steht, vor allem 1916 bis 1918 sehr groß, wo nicht nur Fabrikanten, sondern auch Arbeiter und Angestellte nach ihren Möglichkeiten spendeten.[301]

IV. Vom Sturmgewehr zum Auto. Borgers in der Weimarer Republik

Reichskanzler Friedrich Ebert, 1922/25.

Als der Erste Weltkrieg verloren war, brach über die deutschen Unternehmen zunächst eine ungewisse Zeit herein. Die Heeresaufträge blieben aus. Die Unternehmen mussten sich nach neuen Produktionsmöglichkeiten umsehen, wenn sie denn nicht mit Kriegsschäden zu kämpfen hatten. Politisch schlitterte das Land unruhigen Zeiten entgegen. Das Deutsche Kaiserreich hörte auf zu existieren. Deutschland wurde ein demokratischer Staat. Dies verlangte allen ein hohes Maß an Einsatz ab. Am 9. November 1918 wurde Friedrich Ebert noch vom Kaiser zum Reichskanzler ernannt. Im Februar 1919 wurde er dann bereits von der Weimarer Nationalversammlung zum ersten Reichspräsidenten gewählt. Die politischen Unruhen sollten sich jedoch bis 1923 fortsetzen. In Deutschland herrschte Bürgerkrieg; Aufstände, Putsche und ständige wechselnde Regierungen standen einer friedvollen Entwicklung im Wege.

Unmittelbar nach Kriegsende herrschte große Not in Deutschland. Hunger war eines der gegenwärtigsten Probleme. Wichtig war es daher, die Menschen in Lohn und Brot zu bringen. Eine besondere Herausforderung für die Wirtschaft – gerade auch in Bocholt – war die staatlich verordnete Aufgabe, die rückkehrenden Soldaten schnellstmöglich wieder in das Arbeitsleben zu integrieren. Keine einfache Aufforderung, gab es doch für die bereits beschäftigten Arbeitskräfte noch nicht einmal ausreichend Arbeit. Gerade die Textilindustrie litt in großem Maße unter einem ungewohnten Auftragsmangel. Die Umstellung von Rüstungsaufträgen zurück zur zivilen Produktion war allerdings eine nicht für alle Betriebe zu meisternde Aufgabe. So manches Unternehmen fiel diesem Versuch zum Opfer. Anderen Unternehmen gelang es wiederum schnell, Fuß unter den neuen Rahmenbedingungen zu fassen. Eine dritte Kategorie waren die den sogenannten Kriegsgewinnler. Borgers zählte zu den Unternehmen, denen die Umstellung gelang, jedoch unter harten Bedingungen. Aber Borgers war aufgrund der guten Auftragslage sehr gewillt, dem Aufruf, Arbeitskräfte einzustellen, nachzukommen und suchte sogar selbst nach früheren Mitarbeitern, um diese wieder in bewährter Weise beschäftigen zu können.[1]

In diese ohnehin schon durch die politischen wie wirtschaftlichen Rahmenbedingungen schwierige Zeit fiel für die Familie Borgers eine weitere Tragödie. Kurz nach der Rückkehr von Fritz Borgers von der Ostfront verstarb seine junge Frau Aenne am 13. April 1919 an den Folgen einer Tuberkulose mit gerade einmal 27 Jahren. Seine Tochter Annemarie sowie sein Sohn Fritz Borgers jun. wurden zunächst von seinen Schwägerinnen aufgezogen. Auch finanziell hatte der Krieg für das Unternehmen Folgen, insofern die von Borgers gezeichnete Kriegsanleihe in Höhe von 374.000 Mark nun abgeschrieben werden musste.[2] Gezeichnet vom Krieg, angeschlagen durch diesen privaten Verlust sowie die Herausforderung der finanziellen Schwierigkeiten vor Augen, ist es Fritz Borgers dennoch gelungen, die Geschicke des Unternehmens verhältnismäßig schnell ins Positive zu wenden.[3] Allerdings blieben die Umstände schwierig: Die fehlende Energie, weil die Kohleförderung nach den Kriegswirren noch nicht für alle Bedarfe genügte, begrenzte die Möglichkeiten eines systematischen Ausbaus der Produktion.

Das Unternehmen Borgers, das in den Kriegsjahren vor allem Schießbaumwolle und Verpackungswatte für das Heer gefertigt hatte, suchte nach neuen Aufträgen und scheint damit auch erfolgreich gewesen zu sein. Jedenfalls konnte Borgers schon 1921 wieder in Maschinen investieren, was für die

Jesus! Maria! Joseph!

Ihr habt jetzt zwar Trauer, aber ich werde euch wiedersehen, und euer Herz wird sich freuen, und eure Freude wird niemand von euch nehmen. Joh. 16, 22.

†

Zum frommen Andenken
an
Frau Fritz Borgers
Aenne geb. Weber.

Geboren am 5. Mai 1891 zu Bocholt als Tochter des verstorbenen Professors Friedrich Weber, vermählte sie sich am 4. September 1913 mit Fritz Borgers zu Bocholt, dem sie zwei Kinder schenkte. Nach langem, qualvollen, tapfer ertragenem Leiden starb sie, gestärkt durch den wiederholten Empfang der heil. Sakramente, am 13. April 1919, nachdem sie erst kurze Zeit mit ihrem aus dem Kriege heimgekehrten Manne wieder vereint war.

Alle, welche die allzufrüh Verschiedene ihres sonnigen, tiefinnigen Gemütes wegen lieb gewonnen haben, mögen für ihre Seelenruhe beten.

Mein Jesu Barmherzigkeit!

Barmherzigster Jesu, gib ihr die ewige Ruhe!

J. & A. Temming, Bocholt.

Totenzettel von Aenne Borgers.

Nur wenige Jahre später heiratete Fritz seine zweite Frau Hilde Staedeler. Hochzeitsreise am Königsee.

Steigerung der Produktion spricht. Auch die ausgewiesenen Gewinne der Jahre 1920 und 1921 lassen die Annahme zu, dass die Auftragslage zufriedenstellend war. Nicht nur produktionstechnisch scheint es in diesen Jahren wieder bergauf gegangen zu sein, sondern die Bedeutung der Familie und des Unternehmens für Bocholt muss sich in diesen Jahren weiter entwickelt haben. So wurde 1922 ein nicht unbeachtlicher Bankkredit von 1,1 Mio. Mark aufgenommen. Dieser Kredit war allerdings nicht für Investitionen vorgesehen, sondern wohl für die Finanzierung des Umlaufvermögens. Wir konnten schon in der Vorkriegszeit sehen, dass die Zahlungsmoral einiger Kunden des Unternehmens nicht die beste war, so dass diese hohen Kredite nötig waren, um das Geschäft zu sichern. Teils war die Erhöhung des Kreditrahmens durch den höheren Warenbestand, der laut Bilanz 1921 deutlich gestiegen war, bedingt, teils aber war es auch bereits Ausdruck der Inflation.

Noch während der Betrieb Borgers, der für den Ersten Weltkrieg als bedeutender Hersteller und vor allem als Sammel- und Durchleitungsstelle für die norddeutschen Wattebetriebe galt, sich neuen Aufgaben widmete, wurde das Land vom Schrecken der Inflation heimgesucht. Bis heute sind deutsche Erfahrungen geprägt von diesen bewegten Monaten, in denen sich so vieles änderte. Zu den Kriegsgewinnlern gesellten sich nun auch noch die Inflationsgewinnler. Während unbescholtene Bürger, Arbeiter und Landwirte immer stärker strauchelten, konnten gleichzeitig viele Kaufleute, Unternehmer sowie schlussendlich auch windige Geschäftemacher sich ihrer Schulden entledigen. Auch Steuerschulden waren ein Thema, das manchen die Inflation willkommen heißen ließ. Aber natürlich hatten auch normale Unternehmen und Geschäftsleute einen Vorteil, wenn sie ihre Schulden begleichen konnten. Den wirtschaftlichen Vorteilen der Inflation für verschuldete Personen-

kreise standen jedoch das Leid und die Probleme, welche die Inflation für den Alltag der Menschen wie der Unternehmen bedeutete, gegenüber.

Aufgrund der galoppierenden Geldentwertung mussten Waren und Leistungen immer zeitnäher beglichen werden, wollte man nicht zahlungsunfähig werden. Denn binnen weniger Tage verlor das Geld so nachhaltig an Wert, dass ein normaler Arbeiter noch nicht einmal das Nötigste zum Leben von seinem Lohn kaufen konnte. Auch Unternehmen mussten streng kalkulieren, um nicht im Strudel der Geldentwertung zahlungsunfähig zu werden. Im Alltag war die Folge rasch ein Schwarzmarkt und der Handel mit Naturalien. Die Unternehmen mussten ein kompliziertes System von Lieferungen und Zahlungen einführen.

Obwohl der Wattebetrieb Borgers diesen Phänomenen nicht ausweichen konnte, erstaunt geradezu die Beharrlichkeit, mit der sich die Fabrik in jenen Jahren weiterentwickelte. Das Unternehmen hatte, wie berichtet, eine Kriegsanleihe von 374.000 Mark übernommen. Diese wurde in den folgenden drei Jahren abgeschrieben, bereits 1919 fast in Höhe von 50.000 Mark. Hergestellt wurden zu diesem Zeitpunkt primär Spinnstoffe. Erste Ansätze in Polsterwatte für Lehnbezüge und Kunstbaumwolle waren allerdings auch schon vorhanden. Daneben wurden noch immer Militäraufträge bearbeitet.

Die Warenherstellung im Jahr 1920 zeigt also noch eine klare Dominanz der Spinnstoffe gefolgt von Polstern für Möbel und Kutschen, die primär der Zulieferung an die Vorkriegskunden – wie den großen Warenhäusern – diente. Einen ersten Kurswechsel kann man aber in der Herstellung von Lehnbezügen erkennen, die zu diesem Zeitpunkt wohl noch für Pferdekutschen und Karrossiers angefertigt worden sein dürften. Dies war die Vorstufe des später so entscheidenden Schrittes in der Borgers-Geschichte in

Inmitten der Wirren feierte die Stadt Bocholt 1922 ihr 700jähriges Bestehen.

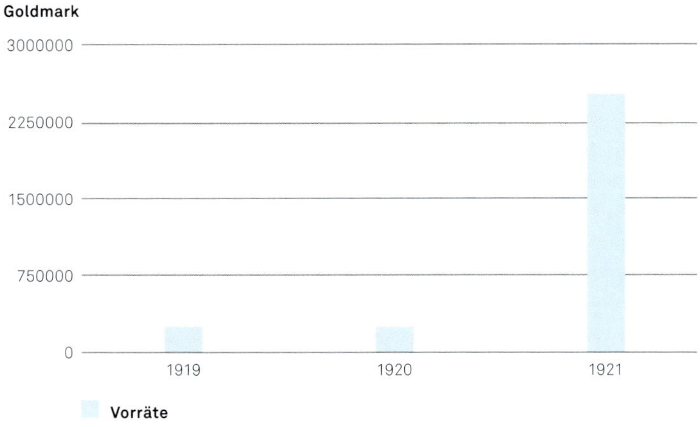

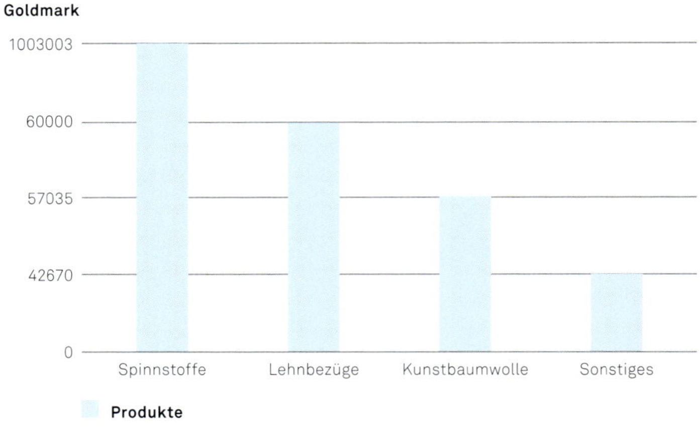

Graphik 1: Warenbestand der Johann Borgers Co. KG zum 31. Dezember (in Goldmark).

Graphik 2: Produkte der Johann Borgers Co. KG, 1920 (in Goldmark).

die Automobilherstellung. Diese ersten zaghaften Vesuche fanden jedoch unter schwierigen Bedingungen statt.

Der Erste Weltkrieg strahlte noch lange Zeit mit seinen Folgen in die Weimarer Republik aus. Der Krieg war vorwiegend kreditfinanziert worden, so dass Deutschland ohnehin schon ein finanzielles Problem hatte. Die Reparationsleistungen, die nun noch zu zahlen waren, lasteten schwer auf der jungen Republik. Der Versailler Vertrag wurde als Verrat am deutschen Volk hochstilisiert, neue Verhandlungen zum RapalloVertrag wurden bald aufgenommen. Doch aufgrund der finanziellen und wirtschaftlichen Situation Deutschlands spitzte sich die Lage zu: Die Inflationsraten wuchsen von Jahr zu Jahr, von Monat zu Monat. Und bald von Tag zu Tag: Die Hyperinflation versetzte Deutschland in Angst und Schrecken. Das Alltagsleben brach zusammen, der Naturalhandel florierte und für Unternehmen waren Planungs- und Zahlungsziele kaum noch aufzustellen. Wie sollte man auch einen Kaufpreis festlegen, wo doch der Wertverfall der deutschen Mark in einem Tempo voranschritt, das seinesgleichen suchte? Wurden heute Rohwaren eingekauft und Absatzpreise auf Grundlage dieses Wertes berechnet, so waren diese in der Regel nach wenigen Tagen wieder hinfällig, da sich die Preise explosionsartig erhöht hatten.[4]

Die deutsche Währung, die seit Kriegsbeginn nicht mehr goldgedeckt war, verlor also zusehend an Wert. 1923 wurde für Buchzwecke daher die Goldmark[5] eingeführt, sie orientierte sich an dem Wert der Papiermark des Kaiserreichs zum Zeitpunkt 1913 – als diese noch mit Gold gedeckt war. Dabei war sie fest auf den Kurs des US-Dollars bezogen.[6] Die immer rascher voran schreitende Entwertung der Papiermark wurde erst am 15. November 1923 mit Einführung der neuen Währung „Rentenmark“[7] mit einem Umrechnungsverhältnis von eins zu einer Billion (1.000.000.000.000!) gestoppt. Im August 1924 wurde dann die Deutsche Reichsmark als neue Währung eingeführt mit einem Wechselkurs von 1:1 zur Rentenmark. Mit dem Ende der Inflation begannen die guten Jahre; die sogenannten Goldenen Zwanziger waren angebrochen. Das wirtschaftliche wie gesellschaftliche Leben der Weimarer Republik blühte.

Während es Borgers offensichtlich relativ rasch gelungen war, die Folgen des Ersten Weltkrieges hinter sich zu lassen, vermochte

Eine Rentenmark von 1937.

Eröffnung der großen Berliner Automobil-Ausstellung am Kaiserdamm. Blick in die Ausstellungshalle der Luxusautos, 1924.

sowohl die deutsche Politik in den Verhandlungen mit den Siegermächten als auch die deutsche Wirtschaft infolgedessen sich zu erholen. Zunächst langsam, doch im Laufe der 1920er zusehends schneller. Auch wenn vor allem der Verlust der internationalen Märkte den Flaggschiffen der deutschen Wirtschaft zu schaffen machte, so war es nicht nur die klassische Schwerindustrie, die nun wieder Fahrt aufnahm. Vor allem zeichnete sich der Wirtschaftsaufschwung der 1920er Jahre durch Modernität aus. Die voranschreitende Elektrifizierung strahlte auf das Leben in der Weimarer Republik aus. Innovationen standen ganz oben. Hinzu kam der Blick nach Amerika. Für immer mehr Branchen gewannen die Vereinigten Staaten Vorbildcharakter. Gerade im Wirtschaftsleben wurden immer stärker Produkte, aber auch Produktionsweisen und Wirtschaftsmodelle der USA kopiert.

In diese Jahre fielen auch die Anfänge der deutschen Automobilindustrie. Und auch hier motivierte der Blick in die USA und die sich daraus ergebenden Chancen für die deutsche Situation viele Unternehmer, sich zu betätigen. 1921 fand die erste deutsche Automobilausstellung statt, auf der 46 Hersteller immerhin 90 Modelle präsentierten (weitere 21 Hersteller stellten 49 Lastkraftwagenmodelle zur Schau).[8]

Während in den USA 1923 bereits auf jeden achten Einwohner ein Pkw kam, besaß in Deutschland erst jeder 631. Einwohner ein Auto.[9] Ein gigantischer Markt tat sich auf, nachdem das Fahrverbot für private Pkw seit 1921 zunehmend gelockert wurde.[10] Dieser wurde nicht nur von deutschen Unternehmern erkannt, sondern auch und gerade die US-amerikanischen Automobilhersteller sahen diese Möglichkeiten. Allerdings genügte es auf dem deutschen Markt nicht, nur Autos herzustellen. Der deutsche Bürger musste auch in die Lage versetzt werden, diese zu kaufen. Hier lag das Hindernis, das es noch zu überwinden

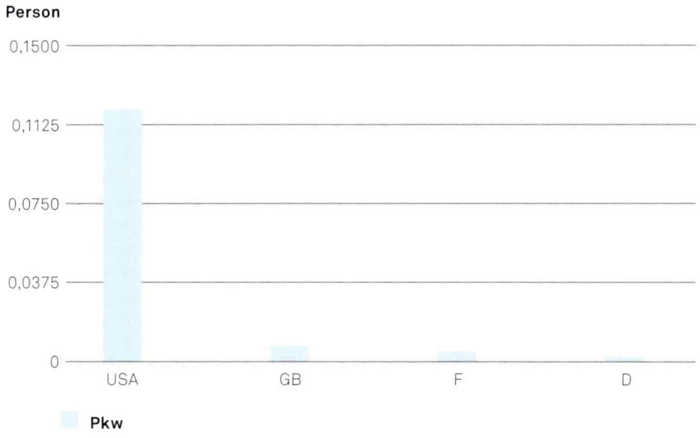

Graphik 3: Pkw-Dichte 1923 im internationalen Vergleich (Pkw pro Person).

galt. So waren die Absatzzahlen und ersten Schritte im Verhältnis doch noch eher bescheiden.

Berühmte Pkw-Hersteller – wie zum Beispiel die Bayerischen Motoren-Werke – stiegen zu diesem Zeitpunkt noch gar nicht in die Herstellung ein, sondern blieben beim Motorrad, das erschwinglicher war. Mit dem aufkommenden Wohlstand nach der Inflation Mitte der 1920er Jahre jedoch begannen neue bankähnliche Institute – gleichfalls mit Blick auf das Vorbild USA –, die Absatzfinanzierung der Autos zu vermarkten. Diese waren in der Regel von den Herstellern gemeinsam mit Banken gegründet worden. Sie halfen, Autos über Ratenzahlungen an den Endverbraucher zu veräußern. Auch die Sparkassen boten etwas später spezielle Modelle an, um auf ein Automobil hin zu sparen. Mitte der 1920er Jahre jedenfalls erlebte auch die deutsche Automobilindustrie einen Anpassungsprozess. Viele Unternehmen unterlagen jedoch dem Wettbewerb mit ausländischen Modellen, vor allem weil diese in Serie produziert wurden und damit kostengünstiger waren. Die übrigen Hersteller rationalisierten. Die Mechanisierung der Produktion stand ganz oben bei den Investitionen der Branche.[11]

Für die Automobilhersteller selbst zeichnete sich also ein anderes Bild ab: die Stabilisierung der Währung ließ ihre Exportmöglichkeiten dramatisch sinken und offenbarte die technische Rückständigkeit der Fahrzeuge.[12] Der Wegfall der durch die Inflation beförderten Währungs- und Lohnkostenvorteile ließ die Scheinblüte mit Absatzrekorden und Exporten zusammenbrechen.[13] Das Geschäft war mühsam. Daimler erholte sich nur schwer und versuchte sich zunächst Mitte der 1920er Jahre durch Diversifizierung zu entwickeln, bis es schließlich zu einer Annäherung an Benz kam.[14] Problematisch war vor allem der Preis. Mit 12.000 Reichsmark lag Daimler deutlich über Opel. Der allgemeine Konjunktureinbruch der Automobilbranche 1925 ließ die Produktion bei der gerade fusionierten Daimler-Benz AG dann auf gerade einmal noch 875 Wagen schrumpfen.[15] Vor allem die Konkurrenz aus dem Ausland und hier aus den USA stellte die deutsche Automobilbranche vor eine große Herausforderung. Nationalistische Maßnahmen wiederum unterstützten die Entwicklung der heimischen Branche.[16] Mit Streichung der Luxussteuer ließ sich in der zweiten Hälfte der 1920er Jahre auf Besserung des Absatzes hoffen, aber zufrieden war die deutsche Automobilbranche noch nicht. Immerhin wurden 1929 dann knapp über eine Mio. Autos in Deutschland gezählt;[17] doch dieser vermeintliche Aufschwung der Branche täuschte über den bevorstehenden Einbruch nur kurz hinweg, der durch die Wirtschaftskrise ausgelöst werden sollte. Denn diese traf den Automobilmarkt direkt und unmittelbar. Die Erkenntnis, möglicherweise fehlinvestiert zu sein, paarte sich mit dem Versuch, durch preisgünstigere Modelle einen neuen Absatzmarkt zu schaffen.[18] Ein dauerhafter Durchbruch war der Auto-

Autoproduktion bei General Motors in Detroit, 1928.

mobilbranche daher Ende des Jahrzehnts noch immer nicht gelungen.

Auch für den Bocholter Textilunternehmer Borgers war es sicherlich nicht einfach in diesen bewegten Zeiten, einen erfolgversprechenden Kurs zu finden, die richtigen Entscheidungen zu treffen und entsprechend zu investieren. Allerdings gelang es sehr frühzeitig auf ebenjene Branche zu setzen, die zu diesem Zeitpunkt noch überhaupt nicht ersichtlich als das zukünftige Zugpferd der deutschen Wirtschaft zu erkennen war – die Automobilbranche. Es begann alles klein und überschaubar. Borgers belieferte zunächst die Firma Weerth in Wuppertal-Elberfeld sowie ab Mitte der 1920er Jahre die Firma Gebrüder Happich, die ebenfalls in Elberfeld ansässig war. Happich wiederum belieferte hauptsächlich Opel und Daimler-Benz. Aus diesen frühen Beziehungen nach Wuppertal-Elberfeld entwickelte sich eine längere Kooperation, die unter anderem auch dazu führte, dass Fritz Borgers in Elberfeld verschiedene Hypotheken begab.[19] Dass der Bocholter Watteherstellen frühzeitig Kontakte zu Opel unterhielt und mit Opel selbst groß wurde, erwies sich – wie so häufig – als glücklicher Umstand der Geschichte. Zählte doch Opel zu den wenigen Automobilherstellern, die mit dem Einsatz von Rationalisierungsmaßnahmen in Deutschland erfolgreich waren und in der Krise nicht zusammenbrach, wie so viele andere Hersteller.[20]

Die zunehmende Geschäftstätigkeit lässt sich auch an den Erweiterungsbauten der Fabrik erkennen, die in den 1920er Jahren beantragt und ausgeführt wurden und binnen vier Jahren den Bestand mehr als verdoppelten. So wenig wir auch über die Aktivitäten der Brüder Fritz, Franz und Wilhelm Borgers aus diesen Jahren wissen, so zeigen doch die zielgerichteten Investitionen in Gebäude und Anlagen, dass die Unternehmerfamilie sich sicher war, in den kommenden Jahren weiter wachsen zu können.

Wilhelm Borgers in den 1930er Jahren.

Franz Borgers in der Fabrik, 1922.

Der Laubfrosch von Opel.

Barloer Weg: rechts das Werk I und links das Werk II, das durch den Ankauf 1928 von Drießen & Becker entstanden ist.

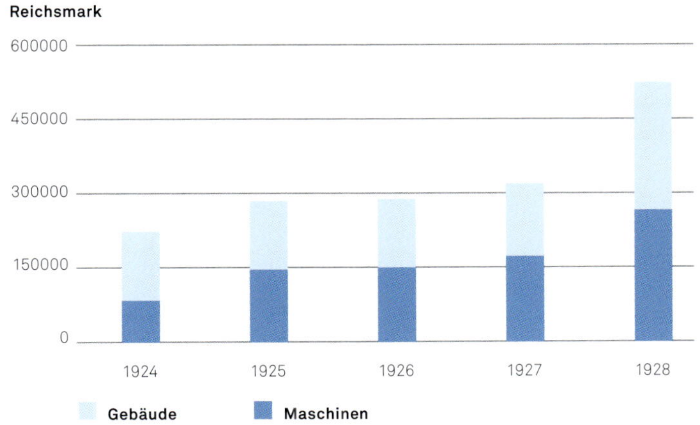

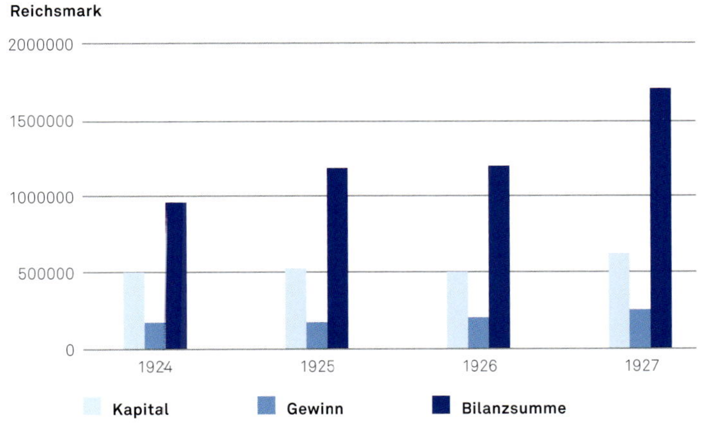

Graphik 4: Bestand an Gebäuden und Maschinen der Johann Borgers OHG, 1924 bis 1928 (in Reichsmark).

Graphik 5: Entwicklung Kapital, Gewinn und Bilanzsumme, 1924 bis 1928 (in Reichsmark).

Ab 1927/28 lassen sich dann auch erste direkte Kontakte zu Opel und Daimler nachweisen, wobei Opel – damals die größte Automobilfabrik – rasch zum größten Kunden von Borgers wurde. Zu diesem Zeitpunkt hatte Opel bereits die Fließbandproduktion eingeführt und damit die Produktion des „Laubfrosch“ verzehnfacht. Durch die verbilligte Produktion, konnte nun auch der „kleine Mann“ ein Auto erwerben. Die Aussicht auf weitere Aufträge aus diesen Geschäftsbeziehungen zu Opel ließ Borgers die Gelegenheit wahrnehmen, 1928 die dem eigenen Gelände gegenüberliegende Weberei und Färberei Drießen & Becker zum 30. Oktober für einen Kaufpreis von 235.000 Reichsmark zu übernehmen. Denn um für ein am Fließband gefertigtes Auto Zulieferbetrieb zu werden, mussten auch bei Borgers neue Methoden eingeführt werden. Das neue Werksgelände wurde seither – und wird bis heute – als „Werk II“ geführt, während der Stammsitz im Stenernen Weg seither den Titel „Werk I“ trägt. Der notwendige Umbau des Drießen-Geländes erfolgte nach nur wenigen Monaten Anfang 1929.

Obwohl sich die Automobilbranche insgesamt in den 1920er Jahren also eher bescheiden entwickelte, hatten die direkten Geschäftspartner von Borgers gute Geschäfte gemacht und mit ihnen Borgers. Die florierende Auftragslage schlug sich schlussendlich auch in einem stabilen und leicht steigenden Gewinn sowie im Anstieg des Kapitals der Borgers OHG nieder.

Deutschland kehrte Mitte der 1920er Jahre wieder als anerkannter Spieler auf die Bühne der internationalen Wirtschaftsbeziehungen zurück. Der Außenhandel zog an. Und vor allem auch der Import verschiedener Rohstoffe wuchs rasch. Auch Borgers sah sich – zunächst im benachbarten Ausland, den Niederlanden und Belgien – nach Geschäftspartnern um. Wann genau die Ex- und Importe nach und aus Holland und Belgien begannen, lässt sich anhand der Firmenunterlagen nicht nachweisen. Da jedoch schon zu diesem Zeitpunkt erste Auslandskonten vorhanden waren, sind zumindest die Importe aus dieser Zeit gewiss. Die sich daraus ergebenden Kontakte haben dann in der Wirtschaftskrise sicherlich dazu beigetragen, neue Absatzmöglichkeiten zu finden. Die strategische Orientierung hin zu ausländischen Märkten war einer der wichtigen Schritte der Unternehmerfamilie.

V. Auf Expansionskurs.
Von der Johann Borgers AG zur KG

Borgers-Aktie, 1929.

Die Johann Borgers AG

Einen tiefen Einschnitt für ein Unternehmen bildet üblicherweise die Änderung seiner Rechtsform. In der Regel wird diese nicht ohne Grund durchgeführt. Da sich die handelnden Personen damals leider nicht in schriftlicher Form zu ihren Beweggründen äußerten, versuchen wir die Situation zu rekonstruieren, um zu verstehen, was zu diesem Entschluss geführt hat. Denn ein besonderer Aspekt der Umwandlung war nicht allein der Wechsel der Rechtsform, sondern die Aufnahme eines familienfremden Mitaktionärs.

In der zweiten Hälfte der 1920er Jahre war – wie gesehen – das Unternehmen schon deutlich gewachsen. Eine größere Investition stand nun nach Übernahme der Fabrik Drießen & Becker auf dem Plan. Vermutlich Gespräche oder sogar schon Vereinbarungen mit Opel haben weitere Ausbauten nötig scheinen lassen. Wie ausgeführt, wurden erstmals über eine Mio. Autos in Deutschland gezählt. Die Entscheidung, eine Aktiengesellschaft zu gründen, fiel also im Umfeld eines für Borgers besonders attraktiv erscheinenden wachsenden Marktes. So ist die 1929 von Fritz Borgers gemeinsam mit dem Betriebsleiter Wilhelm Dieckhues

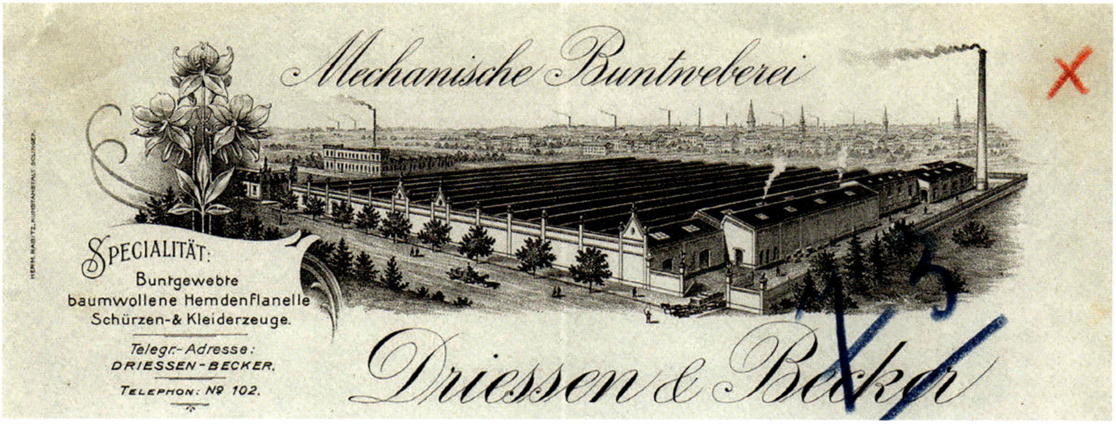

Borger'sche Fabrik,
Briefkopf, 1925.

Drießen & Becker,
Briefkopf, 1924.

in die USA unternommene Reise, bei der moderne Produktionsanlagen besichtigt wurden, sicherlich schon am Horizont erkennbar gewesen, als die Aktiengesellschaft etabliert wurde.[1] Ford und General Motors in Detroit standen auf dem Besichtigungsprogramm der Bocholter Unternehmer. Anfang 1929 übernahm die General Motors Corporation den größten Geschäftspartner von Borgers, die Adam Opel GmbH in Rüsselsheim. Amerika rückte damit näher. Und Borgers musste investieren, wollte man mit den Fließbandproduktionen amerikanischer Automobilhersteller mithalten und weiterhin zuliefern.[2] Im Zusammenhang mit dem Ausbau für Opel und der Anpassung an die moderne Fließbandfertigung standen auch die Kontakte zum Leidener Geschäftsmann Theodor Holst-Weber. Ob Borgers die Kontakte in die USA hatte oder Holst-Weber, und wer auf wen zugegangen ist, lässt sich heute nicht mehr herausfinden. Aber noch vor Gründung der Aktiengesellschaft war es gelungen, die entscheidenden Lizenzen zur Herstellung von Wattepads (gesteppte Wattepolster für Autositze und Rückenlehnen) zur Polsterung von Automobilen zu bekommen. Borgers und Holst-Weber teilten sich dabei den Markt: Borgers war zuständig für Deutschland, während man gemeinsam einen Vertrieb in Frankreich aufbauen wollte. Hierzu mehr im folgenden Kapitel.

Die Modernisierungspläne verlangten natürlich nach weiteren Kapitalmitteln und Möglichkeiten. Neben dem reinen Kapitalbedarf ist jedoch auch auf die Frage der Risiken hinzuweisen, welche bei der OHG allein auf den Familienmitgliedern, also den drei Söhnen des Gründers, gelegen hatten. Vorwiegend jedoch muss die Aufnahme des Fremdaktionärs als treibendes Motiv für die Gründung der AG gesehen werden. Dass die zunächst in Düsseldorf gegründete Zwischengesellschaft nur als solche geplant war, ergibt sich aus der Konstellation. Dennoch hatte die sich hier stark engagierende Hausbank der Familie Borgers, der Barmener Bankverein Hinsberg, Fischer & Comp. in Barmen und Düsseldorf,[3] ein nachhaltiges Interesse. Das Geschäftsmodell von Borgers hatte schon lange eine starke Hausbank benötigt, um hohe Kontokorrentkredite zur Verfügung zu haben. Die Gründung der Aktiengesellschaft diente also in beiderseitigem Interesse der Sicherung der Kredite. Besonders Walther Kühler, der zuständige Direktor des Barmener Bankvereins, der auch nach der mehrheitlichen Übernahme des Aktienkapitals durch die Familie im Aufsichtsrat der neuen Gesellschaft blieb, hatte ein großes Interesse am Bocholter Betrieb. Kühler war später Vertreter der Imperial Patent Wadding Co. Ltd.,[4] bei der Borgers Lizenznehmer für die Herstellung von Watte-Pads war. Kühler war und blieb als Aufsichtsrat Ratgeber bei Borgers. So wandte sich z. B. Borgers-Berlin in einer Bilanzierungsfrage an ihn: „Gemäss einer Rücksprache mit Direktor Kühler […].“[5] Kühler stand der Firma Borgers also beratend zur Seite, so wurde dies von Hermann Borgers auch formuliert.[6] Ob Kühler seine Engagements in der Branche bereits vor der Übernahme des Aufsichtsratsvorsitzes bei Borgers innehatte oder erst später während der Zeit des Nationalsozialismus ausbauen konnte, kann hier nicht geklärt werden. Sicher ist nur, dass Werner Borgers Mitte der 1930er Jahre bei einer von Kühlers Fabriken seine Ausbildung im Volontariat genoss und Kühler als seinen Vorgesetzten bezeichnete.[7]

Am 15. Februar 1929 wurde zunächst in Düsseldorf die sogenannte Wattefabrik AG mit einem Grundkapital von 700.000 Reichs-

Werk I der Johann Borgers AG – eine bemerkenswerte Industrie-Fassade.

Hermann und Willy Borgers, ca. 1930.

mark gegründet. Gründer und Kapitalgeber waren die als Kaufleute bezeichneten Wilhelm Wagner aus Düsseldorf, Fritz Dickel aus Barmen, Rudolf Thiede aus Barmen, Hans Erkelenz aus Duisburg sowie Fritz Augustat aus Düsseldorf.[8] Im Aufsichtsrat waren Walther Kühler (Düsseldorf), Josef Bengestrate (Düsseldorf) sowie Karl Faulenbach aus Barmen vertreten.[9] Dr. Karl Rasche, Syndikus aus Düsseldorf, wurde zum Vorstand der Gesellschaft bestellt.[10] Diese Personalie ist insofern interessant, als es sich vermutlich um den Karl Rasche handelt, der seit 1921 beim Barmener Bankverein als Sanierungsspezialist tätig war und in der Zeit des Nationalsozialismus eine unrühmliche Karriere bei der Dresdner Bank machte.[11] Für das Unternehmen Borgers spielte er jedoch nur eine untergeordnete Rolle, hatte doch diese Zwischengesellschaft reinen Statthaltercharakter. Die Tatsache, dass Rasche Sanierungsexperte war, lässt keinen Rückschluss darauf zu, dass Borgers sanierungsbedürftig gewesen wäre. Möglicherweise nutzte man lediglich seine Erfahrungen, um die anstehenden, nicht unerheblichen Investitionen vorzubereiten. Die an der Gründung der Aktiengesellschaft beteiligten Personen gehörten also vor allem in den Kreis der Hausbank und der Rechtsanwälte der Familie.

Kurz darauf kam es, wie geplant, zur Übernahme der Johann Borgers OHG durch die neu gegründete Wattefabrik AG bei gleichzeitiger Erhöhung des Eigenkapitals der Wattefabrik AG um 400.000 Reichsmark.[12] Schon damals war eine ungenaue Berichterstattung zu sehen, so dass eine Zeitung fälschlicherweise schrieb, die in eine Aktiengesellschaft umgewandelte Borgers OHG hätte die Wattefabrik AG übernommen. Richtig konstatierte hingegen die Frankfurter Zeitung unter Hinweis auf Informationen der B.B.C., dass die Wattefabrik AG ihr Aktienkapital auf 1,1 Mio. Reichsmark erhöht habe, um die Johann Borgers OHG zum Preis von 650.000 Reichsmark zu übernehmen.[13] Übertragen wurden tatsächlich rückwirkend zum 1. Januar 1929 sämtliche laut Bilanz zum 31. Dezember 1928 festgestellten Werte der Johann Borgers OHG, insbesondere die Grundstücke, Betriebsanlagen, Vorräte und Forderungen. Damit summierte sich der Wert der Transaktion auf 1,69 Mio. Reichsmark an Aktiva, denen 1,04 Mio. Reichsmark Passiva gegenüberstanden, woraus sich der Kaufpreis in oben erwähnter Höhe ergab.[14] Die Übernahme vereinbarte, dass die Wattefabrik AG die Borgers OHG mit einem Kaufpreis von 650.000 Reichsmark unter Ausschluss der Liquidation übernahm. Daraufhin änderte die Wattefabrik AG ihren Namen in Johann Borgers AG mit den Sitz in Bocholt und dem Zweck der Fortführung des Betriebs der Borgers OHG. Zu Vorständen wurden nun Franz Borgers, Wilhelm Borgers und Fritz Borgers bestellt. Der Vertrieb von Watte und Kunstbaumwolle wurde zum Satzungszweck erklärt.

Die 400 infolge der Transaktion neu ausgestellten Inhaberaktien wurden der Familie Borgers angeboten. Fritz Borgers hielt 450.000 Reichsmark des Aktienkapitals, Hermann Borgers 400.000 Reichsmark und Theodor Holst-Weber die übrigen 350.000 Reichsmark, so dass die Gesamtsumme des Eigenkapitals in Höhe von 1,1 Mio. Reichsmark auf die Familie Borgers und den Leidener Geschäftsmann Holst-Weber aufgeteilt war.[15] Allerdings war der Stamm Franz Borgers nicht unter den Aktionären, was angesichts der ablehnenden Haltung Franz Borgers' gegenüber der beabsichtigten Erweiterung und Internationalisierung des Geschäfts wenig verwunderlich ist. Walther

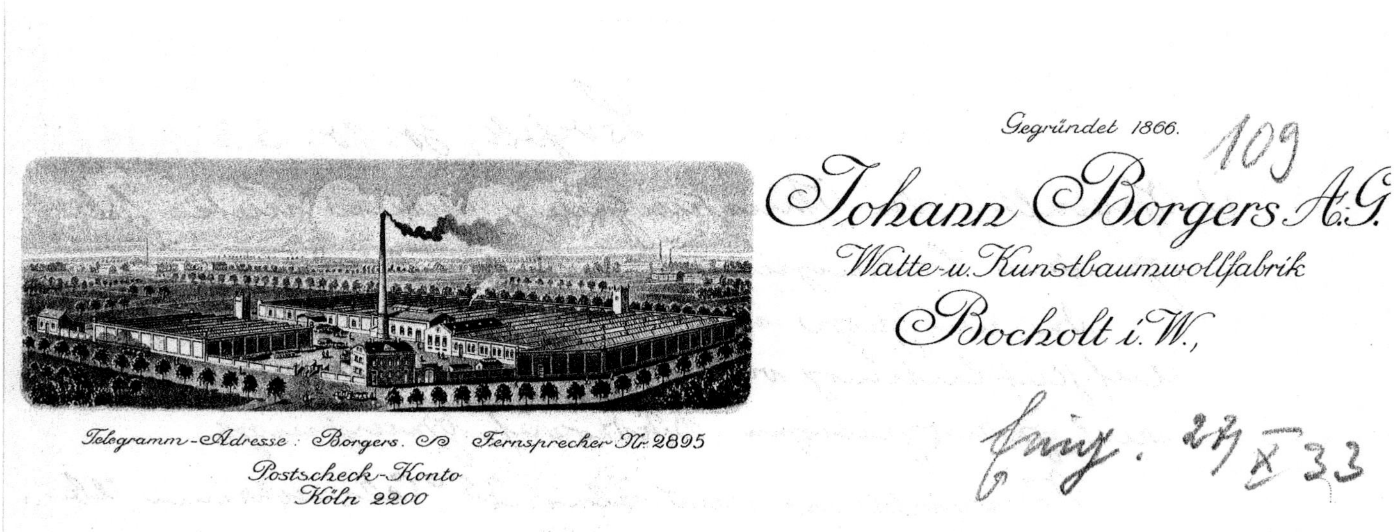

Gegründet 1866.

109

Johann Borgers A.G.

Watte- u. Kunstbaumwollfabrik

Bocholt i. W.,

Eing. 27/X 33

Telegramm-Adresse: Borgers. Fernsprecher Nr. 2895

Postscheck-Konto

Köln 2200

Borgers AG Briefkopf, 1933.

DKW-Dreirad, 1929.

Kühler verblieb im Aufsichtsrat und Cornelius Thywissen aus Neuss (Schwager von Franz Borgers) und Theodor Holst-Weber aus Leiden (Holland) wurden dem Aufsichtsrat zugewählt. Für einige Jahre war diese Konstellation stabil. Damit blieb aber die Aktiengesellschaft mit ihren Aufsehern unter der Kontrolle der Hausbank bzw. des mittlerweile stärker in der Textil- bzw. Automobilzulieferindustrie tätigen Kühler und des familienfremden Investors Holst-Weber.[16] Die Familie war nur mit Cornelius Thywissen, dem Bruder von Franz Borgers Frau Gudula, im Aufsichtsrat vertreten. Kühler wiederum vertrat seit den 1930er Jahren steuerlich die Automotive Fibers Inc. of Oakland, als deren Lizenznehmer – via die britische Imperial Wadding in Manchester – Borgers die Wattepolster für Automobile herstellte. Holst-Weber andererseits hatte 1928/29 eine Studienreise in die USA unternommen und dabei einen Vertreter der National Automotive Fibers Inc. kennengelernt. Es gelang ihm, eine Vereinbarung zu treffen, dass er gemeinsam mit der Firma Borgers die Patente zur Herstellung von Polstern für Automobile nutzen konnte. Während Borgers die Patente für Deutschland allein nutzen sollte, beschloss man die Patente in Frankreich gemeinsam – also Holst-Weber und Borgers – zu nutzen.[17]

Warum aber war die Familie Borgers diesen Weg gegangen und hatte sich einen fremden Aktionär durch die Umwandlung in eine Aktiengesellschaft mit ins Unternehmen geholt? Zudem zeigt sich, dass innerhalb der Familienstämme eine Verschiebung aufgetreten war. Fritz Borgers[18] als vermutlich aktiver Unternehmer und jüngster der drei Brüder hielt mit 45 Jahren den größten Teil des Stammkapitals, während Hermann Borgers der dritten Generation angehörte und zu diesem Zeitpunkt gerade einmal 20 Jahre alt war.[19] Franz war bereits 57 Jahre, Wilhelm 55 Jahre alt, als die Aktiengesellschaft gegründet wurde.

Hinzu kam, dass Franz die Entwicklung, insbesondere die Amerikanisierungsbemühungen von Fritz und Obermeister Wilhelm Diekhues nicht gerade begrüßte. In einem 1930 verfassten Schreiben machte er seinem Unmut über die geplanten Änderungen deutlich Luft und fühlte sich von seinen Brüdern gegenüber der Werksleitung zurückgesetzt.[20] Inwiefern diese Meinungsverschiedenheiten bereits 1929 bei der Gründung der Aktiengesellschaft eine Rolle spielten, so dass damals Fritz und Hermann Borgers (damit der Stamm Wilhelm) seitens der Familie die Aktien hielten, ist nicht zu klären. Hier zeigten sich jedoch erneute Risse im Verhältnis zwischen Franz und seinen Brüdern. Franz, der sich wegen seiner im Verhältnis zu seinen Brüdern schlechteren Ausbildung ohnehin zurückgesetzt fühlte, geriet jetzt erneut in eine isolierte Lage, weil er sich dem modernen Ansinnen der übrigen Firmeninhaber nicht anschließen wollte. Den Gegensatz der Vertreter der späteren „Stämme“ Franz und Wilhelm Borgers werden wir noch häufiger vorfinden. Aber noch war Franz im Vorstand und auch aktiv im Geschäft.

Der Einstieg und wachsende Einfluss der Hausbank und des sicherlich befreundeten, aber eben doch fremden Aktionärs Holst-Weber kann schlussendlich nur verstanden werden mit dem Wunsch der Familie – mit Ausnahme Franz Borgers' in Bezug auf die Amerikanisierung – nach einer deutlichen Ausdehnung des Geschäfts. Die Hausbank an prominenter Stelle einzubauen, verschaffte bei Bedarf leichteren Zugang zu Geldmitteln und in der Person Walther Kühlers noch weitere Zugänge zum Markt.

Cornelius Thywissen, um 1930.

Das Luftschiff Graf Zeppelin über Bocholt, 1929.

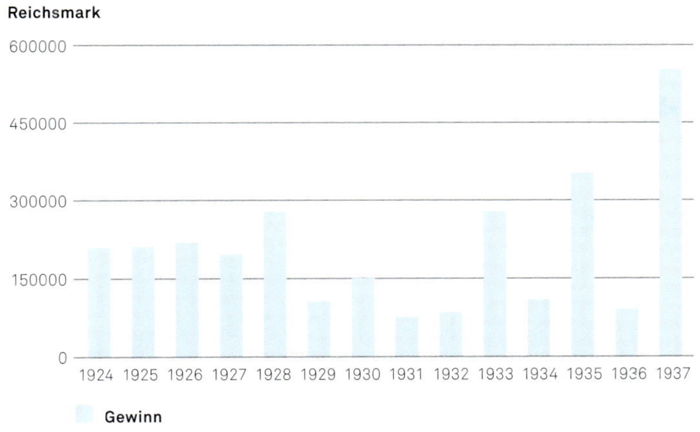

Graphik 6: Gewinn der Borgers AG, 1924 bis 1937 (in Reichsmark).

Kühler war seit 1919 beim Barmener Bankverein tätig und wechselte mit dessen Übernahme durch die Commerzbank 1932 zu dieser nach Berlin.[21] Für Borgers zeigte sich der Wunsch zur Expansion in der Übernahme der Firma Drießen & Becker und den damit einhergehenden nötigen Investitioen zum Umbau und Einbau der Maschinen in die benachbarte Fabrik. Dies hatte einen hohen Bedarf an Finanzmitteln verursacht. Auslöser des Wunsches zur Vergrößerung waren die Kontakte zu Opel und die geplanten Auftragserweiterungen. Durch die Gründung der Aktiengesellschaft konnte so zusätzliches Kapital in das Unternehmen gelangen sowie durch die enge Beteiligung der Bank auch ein leichter Zugriff auf weiteres Fremdkapital ermöglicht werden. Ein weiteres Motiv lag sicherlich im Ausbau des Netzwerkes mit Holland über die Person Theodor Holst-Weber und die gemeinsame Nutzung der US-Lizenzen für die Polsterwatte. Der Wunsch, das Unternehmen auszubauen, war jedenfalls stark und mit der Gründung der Aktiengesellschaft, den Mitaktionären und Beteiligten waren beste Voraussetzungen dafür geschaffen worden.

Die Wirtschaftskrise

Die sich langsam anbahnende Krise der deutschen Wirtschaft zeigte für Borgers 1929 noch keine dramatischen Auswirkungen. Noch produzierten die Automobilhersteller; lediglich der Absatz fing an zu stocken. Die schwierige allgemeine wirtschaftliche Lage hatte die Borgers AG in ihrem ersten Jahr des Bestehens daher noch relativ gut überstanden, auch wenn der Gewinn durch die wachsenden sozialen und steuerlichen Lasten deutlich zurückgegangen war.

Es zeigt sich, dass der durch die Wirtschaftskrise bedingte Gewinnrückgang bei Borgers zeitnah wieder endete (vgl. Graphik 6). Dies lag sicherlich daran, dass die Borgers AG sehr schnell auf die ersten Anzeichen einer Krise reagierte und sich nach alternativen Geschäftsmodellen, Lieferstrukturen und Absatzmöglichkeiten umsah. Dabei vergaß Borgers auch nicht, die geplanten Investitionen in das eigene Unternehmen fortzusetzen. So war – wie geplant – das Gelände der gegenüber dem eigenen Firmengelände liegenden übernommenen Firma Drießen & Becker ausgebaut und eingerichtet worden. Ferner hatte die genaue Marktbeobachtung bei Borgers dazu geführt, dass man aktiv werden wollte und musste, wenn man nicht attraktive Aufträge der Automobilbranche an die Berliner Konkurrenz verlieren wollte. 1931 gründete Borgers daher eine Zweigniederlassung in Berlin. Sie wurde am 23. Mai 1931 in das dortige Handelsregister eingetragen.[22] Eigentlich eine erstaunliche Entscheidung, waren die Geschäfte der Automobilbranche insgesamt doch mehr als schleppend zu diesem Zeitpunkt. 1932 erreichte die Krise der Automobilbranche ihren Höhepunkt, so dass selbst die jährlich stattfindende Automobilausstellung in diesem Jahr ausfiel.[23] Der wohl am Ende

Borgers-Werk in Weißensee, ca. 1930.

doch eher als mutiger Schritt und natürlich im Zusammenhang mit der Wettbewerbssituation als grundsätzlich gut überlegter Schritt zu bewertende Entschluss, nach Berlin zu gehen, zahlte sich jedoch mit etwas Geduld aus. Allerdings wurde in Berlin schlussendlich weniger für die Automobilbranche als für die übrigen Geschäftskunden – die damals bedeutende Konfektionsindustrie – produziert.

Der Aufstieg der Nationalsozialisten nach der Weltwirtschaftskrise war für die Entwicklung der aufstrebenden jungen Aktiengesellschaft in Bocholt zunächst nicht spürbar. Mit Übernahme der Macht durch die Nationalsozialisten 1933 wurden in kurzer Zeit eine Reihe von Maßnahmen gestartet – beginnend mit der Abschaffung der Pauschalsteuer für fabrikneue Pkw – welche für die Automobilbranche eine Sonderkonjunktur auslösten, die dann den Nachholbedarf rasant befriedigte.[24] Die Arbeitsbeschaffungsprogramme der neuen Machthaber sowie die gezielte Förderung des Bedarfs des „kleinen Mannes" sorgten für eine Konjunkturbelebung. Noch waren die Maßnahmen, welche die deutsche Wirtschaft nachhaltig und durchgreifend auf die Kriegsmaschinerie umrüsteten, nicht ersichtlich. Noch kamen die Nationalsozialisten als möglicherweise vorübergehende Erscheinung daher, zu denen man weder politisch noch wirtschaftlich große Überlegungen anstellte. Dies sollte sich jedoch schnell ändern.

Anlässlich der fortwährend sich belebenden Geschäftsentwicklung in der Automobilbranche war es also letztlich eine gute Entscheidung von Borgers, nach Berlin zu expandieren. Denn schon binnen kurzem konnte Borgers nun neben Opel und Daimler auch Ambi-Budd (Berlin),[25] General-Motors (Berlin) und die DKW (Eisenach) zu ihren Kunden zählen. Ferner erwarb Borgers mit

Das Rathaus in Bocholt mit NS-Parole. Der NS-treue Fritz Emil Irrgang wurde als neuer Bürgermeister eingesetzt.

dem Kundenstamm auch Lieferverträge mit Wilhelm Karmann (Osnabrück), der die Adlerwerke in Frankfurt am Main belieferte sowie mit Otto Kühn (Halle/Saale), der Spezialkarosserien für Opel herstellte.[26] Mit Ambi-Budd entstand auch der erste Kontakt zu BMW. Denn bereits am 22. März 1929 hatte dieser Fahrzeughersteller für BMW in der neuen Karosseriebauweise gefertigt.[27] Mit nur 2.200 Reichsmark Verkaufspreis ließ sich dieser BMW bis 1932 bereits 12.000 mal absetzen. Ob Borgers' Watte dabei war, lässt sich aus den Akten nicht rekonstruieren. Jedenfalls hatte Borgers die Chance dazu rechtzeitig erkannt. Die Gelegenheit, ein zweites Standbein in Berlin aufzubauen, ergab sich 1931, als in Berlin-Weißensee die Firma Seyd & Nierwetberg, die sich zur ausgemachten Konkurrenz für Borgers entwickelt hatte, erworben werden konnte. Borgers hatte zwar als damals bereits größter Wattehersteller in Deutschland mit günstigen Preisen grundsätzlich einen Wettbewerbsvorteil, konnte bestimmte Produkte jedoch aufgrund der Lagerhaltung etc. nicht dem Kundenwunsch entsprechend in Berlin vorrätig halten. Die Bocholter Wattehersteller machten daher Seyd & Nierwetberg ein Übernahmeangebot in Höhe von 50.000 Reichsmark, das diese am 14. März 1931 per Kaufvertrag annahmen. Als Zulieferer für die Automobilindustrie entwickelte sich der Standort Berlin dann jedoch zunächst gar nicht weiter, da infolge der Verlegung zweier großer Automobilfabriken (Ford ging nach Köln und General Motors legte sein Werk in Borsigwalde still) der Absatz dort wegbrach.

Ganz in der Tradition eines Familienunternehmens wurde Hermann Borgers 1931 als Geschäftsleiter nach Berlin geschickt. Nach Abschluss der höheren Handelsschule in Düsseldorf war Hermann in Leiden bei der Firma Tehan, zu der wir gleich noch kommen

Franz und Werner Borgers, ca. 1933.

Mitarbeiter im Borgers-Werk Berlin, ca. 1934: v. l. unbekannt, Josef Büdding, Willi Schröer, Johann Tebroke, Willi Ehlting. Johann Tebroke Sohn war Leiter der Borgers-Schlosserei, sein Enkel Matthias war langjähriger Leiter der Arbeitsvorbereitung.

werden, beschäftigt gewesen. Die Verbindung zeigt, wie eng das Netzwerk war, und dass das Engagement des Aktionärs und Aufsichtsratsmitglieds Holst-Weber durchaus mehr als rein geschäftlicher Natur war. Hermann jedenfalls trat am 1. April 1931 seine neue Stellung in Berlin an. Dies natürlich in einem denkbar ungünstigen Umfeld – als die Auswirkungen der Wirtschaftskrise Berlin am härtesten trafen. Eine gewisse Ernüchterung stellte sich für den jungen Hermann Borgers daher rasch ein. Im Frühjahr 1932 wurden etliche Maschinen von Berlin nach Bocholt überführt.[28] Da vor allem die hohen Mietkosten eine gewinnträchtige Produktion in Berlin nahezu unmöglich machten, arbeitete Hermann daran, ein neues Gelände zu erwerben. Allerdings stellten sich Erfolg, Kauf und Modernisierung des Berliner Betriebes als langwierige Aufgabe dar. Der Absatz konnte aufgrund der oben geschilderten Sonderkonjunktur ab 1933 deutlich erhöht und die neuen Räumlichkeiten dann 1935 bezogen werden. Hierzu war 1934 auch das Betriebskapital in Berlin-Weißensee um 200.000 Reichsmark erhöht worden.[29] Immerhin investierte Borgers eine halbe Mio. Reichsmark in den Ausbau und die Modernisierung des Berliner Betriebs. In einem Zwei-Schicht-Betrieb wurden in Berlin Watten für Steppdecken, Matratzen, Verpackungen, Mützen-, Pelz- und Schuhindustrie, Damen- und Herrenfabrikation sowie Karosserieherstellung (Werk Spandau der DKW) gefertigt.[30]

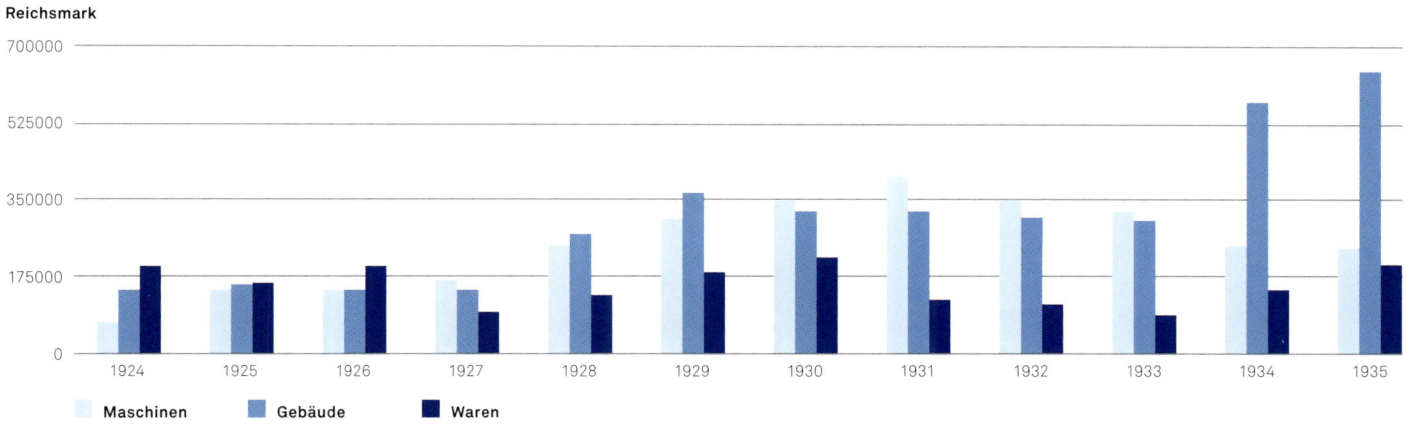

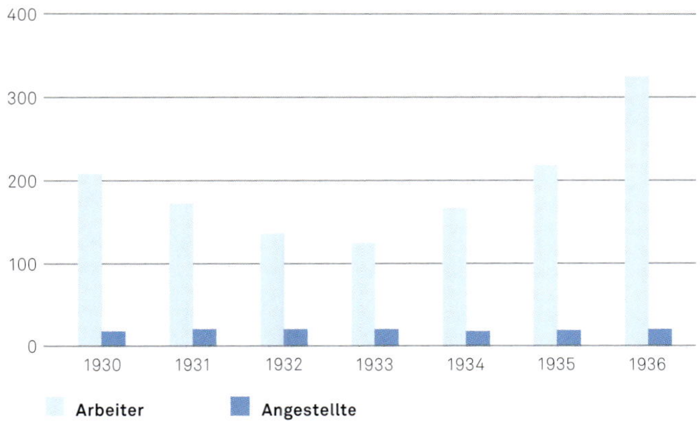

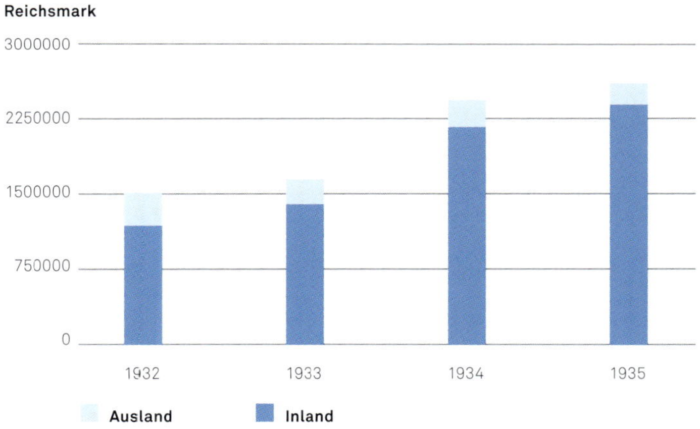

Graphik 7: Bestand an Maschinen, Gebäuden und Waren in der Borgers AG, 1924 bis 1935 (in Reichsmark).

Graphik 8:Entwicklung der Arbeiter- und Angestellten-zahlen, 1930 bis 1936.

Graphik 9: Umsätze der Borgers AG, 1932 bis 1935 (in Reichsmark).

Borgers – Politik und Glaube

Nicht ganz Deutschland jubelte 1933 dem neuen Regime zu, gerade in katholisch geprägten Gegenden zeigte sich manchmal ein anderes Bild. Im Kreis Borken waren bei den letzten freien Wahlen nur acht Prozent der Stimmen für die NSDAP abgegeben worden – reichsweit lag sie damals bei 33 Prozent. Angesichts der politischen Situation engagierte sich der sonst eher unpolitische Fritz Borgers für die Zentrumspartei und kandidierte 1933. Obwohl sie mit 19 Sitzen ins Parlament kam – die NSDAP gewann gerade einmal fünf Sitze – verfehlte Fritz den Einzug als Stadtrat jedoch knapp.

Vereinzelt überliefert sind kritische Äußerungen der Familie Borgers gegenüber dem NS-Regime. Die Familie blieb deutlich und für die nähere Umgebung klar erkennbar auf Distanz zur Partei und half Verfolgten, wenn es nötig war. Heldische Ambitionen waren den Borgers jedoch fremd. Man ließ sich einfach von der Partei und dem Zeitgeist nicht vereinnahmen und setzte schlicht das fort, was man schon immer getan und gelebt hatte: Gottesdienstbesuche, Wallfahrten, Mitgliedschaft in katholischen Vereinen und Organisationen, Loyalität gegenüber dem Bischof (von Galen!). Für die Familie selbstverständlich gab es weder in der Firma (was üblich war) noch in den Privathäusern Hitlerbilder. Noch 1934 spendete die Firma zwei Drittel der Spendengesamtsumme an die kirchliche Wohlfahrtspflege.

Auch in Bocholt wurde also in diesen Jahren investiert und expandiert, vor allem in den Bestand an Gebäuden. Dies lag an der noch immer breiten Produktpalette, die es mit sich brachte, dass überall verhältnismäßig viel Lagerfläche benötigt wurde. Dass sich die Auftragslage für Borgers insgesamt ab 1933 deutlich verbesserte, zeigt ein Blick auf die Mitarbeiterzahlen, die sich in nur zwei Jahren von 1934 auf 1936 verdoppelten (siehe Graphik 8).

Für die Borgers AG verliefen die ersten Jahre in der Zeit der nationalsozialistischen Herrschaft also durchaus positiv. Die wirtschaftspolitischen Maßnahmen des neuen Regimes begünstigten die Entwicklungen der von Borgers primär belieferten Branchen. Die Zurückdrängung des Konsumgütermarktes war für das Stammwerk in Bocholt weniger von Bedeutung. Auch die Konzentrationsprozesse – oder Krisen – der Automobilindustrie waren an der Borgers AG ohne deutliche Einbrüche vorbeigegangen, während sich die Sonderkonjunktur der Automobilbranche direkt in den Zahlen spiegelte. Nicht nur die Umsätze stiegen, auch der Gewinn (siehe Graphik 6) ging ab 1934 deutlich nach oben.

Am 19. Juli 1935 wurden die Familie und das Unternehmen vom plötzlichen Herztod Franz Borgers' erschüttert. Die technische Leitung des Unternehmens war damit über Nacht vakant geworden. Daraufhin wurde der Sohn seines Bruders Fritz sen., Fritz Borgers jun., in das Unternehmen beordert. Er hatte bereits in Belgien Auslandserfahrung bei der Watteherstellung gesammelt, war an einer höheren Handelsschule in Wuppertal-Elberfeld ausgebildet worden und hatte eine Lehre beim Kunden und

8

Jttenbach fec. A.W. SCHULGEN in DÜSSELDORF Kohlschein sculpt

PAUPERES IGITUR ERANT REBUS TERRENIS,
SED DIVITES VALDE IN GRATIA ET VIRTUTIBUS.
Jmit. Christ. I. 18.

Sei getreu bis in den Tod,
und ich will dir die Krone
des Lebens geben.

✝

Zum christlichen Gedenken
an Herrn
Franz Borgers.

Geboren am 6. März 1872 zu Bocholt, seit dem 10. August 1909 in glücklicher Ehe vermählt mit Gudula Thywissen aus Neuß, schenkte ihm Gott 3 Kinder, denen er ein treusorgender, liebevoller Vater war.

In jungen Jahren als ältester Sohn vor die Aufgabe gestellt, das väterliche Unternehmen neuzeitlich zu gestalten, hat der Verstorbene in zielbewußter und unermüdlicher Arbeit die technische Grundlage für eine Entwicklung des Werkes seiner Firma geschaffen und es im Verein mit seinen Brüdern zu dem ersten seiner Art ausgebaut.

Seinen Mitarbeitern ein leuchtendes Vorbild treuer Pflichterfüllung, hilfsbereit und helfend im Willen nach dem christlichen Spruche: „Die Linke soll nicht wissen, was die Rechte tut", suchte und fand der für alles Edle und Schöne froh begeisterte Mann seine Erholung in der Freude an Natur und Kunst.

Er starb im Vertrauen auf seinen Erlöser am 19. Juli 1935, wohlvorbereitet durch einen echt christlichen Lebenswandel und gestärkt durch die hl. Sakramente.

Der Herr schenke ihm die ewige Ruhe und das ewige Licht leuchte ihm.

Druckerei Temming. Bocholt

Franz Borgers und sein Sohn Werner im Schlosspark Anholt, ca. 1930.

Fritz Borgers, ca. 1940.

Totenzettel von Franz Borgers.

Vertriebspartner der Borgers AG Happich in Elberfeld gemacht. Nun wurde er nach Berlin zu seinem Cousin Hermann in das Familienunternehmen entsandt.[31] Aber der Plan, den jungen Fritz baldmöglichst fest im Unternehmen einzusetzen, ließ sich nicht realisieren. Durch die neu eingeführte Wehrpflicht – die man ein Jahr lang hinausschieben konnte – wurde er 1936 eingezogen, erhielt eine Funkausbildung und konnte erst nach seiner Entlassung 1938 im Bocholter Werk beginnen.[32]

Schon vor dem Ableben von Franz Borgers waren die Fremdaktionäre des Unternehmens – Holst-Weber und Kühler – ausbezahlt und die Aktien der Borgers AG gleichmäßig auf die drei Brüder aufgeteilt worden. Hatten bis zu seinem Tod die drei Brüder Franz (367.000 RM), Wilhelm (366.000 RM) und Fritz (367.000 RM) das Aktienkapital gehalten, wurden nun neben Wilhelm und Fritz die Erben von Franz eingesetzt: seine Ehefrau (91.000 RM), Walburga Baum geb. Borgers (92.000 RM), Cornelia Borgers (92.000 RM) und Werner Borgers (92.000 RM).[33] 1935 wurde Heinrich Baum – der Ehemann von Franzens Tochter Walburga – neu in den Aufsichtsrat der Borgers AG gewählt.[34] Der Aufsichtsrat setzte sich also aus Walther Kühler, mittlerweile Berlin, als Vorsitzendem, Heinrich Baum als stellvertretenden Vorsitzendem und Theodor Holst-Weber als ordentlichem Mitglied zusammen. Wilhelm und Fritz Borgers waren Vorstände und Hermann hatte Prokura für Berlin.

Damit war das Unternehmen nun wieder allein in Familienbesitz und wurde vom Stamm Franz Borgers mit kontrolliert, der jedoch nicht im operativen Geschäft tätig war. Dass dies völlig im Einvernehmen mit

Walburga Baum, geb. Borgers (1911 bis 1968), ihre Mutter Gudula Borgers, Heinrich Baum (1902 bis 1977).

Werner Borgers, um 1927.

Familienausflug: Walburga, Franz und Cornelia Borgers, 1930.

den übrigen Familienstämmen geschah, ergibt sich aus der weiteren Entwicklung und dürfte tatsächlich nur der Vorbereitung der Umwandlung der Aktiengesellschaft in eine Kommanditgesellschaft gedient haben. Inwiefern Beziehungen zwischen Franz Borgers und der Hausbank hier eine Rolle spielten, mag dahingestellt sein. Wir werden jedoch gleich einen Blick auf das Engagement von Borgers im Ausland werfen und dort dem Mitaktionär Holst-Weber wieder begegnen. Die Entwicklungen im Verhältnis zum holländischen Leiden dürften möglicherweise einen Einfluss auf die Rückwandlung der Aktiengesellschaft in eine Kommanditgesellschaft gehabt haben.

Zum 31. Dezember 1936 jedenfalls wurde die Aktiengesellschaft nach den Regeln des Umwandlungsgesetzes von 1934 in eine Kommanditgesellschaft durch Übertragung des gesamten Vermögens und unter Ausschluss der Liquidation umgewandelt. Das Gesetz verlangte hierzu, dass sich das Kapital der Gesellschaft zu 100 Prozent in Familienbesitz befand.[35] So setzten sich die Kommanditisten der neuen Gesellschaft entsprechend den Familienstämmen wie folgt zusammen: die Erben von Franz Borgers wurden gleichmäßig zu je 175.000 Reichsmark an der KG beteiligt: seine Frau Gudula geb. Thywissen, seine Tochter Walburga Baum und seine Tochter Cornelia Borgers sowie sein Sohn Werner Borgers. Sie wurden Kommanditisten, während Wilhelm und Fritz Borgers mit jeweils 700.000 Reichsmark persönlich haftende Gesellschafter waren. Somit hatte die Johann Borgers KG 1936 bei ihrer Gründung ein Stammkapital von 2,1 Mio. Reichsmark. Hermann wurde am 21. Juli 1937 gleichfalls zum persönlich haftenden Gesellschafter ernannt. Zum 1. November 1936 nahm die Johann Borgers Kommanditgesellschaft mit Sitz in Bocholt ihre Geschäftstätigkeit auf.[36] Die Rumpfgeschäftsbilanz lag zum 31. Dezember 1936 (zwei Monate) vor. Damit war das Unternehmen nach sieben Jahren wieder in alleinigem

Die Familie von Fritz Borgers, 1934/35. v. l. Annemarie (*1916), Karl-August (*1926), Angelika (*1932), Fritz Borgers, Margarethe (*1931), Hilde, geb. Staedler, Georg (*1924),Fritz Borgers jun., Elisabeth (*1929).

Familienbande

Neben Fritz, Franz und Wilhelm gab es einen vierten Sohn: Josef. Dieser Bruder, der in der Bocholter Wattefabrik keine Rolle spielte, hatte in Dalbke bei Bielefeld eine eigene kleine Fabrik, die Dalbker Zellstoff- und Papierfabrik GmbH. Diese Firma war mit zwei Hypotheken belastet.[37] Fritz und Wilhelm entnahmen der Borgers AG 51.905,88 Reichsmark, um die Hypotheken sowie die Rechtskosten für ihren Bruder Josef zu begleichen und die seitens der Bank angeordnete Zwangsverwaltung zu beenden. Seither unterstützten sie ihren Bruder monatlich mit 300 Reichsmark. Der Versuch, diese Ausgaben als betriebsbedingte Kosten anzusetzen, wurde jedoch seitens der Steuerbehörden nicht akzeptiert, und so mussten die Brüder Borgers entsprechende Nachzahlungen leisten.

Familienbesitz und sowohl die Vertreter der Bank als auch der Leidener Geschäftspartner waren nicht länger am Unternehmen beteiligt oder darin direkt involviert. Durch die Umwandlung der Aktiengesellschaft in eine Kommanditgesellschaft entstand ein nicht unbeachtlicher Kapitalzuwachs. Das Kapital der Gesellschaft war von 1,1 Mio. Reichsmark auf 2,1 Mio. Reichsmark gestiegen.[38]

Überhaupt zeigt sich ganz typisch bei Borgers, wie stark die Familie auch im Eigenverständnis nach wie vor mit „ihrem“ Unternehmen verbunden war. Denn selbst in der Zeit als Aktiengesellschaft wurde das Unternehmen doch primär und trotz Fremdeigentümer als „privates Familienunternehmen“ betrachtet. So finden sich – neben den Hilfsleistungen an den Bruder – auch andere Darlehen privater Natur in den Büchern des Unternehmens, etwa die Darlehen an Hinst, Stahm und Liebau.[39] Allerdings begründete Fritz Borgers diese Darlehen als erzwungene „Hingabe“, weil Borgers ansonsten die Bekanntgabe der Kapitalflucht und Steuerhinterziehungen (1931 in Zusammenhang mit der Tehan) fürchten musste. Unter diesem Aspekt muss man diese also eher als Schweigegelder charakterisieren. Da diese sogenannten Darlehen auch in der Bilanz als unwiederbringlich, und auch die Zinsen als uneinbringlich abgeschrieben wurden, scheint die Erläuterung, die Fritz Borgers auch dem Finanzprüfer gab, glaubhaft.[40]

Borgers OHG, Briefkopf.

Naamlooze Vennootschap

TRUST- EN HANDEL-
MAATSCHAPPIJ „TEHAN"

Gevestigd te Leiden.

Opgericht bij acte d.d. 14 Januari 1931 ten overstaan van den Notaris Mr. JOHANNES LEOPOLD te Rotterdam verleden, goedgekeurd bij Koninklijk Besluit van 8 Januari 1931 (Staatsblad No. 31)

4% GELDLEENING

GROOT FL. 100.000.--

Zijnde de derde Serie van een geldleening groot FL. 1.000.000.—

Aangegaan krachtens Besluit der Vergadering van Directie en Commissarissen d.d. 27 Juni 1931.

OBLIGATIE

No. 100 3e Serie No. 100

GROOT FL. 1000.--

Houder dezer is gerechtigd tot EEN DUIZEND gulden nominaal kapitaal in bovengenoemde geldleening op de aan ommezijde vermelde voorwaarden.

Autosalon in Paris, 1933.

Tehan-Aktien, 1931.

Die Internationalisierung des Geschäfts – Holland und Frankreich als Chance

Die wirtschaftlichen Krisen, die sich gegen Ende der 1920er Jahre abzeichneten, ließen Unternehmen nach Alternativen im Ausland Ausschau halten. Borgers hatte bereits seit Mitte der 1920er Jahre gute Beziehungen zum benachbarten Ausland. Zunächst wurden dort vor allem Rohstoffe (Lumpen) durch Borgers gekauft. Der Absatz stand noch gar nicht im Fokus. Allerdings hatte Borgers über diese Schiene einen guten Kontakt nach Leiden aufgebaut, der sich in Person des schon bekannten Theodor Holst-Weber manifestierte. In den 1920er Jahren waren die Beziehungen des Textilunternehmens Borgers zum Nachbarland Holland weiter gewachsen und hatten sich sehr gut entwickelt.[41] Mit dem Einstieg des Leidener Kaufmanns Holst-Weber in die Borgers'sche Aktiengesellschaft verbanden die Wattefabrikanten große Pläne: Gemeinsam wollten sie den deutschen und französischen Markt mit den US-lizenzierten Wattepads erobern. Interessant war vor allem aus Sicht von Borgers die französische Automobilindustrie. Ein direkter Export aus Deutschland war aufgrund der hohen Einfuhrzölle nach Frankreich nicht konkurrenzfähig mit französischen Herstellern. Daher sollte eine Fabrik in Frankreich errichtet werden, über die Borgers vor allem Citroën beliefern wollte. So beteiligten sich die Bocholter Wattefabrikanten an einem Unternehmenskonstrukt, das sich als gewagt und unternehmerisch gefährlich erweisen sollte.

1931 wurde die N.V. Trust- en Handelmaatschappij „Tehan" in Leiden, Niederlande gegründet, an der Fritz, Wilhelm und Franz Borgers mit jeweils 20.000 Niederländischen Gulden (ca. 33.800 Reichsmark) beteiligt waren. Weitere 40.000 Gulden befanden sich im Besitz von Holst-Weber aus Leiden, so dass das Gesamtkapital von 100.000 Niederländischen Gulden zwischen den auch an der Borgers AG beteiligten

La Ouate Industrielle in
Baumont/Oise, 1930.

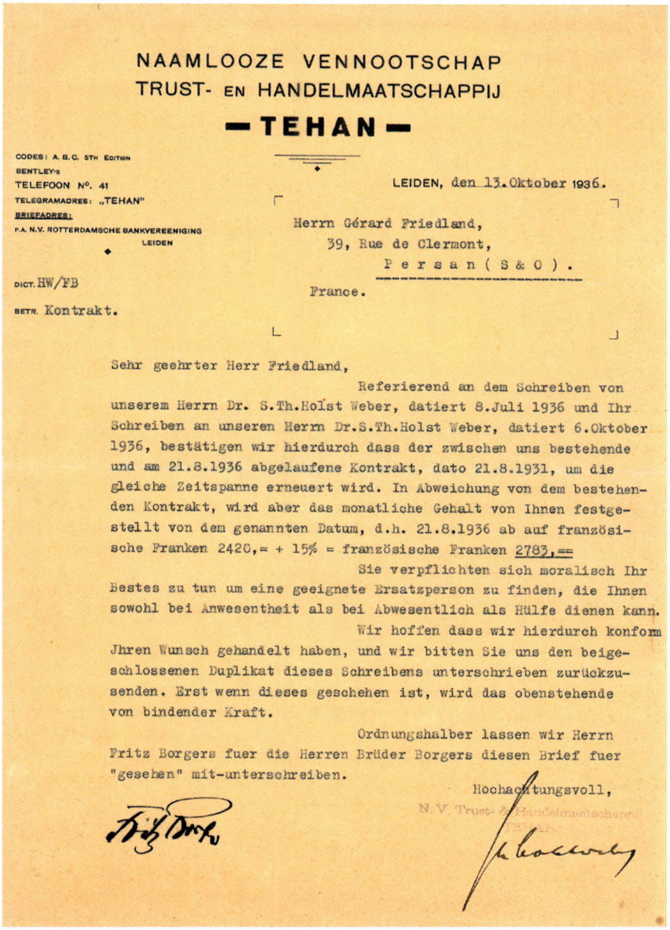

NAAMLOOZE VENNOOTSCHAP
TRUST- EN HANDELMAATSCHAPPIJ
—TEHAN—

CODES: A. B. C. 5TH EDITION
BENTLEY'S
TELEFOON No. 41
TELEGRAMADRES: „TEHAN"
BRIEFADRES:
P.A. N.V. ROTTERDAMSCHE BANKVEREENIGING
LEIDEN

LEIDEN, den 13. Oktober 1936.

Herrn Gérard Friedland,
39, Rue de Clermont,
P e r s a n (S & O) .
France.

DICT. HW/FB

BETR. Kontrakt.

Sehr geehrter Herr Friedland,

Referierend an dem Schreiben von unserem Herrn Dr. S.Th.Holst Weber, datiert 8.Juli 1936 und Ihr Schreiben an unseren Herrn Dr.S.Th.Holst Weber, datiert 6.Oktober 1936, bestätigen wir hierdurch dass der zwischen uns bestehende und am 21.8.1936 abgelaufene Kontrakt, dato 21.8.1931, um die gleiche Zeitspanne erneuert wird. In Abweichung von dem bestehenden Kontrakt, wird aber das monatliche Gehalt von Ihnen festgestellt von dem genannten Datum, d.h. 21.8.1936 ab auf französische Franken 2420,= + 15% = französische Franken 2783,==

Sie verpflichten sich moralisch Ihr Bestes zu tun um eine geeignete Ersatzperson zu finden, die Ihnen sowohl bei Anwesentheit als bei Abwesentlich als Hülfe dienen kann.

Wir hoffen dass wir hierdurch konform Jhren Wunsch gehandelt haben, und wir bitten Sie uns den beigeschlossenen Duplikat dieses Schreibens unterschrieben zurückzusenden. Erst wenn dieses geschehen ist, wird das obenstehende von bindender Kraft.

Ordnungshalber lassen wir Herrn Fritz Borgers fuer die Herren Brüder Borgers diesen Brief fuer "gesehen" mit-unterschreiben.

Hochachtungsvoll,
N.V. Trust- & Handelmaatschappij
TEHAN

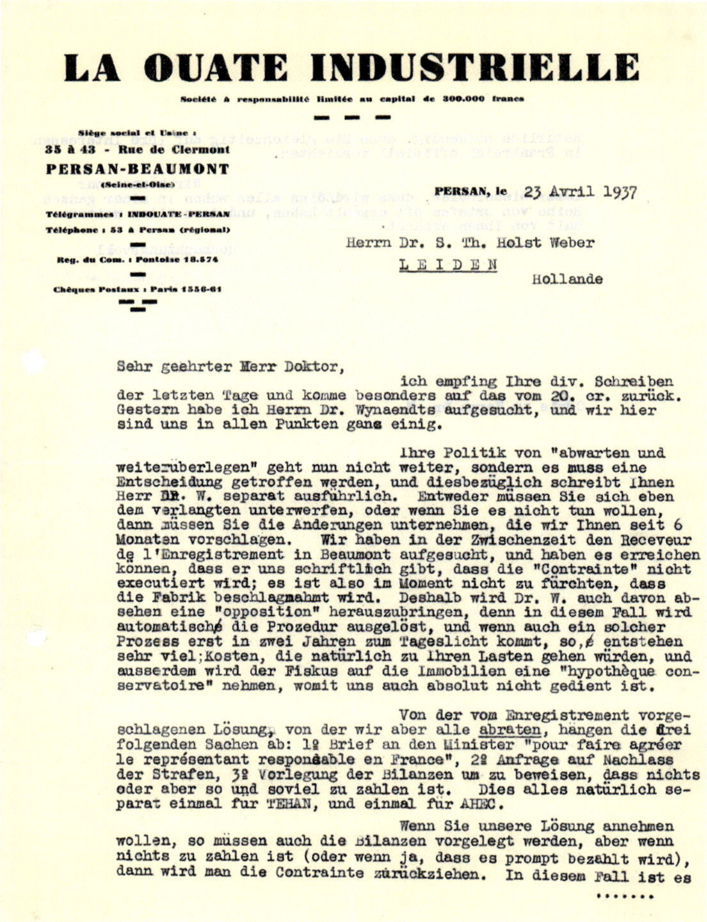

LA OUATE INDUSTRIELLE
Société à responsabilité limitée au capital de 300.000 francs

Siège social et Usine :
35 à 43 - Rue de Clermont
PERSAN-BEAUMONT
(Seine-et-Oise)
Télégrammes : INDOUATE-PERSAN
Téléphone : 53 à Persan (régional)
Reg. du Com. : Pontoise 18.574
Chèques Postaux : Paris 1556-61

PERSAN, le 23 Avril 1937

Herrn Dr. S. Th. Holst Weber
L E I D E N
Hollande

Sehr geehrter Herr Doktor,

ich empfing Ihre div. Schreiben der letzten Tage und komme besonders auf das vom 20. cr. zurück. Gestern habe ich Herrn Dr. Wynaendts aufgesucht, und wir hier sind uns in allen Punkten ganz einig.

Ihre Politik von "abwarten und weiterüberlegen" geht nun nicht weiter, sondern es muss eine Entscheidung getroffen werden, und diesbezüglich schreibt Ihnen Herr Dr. W. separat ausführlich. Entweder müssen Sie sich eben dem verlangten unterwerfen, oder wenn Sie es nicht tun wollen, dann müssen Sie die Änderungen unternehmen, die wir Ihnen seit 6 Monaten vorschlagen. Wir haben in der Zwischenzeit den Receveur de l'Enregistrement in Beaumont aufgesucht, und haben es erreichen können, dass er uns schriftlich gibt, dass die "Contrainte" nicht executiert wird; es ist also im Moment nicht zu fürchten, dass die Fabrik beschlagnahmt wird. Deshalb wird Dr. W. auch davon absehen eine "opposition" herauszubringen, denn in diesem Fall wird automatisch die Prozedur ausgelöst, und wenn auch ein solcher Prozess erst in zwei Jahren zum Tageslicht kommt, so entstehen sehr viel Kosten, die natürlich zu Ihren Lasten gehen würden, und ausserdem wird der Fiskus auf die Immobilien eine "hypothèque conservatoire" nehmen, womit uns auch absolut nicht gedient ist.

Von der vom Enregistrement vorgeschlagenen Lösung, von der wir aber alle abraten, hängen die drei folgenden Sachen ab: 1º Brief an den Minister "pour faire agréer le représentant responsable en France", 2º Anfrage auf Nachlass der Strafen, 3º Vorlegung der Bilanzen um zu beweisen, dass nichts oder aber so und soviel zu zahlen ist. Dies alles natürlich separat einmal für TEHAN, und einmal für AHEC.

Wenn Sie unsere Lösung annehmen wollen, so müssen auch die Bilanzen vorgelegt werden, aber wenn nichts zu zahlen ist (oder wenn ja, dass es prompt bezahlt wird), dann wird man die Contrainte zurückziehen. In diesem Fall ist es

....

Schreiben Tehan an den Geschäftsführer Friedland, 1936.

Schreiben La Ouate Industrielle an Dr. Holst-Weber, 1937.

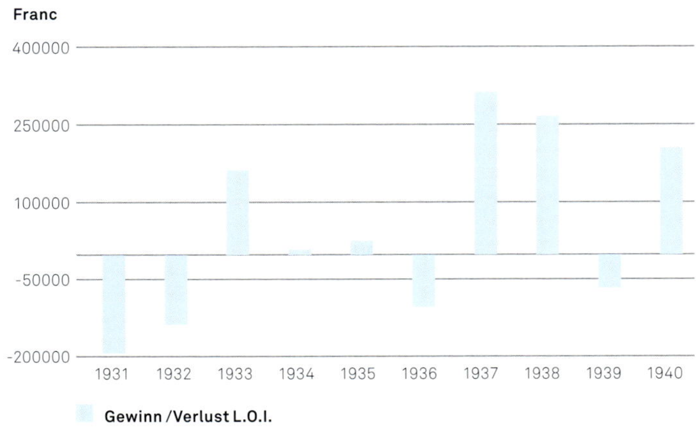

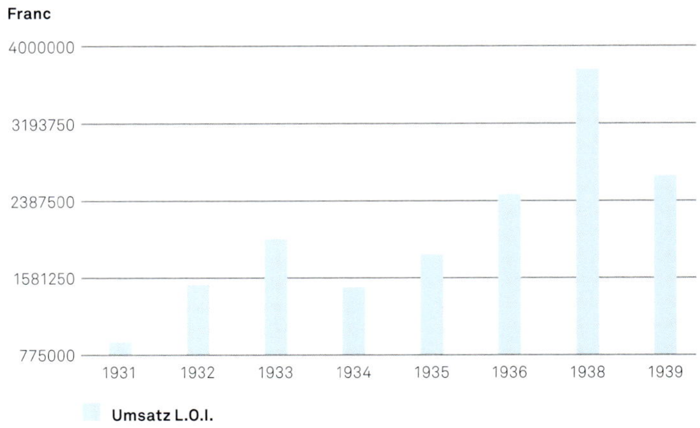

Graphik 10: Gewinn/Verlust der L.O.I., 1930 bis 1940 (in Franc).

Graphik 11: Umsatz der L.O.I., 1931 bis 1939 (in Franc).

Parteien aufgeteilt war.[42] Die französische Firma sollte gleichzeitig auch Aufträge im Bocholter Werk sicherstellen. So sah der zwischen der Tehan und der Borgers AG geschlossene Vertrag vom 12. Juli 1931 vor, dass jährlich mindestens 200.000 Kilogramm Rohmaterial (Lumpen) nach Bocholt zum Reißen in Reißlohn zu geben sei.[43] Der Gewinn aus diesem Geschäft hatte für Bocholt also den Charakter von Dividenden.

Die Tehan selbst gründete nun zwei Firmen – die Société Civile Immobilière, Persan und Paris, eine Grundstücksgesellschaft – sowie die La Ouate Industrielle, Persan.[44] Der Blick muss also nach Frankreich gehen, um zu verstehen, wie sich die Tehan entwickelte. Am 7. Dezember 1930 wurde in Amsterdam eine Immobiliengesellschaft bürgerlichen Rechts mit Sitz in Persan (Société Civile Immobilière de Persan) und einem Aktienkapital von 600.000 Franc gegründet.[45] 1930 kaufte die Société Civile Immobilière die ehemalige Teppichweberei Persan für 300.000 Franc[46] und gründete die „La Ouate Industrielle" (L.O.I.).[47] Theodor Holst-Weber wurde zum Geschäftsführer bestellt.[48] Als leitender Angestellter war Gérard Friedland seit August 1931 angestellt, der dann Mitte der 1930er Jahre Holst-Weber im Amt des Geschäftsführers ablöste.[49]

Die Borgers AG lieferte an die L.O.I. – den eigentlichen Wattebetrieb der französisch-holländischen Holding – und rechnete diese Lieferungen dann über die Tehan ab. Die Bocholter lieferten Maschinen, Werkzeuge und Einrichtungsgegenstände für die L.O.I. im Wert von 82.671 Reichsmark. Die Produktion fuhr planmäßig an, um tatsächlich einen der begehrten Aufträge für Citroën rechtzeitig zu erhalten. Die wirtschaftliche Entwicklung der neuen Gesellschaft war allerdings vom Ergebnis her wenig erbaulich, wies sie doch in den ersten Jahren deutliche Verluste aus. Als anlaufendes Geschäft war dies wohl noch akzeptabel, aber Citroën erwies sich schnell als einer der großen Verlustbringer. So musste L.O.I. aufgrund von Liquiditätsproblemen bei Citroën bereits frühzeitig offene Rechnungen von Citroën in Höhe von 220.000 Franc abschreiben und Teile als Obligation akzeptieren, so dass 1936 ein Verlust von 176.000 Franc entstand (vgl. Graphik 10).[50]

Sieht man sich die Umsatzentwicklung an, so sind diese deutlich erfreulicher als der Blick auf die Gewinne. Denn die Umsätze stiegen kontinuierlich an. Dass sich jedoch hier schon Verwerfungen andeuteten, wird daran ersichtlich, dass man sich in Bocholt sämtliche Bücher der französischen Gesellschaft zur Überprüfung zuschicken ließ (vgl. Graphik 11).[51]

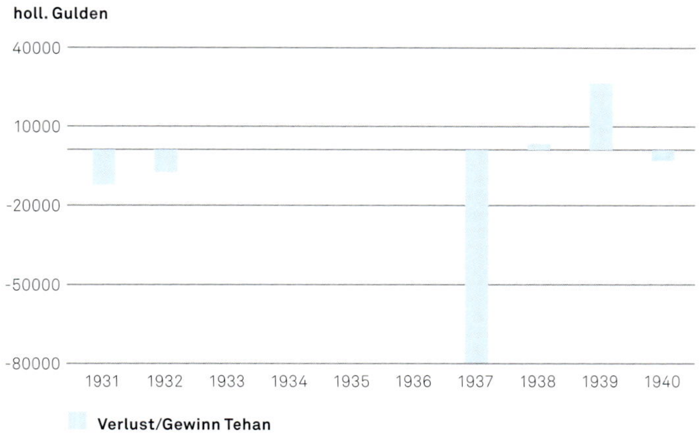

Graphik 12: Verlust/Gewinn der Tehan, 1931 bis 1940 (in holländischen Gulden).

Wie eng Borgers die L.O.I. führte, zeigen die raren Berichte aus jenen Jahren. So wurden immer wieder Mitarbeiter aus Bocholt zur Unterstützung oder Kontrolle nach Frankreich geschickt. Regelmäßig war der Bocholter Betriebsleiter Diekhues in Persan.[52] Im Sommer 1937 wurden so Innovationen aus Bocholt auch in Frankreich eingeführt. Aus diesen Berichten sowie aus den Bilanzen ergibt sich auch, dass die L.O.I. die ganzen Jahre über tatsächlich an Citroën geliefert hat.

Wenngleich die Umsätze nur langsam stiegen und die Gewinne noch ausblieben, schien die französische Fabrik insgesamt doch auf einem gutem Weg, als aus verschiedenen Richtungen die strategischen Defizite zum Vorschein kamen. Neben den sicherlich ärgerlichen Außenständen bei Citroën waren dies vor allem steuerliche und devisenrechtliche Probleme. So hatten die Unternehmensgründer bei der verschachtelten Konstruktion der drei Firmen Tehan, Société Civile Immobilière und L.O.I. versäumt, die international fälligen Steuern hinreichend zu berücksichtigen, so dass hier überraschende Schieflagen entstanden. Die französischen Behörden drohten aus Steuergründen mit einem hohen Bußgeld und sogar mit der Beschlagnahme der L.O.I.[53] Zur künftigen Vermeidung dieser für Auslandseigner fälligen Steuern wurden 1937 verschiedene Umgründungen durchgeführt,[54] welche dafür Sorge tragen sollten, dass nur noch französische Aktionäre vorhanden waren.[55] Der Besitz der Tehan wurde daher an verschiedene „Trustees" verstreut. Damit hielt die Tehan offiziell keine Anteile mehr an den französischen Gesellschaften.[56]

Ein weiteres Defizit entstand, da das Engagement von Seiten Borgers' unter die Devisengesetzgebung fiel und für die deutsche Seite ein langwieriges Devisenrechtsverfahren gegen das Unternehmen auslöste. Im Rahmen des Amnestiegesetzes war den NS-Behörden ein Kredit bei der Rotterdamschen Bank seitens der Borgers KG angezeigt worden.[57] Im Juli 1936 fand dann die erste Devisenprüfung bei Borgers statt.[58] Schlussendlich lief das Verfahren gegen Borgers wegen der Verstöße im Zahlungsverkehr ins Leere: einmal, weil es unter den Gnadenerlass des Führers vom 9. September 1939 fiel.[59] Außerdem wies bereits ein interner Aktenvermerk darauf hin, dass der Verursacher – Wilhelm Borgers – bereits verstorben war und schließlich schien der gesamte Vorfall verjährt zu sein.[60]

1937 geriet die Tehan dann schließlich in eine dramatische Schieflage (vgl. Graphik 12), aufgrund des zwar erwarteten, aber dann doch plötzlichen Abwertens des französischen Franc. Durch das ausschließliche Engagement der Tehan in Frankreich führte dies zu einem hohen Wechselkursverlust.[61] Ein einmaliges, aber dramatisches Ereignis. Gleichfalls und von besonderer Tragik fiel auch der Tod Wilhelm Borgers, der maßgeblich die Auslandsgeschäfte mit betreut hatte, in das Jahr des Verlusts der Tehan.

Lediglich die Bilanzen lassen erkennen, dass es offensichtlich 1938/39 sehr schnell wieder bergauf ging. Dann jedoch wurde die positive Entwicklung durch den Kriegsaus-

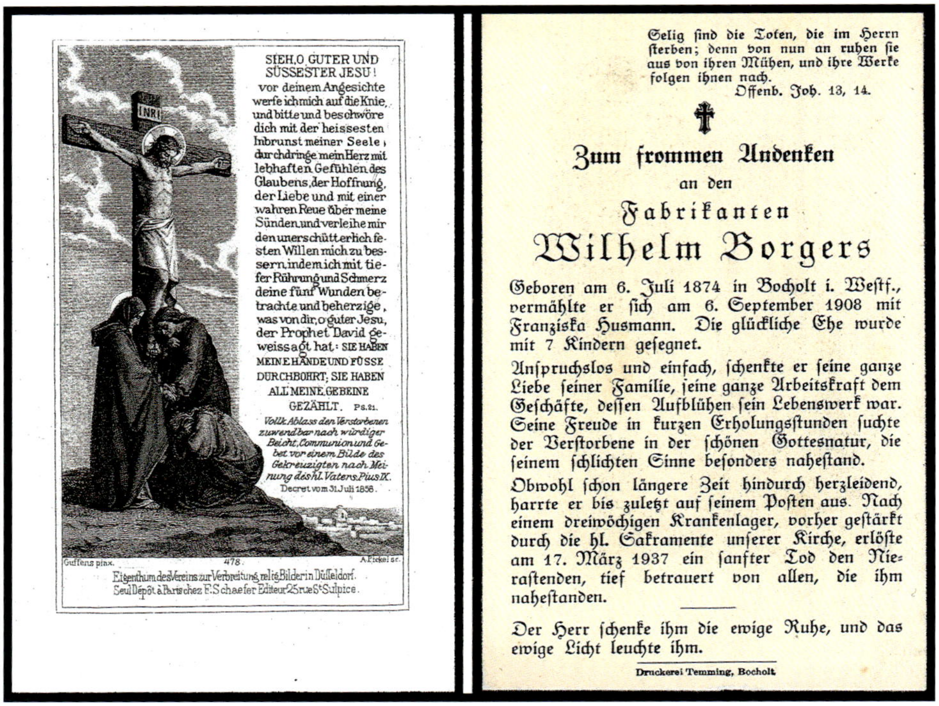

SIEH, O GUTER UND SÜSSESTER JESU! vor deinem Angesichte werfe ich mich auf die Knie, und bitte und beschwöre dich mit der heissesten Inbrunst meiner Seele, durchdringe mein Herz mit lebhaften Gefühlen des Glaubens, der Hoffnung, der Liebe und mit einer wahren Reue über meine Sünden, und verleihe mir den unerschütterlich festen Willen mich zu bessern, indem ich mit tiefer Rührung und Schmerz deine fünf Wunden betrachte und beherzige, was von dir, o guter Jesu, der Prophet David geweissagt hat: SIE HABEN MEINE HÄNDE UND FÜSSE DURCHBOHRT; SIE HABEN ALL MEINE GEBEINE GEZÄHLT. Ps. 21.

Vollk. Ablass den Verstorbenen zuwendbar nach würdiger Beicht, Communion und Gebet vor einem Bilde des Gekreuzigten nach Meinung des hl. Vaters Pius IX.

Decret vom 31. Juli 1858.

Guffens pinx. 478. A. Pickel sc.

Eigenthum des Vereins zur Verbreitung relig. Bilder in Düsseldorf.
Seul Dépôt à Paris chez F. Schaefer Editeur 25 rue St Sulpice.

Selig sind die Toten, die im Herrn sterben; denn von nun an ruhen sie aus von ihren Mühen, und ihre Werke folgen ihnen nach.
Offenb. Joh. 13, 14.

†

Zum frommen Andenken
an den
Fabrikanten
Wilhelm Borgers

Geboren am 6. Juli 1874 in Bocholt i. Westf., vermählte er sich am 6. September 1908 mit Franziska Husmann. Die glückliche Ehe wurde mit 7 Kindern gesegnet.

Anspruchslos und einfach, schenkte er seine ganze Liebe seiner Familie, seine ganze Arbeitskraft dem Geschäfte, dessen Aufblühen sein Lebenswerk war. Seine Freude in kurzen Erholungsstunden suchte der Verstorbene in der schönen Gottesnatur, die seinem schlichten Sinne besonders nahestand.

Obwohl schon längere Zeit hindurch herzleidend, harrte er bis zuletzt auf seinem Posten aus. Nach einem dreiwöchigen Krankenlager, vorher gestärkt durch die hl. Sakramente unserer Kirche, erlöste am 17. März 1937 ein sanfter Tod den Nierastenden, tief betrauert von allen, die ihm nahestanden.

Der Herr schenke ihm die ewige Ruhe, und das ewige Licht leuchte ihm.

Druckerei Temming, Bocholt

Totenzettel von Wilhelm Borgers.

bruch erneut unterbrochen. Im Sommer 1940 erhielt Bocholt Kenntnis, dass die Betriebsführer der L.O.I. geflohen waren – Friedland war Jude.[62] Fritz Borgers jun., der kriegsbedingt in Frankreich war, fuhr daraufhin nach Persan und inspizierte den Betrieb. Er konnte erleichtert berichten, dass lediglich das Lagergebäude mit der darin befindlichen Baumwolle durch die Kriegseinwirkungen niedergebrannt war, die Hauptgebäude und Maschinen jedoch noch alle in Takt waren. Von Bocholt aus versuchte Borgers nun, in Frankreich zu veranlassen, dass die Fabrik geschlossen und so repariert würde, dass keine weiteren Schäden entstehen konnten.[63] Im Herbst 1940 bezifferte die L.O.I. den Schaden auf 600.000 Franc. Weitere Schäden wurden aufgrund der großen Kriegsschäden in den Dörfern Persan und Beaumont befürchtet.[64] 1943/44 zahlte Borgers 155.000 Reichsmark an die Tehan, für die dort Wertpapiere gekauft wurden.[65] Holst-Weber bestätigte den Eingang der Beträge bei der Amsterdamschen Bank bzw. bei ihm.[66] Jeweils 50.000 Reichsmark hatte jeder Stamm Borgers überwiesen, um die Tehan zu sanieren.[67] Im Juli 1944 verkauften dann die drei Stämme Borgers 30 Aktien an Holst-Weber zum Preis von zehn Prozent des realen Wertes.[68] Holst-Weber blieb bis 1959 Verwaltungsrat der L.O.I.[69]

Resümee

Das gesamte Engagement in Frankreich und Holland erwies sich für die Familie Borgers in Summe sehr kompliziert. Auch wenn die hauptsächliche Triebfeder im Erwerb der US-Lizenzen mit Hilfe von Holst-Weber lag, wurden die Erwartungen mit den holländi-

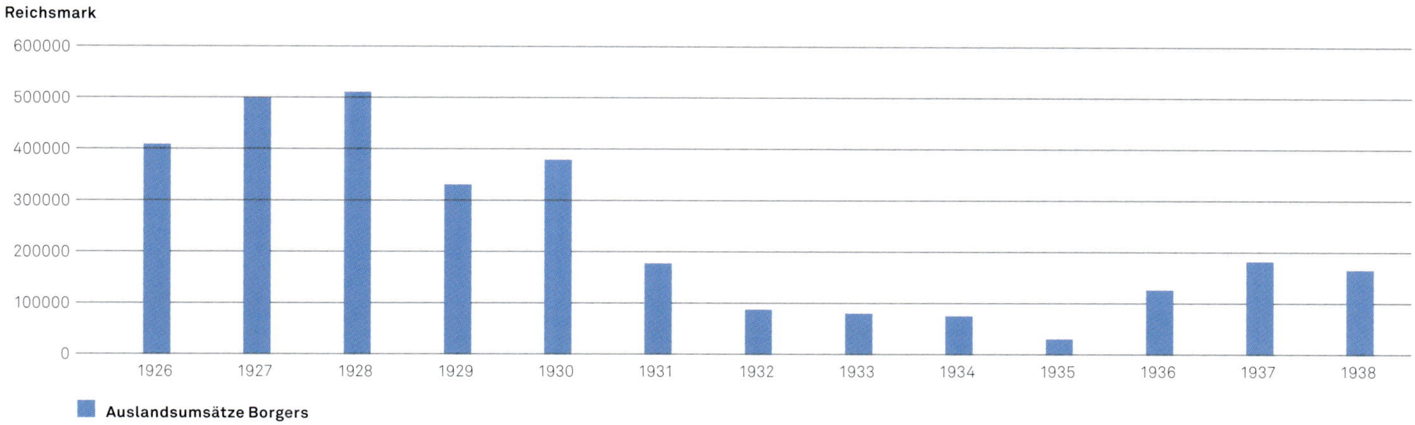

Graphik 13: Auslandsumsätze, 1926 bis 1938 (in Reichsmark).

schen Geschäften keinesfalls erfüllt. Weder der Absatz in Frankreich durch die L.O.I. entwickelte sich herausragend, noch waren die Tätigkeiten in Bocholt für die L.O.I. ein wesentlicher Bestandteil des Umsatzes. Darüber hinaus ließen die Geschäfte das Watteunternehmen aber auch noch, wie gesehen, in mehrfacher Hinsicht ins Visier verschiedener Behörden geraten. Die Tehan hatte sich nicht hinreichend gegen Währungsschwankungen abgesichert, und die Probleme (Steuerlasten etc.) im internationalen Handelsverkehr waren gleichfalls nicht gebührend berücksichtigt worden. Dennoch hielt Borgers an der Fabrik fest und lenkte sogar noch im Krieg Finanzmittel dorthin. Das Standbein im benachbarten Frankreich scheint trotz ökonomisch fraglicher Lage eine besondere Rolle gespielt zu haben, möglicherweise zu späteren Zeiten aus politischen Gründen, um Vermögen außerhalb des Reichsgebietes zu haben.

Die Borgers AG importierte Lumpen und Baumwollabfälle aus Holland, Belgien, Frankreich und England. Gleichzeitig exportierte sie Industriewatte hauptsächlich nach Holland, Belgien, Frankreich, England, Österreich, in die Schweiz und in die skandinavischen Länder.[70] Leider liegen uns verlässliche Zahlen der Produktion nur aus den frühen 1930er Jahren vor, so dass nicht klar ersichtlich ist, wie die Aktivitäten mit der L.O.I. sich auf den Export bei Borgers im Detail niederschlugen. Allerdings wurden die Reißarbeiten für die L.O.I. laut Vertrag in Lohnarbeit gemacht, so dass diese Tätigkeit nicht zu den Exportzahlen gerechnet werden dürfte. Sieht man einmal von diesen speziellen Entwicklungen ab, zeigt sich doch, dass auch nach dem Ende der Weltwirtschaftskrise die Exportzahlen der Borgers AG in nur geringem Maße zum Gesamtergebnis beitrugen, ja im Jahr 1935 sogar wieder rückläufig waren (vgl. Graphik 13).

Die politischen Rahmenbedingungen ließen das Auslandsgeschäft zusätzlich schwieriger werden. Mit den zunehmenden Handelsbeschränkungen, der Devisenbewirtschaftung und weiteren strikten Regularien waren die Aktivitäten am Ende doch eher begrenzt und zahlten sich nicht so aus, wie vielleicht erhofft. Ein Vergleich von Umsätzen des Unternehmens Borgers zeigt, dass der Anteil des Auslandsumsatzes sehr gering war, bis Mitte der 1930er Jahre sogar stark zurückging und erst ab Mitte der 1930er Jahre langsam wieder etwas zunahm:

Borgers-Werk II, ca. 1940.

Wachstum in Deutschland – Produktion, Vertrieb und Zukauf

Die Herstellung von Industriewatte befand sich 1936 in Deutschland hauptsächlich an drei Standorten: Berlin (18 Krempel), Bocholt (13) und im Vogtland (zwölf). Nicht nur Bocholt selbst zählte als zweitgrößte deutsche Produktionsstätte, sondern Borgers wurde auch als „größte Wattefabrik Europas" geführt.[71] Mit dem Wechsel zur Automobilbranche und mit den richtigen Kunden in dieser Branche war es Borgers gelungen, eine nachhaltige Wachstumsstrategie zu verfolgen. Dabei wurde Wachstum auch durch Übernahmen geschaffen. Der Vertrieb der Waren für Nicht-Autokunden erfolgte ausschließlich über den Großhandel und bestand gleichfalls ausschließlich aus den selbst hergestellten Produkten bzw. sortierten Abfällen und Lumpen. Borgers verfügte über Bezirksvertreter bzw. Handlungsreisende und organisierte den Vertrieb teils auch direkt. Auslieferungslager gab es in Berlin, Stettin, Breslau, Aschaffenburg, Elberfeld, Zeitz und Nürnberg.[72]

In einem Antrag stellte das Unternehmen selbst fest, dass es Polsterwatte für Matratzen, Autos, Flugzeuge, Uniformen und Uniform-Mützen herstellte sowie Hospitalwatte zum Polstern von Brüchen und schließlich Verpackungswatte. In Bocholt wurden ca. 10.000 Kilogramm dieser Artikel pro Tag hergestellt, in Berlin ca. 3.000 Kilogramm.[73] Borgers stellte Industriewatte her, geleimt und ungeleimt (patentierte Pfeifenwatte, Wattekissen und Wattepads). Ab Mitte 1938 stellte Borgers in Bocholt dann auch erstmals Jutefilz her. In der Zweigniederlassung Bielefeld waren die Bocholter

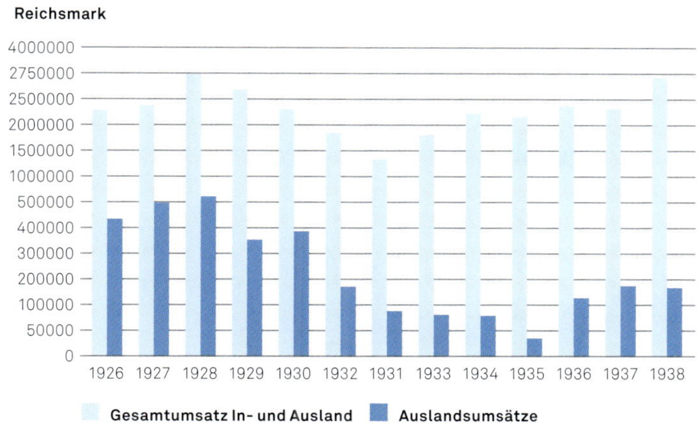

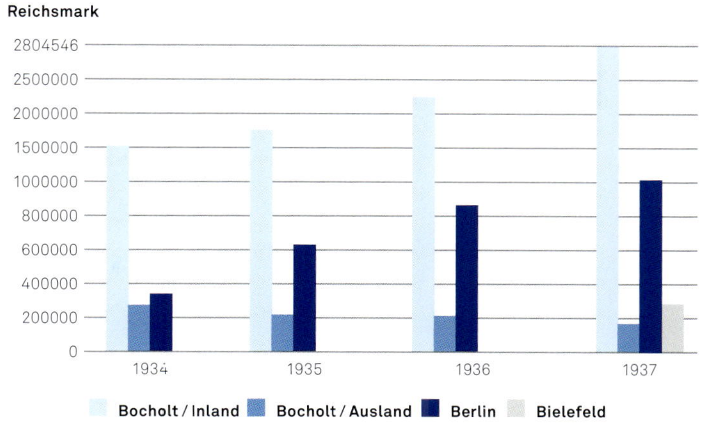

Graphik 14: Umsätze, 1926 bis 1938 (in Reichsmark).

Graphik 15: Umsätze bei Borgers, gegliedert nach Niederlassungen, 1934 bis 1937 (in Reichsmark).

Wattefabrikanten Mitte der 1930er Jahre über den Erwerb der Firma Stern in die Sortierung von Lumpen eingestiegen.[74] Die übernommene Firma Stern war jedoch auf Wollreißen spezialisiert und trug damit nur fünf Prozent zur Rohstoffdeckung von Borgers selbst bei. Baumwoll-Lumpen wurden in Bocholt gerissen und dann unter anderem auch nach Berlin geliefert. Borgers hatte auch in dieser Zeit eigene Patente und Musterschutzrechte. Lizenzen dafür wurden damals jedoch noch nicht vergeben. Allerdings hielt Bocholt seit Gründung der AG eine Lizenz der Automotive Fibers Inc. of Oakland für patentierte Polsterwatte und deren Vertrieb in Europa (mit Ausnahme Englands, deren alleiniger Vertreter die Imperial Patent Wadding Co-Ltd. in Manchester war).[75] Kühler – Aufsichtsratsvorsitzender von Borgers – wiederum war der steuerliche Vertreter der Imperial Patent Wadding.

Der umsatzstärkste Bereich der Borgers AG lag im Inland im Bocholter Stammwerk, gefolgt von Berlin, wo Hermann die Umsätze deutlich steigern konnte, und in den Gesamtverkäufen aller Standorte ins Ausland (vgl. Graphik 15). Der Umsatz des neu erworbenen Betriebs Stern war 1937 dann höher als die gesamten Umsätze, die zu diesem Zeitpunkt von Borgers im Auslandsgeschäft erwirtschaftet werden konnten.

Das nationalsozialistische System versuchte auch die deutsche Wirtschaft nach dem Führerprinzip umzugestalten und ab Mitte der 1930er Jahre immer stärker auf die autarke Aufrüstung des deutschen Reiches hin auszurichten. Bei weitem gelang das nicht so durchgreifend und konsequent, wie sich die Machthaber dies wünschten. Willkür und Vetternwirtschaft prägten den Alltag vieler Unternehmen. Mit fortschreitenden Engpässen bei Rohstoffen und Arbeitskräften wurde die Regulierung immer strikter, der Nachweis für Firmen, kriegsrelevante Dinge zu produzieren, immer bedeutender, wollte man nicht von den notwendigen Rohwaren abgeschnitten werden.

Zunächst aber wurden die freien Organisationen im NS-System umgewandelt und in strikt eingeteilte Wirtschaftsgruppen sortiert. Borgers gehörte dabei zur Wirtschaftsgruppe Textilindustrie. Diese gliederte sich in eine Vielzahl von Fachgruppen, darunter die Fachuntergruppe Industriewatte, in der sich Borgers wiederfand. Obwohl Borgers im Ersten Weltkrieg als zen-

NSKK-Plakat.

Auch Bocholt war fest in der Hand von Nationalsozialisten: Der Stabschef der SA, Viktor Lutze, zu Besuch bei Oberbürgermeister Fritz Emil Irrgang.

trale Sammelstelle für Schießbaumwolle eine sehr wichtige Rolle eingenommen hatte, wurde das Unternehmen in der Zeit des Nationalsozialismus auf der Verwaltungsseite nicht in eine vergleichbare Position gebracht.

Borgers war in die Organisation des NS-Staates später eingeschaltet. So wurde Hermann Borgers ab 1937 stellvertretender Leiter des Fachausschusses Industriewatte und ab etwa 1942 Bezirksbeauftragter für Westfalen der Reichsgruppe Reißspinnstoffe.[76] Fritz Borgers, der zu dieser Zeit der letzte noch verbliebene Bruder der zweiten Generation war, den größten Einzelposten der Gesellschaftsanteile im Wert von 700.000 Reichsmark besaß und primär die Geschicke des Unternehmens in Bocholt steuerte – sicherlich aber auch die wesentlichen Entscheidungen für Berlin und Halle mit traf – war in keiner NS-Organisation engagiert und auch nicht in den Fachverbänden respektive den Fachgruppen aktiv. Hinzukommen sollte 1938 Werner – Sohn des 1935 verstorbenen Franz Borgers. Er war jedoch noch zu jung und unerfahren, um in den Verwaltungsapparaten der Nationalsozialisten eine Rolle zu spielen. So findet sich auch bei ihm kein besonderes Engagement in dieser Richtung. Werner Borgers war nach seinem Gymnasialabschluss zunächst bei der Isselburger Hütte beschäftigt und arbeitete dann bis 1933 bei der Firma Platt Bros. & Co. Ltd. Oldham/Lancashire. Er kehrte zurück und setzte seine Ausbildung bei technischen Lehranstalten in Köln und Würzburg fort und absolvierte von 1937 bis 1938 ein Volontariat in der Tuchfabrik Rheinland, Mönchengladbach, deren Direktor Herbert Kühler war. Danach wechselte er – wie schon zuvor sein Cousin Fritz jun. dies getan hatte – nach Berlin in die Betriebsleitung bei der Borgers KG unter dem Prokuristen Willi Enge, der sein Vorgesetzter war. Nach einem gesundheitsbedingten Aufenthalt 1939 in Jugoslawien, wurde er 1941 eingezogen

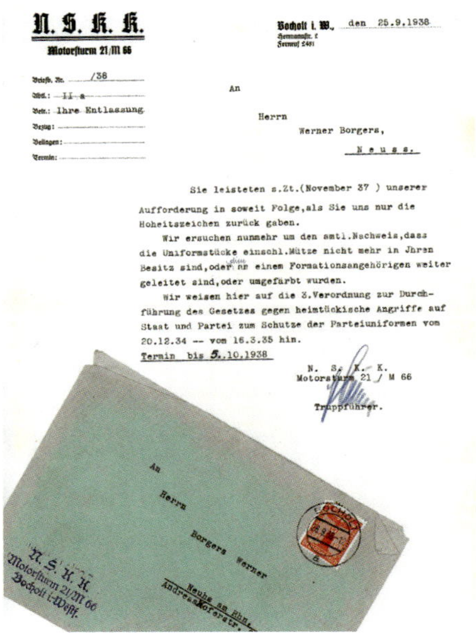

N. S. K. K.
Motorsturm 21/M 66

Bocholt i. W., den 25.9.1938

Briefb. Nr. /38
Abt.: II a
Betr.: Ihre Entlassung
Bezug:
Beilagen:
Termin:

An
Herrn
Werner Borgers,
Neuss.

Sie leisteten s.Zt.(November 37) unserer Aufforderung in soweit Folge,als Sie uns nur die Hoheitszeichen zurück gaben.

Wir ersuchen nunmehr um den amtl.Nachweis,dass die Uniformstücke einschl.Mütze nicht mehr in Jhren Besitz sind,oder an einem Formationsangehörigen weiter geleitet sind,oder umgefärbt wurden.

Wir weisen hier auf die 3.Verordnung zur Durchführung des Gesetzes gegen heimtückische Angriffe auf Staat und Partei zum Schutze der Parteiuniformen vom 20.12.34 -- vom 16.3.35 hin.

Termin bis 5.10.1938

N. S. K. K.
Motorsturm 21 / M 66
Truppführer.

An
Herrn
Borgers Werner
Neuss am Rhn.
Andreas...str.

N. S. K. K.
Motorsturm 21/M 66
Bocholt i. Westf.

Plakat der Deutschen Arbeitsfront, 1934.

Schreiben NSKK an Werner Borgers mit der sehr drohenden Aufforderung, die Uniform zurückzugeben.

und diente bis 1943 bei der Marineflak-Artillerie. Dann wechselte er zur Luftwaffe See.[77] Werner gehörte von 1933 bis 1938 dem Nationalsozialistischen Kraftfahrkorps (NSKK) an, war von 1936 bis 1941 Mitglied der Deutschen Arbeitsfront und von 1940 bis 1941 Mitglied der Nationalsozialistischen Volkswohlfahrt (NSV). In seiner Entnazifizierungsakte wurde Werner Borgers in die Kategorie V (Entlastete) eingestuft. Damit war Werner einziger Vertreter der Familie, der Mitglied in verschiedenen NS-Organisationen war. Keiner sonst aus der Familie war Parteimitglied geworden. Der Beitritt zum NSKK war jedenfalls der Zulassung zum Studium und vermutlich eher der Jugend und einer möglichen Begeisterung für den Motorsport geschuldet denn irgendeiner politischen Überzeugung. Hierfür spricht auch Werners Ausscheiden im Jahr 1938. Werner war dann Mitglied in der Deutschen Arbeitsfront (DAF). Jeder Arbeitnehmer hatte ein Arbeitsbuch der DAF, Mitglied war man jedoch nicht automatisch, wenngleich Zahlungen automatisch vom Lohn an die NS-Nachfolgeorganisation der Gewerkschaften abgeführt wurden. Aber auch hier scheint Werner keine Ämter innegehabt zu haben. Möglicherweise hing seine Mitgliedschaft in der DAF mit seinem Volontariat bei Kühler zusammen und wurde dort vorausgesetzt. Auch die kurze Mitgliedschaft bei der Nationalsozialistischen Volkswohlfahrt (NSV), einer eigentlichen typischen Ausweich-NS-Organisation für Menschen, die sich genötigt sahen, einer NS-Organisation beizutreten, aber nicht der NSDAP beitreten wollten, spricht für eine eher unpolitische Haltung. Ein Zwang im Zusammenhang mit dem Familienunternehmen hierzu scheint aber für Werner nicht bestanden zu haben. Dazu war seine Rolle im Familienunternehmen zu dieser Zeit noch nicht ausgeprägt genug. Auch war die Familie insgesamt nicht besonders engagiert. Franz und Werner Borgers brachten es 1934 bei aller Vorsicht schriftlich so zum Ausdruck: Die Familie Borgers „stimmt[e] ja nicht mit den heute allgemein üblichen Methoden und Strömungen überein, obschon von allen Seiten von Verbundenheit geredet wird."[78]

Der Versuch der Nationalsozialisten, das Leben in Deutschland umfassend zu lenken, wurde stetig ausgeweitet. Neben den Lenkungen über Devisen- und Rohstoffbewirtschaftungen gab es auch unmittelbare Vorschriften. Die Eingriffe der nationalsozialistischen Wirtschaftslenkung in laufende Betriebe waren durchaus tiefgehend oder konnten sich auch auf Details kaprizieren. So verlangte die Wirtschaftsgruppe Textilindustrie eine genauere Betriebsabrechnung infolgederer auch die Borgers KG ihre Bilanzabschlüsse detaillierter aufschlüsseln musste, um einzelne Anschaffungen ge-

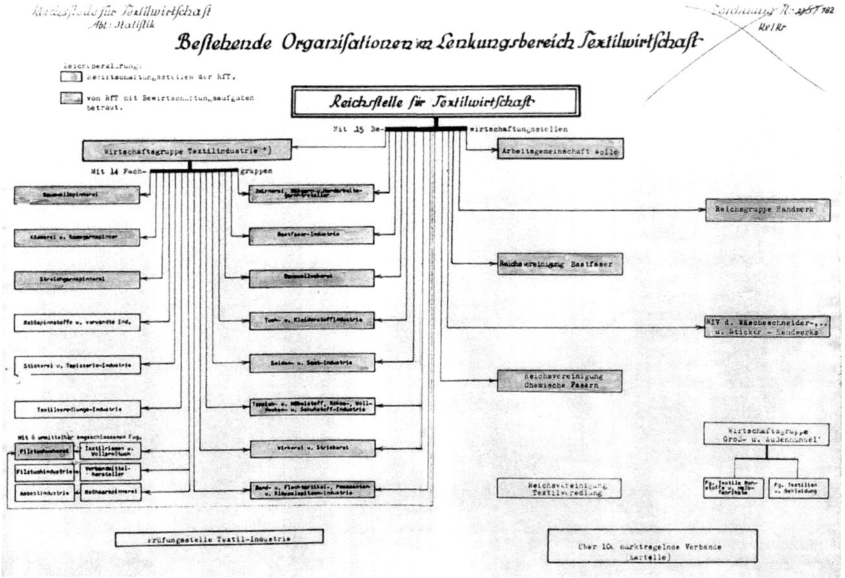

Pralinenschachtel, mit Wattepolsterung.

Graphik 16: Organigramm Reichsstelle Textilwirtschaft.

zielt nachzuweisen.[79] Borgers wurde mit seinen Standorten in Bocholt und in Berlin als Industriewattehersteller gelistet.[80] Auch bei den zugelassenen Betrieben für die Lumpenbearbeitung wurde Borgers in Halle (Betrieb Stern) gelistet.[81] Fritz Borgers sen. führte nach dem Krieg aus, dass er selbst den Kontakt zur Fachuntergruppe in Berlin aufrechterhalten habe über einen Syndikus aus Coesfeld, der die Bezugscheine für Lumpen dann für Borgers abzeichnete.[82]

Durch die eingeführte Devisenkontrolle war auch die Lizenznahme von Borgers aus Großbritannien nicht ohne Genehmigung der Behörden denkbar. Als 1938 eine Zahlung anstand, bestätigte die zuständige Industrie- und Handelskammer den Nutzen: „Nach eingehender Prüfung sind wir zu der Überzeugung gelangt, daß die Ausnutzung der Lizenzen durch die Firma Johann Borgers durchaus im volkswirtschaftlichen Interesse liegt. Da im Übrigen auch sonst keine Bedenken gegen die Genehmigung des vorliegenden Antrages, insbesondere gegen die Vertrauenswürdigkeit des Antragstellers bestehen, wird der Antrag von hier aus befürwortet."[83]

Dieser kurze Ausflug in die Verwaltungsstrukturen des NS-Systems zeigt, dass für einen Betrieb sehr rasch die Zugehörigkeit in verschiedene Fachgruppen entstehen konnte. In den kommenden Jahren sollten auch noch einige Umorganisationen innerhalb der Wirtschaftsgruppe die Zuständigkeiten sich ständig verändern lassen. Welche Bedeutung aber hatte nun das Unternehmen Borgers im Rahmen der nationalsozialistischen Rüstungspolitik? Ein Blick auf die Verteilung der Gesamtzahl der Krempel in Deutschland zeigt, dass Bocholt an zweiter Stelle stand, Borgers aber ja Krempel in Berlin und Bocholt hatte und somit eindeutig der größte Hersteller von Watte in Deutschland war. Bei der Herstellung von Industriewatte war Bocholt mit 13 Krempeln der zweitgrößte

Werner Borgers in Bad Reichenhall, 1932.

Werner Borgers (rechts), als Verbindungsstudent, seine Verlobte Maria Carlé, ihre Schwester Anni und ein Bundesbruder.

Fritz Borgers jun., um 1938.

Standort in Deutschland nach Berlin mit 18 Krempeln.[84]

Borgers war also der größte Hersteller von Watte und hatte in Deutschland die größte Anzahl von Krempeln vorzuweisen, war aber zunehmend in die Verarbeitung von Lumpen involviert, welche als Rohstoff für die Produktion von Industriewolle benötigt wurden. Die Lumpen wurden primär für die Papierindustrie benötigt, aber eben auch für die Watte- und Reißwollindustrie.

Borgers war Zulieferunternehmen für die Automobilbranche und für die Bekleidungsindustrie: Insbesondere Decken und Matratzen wurden gefertigt, aber auch Watte als Verpackungsmaterial wurde nach wie vor benötigt. Im Gesamtverhältnis zur Textilindustrie blieb Borgers jedoch ein eher unbedeutendes Unternehmen, was Umsätze und Relevanz für das System betraf. Dennoch entwickelt sich das Unternehmen wie gezeigt sehr positiv. Borgers fertigte auch Staatsaufträge, so zählten das Reichspostzentralamt Berlin, die Reichsrundfunkgesellschaft mbH, Berlin, das Heeresbeschaffungsamt, die Reichsbahnkleiderkasse sowie das Reichsbahnausbesserungsamt zu den Kunden.[85] Hauptprodukt war zu diesem Zeitpunkt die Industriewatte. „Polsterwatte zur Abdeckung von Roßhaar und Kokosfasern bei Autos, Matratzen, zur Polsterung von Polstermöbeln, für die Konfektion, Steppdecken, Schneiderbedarf, Kinderwagen, Hausschuhe, Versteifung von Mützenrändern, Kartonagen."[86] Zum Beispiel hatten Pralinenschachteln im Deckel Watte zur Polsterung, aber auch in Schuhkartons, insbesondere bei Lackschuhen, wurde Watte als Verpackungsmaterial eingesetzt.

1937 musste für Borgers als ein neues Jahr des großen Aufschwungs erscheinen – ähnlich wie 1929. Nur hatte man nun wieder ein reines Familienunternehmen. Wobei die Umwandlungen jeweils im Zusammenhang mit den wirtschaftlichen Notwendigkeiten,

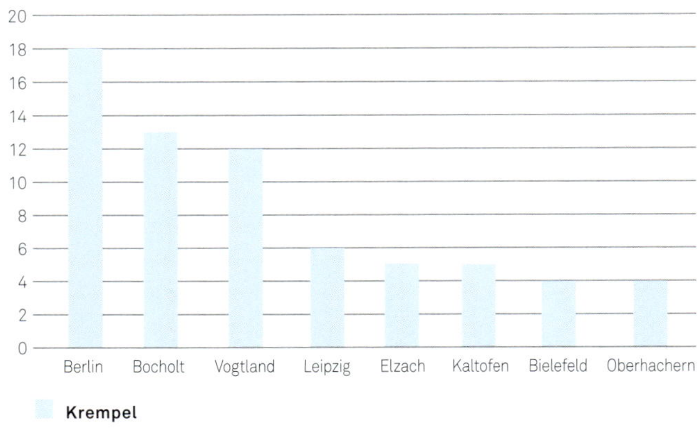

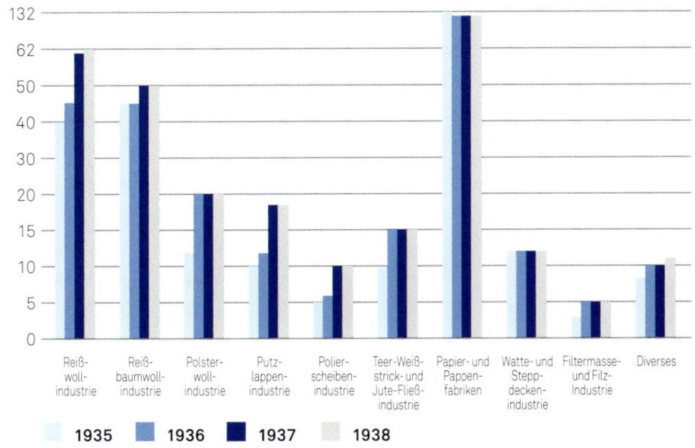

Graphik 16: Krempel in Deutschland, 1936.

Graphik 17: Lumpenverarbeitung in den Jahren 1935 bis 1938 (in Tausend Tonnen).[87]

aber auch mit den innerfamiliären Auseinandersetzungen zu sehen sind. Allerdings hatten die vorausgegangenen positiven Jahre als Aktiengesellschaft das finanzielle Polster des Unternehmens (wie auch der Familienstämme) so gestärkt, dass im Jahr 1937 umfassende Investitionen erfolgen konnten, die sich dann schnell im Umsatz, in den Mitarbeiterzahlen und im Gewinn niederschlugen. So wurden allein im Jahr 1937 die Reißerei erweitert, ein neuer Staubturm erbaut, ein Versandlager errichtet, eine Verladehalle gebaut, das Rohwarenlager ausgebaut, ein Pförtnerhaus sowie eine Unterstellmöglichkeit für Fahrräder errichtet.[88] 1939 und 1940 wurden dann noch ein Quarantäne-Gebäude (für gerissene Wolle wegen Brandgefahr) sowie ein Staubschuppen errichtet.

In diesen Aufschwung des Unternehmens fielen auch Zukäufe im Inland. Vermutlich gerade auch, weil die Auslandsengagements nicht große Ertragsschübe brachten – obwohl es Auslandsvertretungen in den Niederlanden, Belgien, Österreich, Skandinavien und Ungarn gab –, die Automobilkonjunktur aber weiter anzog, ordentliche Gewinne erwirtschaftet worden und die Konten gut gefüllt waren. In diese Zeit fiel der Erwerb der alteingesessenen Firma Ph. Stern in Halle/Westfalen. Stern war schon in der Zeit vor dem Ersten Weltkrieg Zulieferbetrieb für Borgers und war bereits 1815 gegründet worden.[89] Am 7. August 1937 übernahm die Borgers KG die Lumpensortieranstalt Ph. Stern für 125.000 Reichsmark. Das Büro der Firma Ph. Stern befand sich zunächst in Bielefeld, Paulusstraße 28, während sich der Lager- und Sortierbetrieb in Halle befand. Ab 1. Januar 1939 wurde auch das Büro nach Halle verlegt.[90] Borgers hatte fast alle Mitarbeiter übernommen: Ausnahme war der Prokurist Jacoby.[91] Die Zahl der Mitarbeiter dürfte bei 50 gelegen haben.[92] Borgers hatte das Lager mit der Sortiereinrichtung für den Lumpensortierbetrieb übernommen und die dort lagernden Warenvorräte angeblich zu den damaligen Höchstpreisen gekauft.[93] Zunächst firmierte das erworbene Unternehmen unter dem Namen Ph. Stern Zweigniederlassung der Johann Borgers KG Bocholt, bereits 1938 aber schon als Johann Borgers KG Halle Wf.

Der jüdische Inhaber Robert Stern wanderte 1939 nach Amerika aus. Diese Übernahme war die erste große Geschäftstätig-

Der Aufschwung führte 1938 zum Einsatz des tausendsten Straßenrollers bei Borgers.

keit von Hermann Borgers in Eigenverantwortung nach dem Ableben seines Vaters Wilhelm 1937.

Stern erwies sich aus finanzieller Sicht kaum als gute Investition: So wurden im Erwerbsjahr 1937 bereits über 50.000 Reichsmark Verlust ausgewiesen. Allerdings waren die Umsätze beachtlich, wenngleich doch in den folgenden Jahren kontinuierlich fallend (vgl. Graphik 18). Ob der große Verlust 1937 Folge eines Boykotts gegenüber dem jüdischen Inhaber, bedingt durch die neueingeführten Regulierungen im Lumpengeschäft war oder andere Gründe hatte, lässt sich nicht mehr rekonstruieren. In den kommenden zwei Jahren änderte sich jedoch die Lage und die Niederlassung Halle konnte bis 1943 Gewinne ausweisen.[94] Ob tatsächlich eine Freundschaft zwischen Stern und Hermann Borgers bestand – so wie sie im Entnazifizierungsverfahren durch den Malermeister Wilhelm Bentlage dargelegt wurde – ist zu bezweifeln. Zu dem genannten Zeitpunkt war Hermann Borgers gerade einmal 24 Jahre alt und innerhalb des Familienunternehmens noch nicht mit Aufgaben betraut, die eine solche Freundschaft begründet hätten. Überhaupt ist die Aussage Wilhelm Bentlages wohl eher als klassischer „Persilschein" zu interpretieren. So nannte man die Leumundsbriefe, die Personen im Entnazifizierungsverfahren vorlegten, um sich von vermeintlich neutralen Personen entlasten zu lassen. Bentlage schrieb, dass „Grundstück, Gebäude und Waren zum Normalpreis und unter Ausschaltung jedes Parteieinflusses erworben" worden seien. Doch woher hätte ein Malermeister dies 1937 wissen sollen? Im April 1948 führten Fritz Borgers und Unland dann zutreffend aus, der Grund habe in den zwischen den Firmen schon lange „bestehenden geschäftlichen Beziehungen" gelegen. Sie bescheinigten sich selbst einen „ordnungsgemäßen und in freundschaftlicher Weise mit dem früheren Inhaber" durchgeführten Verkaufsprozess.[95]

Hermann Borgers, 1937.

Graphik 18: Umsatz ehem. Ph. Stern (Borgers Halle), 1938 bis 1944 (in Reichsmark).

Nun ist er gerade angesichts des hohen Verlustes durchaus plausibel, dass die vereinbarte Kaufsumme dem realen Wert des Unternehmens entsprochen hat. Es ist auch gut denkbar, dass Stern auf Borgers zugegangen ist, um den Verkauf durchzuführen. Eher untypisch ist jedoch, dass Stern mit seiner Frau nach Verkauf des Unternehmens noch weitere zwei Jahre in Halle verweilte, bevor er nach Amerika auswanderte. Im Dezember 1938 wurde Stern seitens des Finanzamtes Bielefeld mit der Begründung der angesichts „der Lage des Falles" zu erwartenden baldigen Auswanderung aufgefordert, eine Sicherungsleistung für die dann fällige Reichsfluchtsteuer zu zahlen. Basis war ein kalkuliertes Vermögen (überwiegend Wertpapiere und Versicherungsansprüche) von Stern in Höhe von 309.335 Reichsmark.[96] Sterns Konten waren jedoch gesperrt, er hatte Steuerschulden infolge der Veräußerung des Betriebes sowie Umsatzsteuernachzahlungen zu leisten. Stern musste im Dezember 1938 Reichsfluchtsteuer in Höhe von 83.250 Reichsmark, Judenvermögensabgabe in Höhe von 18.500 Reichsmark sowie Einkommenssteuer in Höhe von 33.174 Reichsmark – also gesamt 134.924 Reichsmark – als Sicherheit leisten.[97] Gegen Ende 1938 versuchte Stern die Freigaben seiner Konten zu erhalten, um die Schulden zu bezahlen und die restlichen Gelder für den Transfer ins Ausland frei zu bekommen. Seine unter anderem auch aus den Erlösen des Verkaufes der Philipp Stern OHG an die Johann Borgers KG erworbenen weiteren Immobilien musste Stern allesamt 1938/39 veräußern, um die notwendigen Barmittel für seine geplante Auswanderung zu erlangen.

Robert Stern verstarb in New York. Seine Söhne Herbert und Fritz stellten 1949 einen Restitutionsantrag gegen die Johann Borgers KG für die Grundstücke und die 1937 veräußerte Fabrik.[98] Noch während die einzelnen Punkte zwischen den Anwälten der Erben und dem Wiedergutmachungsamt geklärt wurden, liefen Anfang 1950 bereits direkte Gespräche zwischen der Johann Borgers KG und Rechtsanwalt Hellmuth Krengel, der die Erben Stern vertrat.[99] Am 3. Juni 1950 schlossen die Erben und die Johann Borgers KG vor dem Wiedergutmachungsamt einen Vergleich.[100] Borgers zahlte einen Betrag von 85.000 D-Mark zur Abfindung aller Ansprüche.[101] Im Anschluss wurde das zunächst unter Order Nr. 10 gesperrte

Fritz Borgers sen.
(1884 bis 1954).

Vermögen wieder entsperrt.[102] Der Einsatz eines teuren Treuhänders konnte auf diesem Weg verhindert werden, da Herbert Stern auf diesen ausdrücklich verzichtete. Allerdings musste Borgers aktiv bei den Behörden einschreiten. Den „Haller Betrieb musste Borgers dabei praktisch [...] zweimal bezahlen".[103]

Doch den in den 1930er Jahren erwirtschafteten Verlust in Halle konnte Borgers am Stammsitz in Bocholt mehr als kompensieren. Die Geschäfte liefen blendend, die Gewinne erreichten 1938 einen neuen Rekord. So überrascht es nicht, dass die Familie Borgers eine weitere Gelegenheit ergriff, in Bocholt zu expandieren – erneut mit Blick ins Ausland, jedoch nicht das Unternehmen Borgers KG, sondern die Eigentümerfamilie; allerdings nicht der Stamm Franz Borgers.[104] Mit Kaufvertrag vom 21. November 1938 ging die jüdische Firma David Friede auf die Firma Geiger, Borgers & Co. KG über.[105] Die Geiger, Borgers & Co. KG war zu diesem Zweck neu gegründet worden. Georg Geiger (Coesfeld) war persönlich haftender Gesellschafter. Fritz Borgers sen. und Hermann wurden Kommanditisten. Sie hatten jeweils eine Einlage in Höhe von 330.000 Reichsmark aufgebracht.[106] Damit beherrschte ein Teil der Familie Borgers, die zu diesem Zeitpunkt auch die Geschicke der Johann Borgers KG lenkte, das neue Unternehmen. Werner Borgers war zu seinem großen Missfallen bei dieser Transaktion nicht mit von der Partie – ein weiterer Grund für die anhaltenden Reibereien zwischen den verschiedenen Familienstämmen. Die Übernahme Friedes durch Geiger, Borgers & Co. wurde allerdings seitens der NSDAP ausdrücklich begrüßt, die „Wert auf ein weiteres Fortbestehen des Unternehmens, das zu den größten des Bocholter Bezirks zählt legte.[107]

Geiger war Webereitechniker und seit 1929 in der Coesfelder Weberei als kaufmännischer und technischer Leiter tätig. Eine Fähigkeit, welche Borgers nicht mitbrachte, die aber für die Übernahme wohl wichtig war. Geiger war im Mai 1933 in die NSDAP eingetreten, hatte allerdings kein besonderes Amt inne.[108] Der Kauf der Firma Friede war nach Aussagen von Geiger von ihm selbst ausgegangen, nachdem er über befreundete Fachleute auf die Verkaufsabsichten von Friede hingewiesen worden war. Da er selbst nicht über hinreichende Geldmittel verfügte und Friede daran zweifelte, dass Geiger diese rechtzeitig besorgen könnte, hatte Friede wiederum selbst die Familie Borgers angesprochen, die über ausreichende Geldmittel verfügte.[109] Der Versuch, die Firma Friede zu erwerben, war jedoch kein neuer: „Soweit uns bekannt, waren schon in den vorhergehenden Jahren mehrfach Verkaufsverhandlungen geführt worden, die jedoch angesichts der geringen Verkaufsneigung der Inhaber wieder abgebrochen wurden, bis Friede sich angesichts der Entwicklung schließlich doch zum Verkauf seines Unternehmens bereit erklärte."[110] Die Zollfahndungsstelle hatte am 5. und 8. September 1938 gegen Max und Richard Friede sowie deren Ehefrauen Sicherungsanordnung erlassen als Alleininhaber der Weberei D. Friede oHG, deren Bilanz mit 1,8 Mio. Reichsmark angegeben wurde. Über einen Berliner Rechtsanwalt liefen zu diesem Zeitpunkt bereits Verkaufsverhandlungen.[111] Fritz Borgers selbst erinnerte sich, dass die Übernahme von Friede durchaus anders verlief als bei Stern, dem er attestierte, einen „ausgehandelten reellen Preis" erhalten zu haben, den er nach der Ausreise auch hatte „verwerten" können.[112] Max Friede hingegen musste 221.500 Reichsmark Judenvermögensabgabe sowie 183.025

Wir verpflichten uns hiermit, die sich aus dem heute zwischen Herrn Georg Geiger als persönlich haftendem
Gesellschafter der neu-gegründeten Firma Geiger,
Borgers & Co. K.G., Bocholt,
und der Firma D. Friede, Bocholt,
getätigten Kaufvertrag ergebende Kaufsumme von RM. 780.000,-- am 1. Dezember 1938 zu zahlen, falls die Auflassung des im Kaufvertrag erwähnten Grundbesitzes bis dahin erfolgt ist.

Aus dieser Kaufsumme wird ein Betrag von RM. 341.500,-- für das Finanzamt Borken nach näherer Weisung hinterlegt gegen Herausgabe der in Höhe dieses Betrages im Grundbuch von Bocholt - Blatt 163 - eingetragenen Grundschuld.

Wir sind bereit, falls es uns möglich ist, Teilbeträge aus der Kaufsumme auch schon vor dem 1. Dezember 1938 zu zahlen.

Bocholt i./W., den 21. November 1938.

Kaufvertragsverpflichtung, von Fritz Borgers (1914 bis 2007) und Hermann Borgers (1909 bis 1994) unterzeichnet.

Religion und Politik in Bocholt

Am Abend der Pogromnacht am 9. November 1938 konnte Richard Friede mit seiner Frau Grete und seiner Tochter Ursula in letzter Minute aus seinem Haus in der Kaiser-Wilhelm-Straße fliehen, bevor es von einer NS-Horde verwüstet wurde.[I] Fritz Borgers gewährte seinem alten Schulkameraden mit seiner Familie Unterschlupf in seinem Haus auf der Nordallee[II] und half später bei deren Ausreise nach Holland. In der Pogromnacht wurde auch die Bocholter Synagoge zerstört; deutschlandweit knapp 300 jüdische Gotteshäuser.[III] Jüdische Familien wurden ausgeplündert, misshandelt und gedemütigt; ihre 7.500 Geschäfte verwüstet. Ca. 400 jüdische Mitbürger wurden ermordet oder in den Tod getrieben, 30.000 in KZs verschleppt. Ursula Friede floh noch im November über Holland nach England.[IV] Richard Friede hatte „die neuen Fabrikleiter anzuleiten“, bevor er mit seiner Frau am 1. März 1939 Bocholt in Richtung Amsterdam legal verlassen konnte.

Reichsmark an Reichfluchtsteuer bezahlen.[113] Fritz Borgers erinnerte sich, dass Friede deswegen kaum etwas von der erhaltenen Kaufsumme übrig behielt und so nach dem Krieg nachverhandelt und eine Nachzahlung in Dollar geleistet wurde.[114] Während Max Friede sofort das Land verließ, blieb Richard Friede noch in Bocholt. Richard Friede[115] verstarb später in London, Max Friede lebte in New York.[116] Am 21. April 1950 schloss die Firma Geiger, Borgers & Co. einen Vergleich mit der Familie Friede.[117] 1958 wurde das Unternehmen dann in Geiger, Borgers & Co. GmbH umgegründet, 1973 schließlich zahlte Georg Borgers, Sohn von Fritz Borgers, die übrigen Kommanditisten aus und wurde Alleininhaber.

Sehr oft wurde nach dem Krieg versucht, die Übernahme jüdischen Eigentums positiv darzustellen. Daher ist eine Bewertung immer sehr genau vorzunehmen. Im Falle der Familie und des Unternehmens Borgers liegt aber die Vermutung nahe, dass die Arisierungen tatsächlich auf Wunsch der jüdischen Eigentümer durchgeführt wurden. Keinesfalls ist eine politische Motivation zu sehen. Natürlich bleibt die moralische Frage bestehen, die nicht zu lösen ist, ob durch den Kauf eines jüdischen Unternehmens eine systemische Mitschuld entsteht. Im Fall Borgers scheint jedoch beides nicht zuzutreffen. Die Firma Ph. Stern war offensichtlich wirtschaftlich nicht sehr ertragreich. Der Verkauf erfolgte zu einem relativ frühen Zeitpunkt, wo ein massiver Verkaufsdruck durch das NS-System noch nicht gegeben schien. Hierfür spricht auch der noch zweijährige Verbleib des jüdischen Vorbesitzers in Deutschland. Dass sich der jüdische Firmeninhaber an den langjährigen Kunden Borgers wendete, der im Umfeld als kapitalstark bekannt war und der ein Interesse haben musste, folgt einer gewissen Logik.

Im Fall Friede ist die Situation etwas anders. Hier hat das Unternehmen Borgers zunächst kein geschäftliches Interesse – daher vermutlich auch das Engagement aus den privaten Geldmitteln eines Teils der Familie. Dass sich der jüdische Inhaber des zweitgrößten Betriebs in Bocholt an die auch hier als kapitalstark geltenden Besitzer des größten Unternehmens vor Ort wendete, um die Bereitschaft zu sondieren, die Fabrik zu übernehmen, ist gleichfalls plausibel. Auch ist der Hinweis nicht von der Hand zu weisen, dass sich die Familien natürlich kannten und es tatsächlich eine Hilfsaktion war – sowohl durch den Verkauf als auch später durch die aktive Hilfeleistung. Wobei hier Georg Geiger und Fritz Borgers sen. in einen beinahe schon absurden Wettbewerb traten, wer nun die Familie Friede unterstützt hat. Jedenfalls scheint klar, dass sich dieses Geschäft ausschließlich durch die Konstellation Zwang zum Verkauf durch das NS-System, vorhandene finanzielle Mittel bei der Familie Borgers und Fachkenntnis durch Georg Geiger realisieren ließ. Das Ganze ging – selbst wenn nicht beabsichtigt – zu Lasten der Familie Friede, die aufgrund der Umstände fast mittellos und gerade noch Deutschland verlassen konnte und zu Gunsten der Erwerber, die in den folgenden Jahre gute Geschäfte mit Geiger & Borgers machten.

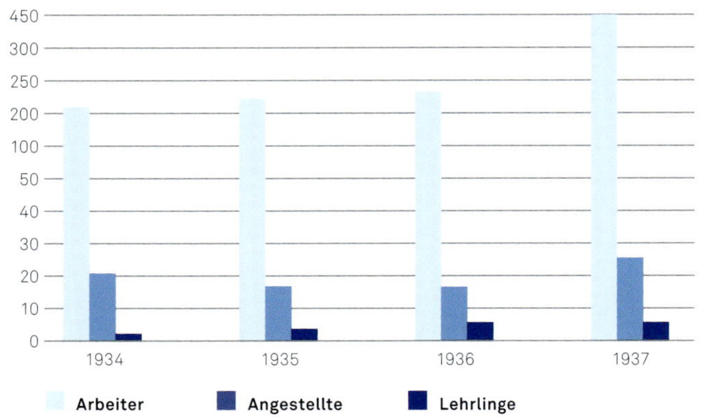

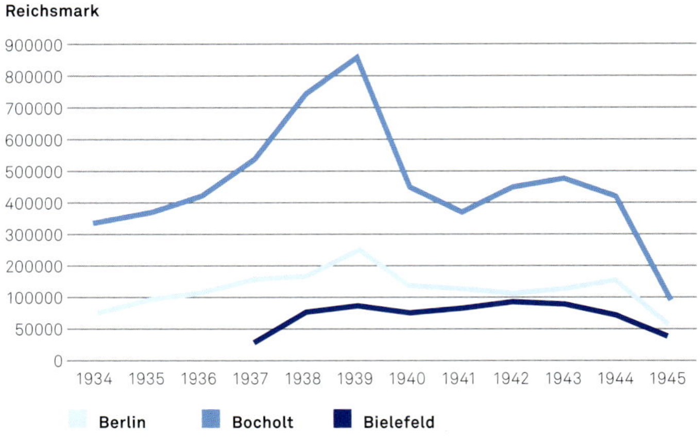

Graphik 19: Mitarbeiter bei Borgers, 1934 bis 1937.

Graphik 20: Löhne und Gehälter, 1934 bis 1945 (alle Niederlassungen).

Arbeiter bei Borgers

Aus den Akten kennen wir in der Zeit der Weimarer Republik und des Nationalsozialismus nur wenige Arbeiter und Angestellte namentlich. Die Familie Diekhues war in der Betriebsleitung über Generationen vertreten. Hubert Unland begegnet uns, aber leider wissen wir über die Personen, die Familien, deren Hintergründe und Geschichten nicht genug, um es hier erzählen zu können. Wenigstens ein kleiner Überblick über die Entwicklung der Mitarbeiterzahlen soll aber gegeben werden. Nach 1933 wuchs die Zahl der Mitarbeiter langsam, 1937 dann sprunghaft an. Sie verdoppelte sich nahezu.

Mit Kriegsausbruch verlor Borgers jedoch zeitnah viele Mitarbeiter, die zum Kriegsdienst eingezogen wurden. Uns liegen keine Zahlen über die Anzahl der Mitarbeiter vor, die Lohnsummen lassen sich jedoch den Bilanzen entnehmen. Man kann diese Entwicklung daher deutlich verfolgen. Die Mitarbeiterzahlen dürften nach 1939 zunächst rasch auf unter 250 gefallen sein.

Da das Bocholter Hauptwerk zum „kriegswichtigen Betrieb" erklärt worden war, gelang es, wichtige Funktionsträger und Arbeitskräfte zu halten. Der 1942 anziehende Bedarf an Produkten der Borgers KG schlug sich auch in wieder wachsenden Mitarbeiterzahlen nieder. Dies bedeutete aber auch zunehmend den Einsatz von Frauen – wobei in Berlin traditionell viele Frauen gearbeitet hatten.[118] Die Auswirkungen, die der starke Abfluss von Arbeitskräften an das Militär mit sich brachte, zeigte sich rasch im Zusammenbruch von Umsatz und Gewinn (siehe Graphik 22).

Die gesamte deutsche Wirtschaft litt unter diesem Phänomen. Das Spannungsverhältnis zwischen staatlichem Druck und privatwirtschaftlichem Interesse zeigte sich gerade in diesem Bereich. Zunächst erkannten die Nationalsozialisten nach Kriegsausbruch, dass sich ein neues Feld von Arbeitskräften auftat: Mit Werbemaßnahmen wurden ausländische Arbeitskräfte nach Deutschland gebracht. Die freiwillige Anwerbung änderte sich rasch in eine immer drastischer werdende Zwangsrekrutierung bis hin zu ganzen Jahrgängen, die in einzelnen besetzten Ländern ausgehoben wurden. Der dahinterstehende Amtsapparat unter Fritz Sauckel war dem NS-System entsprechend gigantisch. Bald wurde diese Gruppe ergänzt durch den Arbeitseinsatz von Kriegsgefangenen, der jedoch die Frage

Drehbank, ca. 1940.

der Bewachung nach sich zog, sowie schließlich dem Einsatz von sogenannten „Sklavenarbeitern“, den KZ-Häftlingen.[119] Beim Umgang von Unternehmen in der Frage der Beschäftigung von Zwangsarbeitern muss jeweils individuell geprüft werden, ob kostengünstige Vorteilsnahme, die Notwendigkeit die Produktion aufrechtzuerhalten und damit einhergehend ausgeübter Zwang oder andere moralische Punkte eine Rolle spielten. Eine allgemeine Aussage lässt sich für die deutsche Industrie – weder Großindustrie noch Mittelstand noch Familienunternehmen – nicht treffen.

Im Sommer 1942 wurden erstmals Zwangsarbeiterinnen bei Borgers in Bocholt beschäftigt. 25 Ukrainerinnen wurden Borgers seitens des Arbeitsamtes zugeteilt. Um überhaupt Arbeitskräfte auf Antrag zugeteilt zu bekommen, musste Borgers als kriegswichtiger Betrieb eingestuft werden. Dies war gelungen, hatte man doch Aufträge für die Wehrmacht vorweisen können. Angesichts der Zahlen lässt sich auch sagen, dass ohne Zuteilung weiterer Arbeitskräfte die Aufträge für das Reich nicht hätten erfüllt werden können. Das Unternehmen errichtete Unterkünfte im Fabrikgebäude selbst (neben den Büroräumen) und baute eine Küche für die Arbeitskräfte.[120] Auch in Halle wurde 1942 ein Lager für Ostarbeiterinnen errichtet. Da beide Lager ungefähr die gleichen Baukosten verursachten, ist möglicherweis von einer ähnlichen Anzahl von eingesetzten Zwangsarbeiterinnen auszugehen.[121] Der Betrieb in Halle hatte 50 Mitarbeiter, die während des Krieges von bis zu 25 Ostarbeiterinnen ergänzt wurden.[122]

Auch in Berlin kamen nun Ostarbeiter, in diesem Fall 20 russische Zwangsarbeiter, zum Einsatz.[123] Fritz Borgers sen. erinnerte sich, dass in Berlin 30 Mitarbeiter tätig waren, davon seien acht russische Zwangsarbeiter gewesen. Borgers hatte sie zugewiesen bekommen, nachdem sie für die metallverarbeitenden Betriebe der Rüstungsindustrie zu krank und schwach geworden seien. Untergebracht waren sie in der Garage. Bei aller Vorsicht ist auch dies genauer zu betrachten. Einerseits ist der Einsatz von Arbeitskräften, die krank, vermutlich abgemagert und geschwächt waren, kritisch zu sehen, andererseits wurden Arbeitskräfte mit diesen Symptomen, wenn sie für keine Arbeit mehr eingesetzt werden konnten, rücksichtlos in die Vernichtungsmaschinerie des NS-Systems abgeschoben. In Betrieben der SS wurde die unrühmliche „Vernichtung durch Arbeit“ praktiziert. Es ist also möglich, dass die leichteren Arbeiten im Betrieb Borgers die Arbeitskräfte vor einem schlimmeren Schicksal bewahrten. Dass dies jedoch nicht als bewusste Aktion durchgeführt wurde, scheint sich dadurch zu bestätigen, dass in den Interviews, die nach Kriegsende geführt wurden, eine solche

JOHANN BORGERS

KOMMANDIT-GESELLSCHAFT, BOCHOLT

WATTE- UND REISSBAUMWOLLFABRIK

ZWEIGFABRIK BERLIN-WEISSENSEE, NUSSLERSTRASSE, TELEFON 560601/02

Johann Borgers, Kommandit-Gesellschaft, Bocholt, Fernsprech-Sammel-Nr. 2848

Telegramme: Borgers
Bank-Konten: Commerzbank A.-G., Bocholt
Deutsche Bank, Bocholt
Reichsbankkonto Nr. 313/857
Postscheck-Konto: Köln 2200
Fernsprech-Sammel-Nr. 2848

BOCHOLT i. WESTF.

An die

Baupolizei
z.Hd. von Herrn Elster

Bocholt

Stadt Bocholt i.W.
№ 36936 | 11.VII.42
Abt.:

Ihr Zeichen | Ihre Nachricht | Unser Zeichen Di/O. | Tag 10.7.42

Betr.: Unterbringung von ukrainischen Arbeiterinnen.

Nach telefonischer Rücksprache mit Ihrem Herrn Elster stellen wir hiermit einen Antrag, die Unterbringung von 20-25 ukrainischen Arbeiterinnen in unseren oberen Büroräumen zu genehmigen. Vom Arbeitsamt in Bocholt wurden uns bereits 20-25 Arbeiterinnen für die allernächste Zeit zugesagt. Wie es heisst, soll ein Transport dieser Arbeiterinnen bereits auf dem Wege nach Nordwestdeutschland sein. Unsere oberen Büroräume, d.h. 2. Etage, stehen seit vielen Jahren leer und könnten für diesen Zweck sehr gut gebraucht werden. Allerdings ist es dann notwendig, einen separaten Eingang zu schaffen, damit die Büroräume von den Arbeiterinnen vollständig unberührt bleiben. Das Treppenhaus führt bis in die 2. Etage und ist vollständig abgeschlossen. Wir fügen diesem Schreiben eine Handskizze der 2. Etage bei, aus welcher die bestehenden Räume ersichtlich sind. Änderungen sind an diesen Räumen gar nicht zu treffen; es ist alles in Ordnung. Die Räume waren früher bereits von unserem Portier bewohnt, mussten aber auf Drängen der Baupolizei als Wohnung seinerzeit aufgegeben werden. Notwendig wäre es noch, einen kleinen Raum anzulegen, in dem eine Küche einzurichten wäre. Die Einfriedigungsmauer neben dem Bürogebäude müsste um 4-5 Schichten erhöht werden, damit das Dach zu diesem Raum etwas Gefälle zu unserem Grundstück hat und der Nebenbau von der Strasse aus nicht zu sehen ist. Alte Steine für diesen Bau sind hier vorhanden, und wir verpflichten uns, nach Kriegsende diesen Raum und ebenso die Eingangstür zum Büro wieder zu beseitigen. Die baulichen Veränderungen sind in der Skizze eingetragen.
Wir bitten nun höflich, hierfür Ihre Genehmigung zu erteilen und uns evtl. anzurufen, ob wir mit der Änderung bereits beginnen können. Die Angelegenheit eilt sehr; alle Tage können die ukrainischen Arbeiterinnen nun eintreffen, und wir wissen dann nicht, wo wir diese Leute unterbringen sollen, wenn die baulichen Veränderungen noch nicht in Ordnung sind.
Wir erwarten Ihre Nachricht und zeichnen

Heil Hitler!
Johann Borgers KG.

Anlage!

Antrag vom 10. Juli 1942 auf Unterbringung von Zwangsarbeiterinnen.

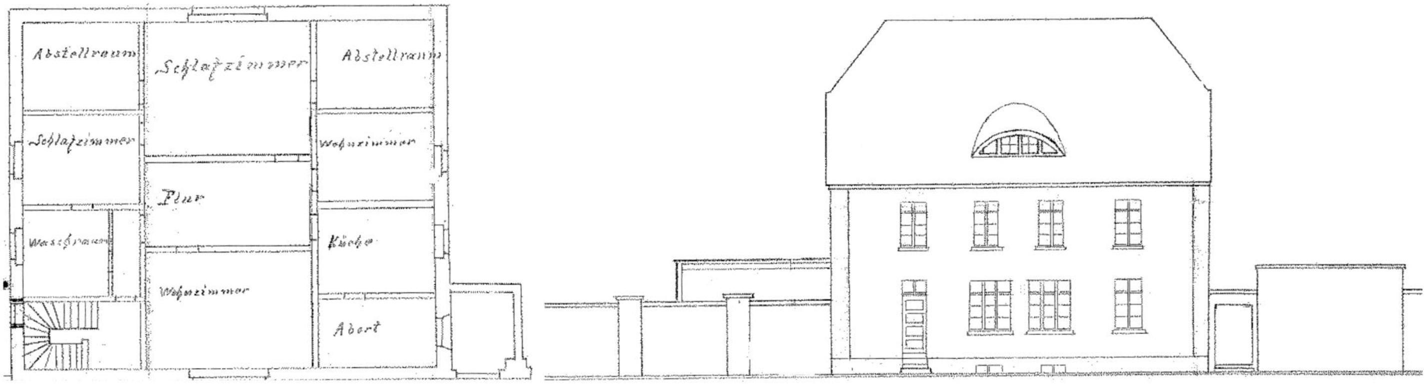

Überlegung von den damals handelnden Personen nicht ausgeführt oder betont wurde. Die grundsätzliche Haltung scheint eine eher nüchterne gewesen zu sein.

Die Lumpen, die Borgers in Berlin zugeteilt bekam, stammten teils aus Polen. Es waren Oberstoffe, Tuchnähte, die weiterverarbeitet, gerissen und gekrempelt wurden. Aber die Nähte selbst konnten nur zur Verarbeitung von Watte genutzt werden. „Und wenn dann diese Säcke kamen, die Russen waren sofort dabei, trennten die Nähte auf und holten die Goldklümpchen raus, die die vergasten Juden darin vernäht hatten." So Fritz Borgers. Eingeschritten sei man bei Borgers dagegen nicht, weil sonst die russischen Arbeitskräfte abgeholt worden wären und man ohne Arbeitskräfte dagestanden hätte.[124]

Insgesamt dürfte Borgers in den drei Standorten – Berlin, Halle und Bocholt – ca. 75 Zwangsarbeiter beschäftigt haben.[125] Da sich keinerlei weitergehende Unterlagen im Unternehmensarchiv befinden, das Stadtarchiv Bocholt auch kriegsbedingte Lücken in der Überlieferung hat und Borgers wiederum reichsweit doch als sehr kleines Unternehmen einzustufen ist, finden sich keine weiteren Angaben zu den Umständen der Zwangsarbeiter bei den Betrieben der Johann Borgers KG. Dass sie jeweils Wohnräume innerhalb der Fabrikgebäude erhielten, und nicht etwa in dünnwandigen Baracken untergebracht waren, mag für eine zumindest in diesem Hinblick eher günstige Lage sprechen. Auch die Tatsache, dass sie eine eigene Küche – zumindest in Bocholt – erhielten, dürfte die Versorgungslage eher positiv beeinflusst haben. Aufgrund der grundsätzlichen Einstellung der Unternehmenseigner als gläubige Katholiken, die nach allen verfügbaren Unterlagen ideologisch mit dem NS-System keinerlei Sympathien verband, ist auch nicht von einer systematischen oder gezielten Misshandlung der Zwangsarbeiter auszugehen. Vermutlich ist Borgers einer der vielen doch eher unauffälligen Fälle, bei denen Zwangsarbeiter aus produktionstechnischen Überlegungen heraus zum Einsatz kamen, jedoch verhältnismäßig anständig behandelt wurden, was jedoch an der Tatsache des Einsatzes nichts ändert. Ein letzter Blick auf die wirtschaftliche Entwicklung von Borgers in der Kriegswirtschaft soll klären, warum überhaupt auf Fremdarbeiter zurückgegriffen wurde.

Baupläne für das Ostarbeiterinnenquartier im Werk in Bocholt.

Ju 88, 1940.

Die Borgers KG in der Kriegswirtschaft

Borgers wurde als „wehrwirtschaftlicher Betrieb“ bei der IHK Duisburg geführt. Eine interne Chronik bescheinigt Borgers, für das Programm des Kampfbombers Junkers Ju 88 tätig gewesen zu sein.[126] Borgers fertigte wattierte Hauben, um den Motor der Flugzeuge gegen die Kälte und damit vor dem Einfrieren zu schützen. Borgers fertigte aber auch Watte zur Fütterung von Winterbekleidung, sowohl für den zivilen als auch zunehmend für den militärischen Bereich. Das bereits seit 1933 eingeführte Lenkungssystem des Nationalsozialismus wurde für die Textilindustrie und für das Unternehmen Borgers immer komplizierter. Nicht nur waren Teile der Familie durch die Übernahme von Stern – und indirekt auch durch die von Friede – in anderen Bereichen der Textilindustrie tätig und fielen somit mit verschiedenen Produkten in die Zuständigkeit unterschiedlicher Fachgruppen und Unterausschüsse. Nach Kriegsausbruch war die Produktion aufgrund des Entzugs der Mitarbeiter bei Borgers dramatisch eingebrochen und Borgers musste erstmals 1940 einen Verlust ausweisen, der 1941 noch deutlich anstieg.

1942 wendete sich das Blatt wieder. Warum? Mit Kriegseintritt 1939 hatte Borgers, wie ausgeführt, zahlreiche Arbeitskräfte verloren und konnte offensichtlich schlichtweg nicht mehr so viel produzieren. Hinzu kam, dass die Nachfrage in vielen Bereichen durch die Umstellung der deutschen Wirtschaft auf die Kriegswirtschaft nun endgültig kollabierte. Rohstoffe, Arbeitskräfte, Devisen – alles war streng auf Kriegsproduktionen beschränkt. Im Sommer 1941 startete das sogenannte Unternehmen „Barbarossa“ – der Russlandfeldzug. Gedacht als Blitzkrieg, der in wenigen Wochen den Deutschen zum Sieg verhelfen sollte, und unterstützt von einem großangelegten Luftangriff. Allerdings zeigte sich schnell, dass dies nur eine Illusion war. In den folgenden Monaten verschärfte sich die Lage in den besetzten Ländern, aber auch in Deutschland immer mehr.

Für die Unternehmen hatte dies unterschiedliche Folgen: Während die einen vollends abgeschnitten wurden von Rohstoffen und Arbeitskräften, erhielten die anderen nun neue, auf den Krieg ausgerichtete Aufträge. Borgers gehörte diesmal zur letzteren Gruppe. Es musste Winterausrüstung für die Wehrmacht hergestellt werden, in großer Menge. So wurden 1942 entsprechende Aufträge erteilt.[127] Polsterwatte wurde darüber hinaus auch für Reinigungszwecke benötigt – allerdings nur in sehr geringen Umfängen.[128] Zulieferer war und blieb Borgers wohl auch für die Flugzeugindustrie. Möglicherweise wurde auch Industriewatte für Mullbinden etc. geliefert.

Dass Borgers für die Rüstungsindustrie lieferte, wissen wir auch aus verschiedenen kleineren Hinweisen. An das Wehrmachtsbeschaffungsamt Erfurt, die Zentralbeschaffungsstelle Berlin sowie die Organisation Todt, Wüstewaltersdorf, wurde geliefert, ohne Bezahlung. Welche Waren geliefert wurden, ist allerdings nicht immer klar.[129] Bis zum 31. Dezember 1944 wurden insgesamt 57 Rüstungsforderungen abgeschrieben und wertberichtigt (entsprechend einer Entscheidung des Oberfinanzpräsidiums Münster vom 17. Dezember 1945).[130] Die Wattefabrikanten hatten „laufend Aufträge für Wehrmachts- und Behördenbedarf vorliegend“ und deckten dabei ungefähr 50 Prozent des gesamten Industriewattebedarfs in Deutschland.[131] Die zentra-

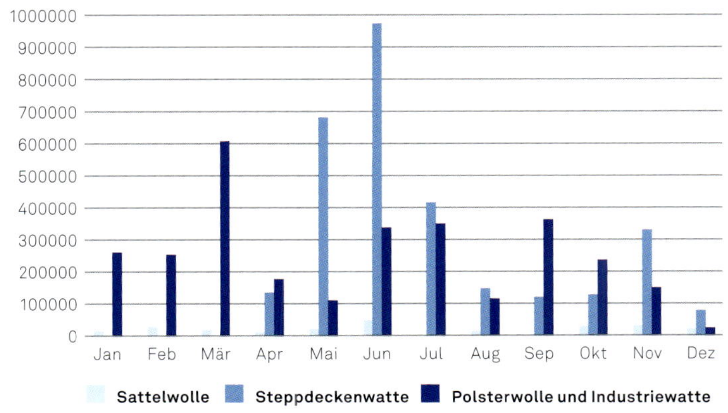

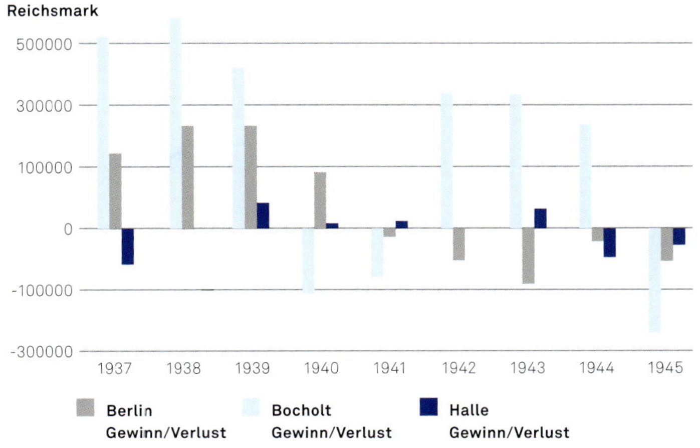

Graphik 21: Lumpenbedarf für die Wehrmacht, 1943.[132]

Graphik 22: Gewinn und Verlust gegliedert nach den Standorten Bocholt, Berlin und Hallle der Johann Borgers KG, 1937 bis 1945.

le Beschaffung lief bald nur noch über das Wehrmachtsbeschaffungsamt (Amt Arlt).[133] Unter den Kunden von Borgers, die noch offene Rechnungen hatten, die nicht mehr bezahlt werden würden, befanden sich auch die Porzellanfabrik Kahla russ. Kombinat, die Schuhfabrik Luckenwalde, die Siemens Elektrowerke Sörnewitz, Güterabfertigung Bocholt, H.C. Tietz, A. Nowack A.G. sowie Wehrmachtslieferungen in Holland und Aufträge des Wehrmachtbeschaffungsamts. Einige der gelisteten Unternehmen waren abmontiert oder nicht mehr auffindbar.[134]

In den verschiedenen textilen Bereichen, in denen Borgers tätig war, machte sich mit Andauer des Krieges die Ressourcenknappheit immer stärker bemerkbar. So wurde 1943 eine Großraumplanung für die Reißereien eingeführt, so dass die Regularien noch schärfer wurden. Die Reichstelle für Textilwirtschaft „Baumwollreißerei" konnte keine weiteren Arbeitskräfte mehr zuteilen,[135] gleichzeitig wurde der Transport von Reißwolle zu weiterverarbeitenden Fabriken auf 500 Kilometer begrenzt.[136] Im gleichen Jahr wurde auch hier in die Preisbildung eingegriffen.[137] Die Fachgruppe Reiß-Spinnstoffe wurde 1943 der Bewirtschaftungsstelle für Matratzen und Steppdecken angegliedert.[138] Innerhalb dreier Monate sollten 255.000 Matratzen für Erwachsene und 250.000 für Kinderbetten hergestellt werden.[139] Nachweislich hat Borgers im Bereich der Polsterwatte Aufträge ausgeführt, die Matratzen für kriegswichtige Zwecke füllen sollten. Allerdings wurde 1943 das Kontingent für Polsterwatte stark gekürzt, so dass die Behörden keine Möglichkeiten sahen, Industriewatte für die Matratzen abzuzweigen.[140]

Weitere Rohstoffe sollten aus Lumpen stammen, die für Füllungen von Steppdecken für Fliegergeschädigte und Kindersteppdecken dienen sollten.[141] 1943 nahm der Mangel an Lumpen immer weiter zu, so dass Einfuhren aus verschiedenen Ländern, z. B. aus der Türkei, angedacht wurden.

Im Laufe des Jahres 1943 kam es also zu einer deutlichen Verlagerung des Bedarfs der Wehrmacht von Polster- und Industriewatte hin zu Steppdeckenwatte. Borgers produzierte nun beide Varianten, wobei die Umsätze entsprechend der insgesamt sinkenden Nachfrage deutlich zurückgingen. Nach Standorten aufgelöst, zeigt sich,

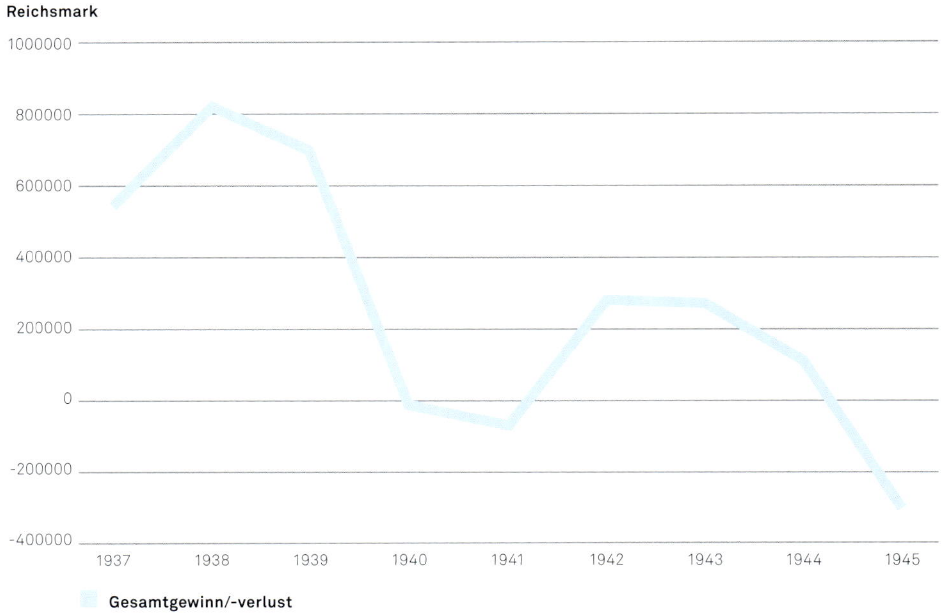

Graphik 23: Gewinn/Verlust der Borgers KG, 1937 bis 1945.

dass der Betrieb in Berlin noch bis 1941 profitabel war, während Bocholt bereits 1940 erstmals in die Verlustzone abglitt und Halle seit 1944 Verluste machte.[142] 1940 stand in Berlin der Betrieb aufgrund von Kohlemangel still und so waren dort auch fast alle Mitarbeiter entlassen worden.[143] Wohl um eine solche Situation erneut zu vermeiden, wurde ein entsprechender Kohlebunker in Berlin errichtet.[144]

Mit Kriegsausbruch 1939 und dem Verlust von Arbeitskräften und sicherlich auch Aufträgen im zivilen Bereich nahmen also Produktion und Gewinn deutlich ab. Vor allem das Werk in Bocholt schlitterte 1940 erstmals in die Verlustzone. Berlin konnte sich aufgrund anderer Produktionsschwerpunkte noch in der Gewinnzone halten. Allerdings nur für knapp ein weiteres Jahr, bis auch in Berlin aufgrund der Umstände die Produktion still stand. Mit Zuteilung neuer Arbeitskräfte in Bocholt und Halle und den damit einhergehenden neuen Aufträgen konnte die Situation dort kurzfristig noch einmal gedreht werden, um dann aber ab 1944 endgültig im Verlustbereich zu verharren. Für das gesamte Unternehmen bedeutete dies zwei Verlustjahre 1940/41 und ein Verlustjahr für alle drei Standorte 1945 (siehe Graphik 22).

Allerdings sagen die Ergebnisse nur bedingt etwas über die tatsächlichen Produktionsverhältnisse aus. Wo möglich, haben wir oben die näheren Umstände erläutert. Interessant ist die Entwicklung, dass die Johann Borgers KG ab 1942 stark in Aktien und Anleihen investierte. Der Wertpapierbestand stieg von knapp über 20.000 Reichsmark 1942 auf 380.000 Reichsmark 1943, 343.701 Reichsmark 1944 und 211.000 Reichsmark 1945.[145] Angesichts des Mangels an Arbeitskräften auch nachvollziehbar, hatte es doch unter diesen Umständen wenig Sinn, in den Ausbau der Fabrikanlagen zu investieren. Vermutlich hätte Borgers auch die dafür benötigten Rohstoffe oder

Werner Borgers' letzter Fronturlaub mit Sohn Franz in Warendorf, der Heimat seiner Frau, Januar 1945.

Werner Borgers als junger Soldat, 1941.

Maschinen nicht zugeteilt bekommen. So investierte Borgers in Aktien und Anleihen. 1945 erlitt Borgers jedoch bereits deutliche Verluste bei Wertpapierverkäufen.[146] Borgers hatte aber nicht nur in Unternehmen investiert, sondern hatte 1942 auch eine Reihe von Hypotheken und Darlehen begeben.[147] Auch das Bankkonto des Unternehmens wies in diesen Jahren immer ein ordentliches Guthaben aus.[148] Allerdings knüpfte es nicht mehr an den Höchststand von 1938 mit 901.000 Reichsmark an.[149] Dass die liquiden Mittel des Unternehmens nicht für Investitionszwecke im eigenen Haus zurückgelegt wurden, zeigt, dass man bei Borgers offensichtlich zeitnah nicht mit einem Wandel der Situation rechnete und daher auch keine Möglichkeiten zur Produktionsausdehnung ohne Neuinvestitionen sah. Inwiefern die Investments Ausdruck von Stützungsmaßnahmen des Regimes waren, ist nicht zu klären. Auffallend ist jedoch, dass bis zu diesem Zeitpunkt kaum in Wertpapiere investiert worden war. Die ausgewählten Wertpapiere wiederum waren alle von überaus kriegsrelevanten Unternehmen.[150]

Der Fliegerangriff am 22. März 1945 beschädigte das Bocholter Werk sehr stark.[151] Das Werk II, die frühere Fabrik Driessen & Becker, wurde völlig zerstört und folglich auf das Kriegsschadenkonto übertragen.[152] An Waren wurden durch den Bombenschaden Werte in Höhe von 208.052 Reichsmark vernichtet. In Berlin wurde das Werk kaum getroffen – trotz der unzähligen Bombenangriffe. Am 19./20. April 1945 erhielt das Werk lediglich einen Granattreffer, der das Büro und eine Werkswohnung beschädigte sowie im Hof einen tiefen Krater hinterließ. Während zwei Lager ausbrannten, besetzte am 20. April die russische Armee das Werk in Weißensee. Zum 31. Dezember 1945 summierten sich die „unsicheren Forderungen an das Reich" der Johann Borgers KG auf 403.637 Reichsmark (Kriegsschäden, Wehrmachtsforderungen, Schatzanweisungen).[153]

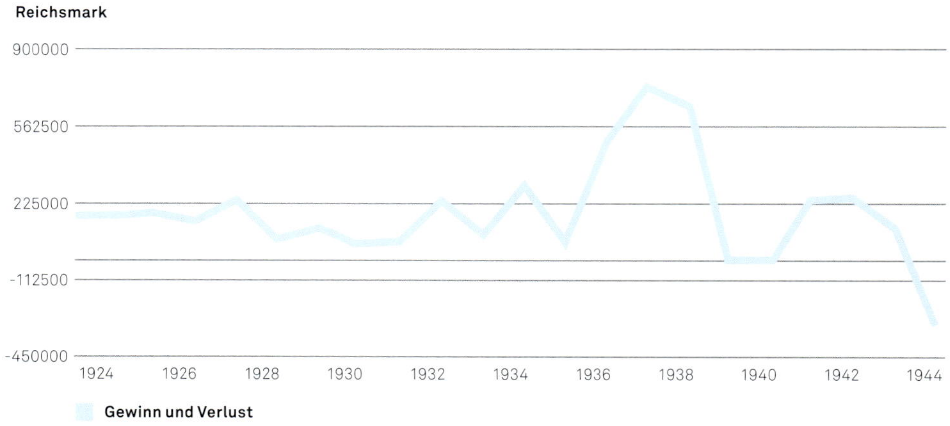

Graphik 24: Gewinn und Verlust, 1924 bis 1944.

Resümee

Wenn wir uns die Entwicklung des Unternehmens Borgers in der Weimarer Republik und der Zeit des Nationalsozialismus noch einmal insgesamt ansehen, wird man feststellen, dass nach dem ersten Aufschwung vor der Weltwirtschaftskrise und dem mit ihr einsetzenden Dämpfer, der Aufwärtstrend dann im „Dritten Reich" nachhaltig fortgesetzt wurde. In der zweiten Hälfte der 1930er Jahre wuchs das Unternehmen, hatte ordentliche Umsätze und war bis zum Kriegsausbruch überaus profitabel. Eine neue Konjunktur erlebte das Unternehmen durch die kriegsbedingten Sonderaufträge ab 1942, die jedoch nicht nachhaltig war.

Insgesamt wird man festhalten müssen, dass die Familie Borgers und auch das Unternehmen Borgers sicherlich nicht in der ideologischen Nähe des Nationalsozialismus zu verorten sind. Der Generationswechsel in der Mitte der 1930er Jahre führte nicht wie bei manch anderem Unternehmen dazu, dass die nachfolgende Generation sich dem NS-System in besonderer Form anbot. Bei Borgers blieben die beiden maßgeblich im „Dritten Reich" aktiven Familienmitglieder – Fritz Borgers sen. und sein Neffe Hermann Borgers – geradezu erstaunlich unpolitisch. Sie gehörten keiner NS-Organisation an. Hermann war zwar im Fachausschuss Industriewatte tätig, aber selbst dort nicht an prominenter Stelle – und dies, obwohl Borgers die größte Wattefabrik Deutschlands und Europas war. Und dennoch war das Unternehmen Borgers in diesen Jahren überaus erfolgreich, es wuchs und verdiente. Auch wenn schlussendlich Kriegsschäden ausgemacht worden waren, in den letzten Kriegsjahren keine Gewinne mehr erwirtschaftet wurden, ist das ökonomische Ergebnis für Borgers insgesamt in der Zeit des Nationalsozialismus positiv. Die Fabrik war modernisiert und erweitert worden und die Geschäfte waren zeitweise hervorragend gelaufen, so dass ausreichend Rücklagen gebildet werden konnten. Die Familie und das Unternehmen hatten aus ökonomischen Gründen den Einsatz von Zwangsarbeitern nicht nur gebilligt, sondern auch gewünscht. Die wirtschaftliche Notwendigkeit ergibt sich klar aus dem Blick auf die Bilanzzahlen. Ohne die zusätzlichen Arbeits-

8000 EINWOHNER
schätzte man am 1. April 1945

DIE WOHNUNGEN
wurden zu 80 % unbenutzbar, davon 50 % total zerstört

VON 12 VOLKSSCHULEN
sanken 10 in Trümmer

IM EINZIGEN KRANKENHAUS
stand kein Bett mehr

VON 10 KIRCHEN
konnten 6 nicht mehr benutzt werden

STRASSEN UND WEGE
waren vor Schutt und Bombenlöchern kaum noch erkennbar

STROM ODER GAS gab es nicht,
WASSER nur an wenigen Handpumpen

INDUSTRIE, HANDEL UND HANDWERK
ruhten und schienen vollkommen vernichtet

BAHN- UND POSTVERKEHR
waren eingestellt.

Bilanz des Bombenangriffs vom 22. März 1945.

Zerstörte Karden im Borgers-Werk Bocholt.

kräfte brachen dem Wattebetrieb Umsatz und Gewinn weg. Es ist aufgrund der so lückenhaften Überlieferung kaum möglich zu entscheiden, wie hoch der Druck auf das Unternehmen seitens der Wehrmacht tatsächlich war, die benötigten Materialien zu liefern und ob sich daher der Einsatz von Zwangsarbeitern als Maßnahme erklären lässt, um die Lieferungen zu ermöglichen. Sicherlich stand der Hersteller von Flugzeugmotoren stärker unter Beobachtung als der Lieferant von Wärmedämmung. Inwiefern sich das Unternehmen mit dem NS-System arrangiert hatte oder aber auf den Druck hin agierte, lässt sich kaum rekonstruieren. Allerdings spricht vieles dafür, dass sich auch Borgers – wie so viele andere Unternehmen – in einer gewissen Position gut eingerichtet hatte: Man war ideologisch auf Distanz geblieben, machte aber Geschäfte mit den Staatsstellen des NS-Systems, um auf diese Weise die Produktionsfähigkeit des Unternehmens zu erhalten. Dabei betraten manche Teile der Familie moralisch grenzwertige Wege, sei es bei der Übernahme jüdischer Betriebe oder beim Einsatz von Zwangsarbeitern. Denn selbst unterstellt, die beiden Übernahmen Stern und Friede wären teils aus Freundschaft zu den jüdischen Inhabern geschehen, so hat man doch den antijüdischen Maßnahmen des NS-Staates damit Vorschub geleistet. Die historischen Zeugnisse deuten jedoch auch eine erkannte wirtschaftliche Chance bei den Übernahmen an. Dass die Übernahmen jedoch nicht aus anti-jüdischen Überzeugungen geschahen, lässt sich unter anderem auch aus den sehr schnell erzielten Vergleichen nach Kriegsende ableiten, die die Familie Borgers und das Unternehmen mit den Familien Friede und Stern erzielten.

VI. Zerstörung und Wiederaufbau. Borgers in der Nachkriegszeit (1945 bis 1949/50)

22. März, 14,10 Uhr

1945

Westfälische Industriestadt Bocholt in Flammen

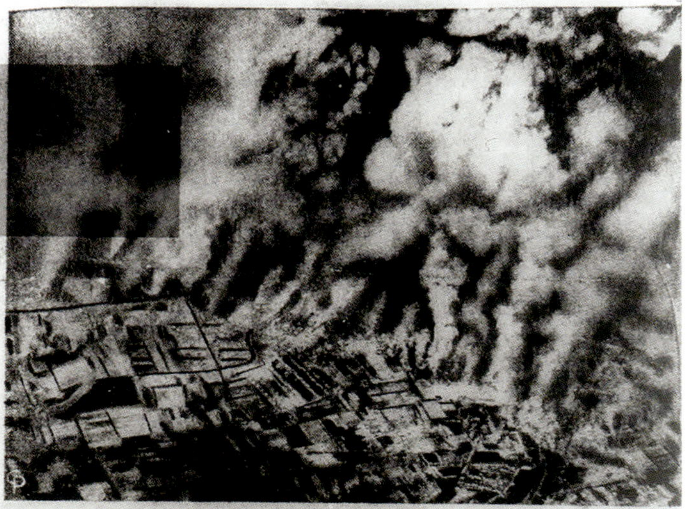

(Central Pre

Sieben Tage vor seiner Eroberung wurde Bocholt von der RAF bombardiert, um zu verhüten, d die deutschen Truppen, die die Streitkräfte General Montgomerys bekämpften, über diese Stadt V stärkungen erhielten

Aus der deutschsprachigen Wochenzeitung „Gemany-American" in ihrer Ausgabe vom 11.4.45

22. März 1945 – „Die ganze Stadt brannte." Bocholt und die Borgers-Werke in Trümmern

Was zahlreiche Bocholter seit Wochen befürchteten, wurde im Frühjahr 1945 bittere Wahrheit. Der Vormarsch der alliierten Truppenverbände und die konzentrierten britischen Luftangriffe trafen die Stadt mit außergewöhnlicher Wucht. In den ersten Kriegsjahren blieben Bocholt groß angelegte Fliegerangriffe, die sich zu Beginn auf die großen Industriebezirke konzentrierten, erspart. Mit der drohenden militärischen Niederlage des nationalsozialistischen Deutschlands änderte sich die Situation für Bocholt dramatisch. Im März 1945 zerstörten die Alliierten die verbliebenen linksrheinischen Brückenköpfe der deutschen Wehrmacht. Um den weiteren Vorstoß in das Landesinnere des Deutschen Reichs vorzubereiten, richteten britische Flieger ihre Angriffe vermehrt auf das Westmünsterland und legten Städte wie Borken, Coesfeld, Gronau oder Vreden größtenteils in Schutt und Asche. Seit Anfang März gehörten Luftwarnungen und der Anflug von Tieffliegern auch in Bocholt immer häufiger zum Alltag der Bevölkerung. Die schlimmste Offensive, der große Schlag, stand der Stadt allerdings noch bevor.[1]

Am 22. März 1945 rückte Bocholt endgültig ins Visier der Alliierten. Mit dem Auftrag, feindliche Truppen und ihren Nachschub zu zerstören, hoben rund 100 Flieger ab, die der Stadt Tod und Zerstörung brachten. Inmitten der Luftangriffe rangen auch Angehörige der Familie Borgers um ihr Leben.

Aufnahme eines englischen Bombers: das nach Fliegerangriffen in Flammen stehende/brennende Bocholt am 22. März 1945.

Zerstörte Karden unter freiem Himmel. Am 22. März 1945 wurde das Borgers-Stammwerk großenteils durch den großen Bombenangriff auf Bocholt zerstört.

Ausgerechnet an ihrem 16. Geburtstag erlebte Elisabeth Borgers, Tochter von Fritz Borgers sen., die zermürbenden Bombenangriffe und ihre katastrophalen Folgen am eigenen Leib:

„Es war wunderschönes Wetter an diesem Vorfrühlingstag [...]. Der Morgen verlief ziemlich ruhig. Mittags gegen ein Uhr griffen uns plötzlich die Tiefflieger ganz furchtbar an. So laut und schaurig war das Heulen der Flugzeuge beim Herunterkommen noch nie. Man meinte, sie nähmen das Dach des eigenen Hauses mit. Dazwischen [...] Bordwaffenbeschuss und einige leichte Bomben. Das währte wohl eine Viertelstunde und wir dachten erleichtert, wir hätten unser Quantum für heute hinter uns.“[2]

Die Hoffnung auf eine Atempause währte allerdings nur kurz. Stattdessen verbrachte Elisabeth den frühen Nachmittag schon bald in Todesangst: „Wir waren vielleicht eine halbe Stunde oben, als ein Flugzeug so unverschämt brummte, dass Margarete [eine Schwester Elisabeths, J.L.] und ich zugleich aufsprangen und in den Keller stürzten. Auf der Treppe hörten wir schon ein Fenster klirren. [...] Zwanzig Minuten lang mussten wir nun einen entsetzlichen Angriff über uns ergehen lassen. Das knallte und tobte und [...] raste. Von den riesengroßen Luftdrücken waren unsere Ohren wie verstopft. Ich höre jetzt noch immer das Rauschen der Bomben und dann die ohrenbetäubenden Aufschläge. Wie furchtbar es war, kann nur der fühlen, der selbst so einen Angriff mitgemacht hat!! Ganz von selbst kamen uns Gebete über die Lippen.“[3]

Gerade noch dem Tod entronnen, folgte der Furcht um das eigene Leben der nächste kalte Schauder. Die Stadt Bocholt lag samt der eigenen Betriebe in Schutt und Asche. Verzweiflung und Chaos bestimmten das Bild. „Als es draußen einigermaßen ruhig war“, so die weiteren Notizen von Elisabeth Borgers, „gingen wir vor die Kellertür, und wir kamen in ein Meer von Qualm und Rauch.

Franz Borgers vor dem Haus Südwall 14 am 12. September 1948.

Zerstörte Borgers-Maschinen nach dem Luftangriff vom 22. März 1945 (Werk II).

Vater schnupperte sofort und sagte: ‚Das riecht nach unserer Fabrik'. Die Sonne stand als feuriger Ball am Himmel. [...] Aus Richtung Stadt und Richtung unserer Fabrik kamen riesige Brandwolken. [...] Auf der Straße kam ein Strom von Menschen aus der Stadt. Die ganze Stadt brannte; die Leute weinten, sie hatten nichts, als das, was sie auf dem Leibe hatten. Manche schluchzten laut, sie wussten liebe Angehörige unter den Trümmern. Dieses Bild zeigte so das ganze Elend des Krieges. Es ergriff mich tief."[4]

Die Eindrücke von Elisabeth Borgers täuschten nicht. Die Folgen der Luftangriffe waren für die Stadt Bocholt verheerend. Rund 80 Prozent aller Gebäude lagen in Trümmern. Nicht viel besser war es um die beiden Bocholter Werke der Johann Borgers KG bestellt. Das Werk II fiel den Flammen ganz zum Opfer. Im Werk I, wo das Lager für Rohmaterialien und Fertigwaren bereits völlig ausgebrannt war, bemühte sich Hermann Borgers zunächst gemeinsam mit zwei Betriebsangehörigen, die Brandschäden in Grenzen zu halten und zumindest in den Fabrikationsräumen das Feuer zu löschen. Der wagemutige Einsatz wurde allerdings nicht belohnt. Einen Tag später zerstörte ein weiterer Luftangriff auch das Werk I komplett. Die privaten Wohnsitze der Familie Borgers am Südwall 12 und 14 blieben ebenfalls nicht verschont. So brannte das Haus von Franz Borgers am 22. März 1945 bis auf den Keller nieder. Im Südwall 14 gingen, von den Schäden am Wohngebäude abgesehen, älteres Mobiliar von erheblichem Wert, Gemälde, Kupferstiche, ein Flügel und zahlreiche Dekorationen verloren.[5]

Da ein geordneter Alltag in Bocholt längst ausgeschlossen und weitere zermürbende Luftangriffe alles andere als unwahrscheinlich waren, verließen in den nächsten Tagen mehrere Familienangehörige die Stadt. Hermann Borgers brach am 24. März in den frühen Morgenstunden u. a.

mit seinen drei Töchtern zur Betriebsstätte nach Halle auf, die von Kriegsschäden verschont geblieben war. Ungünstiger entwickelte sich im Übrigen die Situation des Berliner Werks. Während der Kämpfe mit den einmarschierenden sowjetischen Truppen am 19. und 20. April 1945 wurden Büroräume und das Dach des Hauptgebäudes in Mitleidenschaft gezogen, zwei Lagerschuppen durch Feuer vernichtet. Das Werk wurde nun zunächst von einem sowjetischen Militärkommando besetzt.

Die Luftangriffe in Bocholt trafen nicht nur Hab und Gut der Familie Borgers, sondern die gesamte Textilindustrie der Stadt schwer. Traditionelle Spinnereifirmen wie Ludwig Schwartz, Gebrüder Drießen und Franz Beckmann & Cie. wurden weitgehend zerstört. Von insgesamt rund 240.000 Spindeln in der Stadt blieben im Frühjahr 1945 nur noch rund 100.000 übrig. Erhebliche Verluste vermeldeten auch die 42 Webereien in Bocholt und der näheren Umgebung. Die Zahl der rund 8.000 Webstühle ging bis zum Kriegsende auf etwa 3.000 zurück. Färbereien, Bekleidungsfirmen und Textildruckereien hatten gleichfalls mit erheblichen Kriegsschäden zu kämpfen.[6]

Wie von den Alliierten geplant, folgte den Bombern angriffen wenig später die Besetzung Bocholts. Britische Truppenverbände schlugen die letzten Verteidigungsreihen auf deutscher Seite nieder und rückten am 30. März 1945, am Karfreitag, über die Nordallee in die Stadt ein. Auf der Suche nach Unterkünften wurde das britische Militär schon bald auch in den Borgers-Werken fündig. Die neuen Machthaber beschlagnahmten für mehrere Wochen unversehrte Aufenthaltsräume mit rund 15 bis 20 Duschen.

Wiederaufbau der Betriebe unter alliierter Besatzung

Die Voraussetzungen für eine rasche Erholung der städtischen Wirtschaft waren nach der Kapitulation des NS-Staats denkbar schlecht. Neben den Unternehmen hatten die Angriffe der Alliierten auch die gesamte Infrastruktur der Stadt empfindlich getroffen. Der Bocholter Bahnhof nahm erst am 26. April 1945 wieder seinen Betrieb auf. Die Versorgung mit Strom und Wasser sowie das Telefonnetz lagen bis zum Mai und Juni brach. Brennstoffvorräte gab es ebenfalls viel zu wenig. Es mangelte überdies an Baumaterialien, um den zahlreichen Bocholtern, die vor den Luftangriffen in das Umland geflohen waren und nun in die Stadt zurückkehrten, neue Wohnung zur Verfügung zu stellen.

In den beiden Borgers-Werken ging es zunächst darum, Trümmer und Schutt zu beseitigen, Gebäude und Maschinen halbwegs wieder instand zu setzen. Dabei griff das Unternehmen offenkundig teils auf schon bekannte Handwerker, teils auf die Hilfe fremder Firmen zurück. Daneben war es dringend nötig, ein vorläufiges Firmenbüro einzurichten. Die Wahl fiel auf das ehemalige, nur teilweise zerstörte Pförtnerhaus am Barloer Weg, unweit der Verladehalle.

Der Wiederaufbau der Betriebsanlagen erwies sich vom ersten Tag an als ein ausgesprochen zähes Geschäft. Da Baustoffe, Holz, Eisen, Zement etc. nicht wie gewohnt zu kaufen waren, blühte der Tauschhandel. Am regen Geschäft Ware gegen Ware beteiligte sich namentlich auch Hermann Borgers, der vorerst in Halle verblieben war und von den britischen Behörden bereits im Juli 1945 die Erlaubnis erhalten hatte, Spinnstoffe und Rohpappe zu produzieren sowie Lumpen zu sortieren. Hermann

Fritz Borgers sen., um 1950.

Wiederaufbau eines Borgers-Fabrikgebäudes, 1946/47.

Borgers tauschte die Erzeugnisse wiederholt gegen Baumaterialien, die er an die Werke am Stammsitz der Firma lieferte. In Bocholt ruhte der Wiederaufbau der Betriebsstätten seit Anfang August 1945 nun auch auf den Schultern von Werner Borgers, der aus dem Krieg heimgekehrt war. Nach seinem Austritt als Kommanditist 1946 trat er als persönlich haftender Gesellschafter wieder in das Unternehmen ein und trug fortan – wie bereits sein Vater Franz – die Verantwortung für die technische Leitung.

Am Ende hatte sich der monatelange beschwerliche Einsatz aller Beteiligten gelohnt. Am 3. April 1946 erteilte die britische Militärregierung der Johann Borgers KG die ersehnte Produktionserlaubnis. Die Behörden gestatteten dem Unternehmen, pro Monat 100.000 Kilogramm Industriewatte, 25.000 Kilogramm Jutefilz und 20.000 Kilogramm Verbandwatte herzustellen. Gleichzeitig wurde dem Unternehmen der notwendige Strom zugeteilt. In den ersten vier Wochen war Borgers allerdings gezwungen, bei benachbarten Textilfirmen zu produzieren, da die Maschinen im eigenen Werk noch nicht endgültig funktionstüchtig waren. Ab Anfang Mai 1946 änderte sich jedoch das Bild: Zunächst gingen zwei alte Reißmaschinen in Betrieb. Bis zum September kamen zwei Krempel mit Haspeln und ein Camelback-System hinzu. Im noch kleinen Maschinenpark wurde anfangs Polsterwatte für die Textilindustrie hergestellt. Im Herbst 1947 richtete Borgers eine Abteilung für Steppdecken ein. Darüber

hinaus lieferte der Betrieb schon bald Watten und Polster an die Automobilindustrie.

Während sich Werner Borgers als Ingenieur insbesondere mit der technischen Seite der Produktion befasste, lag die Verkaufsorganisation vor allem in den Händen von Fritz Borgers. Die Leitung des Bocholter Betriebs hatte im Sommer 1946 der langjährige Mitarbeiter August Diekhues übernommen, der als Werksleiter seinem Bruder Wilhelm nachgefolgt war.

Langsam ging das Unternehmen zwischen 1947 und 1949 nun auch dazu über, seine beiden Werke zu erweitern. Die Schlossereien wurden vergrößert, im Werk II eine größere Halle wiederaufgebaut. 1949 beteiligte sich die Johann Borgers KG an der Gründung der Herbert Olbrich KG. Ein Schritt, der sich im Nachhinein als ein wichtiger Markstein in der Unternehmensgeschichte erweisen sollte.

Der Entwicklungsingenieur Herbert Olbrich fand nach dem Kriegsende über Umwege zu Borgers, um zunächst durch den Krieg beeinträchtigte Maschinen zu reparieren. Sein Drang zur Selbständigkeit fand bei Werner Borgers Gehör, der ihm bei seiner Geschäftsidee zur Seite sprang. Die Herbert Olbrich KG wurde im Werk II untergebracht, beschäftigte zunächst lediglich sieben Mitarbeiter und hatte zu Beginn den Charakter einer Reparaturwerkstatt. Aus bescheidenen Anfängen heraus entwickelte sich Olbrich zu einem Unternehmen für den Bau von Spezialmaschinen (um 1950 z. B. für die Tapetenindustrie).

Bis zur Gründung der Bundesrepublik hatte die Johann Borgers KG stabiles Fahr-

Betriebsleiter August Dieckhues in den 1950er Jahren. Im Sommer 1946 übernahm er von seinem Bruder Wilhelm die Leitung des Bocholter Betriebs.

Die Dreherei und alle anderen Bereiche der 1949 gegründeten Maschinenbaufirma Herbert Olbrich waren bis 1952 im Borgers-Stammwerk eingerichtet.

Das Borgers-Werk in Bocholt, um 1950.

Blick auf Werk I mit der Verladehalle für die Eisenbahnwaggons, um 1950.

Die 1949 gegründete Firma Herbert Olbrich montierte und reparierte Reißmaschinen für Johann Borgers, um 1950.

wasser erreicht. Die Zahl der Arbeiter hatte sich zwischen Februar 1947 und dem Jahresende 1949 von 104 auf 365, die Zahl der Angestellten von acht auf 20 erhöht. Wies die Bilanz für Bocholt zwischen 1946 und 1948 noch (abnehmende) Verluste aus (1946: 76.310 RM, 1947: 36.468 RM, 1948: 22.925 RM), durfte sich das Unternehmen 1949 über einen spürbar höheren Umsatz, der im Vergleich zum Vorjahr von 2,3 Mio. D-Mark auf 5,8 Mio. D-Mark zulegte, und einen erkennbaren Gewinn von 408.502 D-Mark freuen.[7]

Entnazifiziert

Hermann, Werner und Fritz Borgers sen. mussten sich nicht nur als Unternehmer, die ihre Betriebe in Bocholt mühselig wiederaufbauten, regelmäßig mit den Anweisungen der Besatzungsmächte auseinandersetzen. Wie zehntausende andere Deutsche wurden sie von den zuständigen Behörden in der Nachkriegszeit aufgefordert, Rechenschaft über ihre politische Vergangenheit abzulegen. Schon vor den schweren Luftangriffen auf die Stadt Bocholt hatten sich die Alliierten auf ihren Konferenzen in Teheran (28. November bis 1. Dezember 1943) und Jalta (4. bis 11. Februar 1945) darauf verständigt, den Nationalsozialismus in Deutschland vollständig zu vernichten. Die NSDAP und ihre Organisationen sollten zerschlagen, die Behörden des NS-Staats aufgelöst, seine Gesetze aberkannt, Kriegsverbrecher und „Nazis“ verhaftet und bestraft werden. Auf der Potsdamer Konferenz vom 17. Juli bis zum 2. August 1945 wurde das Deutsche

Reich von den Siegermächten in vier Besatzungszonen aufgeteilt und die Entnazifizierung, die politische Säuberung Deutschlands vom Nationalsozialismus, als eines der wichtigsten Besatzungsziele nochmals festgeschrieben.

Die Geschwindigkeit und die konkreten politischen Ziele der Entnazifizierung unterschieden sich in der Praxis zwischen den vier Besatzungszonen allerdings erheblich. In Westdeutschland bemühten sich die US-amerikanischen Behörden mit gehörigem politischen Eifer, in ihrer Besatzungszone die gesamte Bevölkerung zu erfassen und belastete Personen zu identifizieren. Deutlich weniger systematisch und weniger strikt gingen dagegen die französischen Behörden vor, die nicht selten ehemalige hohe Verwaltungsbeamte des NS-Staats ungeschoren ließen, wenn diese bereit waren, sich ganz der französischen Besatzungspolitik zu verschreiben. Im Vergleich zur amerikanischen Besatzungszone schlugen auch die britischen Stellen nach der Potsdamer Konferenz bei ihrer Säuberungspolitik ein eher verhaltenes Tempo an.[8]

Nach dem Eindruck von Fritz Borgers sen. spielte die Entnazifizierung im politischen Leben Bocholts auch im Dezember 1945 noch keine nennenswerte Rolle. Darüber hinaus stand er einer politischen Überprüfung betont gelassen gegenüber, da weder er noch seine Familienangehörigen die nationalsozialistische Ideologie geteilt hätten und auch niemand Mitglied in der NSDAP gewesen sei: „Wir hören hier und dort, dass ein solches Verfahren […] allgemein im Schwunge ist. Hier haben wir bis jetzt noch weniger davon gemerkt. Uns persönlich sind diese Vorgänge auch vollständig gleichgültig, da wir von ihnen nicht betroffen werden. Von unserer ganzen Familie hat niemand jemals den zweifelhaften Vorzug genossen, P[artei].G[enosse]. zu sein.“[9]

Im Übrigen empfahl er, die Entnazifizierung sachlich und im Zweifelsfall ohne übertriebene moralische Zeigefinger anzugehen. Eine zu strenge Auslegung der Verordnungen und eine flächendeckende Entlassung von Amtsträgern würden Wirtschaft und Verwaltung unweigerlich verunsichern: „Jedenfalls dürfte aber, wenn alle Parteigenossen ohne Rücksicht darauf, ob sie wirklich etwas für ihre Anschauung getan haben, oder ob nicht, aus ihren Ämtern entfernt werden, zunächst eine ziemliche Verwirrung in der Wirtschaft eintreten, so dass sie am besten zunächst bei ihrer bisherigen Tätigkeit verbleiben.“[10]

Mit seiner Haltung stand er in Unternehmerkreisen nicht allein. Günter Henle, seit 1937 geschäftsführender Gesellschafter des Duisburger Stahlhandelsunternehmens Klöckner & Co. hielt es im September 1945 für selbstverständlich, überzeugte Nationalsozialisten in Wirtschaft, Politik und Verwaltung zu entlassen. Allerdings sei es ein Gebot der wirtschaftlichen Vernunft, bei der Entnazifizierung nicht zu weit zu gehen. Zahlreiche Unternehmer und Angestellte seien bereits erheblich verunsichert, da sie nicht wüssten, ob sie in ihrer Position verbleiben dürften. Ohne geeignetes Fachpersonal sei der Wiederaufbau der Wirtschaft aber nicht möglich. Würden zu viele Führungskräfte entlassen, die etwa der NSDAP lediglich auf dem Papier angehört hatten, drohe der Niedergang des gesamten Wirtschaftslebens.[11] Die Befürchtungen von Fritz Borgers, Günter Henle und anderen Unternehmern waren keineswegs aus der Luft gegriffen. In der britischen Besatzungszone verlief die politische Säuberung zunächst schematisch. Wer z. B. vor dem 1. April 1933 der NSDAP angehört oder ein Parteiamt bekleidet hatte, wurde anstandslos von seinen beruflichen Aufgaben entbunden. Die Folge: Die britische Strategie mündete in Massenentlassungen, die das öffentliche Leben beträchtlich störten und immer häufiger zu Protesten in der Bevölkerung führten.

Als Fritz, Werner und Hermann Borgers im Frühjahr 1948 in Bocholt den zuständigen Ausschüssen Rede und Antwort standen, zeichnete sich deutlich ab, dass die Entnazifizierung ein eher gescheitertes Experiment werden würde. Die britischen Besatzungsbehörden korrigierten mehrfach ihre Verordnungen zur personellen Säuberung, ohne dass die Verfahren einfacher, übersichtlicher und gerechter wurden. Ferner hielt die Militärregierung mittlerweile eine funktionstüchtige Wirtschaft und Verwaltung für wichtiger als die politisch konsequente Bestrafung von ehemaligen „aktiven" Nationalsozialisten. Beschäftigte in Branchen wie dem Steinkohlenbergbau oder auch der Landwirtschaft blieben vor einer Prüfung im Großen und Ganzen verschont. Die Unsitte der „Persilscheine", jene eidesstattlichen Erklärungen von Zeugen, die belasteten Personen freimütig und häufig entgegen besseren Wissens einen politisch einwandfreien Lebenslauf bestätigten, brachte die Entnazifizierung zusätzlich in Verruf. Im April und Mai 1948 beantworteten die drei Brüder den schon von Zeitgenossen eher verspotteten Fragebogen. Mit Hilfe von 133 Fragen zu Partei- und Vereinsmitgliedschaften, Wahlverhalten, Ausbildung, beruflichen Tätigkeiten, Auslandsreisen, Einkommen, Vermögen etc. wollten die Militärregierung und die von ihnen eingesetzten deutschen Spruchkammern einer möglichweise „braunen" Vergangenheit der Befragten auf die Spur kommen. Seit dem Frühjahr 1947 wurden die überprüften Personen in der britischen Besatzungszone in eine der fünf Kategorien „Hauptschuldige (Kriegsverbrecher)", „Belastete", „Minderbelastete", „Mitläufer" und „Entlastete" eingeordnet. Die abschließenden Urteile fielen so aus, wie von Fritz Borgers sen. schon im Dezember 1945 vorhergesagt. Er wurde gemeinsam mit Werner und Hermann, der bereits im Frühjahr 1946 in Halle von den Entnazifizierungsbehörden entlastet worden war, in die fünfte Kategorie eingestuft.

Soziales Engagement aus christlicher Nächstenliebe

Die Stadt Bocholt setzte nach den katastrophalen Zerstörungen in den letzten Kriegstagen alles daran, die soziale Not zu lindern und die Bevölkerung mit neuen Wohnungen zu versorgen. Trotz aller Bemühungen, trotz aller Fortschritte, lebten insbesondere arme Familien auch drei Jahre nach dem Zweiten Weltkrieg teilweise unverändert in menschenunwürdigen Verhältnissen. Das war auch Werner Borgers nicht entgangen, der sich Ende Oktober 1948 mit einer Schar von Mitbürgern in seinem Haus traf, um sie davon zu überzeugen, den „Ärmsten der Armen" beizustehen. Seine Idee: Aus christlicher Nächstenliebe, ohne Rücksicht auf die Konfessionszugehörigkeit und frei von Parteiinteressen sollte eine Wohnsiedlung für Kriegswitwen, Kinder, Vertriebene oder Gebrechliche errichtet werden.

Werner Borgers musste nicht lange für seinen Vorschlag werben. Bereits am 8. November 1948 wurde das „Siedlungswerk Sonnenschein e. V" mit anfangs 13 Mitgliedern gegründet. Nachdem Fürst Nikolaus Prinz zu Salm-Salm dem Verein Sonnen-

schein am 12. Januar 1949 ein vier Morgen großes Grundstück in Biemenhorst, nahe der alten Bocholter Stadtgrenze, gestiftet hatte, fanden sich am 4. April 1949 die Vereinsmitglieder zum ersten Spatenstich ein. Ein Großteil von ihnen brachte sich tatkräftig und auf eigene Kosten in das Projekt ein: Das Baumaterial beschaffte das Unternehmen von Wilhelm Blumentrath, die Bauarbeiten lagen in der Verantwortung der Firma Jakob Lung, die Installationen führten die Betriebe von Hubert Babel und Walter Unland aus, die Holzarbeiten lagen in der Hand der Firma Bernhard Harks, anstehende Transporte wickelte die Spedition Bernhard Klein-Wiele ab. Zwölf Monate später meldete der Verein Vollzug. Im November 1949 zogen vier kinderreiche Flüchtlingsfamilien in die ersten beiden Doppelhäuser mit einer Größe von 40 bzw. 46 Quadratmeter ein. Die insgesamt sechs Doppelhäuser der Sonnenscheinstraße 1a bis 11 nahmen bis 1954 zwölf bedürftige Familien auf, die u. a. auch von Werner Borgers als Vorstandsmitglied des Vereins ausgewählt worden waren.[12]

Das Unternehmen Borgers nahm sich auch allein der bedrückenden Wohnungssituation in Bocholt an. Am 8. Dezember 1950 wurde die Johann Borgers-Wohnungsbau GmbH gegründet, die in den frühen 1950er Jahren Immobilien erwarb, wieder aufbaute bzw. auf den Grundstücken neue Wohnungen errichtete. Das Grundstück Markgrafenstraße ging am 9. Februar 1951, die Trümmer der Schwartzstraße 17 am 29. Oktober 1951 und das stark zerstörte Anwesen Kaiser-Wilhelm-Straße 18 am 30. Januar 1952 in den Besitz der Gesellschaft über (1959 wurde die Wohnungsbau GmbH auf die Johann Borgers KG übertragen).[13]

In der Nachkriegszeit von Borgers bis um 1960 gebaute Werkswohnungen in der Markgrafenstraße, frühe 1960er Jahre.

Gründungsväter des „Siedlungswerks Sonnenschein e. V.“, v. l.: Paul Niessing, Johann Ketteler, Kaplan Wilhelm Barthel, Werner Borgers, Dr. Max Paul Herding, Wilhelm Blumentrath, Oskar Schwartz, Gottfried Hehemann, Jakob Lung und Dr. Hans Liffers.

VII. Borgers in den Jahren des „Wirtschaftswunders“ (1950 bis 1965/66)

Wege aus der „Trümmergesellschaft"

Seit den ausgehenden 1940er Jahren waren die Stadt Bocholt und ihre Unternehmen auf dem besten Weg, die verheerenden Folgen des Zweiten Weltkriegs hinter sich zu lassen. Das Kommunalparlament legte im Städtebau die nötigen Fundamente, um der Bevölkerung wieder ein halbwegs geordnetes privates und öffentliches Leben zu ermöglichen. Nachdem Trümmer und Schutt beseitigt worden waren, beschleunigte sich der Wiederaufbau Bocholts seit 1948 deutlich. Straßen und Brücken, die Schulen am Ostwall und der Kurfürstenstraße, Verwaltungsgebäude und private Wohnungen wurden instand gesetzt. Der Startschuss für ein neues Siedlungsprojekt im Stadtviertel Heuting-Esch unterstrich 1949 ebenfalls die Absicht der Stadtverordneten, die akute Wohnungsnot rasch zu überwinden. Im nächsten Jahr wurde der Grundstein für den Bau der Berufsschule gelegt, die St. Georgskirche für den Besuch von Gottesdiensten freigegeben und die ersten beiden Geschosse des historischen Rathauses wiederhergestellt. Weitere rund zwölf Monate später hatte die Verwaltung in einem neuen Stadthaus ihre Arbeit aufgenommen und die Staatsanwaltschaft Münster in Bocholt eine Zweigstelle errichtet. Nahezu zeitgleich ging ein neuer Gasbehälter der Stadtwerke in Betrieb. Überdies wurde mit dem Wiederaufbau der Liebfrauenkirche begonnen und das Evangelische Gemeindehaus eingeweiht. Eine alles in allem gute Auftragslage der Bocholter Industriebetriebe schürte die Hoffnungen in der Bevölkerung, dass die Existenznöte und die dürftigen Lebensbedingungen der Nachkriegszeit alsbald der Vergangenheit angehören würden.[1]
In den nächsten Jahren schritt in ganz Westdeutschland der Wiederaufbau der „Trümmergesellschaft"[2] zügig voran. Darüber hinaus erwiesen sich das politische System und die gesellschaftliche Ordnung der noch jungen Bundesrepublik als bemerkenswert stabil. Die hohe Akzeptanz der Bonner Demokratie, die Modernisierung von Wirtschaft und Gesellschaft sowie die Träume „vom kleinen Wohlstand",[3] die immer häufiger das alltägliche Leben mitbestimmten, lassen sich im Wesentlichen auf die spektakuläre wirtschaftliche Entwicklung seit den frühen 1950er Jahren zurückführen. Das beeindruckende Wirtschaftswachstum kam zahlreichen Westdeutschen einem Wunder gleich und sollte auch den Weg der Borgers AG bis in die 1960er Jahre hinein begünstigen.

Die Gründe für den raschen wirtschaftlichen Aufstieg der Bundesrepublik waren vielfältig. Die US-amerikanischen Hilfen (Kredite, Rohstoffe etc.) zum Wiederaufbau der europäischen Wirtschaft kamen seit 1948 auch der Bundesrepublik zugute. Neben diesem sogenannten „Marshall-Plan", der die Bundesrepublik auch politisch eng in das westliche Bündnissystem integrierte, trugen der Übergang zur sozialen Marktwirtschaft, die Rückkehr der

Bonner Republik auf die Weltmärkte und eine stattliche Reserve gut ausgebildeter Arbeitskräfte, zu der auch Flüchtlinge und Vertriebene gehörten, ebenfalls dazu bei, die wirtschaftlichen Kräfte zu entfesseln. Der steile wirtschaftliche Aufschwung wurde auch durch die weltpolitische Großwetterlage ermöglicht. Der Krieg zwischen Nord- und Südkorea (1950 bis 1953) entwickelte sich schnell von einem regionalen zu einem internationalen Konflikt, der vor allem auch in Deutschland Ängste vor einem Dritten Weltkrieg schürte. Truppen der Vereinten Nationen standen an der Seite Südkoreas; China und die Sowjetunion unterstützten die nördlich gelegene Demokratische Volksrepublik Korea. Die Koreakrise erhöhte spürbar die Nachfrage u. a. nach Gütern für die Rüstungsindustrie, die nun auch von westdeutschen Unternehmen befriedigt wurde, nachdem sich die ehemaligen Kriegsgegner im Westen entschlossen hatten, noch bestehende Produktionsgrenzen für Eisen- und Stahlprodukte aufzuheben.

Fortan ging es der Bundesrepublik über rund 15 Jahre gesamtwirtschaftlich glänzend. Das reale Sozialprodukt pro Kopf wuchs zwischen 1950 und 1965 im Durchschnitt um 5,6 Prozent (Frankreich 3,7 Prozent, Großbritannien 2,3 Prozent, USA zwei Prozent). Die Arbeitsproduktivität pro Stunde stieg, die Unternehmen investierten wie nie zuvor. Das Wirtschaftswunder sorgte für eine verschwindend geringe Arbeitslosigkeit und einen kontinuierlichen Anstieg der Löhne und Gehälter. Zwischen 1960 und 1970 verdoppelte sich das durchschnittliche Nettoeinkommen der Arbeitnehmer auf 890 D-Mark im Monat. Zu den großen Gewinnern des Aufschwungs gehörten insbesondere der Maschinenbau, die Chemieindustrie, das Baugewerbe und – was für Borgers entscheidend werden sollte – der Fahrzeug- und Automobilbau.[4]

Rohstofflager Alttextilien, um 1950.

Fertiglager mit Watteballen, 1950er Jahre.

Borgers-Verladehalle mit Straßenroller, Anfang der 1950er Jahre. Der Straßenroller brachte Rohstoffe (Alttextilien, Rohbaumwolle) und nahm Watteballen mit.

Das Be- und Entladen des Waggons in der Verladehalle musste schnell erfolgen (noch ohne Stapler), frühe 1950er Jahre.

In der Hochkonjunktur der 1950er Jahre blühte auch die Textilindustrie in nahezu allen Produktionszweigen für rund acht Jahre auf. Die gesamte Branche profitierte von einer „Bekleidungswelle", vom „Nachholbedarf einer ausgepowerten Bevölkerung",[5] die ihr Geld nun gerne für Ober- und Arbeitshemden, Tageswäsche etc. ausgab, sowie von zahlreichen fachlich qualifizierten Arbeitskräften, die zu geringen Löhnen zu haben waren. Allerdings blieb das Wachstum der Textilindustrie hinter dem dynamischen Aufschwung anderer Industriezweige zurück. Gegenüber der Investitionsgüterindustrie, die zwischen 1950 und 1954 einen jährlichen Zuwachs von 16,1 Prozent im Durchschnitt erreichte, fiel das Wachstum fast schon bescheiden aus. Im gleichen Zeitraum kam die Textilbranche auf einen Zuwachs von 6,2 Prozent pro Jahr. Nachdem die Zahl der Beschäftigten in der Textilindustrie 1957 mit rund 650.000 einen Rekord erzielt hatte, zeichnete sich langsam eine Trendwende ab. Nur ein Jahr später hatten immer mehr Textilunternehmen mit Auftragseinbrüchen zu kämpfen. Einer der Gründe für den Konjunktureinbruch lag in der wachsenden Konkurrenz ausländischer Textilien, die den westdeutschen Markt zwar nicht buchstäblich überschwemmten, gleichwohl aber erheblich unter Druck setzten. Aus Japan wurden Baumwoll- und Zellwollrohgewebe, aus Hongkong Oberhemden und Strickhandschuhe, aus Italien günstige Streichgarntuche und aus Frankreich Kammgarne nach Westdeutschland eingeführt. Seit der Textilkrise 1957/58 nahm sowohl die Zahl der Beschäftigten als auch der Unternehmen Schritt für Schritt ab. Die Textilbranche wurde nun über die Jahre „eines der Aschenputtel in der von außerordentlichem Wachstum und Vollbeschäftigung geprägten bundesdeutschen Wirtschaft".[6] Was für die gesamte Branche gewiss zutraf, musste allerdings nicht zwingend für Borgers gelten.[7]

Borgers im Fahrwasser der „automobilen Gesellschaft“

Die Bocholter Textilindustrie, die stattliche Mengen an Kohle für ihre Produktion benötigte, hatte 1950/51 – wie bereits nach dem Ersten Weltkrieg – noch mit spürbaren Engpässen bei der Versorgung mit Brennstoffen zu kämpfen, die allerdings bald der Vergangenheit angehörten. Für Borgers begann nun eine rund 15jährige Periode nahezu kontinuierlichen Wachstums.

Nachdem Fritz Borgers sen., der den Wiederaufbau der Firma in der Nachkriegszeit noch maßgeblich mitgestaltet hatte, am 6. Juli 1954 im Alter von 70 Jahren verstorben war, lag die Verantwortung für die Expansion des Unternehmens nun allein auf den Schultern der dritten Generation.

Nennenswerte Auseinandersetzungen über die zukünftige personelle Struktur der Geschäftsleitung gab es offenkundig nicht. Das Unternehmen setzte auf Kontinuität: Dass Borgers auch weiterhin von drei Familienstämmen – nunmehr von drei Vettern – geführt werden sollte, stand augenscheinlich nicht in Frage. Fritz jun., bis dato rechte Hand seines Vaters Fritz Borgers sen. in der Geschäftsführung, wurde persönlich haftender Gesellschafter und stellte seine Arbeitskraft fortan in den Dienst des Verkaufs und seiner Organisation. Werner Borgers gehörte nach seiner Rückkehr aus dem Krieg bereits seit 1946 der Geschäftsführung an und betreute als Ingenieur in erster Linie die Entwicklung neuer Produkte. Für die allgemeine technische Verwaltung war Hermann Borgers verantwortlich, der 1951 mit seiner Familie von dem Betrieb in Halle nach Bocholt zurückgekehrt war.

Auch wenn bei der Nachfolgeregelung ein großer Zwist ausblieb, zeichnete sich schnell ab, dass die „Vetternwirtschaft“ von Anfang an genügend Zündstoff in sich barg. Heftig wurde etwa über die Höhe der Firmenmittel gestritten, die Hermann Borgers für den Bau seines neuen privaten

Mitten im Borgers-Werk I: Der Weg zum Innenhof mit Kohlehalde zum Betrieb der Dampfmaschinen, die erst Ende der 1950er Jahre abmontiert wurde.

Ein Ausnahmezustand be Borgers: Streik, 1957.

In guter Stimmung: Werner Borgers beim Tanz während des Betriebsfests 1952.

Wohnsitzes herangezogen hatte. Tatsächlich hielt Hermann „ein besonderes Entgegenkommen" der Firma offenbar für „absolut angemessen", da er „das Pech gehabt hätte", sein Anwesen zu verlieren.[8] Die Argumente waren für seine Vettern wenig überzeugend. Werner Borgers habe schließlich „dasselbe Pech gehabt".[9] Überdies habe das Schicksal Hermann begünstigt und ihm auch während der Kriegszeit eine auskömmliche Lebensführung ermöglicht. Fritz und Werner hielten Hermann vor, er habe „das Glück gehabt, nicht einen Tag Soldat spielen zu müssen." Er habe „seit 1936 ein schönes Gehalt und Tantiemen bezogen", während sie selbst „nicht einmal Gehaltsteile bekommen hätten".[10] Andere Konflikte kamen hinzu (wie z. B. die Frage nach den Rechten der Familienstämme gemäß des Gesellschaftervertrags), die wenig zum Familienfrieden beitrugen. Hermann Borgers machte in der Firmenspitze eine „tiefe Vertrauenskrise" aus. Es sei „von der Geschäftsleitung weder jetzt noch in schwierigeren Zeiten uneigennützige Tatkraft, Unternehmerfreude und Zusammenarbeit [zu] erwarten." Stattdessen stehe das „verbitterte Tauziehen" im Vordergrund.[11] Er könne sich sogar gut vorstellen, dass seine Partner in der Geschäftsführung, „ähnlich wie kürzlich in einem netten italienischen Film in der Kirche darum beten: ‚Lass ihn krepieren'".[12]

Allen zwischenmenschlichen Misstönen zum Trotz blühte das Unternehmen in den nächsten rund 15 Jahren auf. Als unschätzbarer Vorteil erwies sich, dass Borgers zum Kreis der bereits bekannten und eingebundenen Automobilzulieferer zählte; war der rasante, wundersame wirtschaftliche Aufstieg der Bundesrepublik doch vor allem auch ein „automobiles Wirtschaftswunder".[13] Zwischen 1950 und 1960 schoss die Zahl der Pkw in der Bundesrepublik von rund 0,5 Mio. auf etwa vier Mio. nach oben. Mopeds und Motorroller, in der frühen Bundesrepublik zunächst die wichtigsten Vorboten der

Werner (stehend) und Hermann Borgers (4. v. r.) bei der Eröffnung der Gesellschaft Eintracht im Juli 1954.

Massenmotorisierung, mussten sich die Straße immer häufiger mit dem beliebten Automobil teilen. Der Trend wurde 1957 zur Gewissheit: Erstmals ließen die zuständigen Stellen in den Ordnungsämtern mehr Pkw als Krafträder zu. In den nächsten zwölf Jahren nahm die Bundesrepublik endgültig die „Schwelle zur automobilen Gesellschaft“.[14] Bis 1970 trugen ca. 13,9 Mio. Autos ein westdeutsches Kennzeichen. Hatten anfangs lediglich gut verdienende Haushalte den nötigen finanziellen Spielraum, um ein Automobil zu erwerben und zu unterhalten, gehörten dank gestiegener Realeinkommen nun auch Arbeiter und Angestellte zu den Pkw-Besitzern. Im Übrigen war das Automobil schon längst nicht mehr allein „Männersache“. 1971 bestanden zum ersten Mal mehr Frauen als Männer die Führerscheinprüfung.[15]

Der Kauf eines Pkw war für einige Familien zunächst aus beruflichen Gründen notwendig. Immerhin gehörte 1961 schon etwa ein Drittel der Arbeitnehmer zu den Berufspendlern, die nun mit dem eigenen Automobil ihren Weg zwischen Wohn- und Arbeitsplatz zurücklegten. Der Pkw erwies sich auch aus anderen Gründen als ausgesprochen alltagstauglich. Urlaubsreisen oder Ausflüge am Wochenende ließen sich etwa bequem und individuell wie niemals zuvor organisieren und gestalten. Schließlich ist nicht zu vergessen: Der eigene Pkw war stets auch ein Symbol – Symbol für den beruflichen Erfolg, den eigenen materiellen Wohlstand, aber auch für das in Westdeutschland weitverbreitete Gefühl „Wir sind wieder wer“.

Es zeichnete sich früh ab, dass der Auto-Boom Borgers in die Hände spielen würde. Nahezu sämtliche namhafte Pkw-Hersteller waren schon zu Beginn der 1950er Jahre dringend auf die Produkte „made in Bocholt“ angewiesen, um die Fertigung aufrechtzuerhalten und die steigende Nachfrage im In- und Ausland zu befriedigen. Die Ford-Werke AG in Köln, das Volkswagen-

Strangwatten- oder Pfeifenwattenanlage bei Borgers zur Profilierungseinlage von Autositzpolstern, 1950er Jahre.

werk in Wolfsburg, die Carl F.W. Borgward GmbH in Bremen und die Adam Opel AG in Rüsselsheim benötigten termingerecht Wattekissen, Jutefilze, Rollen- und Polsterwatte. Ohne pünktliche und fachlich einwandfreie Lieferungen von Wattepads, geleimter Watte, Wattepfeifen usw. aus dem Hause Borgers seien, so die Daimler-Benz AG im November 1951, letztlich auch zahlreiche Arbeitsplätze ernsthaft in Gefahr. Weitere Geschäftsbeziehungen unterhielt Borgers im Winter 1951 ebenfalls zur Auto-Union GmbH (Ingolstadt), der Goliath-Werke GmbH und den Lloyd-Motoren-Werken (beide mit Sitz in Bremen), der Klöckner-Humboldt-Deutz AG (Köln) und Karl Kässbohrer (Ulm).[16]

Aus guten Gründen waren sowohl die Automobilhersteller als auch Zulieferbetriebe wie Borgers an einer fairen, auf Dauer angelegten Partnerschaft interessiert. So war etwa die Einkaufspolitik von Daimler-Benz in den 1950er Jahren auf „Lieferantentreue" ausgerichtet. Zulieferer zu wechseln, zog stets einen beträchtlichen Aufwand nach sich. Die „Erziehung eines neuen Lieferanten" verursachte aus der Perspektive von Daimler-Benz enorme Kosten, da die Zusammenarbeit mit einem neuen Partner „ja praktisch [wieder] ab 0 anfangen" musste.[17] Für die Zulieferer zahlt sich gewissenhafte Qualitätsarbeit und eine loyale Kooperation ebenfalls aus. Es war gewiss kein Nachteil, zum Kreis der Stammlieferanten eines renommierten Pkw-Herstellers zu gehören, der mit seinen Partnern z. B. auch bei Qualitätsmängeln der Zulieferteile gemeinsam nach Lösungen suchte und das Vertragsverhältnis selbst bei Reklamationen etc. nicht leichtfertig kündigte.[18]

Der Aufschwung bei Borgers war überdies das Ergebnis einer innovativen Produktpolitik, die keineswegs nur den Geschäften mit der Automobilindustrie zugutekam. Neben Pkw- und Kfz-Herstellern zählten Produzenten von Matratzen und Polstermöbeln, Bekleidungsfirmen und verschiedene Kleinabnehmer zum Kunden-

Borgers-Watteformpolster, Prospekt um 1960.

Reißerei bei Borgers im 146 Quadratmeter großen Raum 6 des Werks I in den 1950er Jahren.

kreis. Dabei belieferte Borgers sowohl in- und ausländische Abnehmer in den Niederlanden, in Schweden, Dänemark, Finnland und Italien (welche Anteile die einzelnen Geschäftszweige Automobil etc. zum Gesamtumsatz beitrugen, lässt sich für die 1950er Jahre nicht genauer beziffern).

Neue Produkte, die rasch Marktreife erreichten, beruhten häufig auf bewährten Watteerzeugnissen, die mit anderen Materialien kombiniert sowie auf eine neue Art zugeschnitten, genäht, genadelt oder geleimt wurden. Die Produktpolitik blieb lange Zeit darauf ausgerichtet, Produktionstechniken zu verfeinern und Märkte besser zu erschließen. Mit der wachsenden Bedeutung von chemischen Hilfsstoffen für die Produktentwicklung bei Borgers gewannen auch Forschung und Entwicklung im strengen Sinn unternehmensintern an Gewicht. Um eigene Forschungsarbeiten durchzuführen, wurde 1954 ein kleines Technikum eingerichtet, das in den nächsten Jahren zügig ausgebaut und technisch „aufgerüstet" wurde. Darüber hinaus nahm bei Borgers 1960 ein Laboratorium mit zunächst einem Chemiker (Dieter Eisele) den Betrieb auf, das u. a. mit PVC-Pasten experimentierte. Die Forschungsarbeit lebte ferner von der engen Kooperation mit dem Maschinenbaubetrieb Herbert Olbrich, der etwa Beschichtungsanlagen zur Verfügung stellte und bei der Entwicklung neuer Produkte beratend zur Seite stand.[19]

Obwohl längst nicht alle Forschungsarbeiten in die Entwicklung neuer Produkte mündeten, konnten sich die Ergebnisse seit den späten 1940er Jahren sehen lassen. Bereits im Dezember 1949 hatte ein neues Verfahren zur Produktion von Einlagestoffen die Patentreife erreicht. Nun war es möglich, Faserfüllmaterial, das sich als Futterpolster eignete, mit Auf- und Unterlagen einheitlich zu verklemmen. Zunächst von Bekleidungsfirmen nachgefragt, hatte später auch die Polsterindustrie

den neuen Artikel („Waletta") auf ihrer Rechnung. Erfolgreich wurden Versuche abgeschlossen, Naturfasern mit PVC zu beschichten. 1954 wurde erstmals PVC beschichteter Jutefilz bei Kofferraummatten eingesetzt. Zwei Jahre später brachte das Unternehmen dann eine aus Baumwollfasern geleimte Watte („Marena") auf den Markt.

Für die Entwicklung neuer Produkte waren mitunter auch Reisen ins Ausland, namentlich zu Geschäftspartnern in den Vereinigten Staaten, von erheblicher Bedeutung. Ebenfalls eine Tradition im Hause Borgers, die bis in die Weimarer Tage zurückreichte. Das Volkswagenwerk wies 1957 Borgers auf eine Innovation in den USA hin, die möglicherweise auch für den westeuropäischen Automobilmarkt interessant sein könnte: Hochfrequenzverschweißbare Watte, die vor allem eingesetzt wurde, um Sitze, Türen und Seitenverkleidungen auszustatten. Werner Borgers trat daraufhin im Oktober 1957 die Reise in die Vereinigten Staaten an und überzeugte sich vor Ort von den Vorzügen des neuen Materials. Borgers schloss mit der Firma Fiber-Bond-Corporation in Chicago einen Lizenzvertrag ab und nahm den neuen Artikel, der ab 1960 unter dem Markennamen „ibotex" geführt wurde, mit bemerkenswertem Erfolg in sein Programm auf.

Das vielleicht wichtigste Produkt, das Borgers während der Wirtschaftswunderjahre neu auf den westdeutschen und -europäischen Märkten einführte, lernte Werner Borgers ebenfalls zunächst in den USA kennen. Bei seinem Aufenthalt im März und April 1960 besuchte er in Kansas City die Gustin-Bacon Manufacturing Company, die einen neuartigen Polsterdämmstoff herstellte: Baumwollfaservliese wurden mit Kunstharz gebunden. Werner Borgers war von der Qualität des Produkts schnell überzeugt, stellte seinen eigenen Kunden den Artikel vor und reiste

Werner Borgers (2. v.l.) auf einer Schifffahrt in die USA, März 1960.

Borgers fertigte Triflex ab Anfang 1963 vor allem in Dingden.

Die Produktion von Autoformteilen begann bei Borgers 1965/66.

schließlich im September 1961 erneut in die USA, um mit dem Unternehmen in Kansas einen Lizenzvertrag über zehn Jahre abzuschließen. Unter dem Namen „Triflex" bot Borgers im August 1963 die mit Phenolharz verfestigten Faservliese an, die isolierten, dämmten und polsterten.

Die Produktion von Triflex erforderte allerdings den Bau einer neuen Fabrikationsstätte, für die Bocholt kaum in Frage kam. Da der Einsatz der notwendigen Chemikalien zu unangenehmen Gerüchen führte, war es von vornherein unwahrscheinlich, dass die Behörden einen Neubau in der Nähe von Wohnquartieren genehmigen würden. Außerdem zeigte sich die Bevölkerung gegenüber Umweltbelastungen, die Industriebetriebe verursachten, zunehmend sensibel. Borgers hatte sich bereits mehrmals mit Beschwerden aus der Bevölkerung auseinandersetzen müssen, die auf zu hohe Staubbelastungen oder einen zu niedrigen Grundwasserspiegel verwiesen. Für die neue Produktionsstätte wurde im benachbarten Dingden ein geeignetes Grundstück gefunden, wo das Werk 1962/63 errichtet wurde. Die Investitionen in die Produktion von Triflex sollten sich für Borgers allemal lohnen. Der neue Artikel entwickelte sich zu einem wahren Verkaufsschlager. Pkw-Hersteller wollten in den nächsten Jahren auf das vielfältig verwendbare Produkt ebenso wenig verzichten wie die Produzenten von Polster- und Gartenmöbeln, Polsterabdeckungen, Stühlen, Matratzen, Verpackungen, Unterteppichen oder auch Rohr- und Hausisolierungen.

Weitere Innovationen kamen in der ersten Hälfte der 1960er Jahre hinzu. Seit 1966 hatte Borgers einen textilen Bodenbelag mit einer Lauffläche aus synthetischen

Triflex-Formteil „Isolierung Kappe Boden".

Borgers-Produktion von Ibotex-Motiv-Bodenbelag, um 1965.

Fasern im Programm („Ibotex-motiv"), der kaum abrieb und durch seine Strapazierfähigkeit überzeugte. Ein weiterer, mit PVC beschichteter Bodenbelag („Ibofelt") gefiel vor allem als pflegeleichtes Produkt. Raumgestalter wussten beide Artikel sehr zu schätzen, die Kundenwünsche nach farblich modischen Bodenbelägen entgegenkamen und sich gleichermaßen für die Innenausstattung von Wohnungen, Verwaltungsgebäuden und Industriebauten eigneten.[20]

Kurzum: Wie das Wachstum der gesamten westdeutschen Wirtschaft war auch der Aufschwung bei Borgers schlechthin „faszinierend".[21] Zum Gesamtergebnis trug im Übrigen auch die Niederlassung in Halle ihren Teil bei. Hier stand zunächst die Frage, ob das Werk überhaupt im Besitz der Familie Borgers verbleibt, auf der Tagesordnung. Die Nachkommen des ehemals jüdischen Eigentümers machten Ansprüche auf Rückerstattung geltend, über die im Herbst 1950 die Wiedergutmachungskammer beim Landgericht Bielefeld entscheiden sollte. Beide Parteien einigten sich jedoch vorab auf einen Vergleich: Borgers zahlte an die Erben von Phillipp Stern insgesamt 85.000 D-Mark nach (für den Grundbesitz 40.000 D-Mark, für den Warenbestand 26.000 D-Mark sowie für den Maschinenpark und sonstige Einrichtungen 19.000 D-Mark).[22] Zu den Kunden der Reißerei und des Sortierbetriebs gehörten in den nächsten Jahren in- und zahlreiche ausländische Abnehmer, wie etwa Tuch-, Papier- und Wattefabriken oder Produzenten von Rohpappe. Überhaupt wurde die Ausfuhr für das Werk in Halle immer wichtiger. Wiesen die Geschäftsbücher 1957 noch einen Exportwert der Waren von rund 483.000 D-Mark aus, erhöhte sich der Betrag bis zum Jahr 1964 auf 1,34 Mio. Für den Betrieb in Halle waren die Nieder-

Fertigung von geleimter Watte:
Leimauftragsvorrichtung (Bildmitte),
daneben eine Walzenkarde.

lande und Italien die wichtigsten Exportländer. Auf den weiteren Plätzen folgten Geschäftspartner in Österreich, England, Frankreich und der Schweiz.[23]

Mitte der 1960er Jahre sprachen die wirtschaftlichen Kennzahlen der westdeutschen Betriebsstätten für sich: Die Werke in Bocholt und Halle erhöhten zwischen 1950 und 1965 ihrem Gesamtumsatz von 9,6 auf 37,9 Mio. D-Mark und ihren Gewinn von 1,86 auf 4,2 Mio. D-Mark. Zu einem wichtigen Merkmal der Gesamtentwicklung wurde ferner der zunehmende Veredelungsgrad der Produkte. Während die Gesamterzeugung in Bocholt von 1957 (12,1 Tonnen) bis 1964 (11,4 Tonnen) sogar leicht zurückging, stieg der Umsatz im gleichen Zeitraum von 19,4 auf 33,8 Mio. D-Mark. Der Boom schlug sich schließlich auch in einer kontinuierlich steigenden Zunahme der Beschäftigten nieder. Die Zahl der Arbeiter, die im Bocholter Stammwerk in Lohn und Brot standen, nahm in 15 Jahren von 483 (1950) auf 598 (1965) zu. Gleichzeitig erhöhte sich die Anzahl der Angestellten von 39 auf 77. Die bemerkenswerte Marktposition der „Wattefritzen“ spiegelt noch eine andere Kennziffer aus den Statistiken trefflich wieder. Im Jahr 1966, nach 100 Jahren Johann Borgers, erwirtschaftete die Firmengruppe rund die Hälfte des Gesamtumsatzes der westdeutschen Industriewatteproduktion.[24]

Steiler Aufschwung im Westen, Tristesse im Osten: Deutlich weniger erfreulich verlief für Borgers die Entwicklung der Betriebsstätte in Ost-Berlin, die Schritt für Schritt in das Räderwerk der sozialistischen Umwälzung in der DDR geriet. Die sowjetischen Besatzungsbehörden erteilten dem Werk bereits im Sommer 1945 die Produktionserlaubnis. Als sich die Versorgung mit Strom und Kohle stabilisiert hatte, liefen die Geschäfte durchaus zufriedenstellend. Der Berliner Betrieb lieferte ungeleimte und geleimte Watte an alte und neue Kunden, wie z. B. Konfektionsbetriebe der Staatlichen Handelsorganisation oder die sowjetische Besatzungsmacht selbst, die größere Posten für ihre Kleiderfabriken abnahm. Am 20. September 1950 kündigte sich die Zeitenwende an. Auf Anordnung des Ost-Berliner Magistrats wurde das Werk beschlagnahmt, die Betriebsleitung einer Treuhänderin ohne einschlägige Fachkenntnisse übergeben, wenig später das bewährte Personal entlassen. Schließlich verlor Borgers bis auf weiteres sämtliche Eigentumsrechte an seinem Werk in Berlin-Weißensee. Der „Treuhandbetrieb Johann Borgers KG“ wurde ab 1953 als „Volkseigener Betrieb“ (VEB) weitergeführt.[25]

VIII. Familienstreit, überforderte Fremdmanager, Wirtschaftskrisen. Existenzkampf eines Familienunternehmens (1966/67 bis 1978/79)

100-Jahr-Feier der Firma Borgers, 10./11. Juni 1966.

Zeitenwende. Wirtschaftsflaute, neue Unternehmensverfassung, neues Management

Nachdem fast alle Wirtschaftszweige in der Bundesrepublik über mehr als ein Jahrzehnt ein außergewöhnliches Wachstum erlebt hatten, drehte sich langsam der Wind. Das wirtschaftliche Umfeld, in dem sich Borgers bewähren musste, wurde kurz nach dem 100jährigen Firmenjubiläum rauer.

Seit dem Herbst 1966 erlebte die Bundesrepublik ihre erste Wirtschaftskrise, die wie ein Schock auf die vom Wirtschaftswunder verwöhnte westdeutsche Gesellschaft wirkte. Die ökonomischen Sonderbedingungen der Nachkriegszeit hatten ihre stimulierenden Wirkungen eingebüßt. Das Potential an Arbeitskräften war ausgeschöpft. 1967 befanden sich Wirtschaft und Gesellschaft fast schon in einem Alarmzustand. Ausbleibendes Wirtschaftswachstum (minus 0,1 Prozent), eine Arbeitslosenquote von 2,1 Prozent, die 1965 noch 0,7 Prozent betrug, eine Inflationsrate von 3,5 Prozent, und die schrumpfende Industrieproduktion (der Gesamtumsatz verminderte sich um 7,4 Prozent) signalisierten erstmals die Grenzen wirtschaftlichen Wachstums in der Bundesrepublik. Die Wirtschaftskrise traf insbesondere das Bauwesen, die Textilindustrie und die Automobilproduzenten. In der Textilindustrie ging die Gesamtproduktion im Vergleich zu 1966 um 6,7 Prozent zurück. Die westdeutschen Automobilhersteller mussten erstmals seit dem Kriegsende rückläufige Produktionsziffern

Werner Borgers sen. (rechts) begrüßt Jubilar mit Ehefrau, 1966.

Das Familienunternehmen feiert: Hermann und Werner Borgers am „100-Jahr-Feier-Tisch“ (v. l., nur die Teilnehmer an der Wand sitzend): Werner Borgers und seine Frau Maria, Hermann und seine Frau Alice, geb. Ziemer, Hilde Borgers, geb. Staedeler (Witwe von Fritz Borgers), Franziska Borgers, geb. Husmann (Witwe von Willy Borgers), ihre Tochter Ilka Baum, geb. Borgers, Cornelia Borgers. Bettina Borgers (vorne Mitte).

vermelden. Die Zahl der hergestellten Pkw und Nutzfahrzeuge sank von rund 3,1 Mio. (1966) auf etwa 2,5 Mio. (1967).[1]

Die schlechte wirtschaftliche Großwetterlage wirkte sich bald auch auf die Geschäfte von Borgers aus. Der Gesamtumsatz im Geschäftsjahr 1967 ging gegenüber dem Vorjahr um 9,6 Prozent auf 33,4 Mio. D-Mark zurück. Die bereits 1966 bescheidenen Erträge sanken nochmals. Der Jahresgewinn fiel von 351.000 D-Mark (1966) auf 116.000 D-Mark (1967). Auf schlechte Ergebnisse kamen insbesondere der Bocholter Betrieb und die Borgers-Beteiligung Herbert Olbrich. Von der schwachen Gesamtkonjunktur abgesehen, machten dem Unternehmen branchenspezifische Entwicklungen zu schaffen: verschärfter Konkurrenzkampf unter den Watteproduzenten, wachsende Konkurrenz von Unternehmen anderer Industriezweige, die ähnliche Produkte herstellten (Schaumstoffe etc.), Preisverfall. Borgers musste die Zahl der Beschäftigten 1967 von 765 auf 707 reduzieren und vorübergehend Kurzarbeit einführen. Die Krise beantwortete Borgers auch mit der beschleunigten Suche nach neuen Produkten. Auf eine gute Nachfrage stieß beispielsweise ein neuer Teppichunterboden, der unter dem Markennamen „Ibotret“ eingeführt wurde.[2]

Die rückläufigen wirtschaftlichen Kennzahlen waren für Borgers am Ende des großen Nachkriegsbooms nicht das einzige Problem. Dass die Zusammenarbeit zwischen den Familienzweigen häufig genug nicht harmonisch verlief, dass in der Unternehmensführung drei unterschiedliche Charaktere aufeinandertrafen und über die grundsätzlichen unternehmenspolitischen Ziele gestritten wurde, hatten selbst die erfolgreichen Jahre im Wirtschaftswunder gezeigt. Es sprach einiges dafür, dass die Zusammenarbeit zwischen

den drei Vettern schwierig bleiben würde. Werner Borgers, der sich stets als oberste Führungskraft im Bereich Technik verstand, sah sich durch Fritz und Hermann quasi entmachtet und kalt gestellt (in einer ähnlichen, familiär isolierten Situation hatte sich auch sein Vater Franz um 1930 gesehen). Beide drückten 1966 bei den Gesellschaftern gegen seinen Willen einen neuen Organisationsplan durch, der ihm die Zuständigkeit für die Sparte Technik praktisch entzog. Aus der Sicht von Werner Borgers setzten sich damit die Spannungen zu Hermann weiter fort: „In den vergangenen [...] Jahren hatte ich den Betrieb nach völliger Zerstörung mit aufgebaut, vor allem aber neue Artikel entwickelt und diese bei der Kundschaft eingeführt. Bei allen technischen Entwicklungen habe ich nachweislich bei meinem Vetter Hermann keine Unterstützung gefunden. Meine technischen Vorschläge wurden [...] abgelehnt oder nur mit halbem Herzen angenommen." Hermann Borgers habe danach „seine Techniker eingesetzt, die zwar nicht qualifiziert, ihm aber willfährig waren".[3]

Mit der Zeit verhärteten sich auch die Fronten zwischen Fritz und Hermann Borgers. Hermann neige dazu, wie Fritz Borgers im März 1969 ausführte, seine Schwächen nicht zu erkennen und seine Fähigkeiten und Charaktereigenschaften zu überschätzen. Er ließ nur „Ja-Sager" in seinem Umfeld zu, „die dann zu allem und jedem befragt werden müssen". Da ihm selbst die Entscheidungsfreudigkeit fehle, würden die „intimen Berater" in seiner Nähe „zu fast jeder Frage in langen Vorbesprechungen gehört". Die Folge nach Meinung von Fritz Borgers: Wichtige Entscheidungen verzögerten sich, „interessante und fortschrittliche Ideen" blieben auf der Strecke.[4]

Das schwierige Verhältnis zwischen Hermann, Fritz und Werner Borgers bot also schon reichlich Zündstoff. Damit aber nicht genug. Der Familienstreit erhielt nochmals eine neue Qualität und die Bühne einen neuen Mitspieler, als Hermann Borgers dazu überging, recht eigenwillige Gedanken über die zukünftige Rolle der nachwachsenden Generation im Unternehmen anzustellen. Die Frage nach einer geeigneten Nachfolgeregelung war zugleich immer auch eine Frage nach der Machtverteilung zwischen den Familienstämmen. Hier sah sich Hermann Borgers in keiner guten Position – ihm fehlte in der Familie ein männlicher Nachfahre. In der Furcht, mit seiner Familie auf Dauer an Macht und Einfluss bei Borgers zu verlieren, hieß die Konsequenz für ihn nun: Dann sorge ich dafür, dass in Zukunft auch kein Nachkomme der beiden anderen Stämme die Unternehmensgruppe leitet. Es gab

Keine Freunde fürs Leben: Die drei Borgers-Vettern (v. l.) Werner, Hermann und Fritz jun., um 1965.

Das nach einer wechselvollen Geschichte Mitte der 1990er Jahre zurück erworbene Werk in Persan (nördlich von Paris). Die Gebäude (in der Mitte das hohe Kesselhaus) stammten weitgehend noch aus dem Ende des 19. Jahrhundert und hatten lange leer gestanden. Damals weidete im Fabrikhof ein Esel, so die Fama.

für ihn kein „Juniorproblem“, da ein Junior auf keinen Fall in die Firma käme.

Mit seinen Vorstellungen ritt er in erster Linie eine Attacke gegen die Familie von Werner Borgers. So erklärte er den einzigen männlichen Nachkommen der drei Vettern, der ernsthaft für eine spätere Führungsposition in Frage kam, unverhohlen zum Intimfeind: Franz, Sohn von Werner Borgers. Da Werner Borgers den Fehdehandschuh schnell aufnahm und in den nächsten Jahren nach Kräften darum bemüht war, seine eigene Familie und den Stamm Fritz Borgers gegen Hermann in Stellung zu bringen, wurden beide „Freunde fürs Leben“, sprich: Widersacher.

Franz Borgers begleitete den Streit zwischen den Stämmen als Meinungsmacher und Souffleur zunächst hinter den Kulissen. Der gebürtige Bocholter verließ im Frühjahr 1960 in seiner Heimatstadt das Gymnasium und absolvierte zwischen 1960 und 1963 in Düsseldorf bei der Commerzbank AG eine Lehre zum Bankkaufmann. Anschließend besuchte er für knapp ein Jahr eine Dolmetscherschule in Neuchâtel/Schweiz, die er mit einem Französisch-Diplom verließ. Seine ersten beruflichen Schritte führten ihn 1964/65 nach Lyon zu einer Verkaufsgesellschaft der BASF in Frankreich (IMACO), bevor er schließlich im September 1965 in die Borgers-Tochter La Ouate Industrielle (L.O.I.) in Persan/Beaumont, nordwestlich von Paris, eintrat. Die holländischen Gesellschafter hatten mit dem Betrieb nach dem Krieg gehörige Gewinne erzielt, indem sie auf notwendige Investitionen in Gebäude und in moderne Maschinen verzichteten. Nachdem L.O.I. während der Kriegsjahre teilweise zerstört worden war, erfolgte unter der Leitung von Gérard Friedland mit einem knappen Mitteleinsatz der Wiederaufbau. Gegen eine Zahlung von etwa einer Mio. D-Mark an die holländischen „Treuhänder“ kaufte Borgers 1959 schließlich die Tehan-Aktien zurück. In den frühen 1960er Jahren stellte das Werk insbesondere Füllwatten her, die an Kunden der Bettwaren- und Polstermöbelindustrie sowie an Produzenten von Ober- und Sportbekleidung geliefert wurden. Ein kleiner Teil des Umsatzes entfiel auf Geschäfte mit der französischen Automobilindustrie. Bis zum April 1966 machte sich Franz Borgers in Persan mit dem Maschinenpark, dem Produktionsprogramm, den Arbeitsabläufen und der Kundschaft vertraut. Zwischen April und Dezember 1966 sammelte er weitere berufliche Erfahrungen im Zentrallabor von Troy Mills Inc. in New Hampshire/USA, einer in der Produktion ähnlich gelagerten Textilfirma. Hier war er daran beteiligt, Spezialnadelfilze zu entwickeln, Produkte zu testen etc. Stippvisiten bei weiteren einschlägigen Firmen wie Allen Industries (Detroit) und Gustin Bacon (Kansas City) rundeten seinen „Schnupperkurs“ in den Vereinigten Staaten ab. Anschließend kehrte er nach Frankreich zurück und nahm ab Januar 1966 bei L.O.I. die Position des Direktionsassistenten ein.[5]

Vor dem Hintergrund eines wirtschaftlichen Umfelds, das immer weniger verlässlich war, anhaltender Familienfehden und einer gedrückten Stimmung in der Belegschaft wurden bei Borgers Zweifel laut, ob das eigentümliche System der „Drei-Stämme-Herrschaft“ überhaupt noch zeitgemäß sei. Darauf wies mit Nachdruck auch die Düsseldorfer Treuhand-Gesellschaft Altenburg & Tewes AG 1966 hin, die als auswärtiger Berater die Planungen für eine Reform der Unternehmensverfassung begleitete. Das bisher so ausgeprägte Stammesdenken sei nicht

Am 60. Geburtstag von Hermann Borgers nahm auch der neue Direktor für den technischen Bereich – Walter Brandt – teil, 16. August 1969.

Hermann Borgers mit Betriebsräten (l.) und Manager Harald Goertz (r.) an seinem 60. Geburtstag, 16. August 1969.

mehr zweckmäßig und gefährde auf Dauer die Existenz der Firma.[6] Um „fit für die Zukunft" zu bleiben, um in einer wirtschaftlich „schnelllebigen Zeit" mit „Hektik auf allen Gebieten"[7] und wachsenden Konkurrenzkämpfen zu bestehen, beschlossen die Gesellschafter zum einen, das Kommanditkapital wesentlich zu erhöhen und der Gesellschaft 1967/68 die Rechtsform einer GmbH & Co. KG zu geben. Zum anderen stellte Borgers seine Firmenleitung neu auf. Die organisatorischen und personellen Reformen an der Unternehmensspitze verfolgten ausdrücklich die Absicht, „eine bessere Form der Leitung der Firma zu erzielen" und „Reibungspunkte zwischen den bisherigen Geschäftsführern in der Zukunft möglichst zu vermeiden".[8]

Die persönlich haftenden und geschäftsführenden Gesellschafter Hermann, Werner und Fritz Borgers legten ihre Ämter in der „alten" KG nieder und wurden zu Mitinhabern der „neuen" KG. Gleichzeitig trat die im November 1967 gegründete Borgers GmbH als persönlich haftende und geschäftsführende Gesellschafterin in die „neue" KG ein. Zu Geschäftsführern der GmbH wurden Fritz und Werner Borgers bestellt. Einigkeit bestand bei allen Gesellschaftern darüber, „die Suche nach und Einstellung von leitenden Herren"[9] zu beschleunigen, um die Firmenleitung fachlich zu verstärken. Die drei Unternehmensbereiche Technik, Verwaltung und Vertrieb sollten fortan von drei Direktoren geführt werden. Am 1. April 1968 wurde Walter Brandt zum Direktor für den technischen Bereich ernannt. Rund ein Jahr später, zum 1. Mai 1969, war mit Hermann Gross auch ein neuer Vertriebsdirektor gefunden.

Das Trio komplettierte Harald Goertz, der den Verwaltungsbereich und zusätzlich das gesamte Personalwesen und den

Einkauf leitete. Die drei Direktoren bildeten von nun an gemeinsam mit den GmbH-Geschäftsführern Fritz und Werner Borgers die Geschäftsleitung der Johann Borgers KG.[10] Die Berufung der drei Direktoren hatte freilich von Beginn an ihre Tücken. Hermann Gross fehlten einschlägige Fachkenntnisse in der Textilbranche. Walter Brandt hatte im Verband für Arbeitsgestaltung, Betriebsorganisation und Unternehmensentwicklung (REFA) sowie im Straßenbau Berufserfahrungen gesammelt und betrat in seiner Position bei Borgers ebenfalls Neuland.

Als bei Borgers die Führungsetage neu organisiert wurde, befand sich Franz Borgers beruflich in einer verzwickten Situation. Er war sich längst nicht mehr sicher, wohin ihn sein Weg führen würde. Im Aufsichtsrat und in der Familie wurde über seine weitere Karriere und über die Voraussetzungen für seine spätere Berufung in die Geschäftsführung lebhaft diskutiert. Mit dem Stand der Diskussion war allerdings Franz Borgers nicht zufrieden. Für eine Position als Geschäftsführer kam er nach Meinung des Aufsichtsrats nicht in Frage, da er die nötigen Voraussetzungen noch nicht erfülle. Er solle sich zunächst „außerhalb des Firmenbereiches Johann Borgers in einer fremden Firma auf eine zukünftige Geschäftsführertätigkeit bei Johann Borgers vorbereiten."[11] Franz Borgers war hin- und hergerissen. Auf der einen Seite sah er sich in Persan gut aufgehoben, wo es „eine wirkliche Aufgabe" für ihn gebe und wo er doch gerade erst angefangen habe, „sinnvoll zu arbeiten".[12] Auf der anderen Seite schien es ihm selbst sinnvoll, vor einem endgültigen Eintritt in die Firma Borgers weitere Erfahrungen in einem anderen Unternehmen zu sammeln, zumal sein Vater Werner sich der Meinung des Aufsichtsrats um des lieben Friedens willen angeschlossen hatte.

Die in Bocholt getroffene Entscheidung war für Franz Borgers nichts anderes als eine nett verpackte Kündigung, die ihn aus unterschiedlichen Gründen schwer traf. Hermann Borgers durfte seinen vorläufigen Abschied aus der Firmengruppe als Triumph verbuchen, schien er doch seinem Ziel, den Aufstieg eines „Juniors" gerade aus der Familie von Werner Borgers zu verhindern, tatsächlich näher zu kommen. Enttäuscht war Franz Borgers auch über die seiner Ansicht nach schwache Vorstellung seines Vaters Werner, der ihm schließlich noch Monate zuvor einen ganz anderen Werdegang in der Firma in Aussicht gestellt hatte. Überhaupt waren die unmittelbaren Zukunftspläne vorerst ruiniert. Franz Borgers war auf dem besten Weg, sich beruflich fest in Persan zu etablieren und hatte nach seiner Heirat im Mai 1967 einen längeren Aufenthalt in Frankreich vor Augen. Aus „familienpolitischen Gründen"[13] in die Arbeitslosigkeit entlassen, begann nun stattdessen die Suche nach einer neuen beruflichen Aufgabe, die keineswegs leicht fiel. Studentenproteste sorgten in Frankreich für politisch unruhige Zeiten, die auch manche Arbeitgeber verunsicherten. Im benachbarten Westdeutschland hielten sich die Unternehmen in der Konjunkturflaute mit der Einstellung von Führungskräften eher zurück. Franz Borgers fand schließlich bei der Vorwerk & Co. Teppichwerke KG in Gehrden bei Hannover einen neuen Arbeitsplatz, der sich aber ziemlich schnell als Schleudersitz erwies. Dem Zusammenschluss mit dem Oka-Teppichwerk in Hameln folgte eine Entlassungswelle, die auch Franz Borgers traf. Die Erfahrung, zweimal arbeitslos vor einer ungewissen beruflichen Zukunft zu stehen, und quasi von der weiteren Entwicklung des Familienunternehmens abgeschnitten zu sein, hat den jungen Franz Borgers zeitlebens geprägt.

Die erneute Suche nach einem neuen Arbeitgeber nahm nun aber ein glückliches Ende. Franz Borgers stieg bei seinem alten Lehrherrn, der Commerzbank AG, ein, die gerade begann, sich international breiter aufzustellen. Hier hätte es für ihn kaum besser laufen können. Dank seiner Erfahrungen in der Industrie und dank seiner sehr guten Sprachkenntnisse ging es für ihn auf der Karriereleiter zügig Sprosse für Sprosse nach oben. Franz Borgers begann im Juli 1968 in der Auslands- und Devisenabteilung, wurde 1969 Assistent im Auslandssekretariat, bekam ein Jahr später Prokura erteilt und leitete seit Juli 1970 das Verbindungsbüro der Commerzbank in Bonn. Von dort aus pflegte er die Beziehungen zu Bundesbehörden, Botschaften, Diplomaten, Verbänden und der Presse. Im Januar 1974 zum Abteilungsdirektor ernannt, wurde er am Jahresende in die Zentrale Auslands-Direktion nach Frankfurt versetzt. Als Leiter des Länderdezernats Westeuropa nahm er nun die Eröffnung neuer Filialen in Paris, Brüssel und Antwerpen in Angriff.[14] Trotz seiner Karriere als Banker blieb für Franz Borgers das Familienunternehmen in Bocholt eine Herzensangelegenheit. Er versuchte seit den späten 1960er Jahren von Düsseldorf, später von Bonn und Frankfurt aus, den Einfluss von Hermann Borgers auf die Unternehmensgruppe einzuschränken bzw. ganz zurückzudrängen.

Inzwischen nahm in Bocholt die neue Unternehmensverfassung von Borgers weiter Gestalt an. Gleichzeitig mit der Gründung der GmbH und der „neuen KG“ wurde ein Beirat aus der Taufe gehoben. Das neue Gremium sollte mit wenigstens drei und höchstens fünf Mitgliedern sowohl für die GmbH als auch für die KG beratende Funktionen übernehmen. Dabei besaß der Beirat außergewöhnliche Befugnisse, die über die Möglichkeiten vergleichbarer Unternehmensorgane – wie z. B. dem Aufsichtsrat einer Aktiengesellschaft – hinausreichten. Zu seinen wichtigsten Aufgaben gehörten „die Bestellung und Abberufung des oder der Geschäftsführer einschließlich Abschluss aller mit der Anstellung des oder der Geschäftsführer zusammenhängenden Verträge“.[15] Jedem Familienzweig wurde das Recht zugestanden, einen Kandidaten für das Amt des Geschäftsführers vorzuschlagen. Auch wenn in der Geschäftsführung „möglichst von jedem Familienstamm eine Person vertreten“ sein sollte, gab es in Zukunft ein noch wichtigeres Kriterium für eine Berufung: „Oberstes Gebot für die Auswahl von Geschäftsführern“ war fortan die „Eignung für die vorgesehenen Aufgaben“.[16] Das Ziel der Bestimmungen lag auf der Hand. Der Grundsatz „Qualifikation vor Stammeszugehörigkeit“ bei der Auswahl der Geschäftsführer ließ sich als eine bewusste Absage an das starre Stammesdenken der vergangenen Jahre verstehen. Neben der Auswahl von Geschäftsführern hatte der Beirat die Aufgabe, die Geschäftsführung zu kontrollieren sowie das Recht, jederzeit die Geschäftsbücher einzusehen. Er konnte von der Geschäftsführung Auskünfte über unternehmerische Sachverhalte verlangen und stellte die Jahresabschlüsse fest.

Da die Beiratsmitglieder gehörigen Einfluss auf die Top-Führungskräfte bei Borgers hatten, sorgte ihre Auswahl praktisch vom ersten Tag an für Streit unter den Gesellschaftern. Laut Gesellschaftsvertrag galt

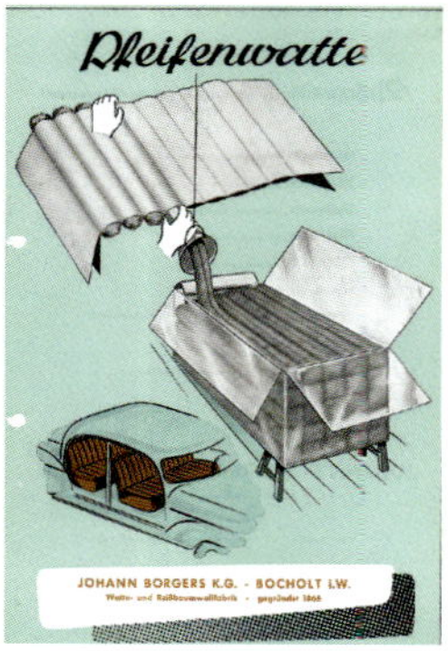

Für Polsterer und die Polstermöbelindustrie, die traditionellen Borgerskunden, hatte Borgers Halbzeuge entwickelt, die die Anwendung erleichterten. Aus diesem Anwendungsbereich stammt auch die „Pfeiffenwatte" (Bild unten), die für Automobilsitze bis in die 1970er Jahre Verwendung fand.

das Prinzip der freien Wahl. Das Motto „jeder Familienzweig stellt ein Beiratsmitglied" sollte gerade nicht gelten. Der Gefahr, dass der Beirat zu einem Organ degradiert wurde, in dem allein Stammesinteressen verfolgt werden, wollten die „Macher" der Gesellschaftsverträge unbedingt begegnen. Allerdings stand bereits die erste Beiratswahl im Schatten innerfamiliärer Machtfragen und -ansprüche. Nachdem Hermann Borgers der Posten eines Geschäftsführers in der neuen GmbH verwehrt worden war, wählte ihn die Gesellschafterversammlung in den Beirat. Aus dem Gesellschafter- bzw. Familienkreis wurden ferner Heinrich Baum (Familie Franz Borgers), Paul Baum (Familie Wilhelm Borgers) und Karl-August Borgers (Familie Fritz Borgers) berufen. Als familienfremdes Mitglied kam Wirtschaftsprüfer Leopold Horstmann hinzu, der vorher in der „alten KG" den Aufsichtsratsvorsitz innehatte. Der Beirat musste nun noch aus ihren Reihen einen Vorsitzenden finden. Die Wahl fiel auf Hermann Borgers.

Damit war die Neuorganisation der Führungsspitze abgeschlossen. Es gab früh Stimmen, die auf ihre komplexe Struktur hinwiesen und - so Fritz Borgers - befürchteten, dass allein die Zahl der verantwortlichen Köpfe für ein noch überschaubares, mittelständisches Unternehmen wie Borgers zu hoch sei.[17] Für Skepsis gab es aber zunächst keinen Grund. Die neue Führungsstruktur schien den Erwartungen gerecht zu werden und lieferte seit dem zweiten Halbjahr 1968 ansehnliche Ergebnisse ab. Am Jahresende betrug der Gesamtumsatz 39,9 Mio. D-Mark – ein Plus von etwa 16 Prozent gegenüber 1967. Ein Jahr später legte Borgers weiter zu und wies einen Umsatz von 45,7 Mio. D-Mark aus. Der Gesamtgewinn erhöhte sich von 116.000 D-Mark in 1967 auf 2,3 Mio. D-Mark in 1968, um 1969 weiter auf 3,3 Mio. D-Mark zu steigen. Zum Aufschwung trug insbesondere der starke Absatz von textilen Bodenbelägen bei, den Borgers in drei Qualitäten anbot. Überdurchschnittlich gut entwickelten sich auch die Geschäfte mit benadeltem Schaumstoff und Jutefilzen, die verstärkt von der Automobilindustrie nachgefragt wurden. Das sehr gute Ergebnis 1969 wurde freilich durch die überraschenden Verluste bei Olbrich in Höhe von rund 2,98 Mio. D-Mark getrübt (Borgers hatte im gleichen Jahr nach dem Tod des Namensgebers und Mitgründers alle Anteile an Olbrich übernommen), für den u. a. mangelhafte Preiskalkulationen, ein Anstieg der Personal- und Materialkosten sowie Produktionsausfälle durch den Umzug in neue Betriebsräume verantwortlich waren.[18]

Dem guten Betriebsergebnis 1969, das vorübergehend für eine Aufbruchsstimmung bei Borgers sorgte, folgte jedoch ein deutlich schwächeres Geschäftsjahr. Rückläufige Umsätze in den Produktgruppen Bodenbeläge und Watte, geringere Roherträge als im Vorjahr, ein erheblicher Anstieg der Personal-, Betriebs- und Verwaltungskosten sowie eine höhere Zinsbelastung führten am Jahresende zu einem Geschäftsverlust von 200.000 D-Mark.[19] In der Familie Borgers und im Beirat stand die Arbeit der Direktoren nun immer häufiger in der Kritik. Franz Borgers verwies bei Gesellschafterversammlungen auf eine erhebliche „Investitionslücke", die einiges zur schlechten Ertragslage beigetragen habe. Er hielt Walter Brandt vor, neue Produkte zu spät zu entwickeln, bei seinen Projekten Termine und Kosten nicht einzuhalten, und bei Investitionsplänen die Anlaufkosten zu unterschätzen. Neue Führungsinstrumente der Direktoren, z. B. die monatlichen Erfolgsrechnungen, hätten zu einer „Überorganisation" der betrieblichen Abläufe geführt. Überhaupt fehle es zwischen den Direktoren an der nötigen Zusammenarbeit.[20]

Im Herbst 1970 beauftragte der Beirat einen unabhängigen Unternehmensberater, die Stärken und Schwächen der Führungsstruktur zu beurteilen. Der „Giesen-Bericht" bestätigte im Großen und Ganzen die Kritik der Gesellschafter. Die Kooperation zwischen den drei Direktoren sei ungenügend, stattdessen gebe es auf der Direktorenebene, aber auch in den nachgelagerten Abteilungen, ein zu starkes „Bereichsdenken". Das Gutachten wies außerdem auf zu dichte, den Geschäftsalltag eher lähmende Organisationsstrukturen hin. Als Lösung empfahl der Bericht, eine „ordnende und straffende Hand",[21] einen koordinierenden Geschäftsführer zu berufen.

Unter der Last von Wirtschafts- und Führungskrise. Borgers am Abgrund (1971/72)

Nachdem die Hoffnung, mit der neuen Führungsstruktur strategisch und personell gut für die Zukunft gerüstet zu sein, schneller als erwartet geplatzt war, nahmen Gesellschafter und Beirat die Ergebnisse des Giesen-Berichts zum Anlass, erneut über eine Reform der Unternehmensleitung nachzudenken. Es wurde schnell Einigkeit darüber erzielt, dem Vorschlag des Gutachtens zu folgen und einen Generalbevollmächtigten zu ernennen.

Nur, wer kam dafür überhaupt in Frage? Nach den schlechten Erfahrungen mit Fremdmanagern schien es zu gewagt, eine Führungskraft ganz abseits des Unternehmens und der Textilbranche zu suchen. Als ein denkbarer Kandidat, der beruflich nicht bei Borgers groß geworden ist, aber dennoch die notwendigen Insider-Kenntnisse besaß, galt Leopold Horstmann. Die Idee, Horstmann zum Hauptgeschäftsführer oder Generalbevollmächtigten zu ernennen, kam offenbar erstmals in einem Gespräch zwischen Fritz und Werner Borgers auf. Es ist nicht auszuschließen, dass die Initiative konkret von Fritz ausging. Bereits im März 1968 hatte er darüber nachgedacht, welche Lösungen sich anböten, falls die Zusammenarbeit zwischen den Geschäftsführern der Familie Borgers und familienfremden Managern scheitern sollte. Fritz Borgers hielt es schon damals nicht für ausgeschlossen, im Fall der Fälle einen „neutral denkenden Generalbevollmächtigten" zu berufen, „der die Beiratsbeschlüsse mit den Manager-Prokuristen zur Durchführung bringt".[22] Nach ihrem Gedankenaustausch setzten Fritz und Werner Borgers die Gespräche mit den Beiratsmitgliedern Heinrich Baum und Karl-August Borgers fort, ließen sich den Vorschlag von Leopold Horstmann bestätigen und trugen ihre Vorstellungen Hermann Borgers vor.[23]

Für die Position eines Geschäftsführers brachte Leopold Horstmann auf dem Papier ansprechende Qualifikationen mit. Der seit 1951 promovierte Wirtschaftsprüfer arbeitete zunächst bei der Deutschen Revisions- und Treuhand-Gesellschaft und gehörte zwischen 1962 und 1969 dem Vorstand der Düsseldorfer Treuhandgesellschaft an. Er hatte sich als Abschlussprüfer von Textilunternehmen einschlägige Fachkenntnisse erworben, war Aufsichtsratsvorsitzender in der „alten KG", hatte die Familie Borgers bei der Ausarbeitung des neuen Gesellschaftervertrags beraten und auch als Beiratsmitglied genügend interne Einblicke in betriebliche Angelegenheiten und die schwierigen Verhältnisse an der Führungsspitze erhalten.[24]

Gleichwohl war seine Berufung noch längst nicht spruchreif. Der Stamm Wilhelm Borgers war nicht ohne weiteres bereit, den Vorschlag zu unterstützen. Es sei versäumt worden, die Stammesvertreter unverzüglich über den Vorschlag zu unterrichten. Um die Eignung von Leopold Horstmann für eine derart herausgehobene Position überhaupt vernünftig beurteilen zu können, so ein weiterer Einwand, dürfe er nur kommissarisch für ein Jahr berufen werden. Auch Horstmann, der die Machtverhältnisse bei Borgers sehr gut kannte, war nicht bereit, sein neues Amt ohne Vorbedingungen anzutreten. Es sei unbedingt nötig, „intern klare Verhältnisse" zu schaffen. Fritz und Werner Borgers dürften zwar im Beirat, aber nicht in der Geschäftsführung vertreten sein. Eine Teilnahme an den Sitzungen der Geschäftsleitung dürfe „den Herren Borgers" ebenfalls nicht erlaubt werden, um die Aussprachen „zu versachlichen". Mit einer Probezeit sei er allerdings einverstanden.[25]

Die Bedingungen Horstmanns hatten aus juristischer Sicht durchaus ihre Haken. Unklar war hauptsächlich die zukünftige Position von Fritz und Werner Borgers. Würde Horstmann nun von der Gesellschafterversammlung zum Generalbevollmächtigten gewählt werden, blieben Fritz und Werner Borgers als Geschäftsführer erst einmal in ihrem Amt. Franz Borgers schlug daraufhin eine konsequente Lösung vor: Hermann, Fritz und Werner Borgers sollten in Pension gehen und der Unternehmensgruppe nur noch als Berater zur Verfügung stehen. Während Werner Borgers nicht abgeneigt war, der Idee seines Sohns zu folgen, hielten sich Hermann und Fritz eher bedeckt und meldeten Vorbehalte an. Nachdem nun Leopold Horstmann vorschlug, die beiden aktuellen Geschäftsführer für mindestens ein Jahr formal in ihren Ämtern zu belassen, und ein Gespräch unter vier Augen mit Hermann Borgers „persönliche und auch sachliche Meinungsverschiedenheiten" ausräumte, war der Weg endlich frei.[26]

Leopold Horstmann wurde am 15. Dezember 1970 von der Gesellschafterversammlung für ein Jahr zum Generalbevollmächtigten vorgeschlagen. Die Direktoren blieben für ihre Bereiche verantwortlich, unterstanden aber dem Weisungsrecht Horstmanns. Zugleich verständigten sich die Teilhaber darauf, für eine Übergangszeit von zwölf Monaten nicht fünf, sondern sechs Beiratsmitglieder zu ernennen. Die Wahl fiel einstimmig auf Hermann Borgers und Paul Baum (Stamm Wilhelm Borgers), Werner Borgers und Heinrich Baum (Stamm Franz Borgers) sowie Fritz und Karl-August Borgers (Stamm Fritz Borgers).[27]

Der qualifizierte Wirtschaftsprüfer musste nun beweisen, dass er auch in der Lage war, ein mittelständisches Unternehmen zu führen. Der neue Generalbevollmächtigte ging seine Aufgabe ambitioniert und mit vollmundigen Versprechungen an. Er wolle drastische, auch personelle Maßnahmen auf den Weg bringen, um die überbordenden Ausgaben zurückzufahren. Die nächsten Monate zeigten hingegen, dass seine Fähigkeiten als Unternehmer an enge Grenzen stießen. Das Geschäftsjahr 1971 verlief – auch unter dem Eindruck von drei Bränden in den Bocholter Betrieben – für Borgers immer unerfreulicher. Im Oktober 1971 stand für Werner Borgers fest: „Das Unternehmen J[ohann] B[Borgers] ist in eine bedrohliche Lage gebracht worden."[28]

Am Jahresende war die Gesamtleistung der Borgers-Gruppe gegenüber dem Vorjahr zwar um 6,6 Mio. D-Mark auf 49,7 Mio. D-Mark gestiegen. Da die Betriebsaufwendungen, der Materialeinsatz, der Aufwand für Personal und Vertrieb und die Abschreibungen beträchtlich zunahmen, stand ein Betriebsverlust von 1,1 Mio. D-Mark zu Buche. Die hohen Zinszahlungen, die deutlich über den Zinserträgen lagen, erhöhten den Verlust auf ca. 2,5 Mio. D-Mark, der sich durch die Ergebnisübernahme von Olbrich (plus 500.000 D-Mark) auf etwa zwei Mio. D-Mark einpendelte. Die Verschuldung von Borgers erhöhte sich von 8,6 Mio. D-Mark im Dezember 1970 bis auf 14,3 Mio. D-Mark zum Jahresende 1971. Die hohen Bankschulden verschlechterten auch die Kapitalstruktur. Die kurzfristigen Fremdmittel betrugen rund 60 Prozent, auf die langfristigen Fremdmittel entfielen zehn Prozent, die Eigenkapitalquote ging auf immer noch akzeptable 30 Prozent der Bilanzsumme zurück.[29]

Bereits in seinem Probejahr musste Leopold Horstmann bei allen Stämmen der Familie Borgers zusehends um Anerkennung kämpfen. Er habe die groß angekündigten Sparmaßnahmen im Personalwesen nicht umgesetzt und das Artikelsortiment nicht bereinigt. Seine Rentabilitätsberechnungen bei Investitionen in neue Maschinen und Anlagen wären stets unzureichend gewesen. Erschwerend habe er einen wenig kooperativen Führungsstil an den Tag gelegt. Die „zentrale Führungsstelle“ im Unternehmen, so Hermann Borgers im November 1971, „wurde durch eine Persönlichkeit besetzt, welche die notwendigen unternehmerischen Aufgaben nicht erfüllt hat.“[30]

Von „Koordination“ und einer vertrauensvollen Zusammenarbeit blieben die Führungskräfte an der Spitze des Unternehmens tatsächlich weit entfernt; wofür gewiss nicht Leopold Horstmann allein verantwortlich gewesen ist. Ausgesprochen schwierig blieb das Verhältnis zwischen Horstmann und den Direktoren, namentlich zu Harald Goertz, der nichts unversucht ließ, Horstmann in schlechtes Licht zu stellen und weiter Öl ins Feuer goss. Im Herbst 1971 gab er im Alleingang ein graphologisches Gutachten über die Persönlichkeit und die Fähigkeiten Leopold Horstmanns in Auftrag, das wohl ganz in seinem Sinne ausfiel: Horstmann habe nicht das Format zum Geschäftsführer. Das Ergebnis teilte Harald Goertz Fritz Borgers mit, der empört auf sein Verhalten reagierte und das „unglaubliche und ungeheuerliche graphologische Gutachten“ für sich als „nicht existierend“ erklärte.[31] Der Beirat teilte die Auffassung von Fritz Borgers und sah sein Vertrauen in Harald Goertz tief erschüttert. Auch wenn Goertz daraufhin ebenfalls erklärte, das Gutachten „als nicht existent anzusehen“, war das Tischtuch zwischen ihm und dem Beirat im Winter 1971/72 augenscheinlich zerschnitten.[32]

Neben der Debatte über die Situation bei Borgers unter der Regie von Leopold Horstmann trug im Geschäftsjahr 1971 die Diskussion über die zukünftige Besetzung des mächtigen Beirats weitere Unruhe ins Unternehmen. Im Dezember 1970 hatten sich die Gesellschafter darauf geeinigt, das Gremium nur ausnahmsweise für ein Jahr mit sechs Mitgliedern zu besetzen. Auf Dauer strebten die Teilhaber ein fünfköpfiges Gremium mit drei Angehörigen aus der Familie bzw. aus dem Gesellschafterkreis und mit zwei familienfremden Mitgliedern an. Für eine neue personelle Struktur sprachen auch noch andere Gründe.

Rohwaren/Alttextilienlager in Bocholt. Als Arbeitshilfen standen zur Verfügung: Deckenlaufkran, Gabelstapler, aber auch die bis Anfang der 1970er Jahre gebräuchliche Sackkarre. Im Hintergrund wartet ein Straßenroller.

Das angespannte Verhältnis zwischen den Familienstämmen wirkte sich nicht zum Wohl der Firma aus. Zu sehr waren die Stammesvertreter im Beirat darauf aus, allein die Interessen ihres Familienzweigs zu verwalten. Und schließlich hatte es auch der Beirat im Geschäftsjahr 1971 nicht verstanden, die Liquiditätskrise entscheidend zu bändigen.[33]

Die Teilhaber waren sich darüber einig, dass es angesichts der klammen Finanzsituation sinnvoll war, zwei Vertreter der Hausbanken zu berufen. Nachdem Paul Zimmermann, Vorstandsmitglied der Westdeutschen Landesbank, auf Anfrage von Fritz Borgers erklärt hatte, für eine Wahl zur Verfügung zu stehen, wollte auch die Commerzbank AG nicht zurückstehen. Jürgen Terrahe, stellvertretendes Mitglied des Vorstands, sagte Fritz Borgers ebenfalls zu. Unter den Gesellschaftern kristallisierten sich auch Fritz Borgers und erstmals Franz Borgers als aussichtsreiche Kandidaten heraus. Die wichtigste Frage war nun aber: Was wird aus Hermann Borgers? Er selbst sah sich für eine weitere Mitgliedschaft bestens geeignet. Seine Selbsteinschätzung wurde von den Stämmen Fritz und Franz Borgers nicht geteilt, die Hermann vorwarfen, stets alles besser zu wissen und zu einer fruchtbaren Zusammenarbeit nicht fähig zu sein. Dazu war Hermann Borgers im Winter 1971/72 dabei, sich endgültig ins Abseits zu manövrieren. Er besuchte eigenmächtig Jürgen Terrahe von der Commerzbank und schilderte die wirtschaftliche Situation von Borgers in den düstersten Farben; zum Entsetzen der Teilhaber, die ihm vorwarfen, die Kreditwürdigkeit der Firma womöglich schwer beschädigt zu haben. Ferner bat Hermann Borgers Jürgen Terrahe darum, sich für seine Wahl in den Beirat einzusetzen, drang mit seinem Wunsch aber nicht durch. Terrahe wies ihn darauf hin, dass die Kandidatenauswahl nicht eine Angelegenheit der Banken, sondern allein der Gesellschafterversammlung sei.[34]

Hermann Borgers wusste zum Jahresanfang, dass er keine guten Karten für eine Wahl in den Beirat hatte. Den Vorschlag von Fritz Borgers, doch ein anderes Mitglied des Familienzweigs zu nominieren, lehnte er ebenfalls ab. Auf der Gesellschafterversammlung vom 17. Januar 1972 kam es für den Stamm Wilhelm Borgers, wie es kommen musste. Die Kandidatur von Hermann Borgers fand keine Mehrheit, eine personelle Alternative wurde nicht nominiert. Der Familienstamm erklärte sich aber bereit, die Wahl des Unternehmensberaters Klaus F. Vaterrodt zu unterstützen, der schon im Vorfeld als familienfremdes Beiratsmitglied gehandelt worden war und den auch Hermann Borgers wegen seiner Praxisnähe und seiner zielstrebigen Art schätzte. Gleichwohl hatte Hermann Borgers mit seinen Alleingängen und seinem sturen Verhalten die Position des Stamms Wilhelm Borgers im wichtigen Beirat auf Dauer geschwächt. Vaterrodt erklärte ausdrücklich, dass er sich nicht als Interessenverwalter des Stamms verstehe, sondern seine Arbeit in den Dienst der Firmengruppe und in den Dienst aller Familienzweige stelle. Damit nicht genug. Mit Franz Borgers zog sein Gegenspieler in der Familie ausgerechnet in den wichtigen Beirat ein. Nachdem Franz Borgers bisher gewissermaßen von außen und hinter der Bühne auf das Familienunternehmen Einfluss genommen hatte, begleitete er die Machtkämpfe zwischen den Stämmen und die Unternehmenspolitik von Borgers von nun an aus der ersten Reihe.[35]

Ein Batteur. Eine Maschine zur Reinigung von Baumwollfasern von pflanzlichen Resten, anderen Fremdkörpern und Staub. Die Maschine war schon in den 1960er Jahren eine Antiquität, aber bei Borgers noch im Einsatz.

Für den neuen Beirat stand gleich zu Beginn ein wegweisender Beschluss an. Es musste über die endgültige Berufung von Leopold Horstmann zum alleinigen Geschäftsführer entschieden werden, die allerdings kein „Selbstläufer" wurde. In der Debatte brachten mehrere Beiratsmitglieder Bedenken gegen seine Ernennung vor und verwiesen z. B. auf das schwierige Verhältnis zwischen Horstmann und den Direktoren. Da das Gremium die wichtige Personalentscheidung nicht voreilig treffen wollte, wurde Klaus F. Vaterrodt beauftragt, Einzelgespräche mit allen Vieren zu führen, um Eindrücke über ihre persönlichen Eigenschaften, ihre Führungsqualitäten und ihre unternehmenspolitischen Ziele zu gewinnen.[36]

Das Urteil über die Führungsspitze fiel wenig schmeichelhaft, um nicht zu sagen geradezu vernichtend aus. Das Management sei „nicht sehr stark besetzt. Alle Führungskräfte sind nicht gewohnt, Verantwortung zu tragen." Harald Goertz gehe seinen Aufgaben „ohne Initiative" nach und sei „mitverantwortlich für die jetzige Misere". Die Auflösung seines Arbeitsvertrags und sein Abgang bei Borgers seien „kein Verlust für die Firma". Als „krasse Fehlbesetzung" beschrieb das Gutachten die Auswahl von Hermann Gross als Vertriebsleiter. Er sei ein „Vielredner über Dinge, die er nicht versteht", ein „typischer Innenverkäufer", der nur wenig über die konkreten Marktverhältnisse wisse. Etwas wohlwollender wurden die persönlichen Merkmale und die Arbeitsergebnisse von Walter Brandt beurteilt, der sich gut in neue Aufgaben eingearbeitet habe. Eine weitere Zusammenarbeit sei durchaus sinnvoll. Zu guter Letzt stellte das Gutachten auch in Frage, ob Leopold Horstmann die nötigen Fähigkeiten mitbringe, um die Aufgaben eines alleinigen Geschäftsführers zu erfüllen. Er habe bisher wenig Erfahrung als Manager gesammelt und seine Kenntnisse in der Kostenrechnung seien nicht immer ausreichend. Leopold Horstmann sei gewiss „nicht der große Führer".[37]

Trotz erheblicher Bedenken, entgegen seiner Überzeugung, entschied sich der Beirat am 16. März 1972, Leopold Horstmann bis zum 31. Dezember 1975 zum Geschäftsführer zu bestellen und ihm zu seinen bisherigen Aufgaben auch den Verwaltungsbereich anzuvertrauen. Die Mitglieder bezeichneten ihre Entscheidung unverhohlen als eine „ausgesprochene Notlösung", da es im Augenblick keine personellen Alternativen gäbe und anstehende Aufgaben in der Geschäftsführung nicht blockiert werden sollten. Daneben beschloss der Beirat, die Kündigung von Harald Goertz bis zum 30. Juni 1972 wirksam werden zu lassen und sich von Hermann Gross bis zum 31. Dezember 1972 im gegenseitigen Einvernehmen zu trennen. Zugleich sollte eine neue, geeignete Führungskraft mit technischen Kenntnissen und Qualifikationen zum Geschäftsführer gesucht werden, um den Bereich Vertrieb zu übernehmen.[38]

Der allenfalls halbherzige, allein der Not gehorchende Beschluss war allerdings wenig geeignet, die Führungskrise bei Borgers entscheidend zu lösen. Stattdessen spitzten sich die Probleme in den nächsten Monaten noch weiter zu. An dem angespannten Verhältnis zwischen Leopold Horstmann und den Direktoren änderte sich praktisch nichts. Harald Goertz hatte zwar schon vor der Entscheidung des Beirats erklärt, weiter loyal mit dem Generalbevollmächtigten zusammenzuarbeiten, blieb aber eher seinem Konfrontations-

Fertigung von ungeleimten Watten in den 1960/70er Jahren. Papier als Zwischenlage. Im Vordergrund ein Schneidmesser, im Hintergrund rechts und links Kreuzleger in der Form von Kamelrücken (Camelbacks).

kurs treu. Er sei nicht bereit, sich Leopold Horstmann unterzuordnen. Harald Goertz schätzte die Fachkenntnisse Horstmanns als Wirtschaftsprüfer. Für die Position eines alleinigen Geschäftsführers hielt er ihn dagegen für nicht genügend qualifiziert, „da er zu stark auf Details achtet und die große Linie vernachlässigt".[39] Goertz sah in Leopold Horstmann sogar „einen Schaden für die Firma". Hermann Gross war über die Ernennung Horstmanns und die Führungsstruktur bei Borgers ebenfalls nicht begeistert und sah für sich persönlich „vertragliche Unklarheiten". Walter Brandt verwies hingegen auf die schwierige Zusammenarbeit zwischen den Direktoren und akzeptierte die Berufung Horstmanns als einen Weg aus dem Dilemma.[40]

Was allerdings noch schwerer wog als das gestörte Verhältnis von Leopold Horstmann zu den Direktoren: Bei allen drei Stämmen der Familie Borgers ging das Vertrauen in die Arbeit Horstmanns und der Direktoren weiter verloren. Die Vertrauenskrise hatte durchaus handfeste wirtschaftliche Gründe: Borgers ging schlichtweg das Geld aus. Die Unternehmensgruppe stand mitten in einer schweren Liquiditätskrise. Die Zahlungsunfähigkeit stand kurz bevor. Bereits gegen Jahresmitte war klar, dass die Vorgabe Horstmanns, 54 Mio. D-Mark Umsatz zu erwirtschaften, an der Realität vorbeiging. Es dauerte länger als erwartet, neue Produkte auf den Märkten einzuführen, die Umsätze in den Geschäftszweigen Synthetischer Filz und Bodenbelag blieben hinter den Erwartungen zurück. Maßnahmen, um Kosten zu sparen und die Rentabilität zu steigern, wurden nicht entschlossen genug umgesetzt. Die Bereitschaft der Hausbanken, Überziehungskredite einzuräumen, linderte die Not kaum. Die Verschuldung erhöhte sich bis zum 30. Juni 1972 auf 16,4 Mio. D-Mark. Im August musste Leopold Horstmann schon einen Betriebsverlust von 2,1 Mio. D-Mark vermelden. Um überhaupt noch durch den Sommer zu kommen, mussten schnell etwa fünf Mio. D-Mark her – so die Analyse der Bankenvertreter im Beirat.[41]

Die Gesellschafter und die Beiratsmitglieder setzten nun mehrere Hebel an, um den drohenden finanziellen Kollaps doch noch aufzuhalten. Horstmann wurde nochmals aufgefordert, rigide zu sparen, Personal zu entlassen, Investitionen zu überdenken und das Geld nicht durch wenig lukrative Produktionsanlagen zu verschleudern. Es wurde versucht, die Hauptlieferanten BASF AG und Bayer AG von einer „Stützungsaktion" zugunsten von Borgers zu überzeugen und für einen Kredit zu gewinnen. Die Gespräche zogen sich im Sommer 1972 aber länger hin als erhofft. Hermann Borgers bemühte sich bei der Deutschen Bank um ein Darlehen – vergeblich. Ein Kredit über 500.000 Gulden von der Beteiligungsgesellschaft Tehan N.V. blieb lediglich der berühmte Tropfen auf dem heißen Stein.

Die schwere Liquiditätskrise ließ sich nicht nur mit kurzfristig beschafften Geldern ausräumen. Gefragt waren längerfristige Lösungen. Die Commerzbank und die Westdeutsche Landesbank betrachteten besonders den Verkauf von Beteiligungsgesellschaften und eine Fremdbeteiligung an Borgers als eine nachhaltige Strategie zur Sanierung der Unternehmensgruppe. Dass die Existenzkrise wohl tiefe Einschnitte in die Unternehmensstruktur erforderte, war auch den drei Vettern bewusst, die sich entsprechenden Initiativen auch nicht verweigerten. Im Juli 1972 führte Fritz Borgers in einem Schreiben

Eine Borgers-Spezialität, Entwickler H. Otterbeck: Anlage zur Fertigung von Watte für Schulterpolster (Epaulettenwatte); daher der Name „Epo"-System. Merkmal dieser Anlage waren beheizte Zylinder, durch die die Watte eine glatte Oberfläche bekam.

an Jürgen Terrahe aus: „Der Ernst der Situation steht allen Gesellschaftern vor Augen. [...] Wir drei Vettern haben alle Mittel zum Verkauf von Beteiligungen genutzt, insbesondere der Firma Olbrich KG. Weiter lassen wir die Verhältnisse bei La Ouate Industrielle untersuchen, um zu einer Annullierung, zumindest aber zu einem Baustopp des projektierten Werkes in Macon zu kommen. Wir erkunden Veräußerungsmöglichkeiten unseres Anteils an Gotthard-Borgers in Älmhult und bemühen uns intensiv um den Verkauf des Werkes in Halle. Zudem sind Grundstücksverkäufe in Bocholt eingeleitet, wo hingegen die Veräußerung von Werkswohnungen im ganzen gesehen erhebliche Schwierigkeiten mit sich bringen wird."[42] Vorbehalte führte Fritz Borgers aber gegen eine Fremdbeteiligung ins Feld. Eine Anteilsveräußerung von 51 Prozent käme „praktisch einer Selbstaufgabe" gleich.[43] Ähnlich argumentierte in der Familie auch sein Vetter Hermann, während Franz Borgers eine Fremdbeteiligung eher als eine Lösung aus der Finanzklemme begrüßte. Wenn die Firma weiter existieren wolle, müsse unbedingt ein kapitalkräftiger Partner gefunden werden. Es sei ihm eher unverständlich, dass nicht jede Chance bei der Partnersuche konsequent ausgelotet werde.[44]

Zum Krisenmanagement gehörte für die Gesellschafter und die ehemaligen Geschäftsführer der Familie schlussendlich auch, die aus ihrer Sicht überfälligen Personalentscheidungen zu treffen. Die Ursache der Krise hatte für sie konkrete Namen: Leopold Horstmann und Walter Brandt. In einer internen Versammlung beschlossen die Gesellschafter am 4. Juni 1972, Werner und Hermann Borgers „wieder aktiven Einfluss auf die Geschäftsführung nehmen zu lassen".[45] Auch wenn der Beirat die Absprache als gegenstandslos betrachtete, hatten die Teilhaber ihre weitere Marschroute abgesteckt. Hermann, Fritz und Werner Borgers teilten den übrigen Gesellschaftern mit, dass auf der nächsten offiziellen Gesellschafterversammlung beschlossen werden sollte, Horstmann und Brandt zu entlassen und Hermann und Werner Borgers zu Geschäftsführern zu bestellen.[46]

Die offen ausgetragenen Konflikte, aber auch das Ränkespiel in der Familie hinter den Kulissen verunsicherten nun auch Leopold Horstmann und Walter Brandt von Tag zu Tag mehr. Anfang August 1972 beklagte sich Horstmann gegenüber dem Beirat darüber, „dass seit einiger Zeit [...] über meinen Kopf als alleiniger Geschäftsführer hinweg wesentliche Bereiche der Geschäftspolitik durch nicht geschäftsführungsberechtigte Gesellschafter unter Hinzuziehung von Mitarbeitern der Firma wahrgenommen werden". Die Eingriffe in seine Kompetenzen, etwa bei Kreditverhandlungen oder auch bei technischen Entwicklungen, würden ihn als Geschäftsführer immer weiter einengen und hätten einen untragbaren Zustand erreicht. Außerdem sei ihm von Walter Brandt mitgeteilt worden, dass er kurz vor der Abberufung stehe.[47] Auch Brandt sah sich mittlerweile „in einer Weise in [seinen] Rechten verletzt und an der Erfüllung [seiner] Pflichten gehindert", die es ihm kaum noch ermögliche, weiter Verantwortung bei Borgers zu übernehmen. Ohne mit ihm Rücksprache zu halten, ziehe Werner Borgers zahlreiche Vorgänge in seinem Aufgabengebiet an sich, „indem er mit meinen Mitarbeitern und mit den in meinem Bereich geschaffenen Unterlagen Konferenzen und Arbeitsgespräche abhält und Versuche durchführt". In ei-

Traditionelle Technik bei Borgers noch in den 1960er Jahren im Einsatz für Spezialwatten: v.l. Kastenspeiser, Krempel, „Haspel“. Diese „Haspel“ nahm das Wattevlies auf ein Endlosband auf bis das Vlies die vorgegebene Stärke erreicht hatte. Die „Haspel“ ist der Vorläufer des Kreuzlegers. Siehe Bild Seite 184.

nem Gespräch mit Hermann Borgers habe er außerdem erfahren, dass seine und die Tage von Leopold Horstmann bei Borgers gezählt seien. Werner und Hermann Borgers stünden kurz davor, wieder zu Geschäftsführern berufen zu werden.[48]

Die wirtschaftliche Situation der Borgers-Gruppe verschärfte sich ebenso wie die Führungskrise. Schnelle Entscheidungen der Gesellschafter und des Beirats waren unumgänglich. Richtungsweisende personalpolitische Entscheidungen sollten die Sitzung beider Gremien am 7. August 1972 bringen. Im Vorfeld stand hauptsächlich eine Frage im Vordergrund: Findet der Wunsch der meisten Gesellschafter, Werner und Hermann Borgers ins operative Geschäft zurückzuholen, nun, wenn es darauf ankommt, wirklich bei allen Anteilseignern und auch bei den Beiratsmitgliedern Gehör?

Trotz der internen Absprache der Gesellschafter zeichneten sich im Kreis der Familie zur personellen Zusammensetzung der zukünftigen Führungsspitze unterschiedliche Meinungen ab. Der Stamm Wilhelm Borgers würde Hermann ohne Vorbehalte unterstützen – darauf war auf jeden Fall Verlass. Dagegen dachte Fritz Borgers durchaus noch über andere Lösungen nach und war etwa bereit, einen familienfremden „Krisenmanager auf Zeit“ zu ernennen. Zudem zweifelte Fritz, ob die Banken eine Führungsspitze mit Werner und Hermann Borgers ohne weiteres akzeptieren würden.[49] Seine Befürchtung erwies sich allerdings als unbegründet. Jürgen Terrahe legte zwar unmissverständlich dar, dass Borgers von der Commerzbank keine zusätzlichen finanziellen Mittel erhalte, da der Kreditrahmen völlig ausgeschöpft sei und keine ausreichenden Sicherheiten mehr vorhanden seien. Auch wenn Hermann Borgers aus seiner Sicht die Liquiditätsprobleme unterschätzte, machte die Commerzbank ihre weitere Zusammenarbeit mit Borgers nicht von der Berufung der beiden Vettern zu Geschäftsführern abhängig. Jürgen Terrahe fühlte sich nach nur fünf Monaten im Beirat der Unternehmensgruppe „außerstande [...], einen Vergleich der Qualifikationen der Herren Dr. Horstmann und Brandt einerseits und der Herren Hermann und Werner Borgers andererseits anzustellen“. Die Commerzbank verlangte keine personellen Vorleistungen für ihr Engagement, formulierte aber gleichwohl sachliche Vorgaben zur weiteren Unternehmensfinanzierung, die erfüllt werden müssten, um weitere Gelder zu erhalten. Jürgen Terrahe wollte sich auch nach der Wahl von Hermann und Werner Borgers zu Geschäftsführern dafür einsetzen, dass die Commerzbank ihre Kredite aufrechterhielt, wenn die Darlehen voll besichert seien, ein nachvollziehbares Programm zur Liquiditätsvorsorge für das nächste halbe Jahr vorgelegt werde und bis Jahresende erste Erfolge beim Abbau der Schulden sichtbar würde. Zudem müsse Borgers unverzüglich beginnen, Beteiligungen und andere Vermögenswerte zu veräußern, um die Liquidität zu erhöhen. Voraussetzung für weitere Finanzspritzen sei außerdem, dass auch die Westdeutsche Landesbank als Gläubiger im Boot bleibe.[50]

Heftiger Gegenwind blies der informellen Gesellschafterversammlung hingegen aus einer anderen Richtung ins Gesicht. Franz Borgers appellierte Anfang August eindringlich an seinen Onkel Fritz, Hermann nicht die Türen in die Geschäftsführung zu öffnen. Auch wenn „alles getan werden [müsse], um die Firma zu retten" und „persönliche Animositäten zurückgestellt werden müssten", um die Unternehmensgruppe zu retten, dürfe Hermann Borgers auf keinen Fall zum Geschäftsführer ernannt werden.[51] Es gehe allein darum, die Fähigkeiten Hermanns zu beurteilen, die für eine Position als Geschäftsführer schlichtweg nicht ausreichten: „Schon heute ist klar, dass er seinen vielen Worten kaum Taten folgen lassen wird, weil er dazu schlicht und einfach nicht in der Lage ist. Er wird vielmehr in gewohnter Manier als Bremser wirken, mäkeln und andere Leute von der Arbeit abhalten. Dass es ganz sicher auch Schwierigkeiten mit meinem Vater geben wird, sei hier nur am Rande erwähnt. Ganz ohne Bedeutung ist auch dieser Punkt sicher nicht." Es sei „durch nichts, aber auch durch gar nichts, zu rechtfertigen, wenn dieser Mann nun wieder eine verantwortliche Stellung in der Firma erhält".[52]

Die Diskussionen setzten sich auch in der Gesellschafterversammlung vom 7. August 1972 noch weiter fort und zogen am Ende weitreichende Folgen nach sich. Zum Zünglein an der Waage wurden Fritz Borgers und seine Geschwister, die sich nach einer internen Beratung gegen eine Berufung von Hermann Borgers zum Geschäftsführer aussprachen. Daran hatte Franz Borgers durch seine regelmäßigen Kontakte zu seinem Onkel Fritz im Hintergrund mitgewirkt. Für die schlechte Lage des Unternehmens seien hauptsächlich Fehler im Bereich Technik verantwortlich. Daher schlugen sie vor, Werner Borgers zum Geschäftsführer zu bestellen und für den kaufmännischen Bereich einen Fremdmanager zu suchen. Für eine Berufung von Hermann Borgers in die Geschäftsführung gab es in der Versammlung keine Mehrheit.[53] In seiner anschließenden Sitzung ernannte der Beirat Werner Borgers „zum Geschäftsführer mit der besonderen Zuständigkeit für den Bereich Technik". Er solle sein Amt erst wieder niederlegen, wenn ein neuer finanzkräftiger Teilhaber für Borgers gefunden war. Dass sich Werner Borgers nochmals in die Pflicht hatte nehmen lassen, war keine Selbstverständlichkeit, hatte er sich doch mit der Weberei Rensing längst ein eigenes unternehmerisches „Spielfeld" geschaffen. Es bedurfte einiger Überzeugungskraft aus unterschiedlichen Richtungen, bis er zu einer Rückkehr in die Firma bereit war. Letztlichwar für ihn aber die Sanierung des Familienunternehmens wichtiger als alles andere. Von der Belegschaft wurde sein Entschluss geradezu enthusiastisch begrüßt. Bis heute gibt es Stimmen, die von Mitarbeiter berichten, die sich förmlich in den Armen lagen.

Vor der eigentlich naheliegenden Entscheidung, Leopold Horstmann und Walter Brandt umgehend zu entlassen, schreckte der Beirat indes zurück, da sich nicht eindeutig vorhersehen ließ, ob die Rückkehr von Werner Borgers die gewünschten Ergebnisse bringen würde. Sollte der Versuch fehlschlagen, stünden bei einer Entlassung von Horstmann und Brandt zu wenige obere Führungskräfte zur Verfügung. Das Gremium bat „alle drei Herren" eindringlich darum, „Geschäftsinteresse über persönliche Meinungsverschiedenheiten zu stellen und [...] zum Wohle der Firma vernünftig zusammenzuarbeiten".[54]

Ganz anders als vom Familienstamm Wilhelm Borgers erhofft, erteilte der Beirat dem Antrag Hermann Borgers, zum Geschäftsführer ernannt zu werden, eine Absage, die es in sich hatte. Er wurde regelrecht abgekanzelt und praktisch zur unerwünschten Person bei Borgers erklärt. Die Beiratsmitglieder wiesen „mit besonderem Nachdruck darauf hin, dass jegliche Einflussnahme seinerseits auf die Geschäftspolitik der Firma Borgers nicht mehr geduldet werden könne."[55] In seinem Schreiben an Hermann Borgers führte das Gremium weiter aus: „Der Beirat betont nunmehr Ihnen gegenüber, dass die Herren Werner Borgers und Dr. Horstmann rechtlichen Anspruch darauf haben, frei von Störungen durch Gesellschafter der Johann Borgers KG arbeiten zu können. [...] Der Beirat legt großen Wert auf die einwandfreie Einhaltung der Rechtsverhältnisse. Er hat alle Gesellschafter aufgefordert, alles zu unterlassen, was dem Ruf des Unternehmens und dem Ansehen seiner Führung schädlich sein könnte." Und weiter hieß es: „Wir werden als Beirat [...] sehr hart reagieren, wenn die jetzt geschaffenen Verhältnisse von außen gestört werden. Mit der gleichen Reaktion ist bei den Kreditgebern zu rechnen."[56]

Schon bald sollte sich zeigen, dass sowohl inständige Appelle als auch Drohungen nicht weiterhalfen, um die vielschichtigen Konflikte zu lösen und noch nicht einmal zu einem Scheinfrieden führten. Es dauerte praktisch nur wenige Tage, bis die Hoffnungen des Beirats auf mehr Ruhe an der Unternehmensspitze wie ein Kartenhaus in sich zusammenfielen.

Schwierige Konsolidierung unter Werner Borgers

Mit der Wahl von Werner Borgers zum Geschäftsführer hatte der Beirat zentrale Probleme immer noch nicht gelöst, sondern lediglich aufgeschoben. Die Konsolidierung der Firma stand vom ersten Tag an im Schatten bleierner Altlasten. Zu den Unbekannten, die eine schnelle Sanierung von Borgers möglicherweise behindern konnten, gehörte zunächst die Personalie Leopold Horstmann, genauer gesagt: die Art und Weise der Zusammenarbeit zwischen ihm und Werner Borgers. Schnell zeichnete sich ab, dass der Appell des Beirats, gemeinsam im Interesse des Unternehmens zu handeln, die Gemüter nicht beruhigte.

Aus nachvollziehbaren Gründen sorgten die Personalentscheidungen des Beirats bei Horstmann für gehörige Irritationen. Er habe fest mit seiner Entlassung gerechnet. Stattdessen habe der Beirat ihn nun gebeten, seine Arbeit fortzusetzen. Nach einer Bedenkzeit erklärte sich Horstmann zu einer weiteren Mitarbeit bereit, allerdings nur unter zwei Bedingungen: erstens, müssten die Gesellschafter „jede Art der Einflussnahme in die Geschäftsführung" und „jegliche Äußerung nach außen, die geeignet ist, der Gesellschaft Schaden zuzufügen", unterlassen. Daneben müsse es, zweitens, zwischen ihm und Werner Borgers „zu einer echten vertrauensvollen Zusammenarbeit" kommen. Werner Borgers müsse ihn „als gleichberechtigten Geschäftsführer akzeptieren" und die gemeinsame Geschäftsführung auch praktizieren.[57] Genau davon war Werner Borgers aber weit entfernt, der aus seiner Abneigung gegen eine gleichberechtigte Zusammenarbeit auch gar keinen Hehl machte. Er warf Horstmann vor, in der Krise zu wenig Personal abgebaut zu haben, hielt ihn für ungeschickt bei Kreditverhandlungen und machte ihn für fehlgeschlagene Produktlinien mitverantwortlich (z. B. Haushaltstücher für Raab Karcher). Nach Meinung von Werner Borgers war Leopold Horstmann im Unternehmen geradezu überflüssig. Er solle am besten ersatzlos entlassen werden.[58] Das Gefühl, diskreditiert zu werden, kam bei Horstmann gewiss nicht von ungefähr. Eine Entlassung führte nach Ansicht des Beirats aber zu weit. Die Kosten für eine Kündigung waren zu hoch, der Finanzbereich wäre ohne ihn personell zu schwach aufgestellt gewesen und zu guter Letzt wollte das Gremium seine Hoffnung auf eine „ersprießliche Zusammenarbeit in der Geschäftsführung" abermals nicht aufgeben.[59] Die unbefriedigende Situation wurde unter den Beiratsmitgliedern im Herbst 1972 gleichwohl mit Sorge beobachtet. So beklagte Fritz Borgers die unklare Verteilung von Kompetenzen in der Geschäftsführung, die nicht nur ein „Nebeneinander, sondern auch ein Durcheinander heraufbeschworen" habe.[60]

Es dürfte den Beirat und auch Werner Borgers kaum überrascht haben, dass schon bald eine weitere, altbekannte personalpolitische Debatte erneut an Aktualität gewann. Hermann Borgers ließ sich durch den „Platzverweis" des Beirats in seinen Zielsetzungen nicht bremsen und ging im Januar 1973 wieder auf Gegenkurs. Mit der Entscheidung, ihn nicht zum Geschäftsführer zu bestellen, gebe sich sein Familienstamm nicht zufrieden. Da er seine Qualitäten als Unternehmer seit dem Wiederaufbau der Firma in der Nachkriegszeit zur Genüge unter Beweis gestellt habe und außerdem jeder Familienstamm das Recht habe, einen Geschäftsführer zu benennen, bat er erneut darum, in die Geschäftsführung berufen zu werden. Er wolle mit seiner „Arbeitskraft [...] helfen, die frühere Solidität des Unternehmens wiederherzustellen" und sich u. a. in die Arbeitsbereiche Einkauf und Verkauf, Kalkulation, Artikelbereinigung und Standardisierung einbringen.[61]

Der Beirat war sich schnell darüber einig, seine Ansprüche erneut deutlich zurückzuweisen. In seiner Antwort verwies das Gremium auf juristische Gutachten, die der Auffassung von Hermann Borgers widersprachen und feststellten, dass der Gesellschaftervertrag an keiner Stelle jedem Familienzweig das Recht einräumte, einen Vertreter in die Geschäftsführung zu entsenden. Das zweite Argument dürfte Hermann Borgers indes noch viel mehr getroffen haben. Der Beirat sah sich „aus Bedenken gegen [seine] Person" außerstande, seinen Wünschen nachzukommen: „Aus der Vorgeschichte [...] wissen wir, dass eine konstruktive und für das Unternehmen gedeihliche Zusammenarbeit zwischen Herrn Werner Borgers und Ihnen nicht zu erwarten ist. Da Herr Werner Borgers besondere Kenntnisse in der Fertigung und der Weiterentwicklung der Firmenprodukte hat, ist seine Beschäftigung innerhalb der Geschäftsführung von besonderem Wert. Außerdem hat er bewiesen, [...] dass die kaufmännische Verwaltung zu verbesserten Verhältnissen gekommen ist." Seine Rückkehr würde den „insgesamt sichtbaren Fortschritt" bei der Sanierung des Unternehmens erheblich gefährden.[62]

Trotz der atmosphärischen Störungen unter den Geschäftsführern, trotz der Dauerfehde mit Hermann Borgers, hatte das finanziell angeschlagene Unternehmen unter der Leitung von Werner Borgers langsam wieder Land in Sicht. Was den Streit mit Hermann Borgers anging, erwartete Werner Borgers vom Beirat, dass ihm der Rücken freigehalten wurde. Seine Erwartungen wurden nicht enttäuscht. Die Meinungsverschiedenheiten mit Leopold Horstmann betrachtete er als ein lästiges, aber nicht entscheidendes Gefecht, das bald beendet sein würde. Vom ersten Tag an stieg die Produktivität wieder. Die „zu akademische, funktionell überorganisierte Geschäftsleitung" wich einer einfachen, dreistufigen Hierarchie. Der direkte und oft informelle Kontakt unter den Mitarbeitern verbesserte die Abstimmung im Unternehmen. Der Sparappell fiel auf fruchtbaren Boden und stimulierte auch zu manchen eher symbolhaften Handlungen. So entfernten Mitarbeiter aus den Lampen ihrer Büros doppelte Leuchtröhren (was zwar Energie sparte, zugleich aber für halbdunkle Arbeitsplätze und Flure sorgte). Entscheidend waren besonders die Einsparungen beim Einsatz von Rohmaterial. Jeder Artikel wurde auf Randstreifen und Zuschnittgrößen hin untersucht. Um der Krise Herr zu werden, kam es auch zu Entlassungen, die allerdings nach rund einem Jahr durch die Einstellung neuer Arbeitskräfte wettgemacht wurden.

Als ein Meilenstein zur Verbesserung der höchst angespannten Finanzlage erwiesen sich die erfolgreichen Verhandlungen mit der BASF. Werner Borgers gelang es, mit dem Chemie-Riesen als wichtigem Lieferanten für flüssige Binder bzw. Verformungshilfen einen Kredit von einer Mio. D-Mark auszuhandeln. Damit öffnete sich noch eine weitere Tür. Der in Bocholt hinlänglich bekannte und in seiner Art unkonventionelle Direktor der örtlichen Volksbank „Tito" Elting sagte ebenfalls eine Mio. D-Mark frisches Geld zu. Werner Borgers und dem damaligen Finanzchef Ludger Ernsten fielen gleich mehrere Steine vom Herzen. Das Vertrauen, das die BASF und die Volksbank ihnen entgegengebracht hatten, sollten beide niemals vergessen.

In der Produktpolitik achtete Werner Borgers besonders darauf, die Marktposition von Produkten zu verbessern, die bereits gut liefen: „Die Stärken stärken ist in unserer Situation wichtig, sonst stürzen wir ab"; war von seinem Kurs überzeugt. Kostspielige Investitionen in Artikel, die noch in der Entwicklung standen (u. a. der synthetische Nadelfilz) und zu wenig Gewinn versprachen, wurden gleichzeitig zurückgestellt. Besonders erfreulich entwickelte sich der Absatz von Triflex. Phenolharz gebundene und per Thermofusion hergestellte Formteile wurden von der Automobilindustrie verstärkt nachgefragt und stellten in den 1970er Jahren die Watteproduktion langsam in den Schatten. Der Erfolg der Konsolidierungspolitik ließ sich am Jahresende auch in den nüchternen Zahlen der Gewinn- und Verlustrechnung ablesen. Borgers brachte es auf einen Gewinn von ca. 2,7 Mio. D-Mark.[63]

Glückwünsche zur gelungenen Sanierung, wie etwa von Franz Borgers, kamen jedoch noch zu früh. Störfeuer des Familienzweigs Wilhelm Borgers behelligten einmal mehr das Tagesgeschäft und die mittlerweile gute Zusammenarbeit der Führungskräfte. Im Januar 1974 führte Hermann Borgers Klage wegen zu schlechter Information seines Familienstamms. Gleichzeitig unternahm er einen neuen Versuch, wieder aktiven Einfluss auf die Unternehmenspolitik zu gewinnen. Der Zweig Wilhelm Borgers wünschte sich „einstimmig, dass Hermann Borgers wegen seiner langjährigen Erfahrung [...] bei einer baldigen außerordentlichen Gesellschafterversammlung in den Beirat gewählt wird", quasi als „Ersatz" für die ihm zustehende Position eines Geschäftsführers. Der Vorstoß endete nicht zum ersten Mal mit einer glatten Niederlage. Die Gesellschafterversammlung zeigte ihm die kalte Schulter.[64]

Die Erholung des Unternehmens stand auch noch aus einem weiteren Grund auf dünnem Eis. Gerade, als sich die ersten Erfolge der Sanierung abzeichneten, gerade, als Borgers finanziell wieder etwas mehr Luft zum Atmen hatte, taumelte die Wirtschaft der Bundesrepublik ihrer bis dahin größten Krise entgegen. Die Weltwirtschaft wurde schon seit dem Frühjahr 1973 tief erschüttert. Mit der Freigabe der Wechselkurse gegenüber dem Dollar in Deutschland, Frankreich und anderen europäischen Staaten am 19. März brach das System fester Wechselkurse zusammen. Militärische Konflikte belasteten die Volkswirtschaften zusätzlich. Nach Ausbruch des Jom-Kippur-Krieges reduzierten die arabischen Staaten im Oktober ihre Öllieferungen und zogen gleichzeitig die Preise für mineralölabhängige Energieträger an (Benzin für Kraftfahrzeuge, Heizöl, Chemie-Rohstoffe).

Im Jahr 1974 ging es noch weiter bergab. Arbeitslosigkeit, hohe Inflationsraten, Hungerkrisen, Energieengpässe und ein weltweiter Konjunkturabschwung überschnitten sich und verdeutlichten die Grenzen des globalen Wachstums. Die USA erlebte die tiefste Krise seit den 1930er Jahren, Westeuropa eine durchgreifende Rezession. Im Kreis der OECD-Staaten verringerte sich das reale Bruttosozialprodukt um 0,3 Prozent. In der Bundesrepublik verdüsterte sich die wirtschaftliche Situation. Zwar nährte die Zunahme der Auftragsbestände in der verarbeitenden Industrie um 16 Prozent noch Hoffnungen auf eine rasche Überwindung der Ölkrise; andere Indikatoren wiesen aber in eine andere Richtung: Das Bruttosozialprodukt stagnierte mit plus 0,4 Prozent nahezu, die Arbeitslosenquote erhöhte sich auf 2,6 Prozent, die Inflationsrate stieg auf annähernd sieben Prozent, die Nachfrage der Investitionsgüterindustrie blieb rückläufig, die industrielle Nettoproduktion brach in fast allen Branchen ein.

Das Geschäftsjahr 1974 warf auch Borgers bei der Sanierung noch einmal zurück. Die Verteuerung von Rohstoffen, die schwache Nachfrage der Automobilproduzenten, ein hoher Materialverbrauch und eine Hochzinsphase ließen besonders in Bocholt die Erträge einbrechen. Den Geschäftsverlust von etwa 1,1 Mio. D-Mark glichen Gewinne in Halle und bei Olbrich aus und führten zu einem kleinen Überschuss von 34.000 D-Mark.[65] Die Krise 1974 sorgte nur kurz für Verunsicherung. In den nächsten Jahren erlebte Borgers nun einen kontinuierlichen Aufschwung.

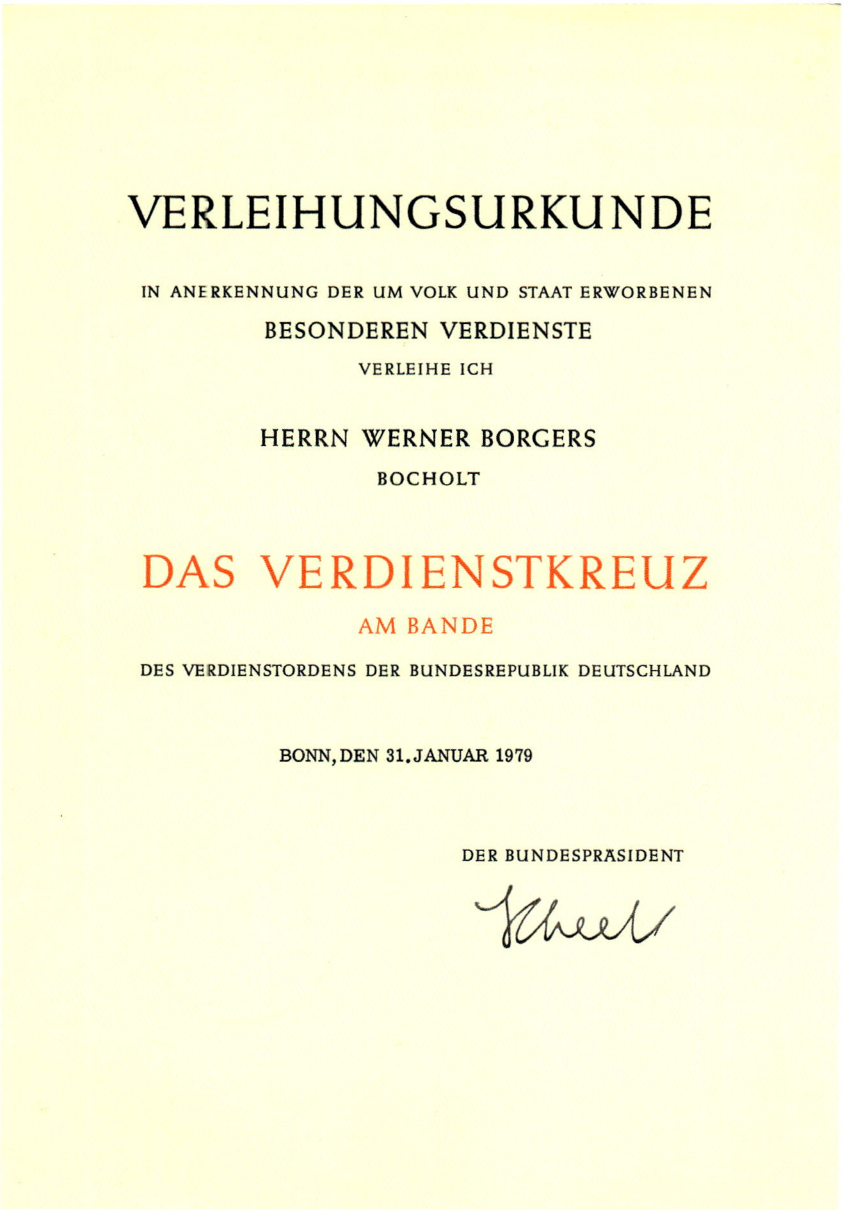

VERLEIHUNGSURKUNDE

IN ANERKENNUNG DER UM VOLK UND STAAT ERWORBENEN

BESONDEREN VERDIENSTE

VERLEIHE ICH

HERRN WERNER BORGERS

BOCHOLT

DAS VERDIENSTKREUZ

AM BANDE

DES VERDIENSTORDENS DER BUNDESREPUBLIK DEUTSCHLAND

BONN, DEN 31. JANUAR 1979

DER BUNDESPRÄSIDENT

Scheel

Urkunde über die Verleihung des Bundesverdienstkreuzes an Werner Borgers, 1979.

Mit einem Umsatzplus von 35 Prozent auf rund 70 Mio. D-Mark wurde im Geschäftsjahr 1976 in Bocholt der bis dahin größte Wachstumssprung erzielt. Borgers kamen in erster Linie die sehr guten Geschäfte mit den Automobilherstellern zugute, die z. B. an verformten PVC-beschichteten Filzen für Pkw-Kofferraumauskleidungen wachsendes Interesse zeigten. Zwischen dem Krisenjahr 1972 und 1977 stieg der Gesamtumsatz des Bocholter Betriebs von 47,2 Mio. D-Mark auf 73,1 Mio. D-Mark (plus 55 Prozent). Besonders wichtig waren 1977 die Geschäfte mit den Automobilherstellern, die einen Anteil von 40,3 Prozent zum Umsatz beitrugen. Unter den Produktgruppen gehörten, gemessen an ihren Umsatzanteilen, beschichtete Materialien (1972: 4 Prozent, 1977: 13,9 Prozent) und Autoteppiche (1972: 3,1 Prozent, 1977: 8,8 Prozent) zu den Gewinnern. Die Hauptumsatzträger blieben durchgehend die Artikelgruppen Triflex (1972: 16,8 Prozent, 1977: 14,9 Prozent) und Teppichböden (1972: 22,9 Prozent, 1977: 19,6 Prozent). Deutliche Verlierer waren die klassischen Watteartikel – geleimte und vernadelte Watte sowie unverfestigte Faservliese. Die Erträge konnten sich in Bocholt vor allem seit 1975 wieder sehen lassen. Hatte der Betrieb 1974 noch einen Verlust von ca. 1,1 Mio. D-Mark eingefahren, betrug der Geschäftsgewinn 1977 rund 4,7 Mio. D-Mark.[66] Ermöglicht wurde das Wachstum auch dadurch, dass für den Bau neuer Anlagen konsequent nur gebrauchte Maschinen verwendet wurden, die nach der Schließung vieler Spinnereien in Europa günstig zu haben waren. Allerdings mussten die Maschinen umgebaut und angepasst werden, was für den hauseigenen Maschinenbau eine Spezialität wurde. Gleiches galt auch für Pressen.

Obwohl der Familienzweig Wilhelm Borgers bei seinen Versuchen, mehr unternehmenspolitischen Einfluss zu gewinnen, mittlerweile genügend bittere Niederlagen eingesteckt hatte, ließen die Querschüsse auch in den Jahren des wirtschaftlichen Aufschwungs bei Borgers nicht nach. Nun war es außer Hermann Borgers sein Schwiegersohn Ernst Rump jun., der – seit November 1974 als Mitglied des Beirats – zur Attacke auf die Geschäftsleitung um Werner Borgers blies. Wieder einmal ohne Erfolg. Die Absicht Rump jun. im Frühjahr 1975, für seine Familie größere Anteile an den Firmen Johann Borgers KG und Borgers GmbH von den Mitgesellschaftern zu erwerben, scheiterte. Eine Grundsatzdebatte zwischen den Stämmen über die Aufspaltung der Unternehmensgruppe bzw. ihre Aufteilung unter den Familienzweigen verlief nicht nach seinen Vorstellungen. Sein Ziel, selbst Geschäftsführer bei Borgers zu werden, scheiterte an der geschlossenen Abwehrhaltung der Familienzweige Franz und Fritz Borgers. Daneben ließ der Stamm Wilhelm Borgers kaum eine Gelegenheit aus in Grundsatzpapieren auf die in ihren Augen falsche Unternehmenspolitik hinzuweisen. Es gebe unter Werner Borgers kein nachhaltiges Unternehmenskonzept, die kaufmännischen Belange würden vernachlässigt und die Abhängigkeit von den Geschäften mit der Automobilindustrie, die 60 bis 70 Prozent vom Gesamtumsatz ausmachten, sei viel zu hoch. Der Kundenkreis müsse wesentlich breiter aufgestellt werden.[67] Der Kampf um Macht und Einfluss zwischen den drei Familienzweigen war allerdings schon längst entschieden. Der Stamm Wilhelm Borgers stand auch mit seiner Grundsatzkritik letztlich auf verlorenem Posten. Die unermüdliche Kritik von Hermann Borgers blieb für die übrigen Familienstämme gleichwohl nervenaufreibend. Ein wichtiger Ort, die Fronten gegenüber den Ansprüchen des Stammes Wilhelm Borgers geschlossen zu halten, blieb der Beirat. Franz Borgers sah seine Aufgabe vor allem darin, seinen Onkel und Beiratsvorsitzenden Fritz quasi „ruhig zu halten“, um die Banken in ihrem Eindruck zu bestätigen, dass die Mehrheit der Gesellschafter geschlossen die Geschäftspolitik von Werner Borgers guthieß. Die Kreditgeber hatten sich freilich bereits selbst eine Meinung zu den Absichten von Hermann Borgers gebildet. Dass es ihm nicht ums Geld, sondern um seinen persönlichen Einfluss in der Firmengruppe ging, blieb ihnen nicht verborgen.

In seinen Amtszeiten als Geschäftsführer machte sich Werner Borgers nicht nur um das eigene Familienunternehmen, sondern auch um das Gemeinwohl verdient. Im April 1979 wurde ihm für sein Engagement auf sozialem und kulturellem Feld von der Bundesrepublik das Verdienstkreuz am Bande überreicht. Seiner Mitarbeit im Siedlungsverein „Sonnenschein e. V.“ blieb nicht seine einzige gut Tat. Im Kuratorium des St.-Agnes-Hospitals trug er maßgeblich zum Wiederaufbau des Hauses bei, das im Zweiten Weltkrieg stark zerstört worden war. In der örtlichen Musikschule ließ er sich zum Vorsitzenden des Fördervereins wählen und geizte nicht mit finanzieller Hilfe. Mit seiner Unterstützung konnte dem Jugendsymphonie-Orchester eine Reise in die Vereinigten Staaten ermöglicht werden.[68]

IX. Die Ära Franz Borgers (1978/79 bis 2006). Auf dem Weg zum international aufgestellten Systemanbieter im Fahrzeugbau

Fritz Borgers, 1983.

Die umstrittene Nachfolge

Nachdem es Werner Borgers gelungen war, die wirtschaftlich angeschlagene Firmengruppe in ruhigere Fahrwasser zu führen, stand nun noch eine weitere wichtige Entscheidung an. Da sein Abschied aus der Unternehmensführung näher rückte (laut Gesellschaftsvertrag mussten Geschäftsführer mit 65 Jahren ihren Platz räumen), durfte die Entscheidung über seine Nachfolge nicht über Gebühr auf die „lange Bank" geschoben werden. Bei der Suche nach einer angemessenen Nachfolgeregelung blieben sich die Familienstämme treu. Einmal mehr hieß es: Streit ist Trumpf.

Die Diskussionen standen von Anfang an unter dem Eindruck der jüngsten Vergangenheit. Das misslungene Experiment, drei familienfremde, in der Branche unerfahrene Direktoren zu berufen, hinterließ bei den Gesellschaftern, im Beirat, aber auch bei den Beschäftigten tiefe Spuren.

Praktisch war niemand mehr bereit, „Fremdmanager" in die Geschäftsführung zu berufen. Zugleich wollte auch niemand mehr lähmende Macht- und Positionskämpfe der Familienstämme erleben. Im Gesellschafterkreis des Familienstamms Fritz Borgers sowie unter den leitenden Angestellten wurde seit Frühjahr 1976 immer öfter Franz Borgers als vielversprechender Kandidat gehandelt. Und das mit guten Gründen. Franz Borgers hatte durch seine Aufenthalte in den USA, seine Mitarbeit bei L.O.I. in Frankreich und seine langjährige Mitgliedschaft im Beirat genügend einschlägiges Fachwissen erworben. Darüber hinaus genoss er bei den Führungskräften einen guten Ruf. Zahlreiche leitende Angestellte betonten, dass sie gerade Franz Borgers als „einen Namensträger oder Angehörigen der Familie B[orgers] an der Spitze des Unternehmens gerne akzeptieren würden".[1]

Zwei wichtige Fragen waren allerdings noch längst nicht beantwortet. Wollte Franz Borgers überhaupt seine Stelle bei der Frankfurter Commerzbank aufgeben und die Nachfolge seines Vaters antreten, und wie wird der Stamm Wilhelm Borgers die Idee aufnehmen? Im April 1976 fragte Fritz Borgers „vorsichtig" bei seinem Neffen Franz an, ob er prinzipiell bereit wäre, die Nachfolge seines Vaters an der Unternehmensspitze anzutreten. Franz Borgers hielt sich zunächst bedeckt und wies darauf hin, dass ihm eine berufliche Veränderung durchaus schwerfalle. Er hatte zwar seit den späten 1960er Jahren über den Beirat die Unternehmenspolitik schon mitgestaltet. Er hatte auch in den Positionskämpfen der Familie deutlich Stellung bezogen und einiges dazu beigetragen, dass die Front der Familienzweige Franz und Fritz Borgers gegenüber den Ansprüchen von Hermann Borgers auf einen Posten in der Geschäftsführung geschlossen blieb. Sein Interesse an dem weiteren Schicksal des Familienunternehmens stand daher außer Frage. Gleichwohl war es für ihn keineswegs selbstverständlich, seinen beruflichen Werdegang im Westmünsterland fortzusetzen. Eine systematische Vorbereitung der Nachfolge, die allein auf ihn als Geschäftsführer zugeschnitten gewesen wäre, hatte es nicht gegeben. Sein Vater Werner sah in ihm einen durchaus möglichen, aber nicht den einzig denkbaren Nachfolger. Franz Borgers hatte sich vor allem aber in der Commerzbank beruflich längst fest etabliert. Weitere Karriereschritte erschienen nur noch als eine Frage der Zeit.[2] Kaum überraschend riefen die Debatten über die Nachfolge von Werner Borgers den Familienzweig Wilhelm Borgers auf den Plan. Hermann Borgers hatte bereits in den 1960er Jahren alles daran gesetzt, eine Karriere seines Neffen bei der Borgers-Gruppe zu verhindern. Nur folgerichtig sprach er Franz Borgers nun die Qualifikation und das Format für die Position eines Geschäftsführers ab. Seitdem Franz als Nachfolger im Gespräch sei, habe er kein Interesse daran gezeigt, sich über die Zukunft des Unternehmens und der personellen Struktur seiner Führungsspitze auszutauschen. Gespräche über ihre Idee, einen weiteren Geschäftsführer zu berufen, habe er stets abgelehnt, da er darauf aus sei, die alleinige Geschäftsführung zu beanspruchen. Hermann Borgers hielt es für ausgeschlossen, Franz die Verantwortung für das Kapital seines Familienzweigs, das im Unternehmen steckte, und obendrein für tausende von Arbeitsplätzen zu übertragen. Als Gegenkandidaten benannte der Familienstamm aus den eigenen Reihen den promovierten Ingenieur Georg Baum.[3]

Hermann Borgers und seine Angehörigen hatten in den zurückliegenden Jahren bei den Familienstämmen Franz und Fritz Borgers sowie im Beirat zu viel Kredit verspielt, um noch ernsthaft gehört zu werden. Für den Beirat, der letztlich die Geschäftsführer zu berufen hatte, war Franz Borgers einfach der bessere Kandidat. Nicht nur, dass er das volle Vertrauen des Beirats genoss. Eine ebenso wichtige Rolle spielten seine tadellose berufliche Laufbahn sowie sein hervorragender Ruf beim Betriebsrat, der seine Ernennung zum Geschäftsführer mit Nachdruck befürwortete. Schließlich wollte der Beirat „auf jeden Fall das Unheil einer nicht kollegialen Geschäftsführung (Gruppenbildung), wie sie unter den Vettern und bei den Direktoren geübt worden sei, vermeiden“. Eine „Wiederholung dieser Situation“, so die Überlegung des Beirats, „wäre für das Unternehmen katastrophal“.[4]

Die Entscheidung von Franz Borgers folgte letztlich der hinlänglich bekannten Erfahrung „Blut ist dicker als Tinte“. Die Familientradition fortzuführen und in die Fußstapfen seines Vaters zu treten, war verlockend. Ein weiterer Grund kam hinzu, wie sich Franz Borgers erinnert: „Mich reizte auch das industrielle Milieu, das mir ja nicht völlig fremd war, denn ich hatte es bereits zuvor bei Arbeitsaufenthalten in Frankreich und den USA erlebt und mich darin wohl gefühlt.“[5] Damit waren die Weichen endgültig gestellt. Franz Borgers wurde vom Beirat zunächst bis zum 30. Juni 1979 zum stellvertretenden Geschäftsführer berufen. Seine neue Aufgabe ging Franz Borgers mit gehörigem Respekt an: „Ich fragte mich, ob mich die ‚alten Hasen‘ im Betrieb oder auch – noch wichtiger – bei der Kundschaft überhaupt ernst nehmen würden. Überhaupt hegte ich den Verdacht, dass ich den größten Teil dessen, was ich bisher gelernt und getan hatte, vermutlich nicht würde anwenden können.“ An seinem ersten Arbeitstag schlugen die Emotionen geradezu Purzelbäume: „Als ich dann […] am 1. Juli 1978 die Firma betrat und ich den versammelten leitenden Angestellten vorgestellt wurde, schnürte mir die Mischung

Werner Borgers war noch bis 1986 Geschäftsführer des Maschinenbauers Herbert Olbrich, um 1985.

aus Unsicherheit, Sorge und gleichzeitig Stolz fast den Hals zu. Der Empfang war überwältigend gut, sehr freundlich, sehr offen, sehr hilfsbereit. Mit so etwas hatte ich nicht gerechnet! [...] Ich wusste, dass ich die Unterstützung der Borgers-Mitarbeiter brauchte. Dass ich sie ‚gratis' und sozusagen als Vorschuss bekam, hat mich sehr berührt und motiviert."[6] In den nächsten Monaten machte ihn sein Vater mit sämtlichen Belangen der Firma und allen Führungsaufgaben vertraut. Franz Borgers wirkte u. a. an Projekten der Technischen Entwicklung mit, war regelmäßig bei den Besprechungen der drei Verkaufs-Abteilungsleiter mit dabei, arbeitete sich in Verwaltungsfragen ein und führte Verhandlungen mit Kreditinstituten. Er nahm an Sitzungen mit dem Betriebsrat teil, lernte im Einkauf die unterschiedlichen Roh- und Hilfsstoffe kennen und schloss Preisverhandlungen mit Lieferanten ab.[7] Bestens eingearbeitet übernahm Franz Borgers rund ein Jahr später von seinem Vater die alleinige Geschäftsführung.

So reibungslos, wie es auf den ersten Blick erscheint, verlief die Übergabe der Geschäftsführung zwischen Vater und Sohn übrigens nicht. Wie in zahlreichen anderen Familienunternehmen blieben anfangs Spannungen zwischen den Generationen nicht aus. Je näher für Werner Borgers das Ende seiner Amtszeit rückte, desto weniger war er von seinem Abschied aus der unmittelbaren Verantwortung begeistert. Seine bisweilen gereizte Haltung gegenüber seinem Sohn sorgte mitunter für Missstimmung. Im Laufe der Zeit hieß es allerdings: Ende gut, alles gut. Die atmosphärischen Störungen lösten sich bald, das Verhältnis zwischen Werner und Franz Borgers normalisierte sich.

Im Branchenwandel

Als Franz Borgers die Geschäftsführung übernahm, stand die Automobilindustrie bereits inmitten vielfältiger Veränderungen. Wesentlich angetrieben durch die wirtschaftliche Krise 1973 bis 1975, die den Herstellern schwere Einbußen beschert hatte, beschleunigte sich der Branchenwandel bis in die frühen 1990er Jahre hinein deutlich und betraf Schritt für Schritt auch das Verhältnis zwischen Automobilproduzenten und ihren Zulieferern.

Die Hersteller mussten sich alles in allem mit „neuen Spielregeln für Erfolg und Wettbewerbsfähigkeit" auseinandersetzen. Die japanischen Produzenten, die qualitativ gute Pkw auch für den schmalen Geldbeutel anboten, drängten auf die Weltautomobilmärkte und wuchsen zu einem ernst zu nehmenden Konkurrenten heran. Die eigenen Fahrzeuge verteuerten sich im Ausland zum Teil erheblich, da zahlreiche Nachbarländer ihre Währungen abwerteten und so der Außenwert der D-Mark anzog. Zugleich waren in der Bundesrepublik nach dem ersten Ölpreisschock 1973 und nach mehreren hohen Tarifabschlüssen die Produktionskosten nach oben geschossen. Gerade jene Industriezweige, die stark vom Export abhingen, büßten damit Wettbewerbsvorteile ein. Darüber hinaus formulierten die Kunden neue Wünsche an die Automobilindustrie. Die Ansprüche an die Sicherheitsstandards und an einen möglichst Umwelt schonenden Kraftstoffverbrauch stiegen. Außerdem sollte die Autofahrt in jeder Hinsicht möglichst komfortabel ausfallen.

Das alles sorgte bei den Automobilherstellern für eher ungemütliche Zeiten. Rasche Antworten mussten gefunden werden. Bei der Suche nach einer Optimierung der Kostenstrukturen rückten zum Leidwesen von Borgers und seinen Mitbewerbern schnell die Beschaffungspreise für die Zulieferungen in den Vordergrund. Da der Einkauf nicht zu Unrecht als Kostentreiber galt (in den 1980er Jahren entfielen rund 75 Prozent der Gesamtkosten eines Herstellers auf den Einkauf), machten die Autobauer gerade hier gehörige Sparpotentiale aus. Als die Adam Opel AG 1987 José Ignacio López zum Einkaufs- und Produktionsleiter berief (in gleicher Funktion trat López im März 1993 in den Volkswagen-Konzern ein) gewannen die Interessenkonflikte zwischen Produzenten und Zulieferern quasi täglich an Schärfe. Der Spanier galt in der Branche als „Wunderwaffe", als „Kostenkiller", als „Hexer aus einer unbekannten Managerwelt", der Lieferverträge gerne in Frage stelle und auf „wirtschaftliche Macht" sowie „psychologische Kriegsführung" setze.[8] Der neue mächtige VW-Manager ging auch in der Bundesrepublik rasch dazu über, mit den Zulieferern umzuspringen, „wie Staatsanwälte mit kleinen Ganoven".[9] Wer nicht bereit war, sich den lautstarken Wolfsburger Forderungen nach Preissenkungen zu beugen, stand bei der Auftragsvergabe schnell mit leeren Händen da. Es verwundert kaum, dass die neuen Töne in der Ära López das Klima in der Zulieferbranche veränderte. Über die Folgen berichtete Franz Borgers seinen Mitarbeitern: „Die stark rückläufigen Mengen lassen die Preise purzeln, und so haben es Herr Lopez und seine Kollegen gar nicht schwer, ihre ehrgeizigen Einsparungsziele zu realisieren. Zulieferer sind erpressbar und gehen bis zum Äußersten, um das Geschäft zu halten, oder um dem Konkurrenten noch etwas abzujagen."[10]

Um die Kosten zu senken, trafen namhafte Automobilhersteller noch eine zweite wegweisende strategische Entscheidung, die ihre Zulieferer unmittelbar betraf. Die Großkunden von Borgers wurden internationaler und verlagerten ihre Fertigung ins westeuropäische Ausland. In Großbritannien oder auch in Spanien, wo Opel und Ford bereits produzieren ließen, lagen die Arbeitskosten deutlich unter dem westdeutschen Niveau. Die Folgen für die Zulieferfirmen waren einschneidend, da die Autoproduzenten nun häufig dazu übergingen, Aufträge an Firmen zu vergeben, die bereit waren, sie bei ihrer Internationalisierung vor Ort zu begleiten und ebenfalls Fertigungsstätten im Ausland zu errichten. Auch für Borgers sollten schwierige Entscheidungen anstehen.

Daneben trieb auch der technische Fortschritt den Branchenwandel unweigerlich voran. Seit Mitte der 1970er Jahre war die Mikroelektronik auch in der Automobilindustrie auf dem Vormarsch. Erste Roboter, die Arbeitsschritte wie von Geisterhand gesteuert übernahmen, gehörten nunmehr zum Bild einer modernen Produktionshalle. Auch aus einem anderen Grund wurde die Produktion von Pkw in den 1980er Jahren komplexer. Die Hersteller verringerten ihre „Fertigungstiefe": VW, Daimler & Co. produzierten Bauteile, die sie für ihre Autos benötigten, immer weniger selbst. Mit dem Wandel auf den Automobilmärkten und vor allem mit den veränderten Produktionsprozessen veränderten sich Aufgaben eines Automobilzulieferers seit den späten 1980er Jahren fundamental, wie Franz Borgers 1993 herausstellte: „Die besonderen Beziehungen zwischen Automobilherstellern und Zulieferunternehmen haben sich in den letzten Jahren dramatisch verändert. Die Autofirmen reduzieren immer stärker ihre Fertigungstiefe, was für die Zulieferer gesteigerte Produktverantwortung be-

Leitende Techniker bei Borgers in der Amtszeit von Franz Borgers, v. l.: Hans Hünting, Josef Boeing, Heinz Mölders, Karl Giesen, Hans Segbert und Dieter Eisele, um 1985.

deutet, die bereits bei der Neukonzeption, Forschung und Entwicklung von Teilen beginnt und über Fertigung und Prüfung von Dauerhaftigkeit und Funktionsfähigkeit bis zum Einbau der Teile sowie zur späteren Entsorgung bzw. Wiederverwendbarkeit reicht."[11]

Anders formuliert: Die neuen Fertigungstechniken bürdeten den Zulieferern neue Pflichten auf. In den Verträgen mit den Produzenten spielten Fragen der Qualitätskontrolle eine immer wichtigere Rolle. Das musste die Zulieferfirmen an sich noch nicht beunruhigen. Heikel war dabei allerdings, dass die Verantwortung für das Qualitätsmanagement zumeist auf den Schultern der Zulieferer lag, die nun aufgefordert waren, entsprechende Maßnahmen zur Qualitätssicherung und -dokumentation zu treffen. Kurz gesagt: Der Geschäftsführer Franz Borgers stand seit den späten 1970er Jahren vor vielfältigen, zum Teil auch ganz neuen Herausforderungen, die neue Antworten und Strategien verlangten.

Ohne einen hochqualifizierten Stab von technischen „Sachverständigen" hätten sich die zahlreichen Herausforderungen kaum bewältigen lassen. Von seinem Vater hatte Franz Borgers eine Reihe hervorragender Techniker quasi „geerbt". Allesamt in ihrer Art selbstbewusst, fachlich ausgesprochen souverän und jederzeit bereit, weit über den eigenen Tellerrand hinauszublicken. Sie legten einen hohen Leistungswillen an den Tag, besaßen die Fähigkeit, ihre Ideen in die Praxis umzusetzen und waren darüber hinaus Borgers über Jahre treu verbunden. Die zahllosen Anfragen der Konkurrenz, doch den Arbeitsplatz zu wechseln, wurden allenfalls milde belächelt.

Vertrauen ist gut, Kontrolle ist besser: Franz Borgers inspiziert den Dachhimmel im Transporter von Daimler-Benz, Düsseldorf, 22. September 1983.

Zu den leitenden Technikern, die sich einmal in der Woche trafen und mit bemerkenswertem Erfindergeist Mitarbeiter, Kunden und die Geschäftsleitung mehr als einmal verblüfften, gehörte der Werksleiter in Dingden Josef Böing, ein Maschinenbauer, der sich mit duroplastischen Vliesen auskannte wie kein zweiter. Dieter Eisele, Chemiker und Laborleiter, genoss hingegen als Fachmann für Fasern einen ausgezeichneten Ruf. Auf seine Anregung geht auch das kooperative Studium zurück, das früh bei Borgers eingeführt wurde. Als „Fertigungs-General" mit einem strategischen Blick für das Zusammenspiel von „Mensch, Material und Maschine" drückte Karl Giesen der Entwicklung des Bocholter Stammwerks seinen Stempel auf. Heinz Mölders, Leiter der Anlagenabteilung, galt als Universaltechniker mit einem „sechsten Sinn" für Schwachstellen in technischen Abläufen und als ein kühler Kopf, der auch in Krisensituationen stets den Überblick behielt. Zum engeren Kreis der unverzichtbaren technischen Fachleute zählte auch der Textiltechniker Hans Segbert, der seit 1996 den Bereich Technik leitete und sich nicht nur wegen seiner Fachkenntnisse, sondern auch wegen seiner vermittelnden Art, seiner Begabung, Interessenkonflikte zu bändigen, bei Borgers einen Namen machte.[12] Schließlich gehörte zu diesem Team auch Hans Hünting, der – neu für Borgers – die Abteilung „Qualität" aufbaute und der Produktion mit ständig neuen Fachbegriffen und Methoden die Wichtigkeit dauerhafter Qualität vor Augen führte.

Konjunkturen, Produkte, Innovationen (1978/79 bis 1993)

Fast gleichzeitig mit dem Amtsantritt von Franz Borgers verständigten sich Beirat und Geschäftsführung nach gründlichen Marktanalysen auf die weitere Produktstrategie: „Wir glauben, dass der positive Markttrend für Triflex, insbesondere für verformte und kaschierte Teile anhält."[13] Die gestiegenen Ansprüche der Autohersteller und Kunden an die Isolierung von Geräuschen versprachen eine hohe Nachfrage nach Dämm- und Isolierteilen aus Triflex. Als sicher galt auch, dass in der Bundesrepublik schon bald der erste Dachhimmel aus geformten Triflex eingesetzt werden wird.

Mit der Produktion eines ersten Formteils aus Triflex begann für die Unternehmensgruppe 1979 zweifellos ein neues

Die Geschäftsleitung tagt. Geschäftsführer Franz Borgers und Prokurist Ludger Ernsten, um 1985.

Borgers wurde 1985 von der Adam Opel AG zum Lieferanten des Jahres 1985 gekürt. Die Auszeichnung übernahm Dr. Horst Herke (r.), der ein Jahr später Vorstandsvorsitzender der Adam Opel AG werden sollte, in der Mitte. Dr. Kartzke, der Einkaufsvorstand, 15. April 1986.

Zeitalter. Borgers verfolgte in der Produktpolitik nun konsequent den Weg „von der Flachware zu Formteilen". Filze in Form zu bringen, erwies sich als ein technisch anspruchsvolles Verfahren. Im Labor wurde unter der Leitung von Dieter Eisele experimentiert und geprüft, die Vor- und Nachteile der Trocken- und Nassverformung, die einige Vorzüge besaß, beobachtet und diskutiert. Weitere Schritte folgten. 1982 erwarb die Firmengruppe von Werner Borgers seine Weberei Gebr. Rensing im benachbarten Dingden, um dort die Produktion von Triflex zu konzentrieren und zu erweitern. Wenige Monate später nahm Olbrich unter der Leitung des Borgers-Entwicklungstechnikers Ludger Dieker den Formen- und Werkzeugbau für Borgers-Artikel auf und entwickelte sich schnell zum Komplett-Dienstleister im Automobilgeschäft der Firmengruppe.

Die ersten Lkw-Dachhimmel und Pkw-Hutablagen aus Triflex folgten. Weitere Innovationen wie verformte Velours-Nadelfilz-Teppiche und hitzefeste Motorraum-Isolationen unterstrichen die Technologie-Führerschaft in manchen Sparten und sicherten Borgers wesentliche Wettbewerbsvorteile.[14]

Bis zum 125. Firmenjubiläum 1991 erlebte Borgers überwiegend gute, ja teilweise sehr gute Jahre. Ein Großbrand in Bocholt, der 1981 für einen Schaden in Höhe von 10,4 Mio. D-Mark sorgte, und die schwere gesamtwirtschaftliche Krise in der Bundesrepublik (1981 bis 1983), die auch die Autohersteller erheblich traf, wirkten sich nicht negativ auf das Wachstum aus. Zwischen 1980 und 1989 lag das jährliche Umsatzplus bei Johann Borgers regelmäßig über der durchschnittlichen Wachstumsrate der deutschen Textilindustrie.[15] Zum Gesamtumsatz von rund 228 Mio. D-Mark 1989 steuerten die Verkäufe an die Automobilindustrie mit ca. 70 Prozent den größten Anteil bei. Etwa 15 Prozent machte der Umsatz aus Exporten, ca. sechs Prozent

Schon wieder ein Großbrand bei Borgers. Diesmal ist das Rohwarenlager betroffen; 300.000 D-Mark Schaden. Bei Temperaturen von unter Null Grad Celsius fror das Löschwasser und verwandelte Parkplatz und Straße in eine Eisfläche.

Wie immer bei diesen dramatischen Ereignissen strömten viele Schaulustige herbei.

derjenige aus Verkäufen an die Industrie aus.[16] Der Gewinn nahm nicht in jedem Geschäftsjahr zu, erhöhte sich im längerfristigen Trend aber von vier Mio. D-Mark 1984 auf knapp über acht Mio. D-Mark 1988. Im letzten Jahr der „alten" Bundesrepublik brach der Gewinn allerdings spürbar auf etwas unter fünf Mio. D-Mark ein, nachdem Polyesterfasern zu kräftig erhöhten Preisen eingekauft werden mussten.

Allerdings ist Licht bekanntlich niemals ohne Schatten zu haben. In den 1980er Jahren galten die hohen Kosten für den Materialeinsatz und der beträchtliche Personalaufwand intern als problematische Größen. Die Gewinne hätten nach Ansicht der Geschäftsleitung höher ausfallen müssen, um das weitere Wachstum der Firmengruppe zu finanzieren. Auch die Rentabilität der Fertigung hielt höchsten Ansprüchen nicht stand und sollte durch eine Optimierung von Produktion, Arbeitsvorbereitung, Materialwesen und Logistik verbessert werden.[17]

Ob ein Unternehmen für die Zukunft gerüstet ist, zeigt sich häufig erst in wirtschaftlichen Krisenzeiten. Wer wüsste das besser als Geschäftsführer von Automobilzulieferern, die ihre Betriebe in einer äußerst konjunkturabhängigen Branche auf Kurs halten müssen? Die Gewissheit, dass auf Perioden des wirtschaftlichen Erfolgs unweigerlich Phasen eher geringen Wachstums oder gar ernsthafter Rückschläge folgen, bestätigte sich in den frühen 1990er Jahren einmal mehr. Befand sich die westdeutsche Wirtschaft einschließlich der Automobilindustrie gerade noch im „Wiedervereinigungsboom", wurde die „alte" Bundesrepublik im vierten Jahr nach der Wiedervereinigung von der schwersten ökonomischen Krise seit ihrer Gründung eingeholt. Die kontinuierlich sinkende Nachfrage aus dem Ausland, überzogene Erwartungen in die ostdeutschen Märkte und hohe Lohnsteigerungen trafen vor allem das produzierende Gewerbe und ließen das reale Bruttosozialprodukt im vereinigten Deutschland sinken.

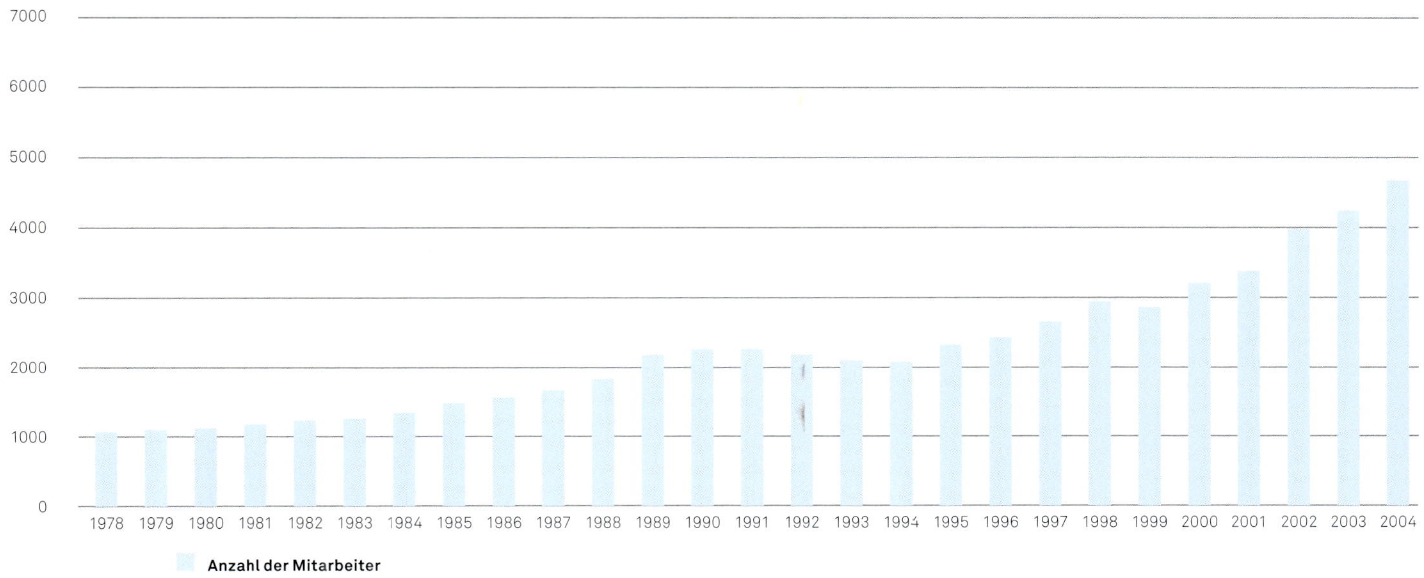

Graphik 1: Entwicklung der Mitarbeiterzahl in der Borgers-Gruppe, 1978 bis 2004.

Die Krise schlug auch auf die Automobilhersteller durch, die unter einer stark rückläufigen Nachfrage im Inland und düsteren Exportaussichten litten. Hatte Borgers die bundesweite wirtschaftliche Talsohle zu Beginn der 1980er Jahre noch unbeschadet überstanden, ergab sich nun ein anderes Bild. Die „Flaute in der Automobilindustrie", so Franz Borgers im Herbst 1993, „hat auch uns voll getroffen. Unser Umsatz liegt ein ganzes Viertel niedriger als im Vorjahr, und weil wir unsere Kosten nicht zeitgleich entsprechend senken konnten, sieht unser Quartalsergebnis nicht gut aus."[18] Die Geschäftsleitung kam zunächst nicht um wenig erfreuliche Maßnahmen herum, die in einem solchen Umfang bisher nicht getroffen werden mussten. Bei Borgers wurden eine Drei-Tage-Woche eingeführt, rund 200 Beschäftigte entlassen und tarifliche Lohn- und Gehaltserhöhungen mit bisher freiwillig gewährten Leistungen verrechnet.

Solche Maßnahmen fallen gerade in Familienunternehmen, die sich immer auch als Betriebsfamilie verstehen, alles andere als leicht. Franz Borgers erinnert sich an die schweren Monate: „Ich schlief nicht mehr gut, was bei mir selten ist. Obwohl der Betriebsrat und die ganze Belegschaft einsichtig waren und sich fast ohne Murren fügten, kamen Mitarbeiter zu mir, oft mit Tränen in den Augen. Ältere, die sich auf ihre lange Betriebszugehörigkeit und ihre anstrengende Arbeit in den Aufbaujahren nach dem Zweiten Weltkrieg beriefen. Jüngere, mit denen ich zur Schule gegangen war, die für ihre Familien Häuser gekauft oder gebaut hatten und sich nun um ihre Kreditverpflichtungen sorgten. Einer zeigte mir ein Foto, auf dem ein älterer Mann einen kleinen Jungen auf dem Arm trägt. ‚Das ist mein Großvater', sagte er, er war Gärtner bei deinem Großvater und Vater, und der kleine Junge bist Du. Im Hintergrund siehst Du übrigens meinen Vater, der ist Modellschreiner und arbeitet bei Olbrich, und meine Mutter hat früher auch bei Borgers gearbeitet'." Die

Begegnung traf Franz Borgers ins Mark: „Es war ungemein bewegend. Zehn Prozent der Gesamtbelegschaft, hauptsächlich in Bocholt und Dingden, standen auf der Straße. Den einzigen Trost, den ich geben konnte, war die Zusicherung, die Betroffenen sofort wieder einzustellen, wenn sich die Zeiten gebessert hätten. Ich konnte nicht ahnen, dass es nur ein Jahr später so weit sein würde.“

In der Krise galt nun die Losung „Sparen und besser werden“. Der Appell von Franz Borgers war eindringlich: „Unsere Produktivität muss steigen, indem wir unsere Anlagen besser nutzen, Ausschuss und damit Abfall weiter reduzieren, Prozesse vereinfachen und pausenlos nach Möglichkeiten zur Verbilligung suchen. Entsprechende Programme sind angelaufen, ihr Erfolg hängt aber vom Mitmachen eines jeden einzelnen Borgers-Mitarbeiters ab. [...] Wenn wir unsere Kostenstruktur verbessert haben [...], können wir selbst bei niedrigen Preisen noch verdienen, denn nicht die Höhe der Preise ist entscheidend für uns, sondern die Gewinnmarge, und die wird zu Hause bei uns gemacht, und nicht am Markt.“[19] In der Unternehmensgruppe lief nun das Programm „Borgers-VIP“ an, d. h., es ging stärker denn je um die ständige „Verbesserung interner Prozesse“ – sei es bei der Arbeitsplatzorganisation, der Produktionsplanung und -steuerung oder bei der Logistik und beim Recycling.[20]

Die Unternehmenspolitik ging in der Krise – und als Konsequenz des marktstrukturellen Wandels – aber weit über Sparen und Optimieren hinaus. Getreu dem Motto „Krisenzeiten sind auch Zeiten voller Chancen“[21] schlug die Geschäftsleitung eine „Vorwärtsstrategie“[22] ein. Der Kurs lautete: Weiteres Wachstum mit dem Ziel, Systemlieferant zu werden. Die einschlägigen Branchenbeobachter waren sich einig, dass wohl nur jene Zulieferer im Markt überleben werden, die bereit sind, die Produktverantwortung ohne Wenn und Aber anzunehmen, d. h. willens sind, neue Artikel zu entwickeln, zu produzieren, einzubauen, ihre Funktionstüchtigkeit zu gewährleisten und später evtl. zu entsorgen oder zu recyceln. Die Unternehmensleitung stieß nun unterschiedliche Maßnahmen an, um das gesteckte Ziel möglichst rasch zu erreichen. So wurden z. B. die Abteilungen, die bei Borgers und Olbrich bislang für die Produktentwicklung verantwortlich waren, 1993 organisatorisch zu einer „neuen kundenorientierten Projektgruppe“ zusammengefasst.[23] Große Aufmerksamkeit widmete die Geschäftsführung ferner dem kundenorientierten „totalen Qualitätsmanagement“. Die Qualitäts-Philosophie bezog sich nicht mehr allein auf einzelnen Produkte. Das Qualitätsversprechen schloss nun jeden einzelnen Schritt zu einer Produktions- oder Dienstleistung mit ein. Abrufe von Kunden annehmen, Stücklisten und Arbeitspläne erstellen, Controlling-Statistiken zusammenfassen – das alles sollte fachlich bestmöglich ausgeführt werden.[24]

Die Strategie, die Unternehmensgruppe konsequent als Systemlieferanten in Stellung zu bringen, trug schnell Früchte. Im Juli 1994 wurde Borgers von Volvo beauftragt, als Systemlieferant für eine neues Modell u. a. den Bodenteppich einschließlich Isolation, der Hutablage, und der kompletten Kofferraumauskleidung zu entwickeln und zu produzieren. Gegen starke nationale und internationale Wettbewerber setzte sich Borgers im gleichen Jahr auch bei BMW durch. Die Bocholter entwickelten gemeinsam mit dem bayerischen Großkunden den kompletten Gepäckraum eines neuen Fahrzeugtyps nach dem Prinzip des „Simultaneous Engineering“.[25]

Franz Borgers (Mitte) bei der Firma FIMIT in Turin (v. r. unbekannt, Josef Boeing, Frnaz Borgers, Karl Giesen, unbekannt), 16. Mai 1985.

Von Bocholt nach Telford und Madrid – Internationalisierung

Das internationale Parkett war der Borgers-Gruppe in den 1980er Jahren schon nicht mehr ganz fremd. Die Bocholter waren seit Jahrzehnten in Frankreich vertreten und pflegten gute Beziehungen zu US-amerikanischen und japanischen Firmen. Daneben tauschte Borgers seit 1985 mit dem Turiner Unternehmen FIMIT verstärkt Erfahrungen aus.

Überhaupt gehörte es zum täglichen Brot, internationale Trends zu beobachten und für das eigene Unternehmen einzuschätzen. Seit Anfang der 1980er Jahre änderte sich das internationale Umfeld für Borgers enorm. Die Automobilbranche legte nun bei ihrer Internationalisierung ein Tempo vor, das auch Zulieferer vor Probleme stellte, die bereits Auslandserfahrungen gesammelt hatten. Dass bei den Automobilproduzenten der Einkauf und die Fertigung zunehmend internationaler wurden, war auch bei Borgers hinlänglich bekannt. Allerdings forderte die neue globale Welt die Bocholter Geschäftsleitung schneller als erwartet heraus.

Die Zeit, strategisch Farbe zu bekennen, rückte 1986 unweigerlich näher. Alles begann mit Gesprächen in Köln: „Als 1986 bei Ford in Köln die Gespräche über die Belieferung von neuen Modellreihen begannen, wurde uns klar, dass unser damals wichtigster Kunde mit der Internationalisierung seiner Fertigung Ernst machen wollte. Der nächste Fiesta sollte baugleich in Köln, Valencia und Dagenham gebaut werden. Die Auftragsvergabe für die drei Standorte war an das Vorhandensein von Produktionsstätten in Deutschland, Spanien und England eines Lieferanten gebunden. Ford war, wie gesagt, unser größter Kunde, den wir bisher nur aus Bocholt beliefern konnten, dieses Geschäft war aber durch diese Entwicklung hoch gefährdet. Noch hatten wir die Chance, dem Trend zu folgen und (zunächst!) in England eine Produktionsstätte zu errichten.“[26]

Yasushi Otsuka (3. v. l.), Otsuka Mitarbeiter, Franz Borgers, Karl Giesen, Dieter Eisele, Hans Segbert bei der Firma Otsuka Boseki Co. Ltd. in Japan, 9. Oktober 1985.

Damit lagen die Karten offen auf dem Tisch. In Großbritannien bestand für Borgers übrigens nicht nur wegen der strategischen Überlegungen wichtiger Kunden, sondern auch aus politischen Gründen Handlungsbedarf. Die britischen Automobilhersteller waren lange Zeit stark von ausländischen Importen abhängig und bezogen etwa die Innenausstattung ihrer Pkw zu einem beträchtlichen Teil aus der Bundesrepublik. Als die Großkonzerne öffentliche Mittel beantragten, um ihre Produktionsanlagen zu modernisieren, nahm die britische Regierung die Hersteller in die Pflicht, stärker als bisher bei einheimischen Zulieferern einzukaufen. Die Folgen bekam auch Borgers Mitte der 1980er Jahre zu spüren. Die Umsätze mit Großbritannien stagnierten, neue Aufträge blieben aus.[27]

Den Kundenwünschen folgen oder Gefahr laufen, international abgehängt zu werden? Lieber „kleine Brötchen backen" oder viel Geld in die Hand nehmen und ein eigenes Werk in Großbritannien aufbauen? Sich für oder gegen Produktionsstätten im Ausland zu entscheiden, gehörte für Franz Borgers zu den schwierigsten strategischen Weichenstellungen, die er als Geschäftsführer zu treffen hatte. Von Beginn an war klar, dass der Bau eines neuen Werks in Großbritannien aus zahlreichen Gründen der sprichwörtlichen „Herkulesaufgabe" gleichkommen würde, wie sich Franz Borgers erinnert: „Wir waren auf einen solchen Schritt eigentlich nicht vorbereitet, hatten vor allem nicht die geeigneten Mitarbeiter, die wir entsenden konnten. [...] Dazu kam, dass wir nur sehr wenig Zeit für Entscheidung und Planung zur Verfügung hatten und das wirtschaftliche Umfeld alles andere als freundlich war. Die Ratschläge, die ich mir einholte, waren höchst gegensätzlich und brachten mich auch nicht weiter."[28]

Letztlich warf Franz Borgers alle Bedenken über Bord: „Wegen der Wichtigkeit des Ford-Geschäfts für uns blieb keine Wahl: Wir mussten zitternd zusagen." Die Befürchtungen, dass der Schritt ins Aus-

Borgers UK in Telford.

Am 2. Juni 1988 eröffnete Franz Borgers den neuen Standort Borgers UK.

In Telford wurden am 11. Februar 1988 die Bodenplatten gelegt.

land kein leichter werden würde, bestätigten sich nun ganz konkret, wie sich Franz Borgers erinnert: „noch fehlte uns alles, einen solchen Schritt zu realisieren: Wir kannten uns in England nicht aus, wie dann eine Standortwahl treffen? Wir hatten keine lokalen Ansprechpartner (Anwälte, Makler, Steuerfachleute etc.), wir hatten nur eine Person, die Englisch sprach, und wir hatten nicht einmal einen Auftrag. Der sollte erst vergeben werden, wenn wir eine Produktionsstätte nachweisen konnten.“[29]

Die Probleme rissen in den nächsten Monaten nicht ab. Die Suche nach einem geeigneten Standort war trotz der Hilfestellung der deutsch-englischen Industrie- und Handelskammer und der Londoner Commerzbank schwierig. Obwohl in Großbritannien bereits genug Industriebetriebe stillgelegt worden waren und eigentlich genügend Immobilien auf neue Investoren warteten, gab es so gut wie keine Industriegrundstücke zu akzeptablen Preisen. Frans Boot, ein Holländer mit einschlägigen Branchenkenntnissen, der auch das Geschäft von Borgers kannte, gab nun den entscheidenden Hinweis: Telford, eine neue Industriestadt nordwestlich von Birmingham, sei höchstwahrscheinlich eine gute Wahl. Im dortigen Bürgermeisteramt standen die Türen für Borgers tatsächlich offen. Die Behörde war auch für Industrieansiedlungen zuständig und bot quasi Serviceleistungen aus einer Hand an. Das Amt vermittelte Grundstücke, erteilte Bau- und Betriebsgenehmigungen, kannte geeignete Steuer- und Rechtsberater und vermittelte auch Arbeitskräfte.

Während die Gespräche in Telford vielversprechend liefen, saß Franz Borgers „auf heißen Kohlen“. Bei Ford verzögerten sich die Produktionsplanungen, die Auftragsvergabe stand immer noch aus. „Eines Tages“, so Franz Borgers, „hatten wir ein denkwürdiges und sehr vertrauensvolles Gespräch mit der Einkaufsleitung von Ford in Köln. Als wir wieder draußen waren, hatten wir Aufträge für alle Sparten, mehr und kom-

plexere für die neue Fabrik als wir dachten, Stückzahlen waren unklar, über Preise war nicht mal gesprochen worden [...] und schriftlich hatten wir nichts in Händen – aber das Wort galt noch etwas. Und so hatten wir keine Bedenken, auf eine mündliche Zusage hin mit einer Millionen-Investition zu beginnen."[30]

Jetzt nahm das Projekt Fahrt auf. Borgers hatte ein 18.2000 Quadratmeter großes Firmengelände erworben und am 9. November 1987 mit den Bodenarbeiten für den neuen Standort begonnen. Im nächsten Frühjahr ging alles Schlag auf Schlag. Am 11. April 1988 trafen die ersten Maschinen ein, um Triflex zu produzieren. Noch vor der feierlichen Eröffnungsfeier am 2. Juni 1988 lieferte das neue Werk am 28. Mai die ersten Formteile an Ford aus (Bodenisolation für das Modell Sierra). Mit tatkräftiger Unterstützung aus Bocholt – u. a. standen zahlreiche Mitarbeiter dem noch unerfahrenen britischen Fachpersonal vor Ort zur Seite – gelang es, den Umsatz von 940.000 britischen Pfund (rund 2,9 Mio. D-Mark) Ende 1988 im nächsten Geschäftsjahr zu verdreifachen.[31] Bei der langfristigen Besetzung der Werksleitung kam es, wie befürchtet, zum Problem. Frans Boot war nicht der Richtige, englische Kandidaten scheiterten einer nach dem anderen. Schließlich blieben nur noch ein junger Techniker (R. Stracke) und ein ebenso junger Buchhalter (A. Hofstede), beide aus Bocholt, übrig. Ihnen wurde die Leitung vorübergehend anvertraut. Die Nachwuchskräfte schlugen sich achtbar, bis schließlich Oliver Kann, gleichfalls ein Borgers-Mann, das Ruder übernahm.

Als in Telford die Produktion anlief, war Borgers bereits dabei, den nächsten Schritt ins Ausland vorzubereiten. Nun hieß es: auf nach Spanien. Dass der Großkunde Ford seinen Fiesta auch in Valencia bauen lassen und seine Zulieferer möglichst nah vor Ort sehen wollte, war schon seit 1986

Die spanische Borgers S.A. zog 2001 vom Produktionsstandort Madrid (oben) in das neu errichtete Werk in Alcalá (unten) um.

Franz Borgers, Ludger Ernsten und Alejandro Berenguer (v. l.) bei der Vertragsunterzeichnung über den Kauf der CEFSA-Anteile, 1988.

bekannt. Abermals war die Entscheidung für Franz Borgers praktisch alternativlos: „Angesichts der Forderung unseres Hauptkunden stellte sich für uns nicht die Frage, ob wir nach Spanien gingen. Die Frage war vielmehr, wie wir den eigenen Standort realisieren würden, denn eines war von Anfang an klar: Wir konnten unmöglich neben dem Werk in England gleichzeitig ein zweites Werk komplett neu errichten.“[32] Damit war der Weg vorgegeben. Um die eigenen Kräfte nicht zu überfordern, erschien es am sinnvollsten, in Spanien einen geeigneten Zulieferer zu übernehmen.

Ein geeigneter und vor allem auch „williger“ Kandidat ließ sich in Spanien nicht über Nacht finden. Franz Borgers nahm im Oktober 1987 schließlich mit der Compañía Española de Flockage S. A. (CEFSA) erste Gespräche auf. Das 1952 gegründete Unternehmen stellte mittlerweile in erster Linie verformte Autoteppiche aus Nadelfilz und Kofferraummatten her, war Borgers seit mehreren Jahren bekannt und genoss bei großen Automobilherstellern wie Ford, Seat und Renault einen guten Ruf. Nachdem sich die über 30 Anteilseigner an der CEFSA für Verhandlungen ausgesprochen hatten, nahm Franz Borgers ernsthafte Gespräche mit Alejandro Berenguer, einem Sohn des Firmengründers, auf. Das Interesse aus Bocholt kam der CEFSA durchaus entgegen. Die Spanier sahen sich immer weniger im Stande, den Forderungen der großen Autobauer nach internationaler Präsenz ihrer Zulieferer nachzukommen. Für größere Investitionen in die Forschung und Entwicklung sowie in qualifiziertes Fachpersonal fehlten die finanziellen Mittel. Da außerdem in der Gründerfamilie kein geeigneter Nachfolger für Alejandro Berenguer in Sicht war, sprach viel dafür, einen starken Partner ins Boot zu holen.

Aus der Perspektive von Borgers gab es kaum Argumente, die gegen eine Übernahme bzw. gegen eine Mehrheitsbeteiligung bei CEFSA sprachen. Das Unternehmen galt nicht unbedingt als ein Ort technischen Ideenreichtums und großer Innovationsfreude. Auch der Standort des Unternehmens, das in Madrid etwas weit von den wichtigsten Kunden entfernt lag, galt im Vorfeld als nicht optimal. Den wenigen Bedenken standen – vom Druck des Großkunden Ford abgesehen – zahlreiche Gründe für ein Engagement bei der CEFSA gegenüber. Die erfreuliche wirtschaftliche Entwicklung Spaniens (das Bruttosozialprodukt stieg 1987 um 5,7 Prozent), kontinuierlich steigende Absatzzahlen von Pkw in den vergangenen zehn Jahren (mit 1,4 Mio. produzierten Pkw nahm Spanien in Europa hinter der Bundesrepublik, Frankreich und Italien den vierten Platz ein), das gute Ausbildungsniveau der Bevölkerung, und Personalkosten, die rund 40 Prozent unter den westdeutschen Sätzen lagen, waren stichhaltige Argumente für Investitionen in Madrid. Überhaupt schien CEFSA sehr gut in den Firmenverbund von Borgers zu passen: „Eine Fertigungsstätte in Spanien“, so die Vorlage an den Beirat vom 30. März 1988, „ist für uns (auch für Borgers Ltd. und TINON) von großer Bedeutung. Wir sehen erhebliche Synergie-Effekte, insbesondere bei unseren Kunden Opel und Ford, die in England, Deutschland und Spanien produzieren. Auch TINON wird von einer Fertigung in Spanien profitieren, da Renault in Frankreich und Spanien grundsätzlich baugleiche Teile einsetzt.“[33] Nach mehreren Verhandlungsrunden hatten sich Franz Borgers und Alejandro Berenguer auch über die genauen Beteiligungsverhältnisse geeinigt. Borgers erwarb 77,88 Prozent der Firmenanteile.[34]

In den nächsten Monaten mussten nun unterschiedliche Unternehmenskulturen zusammenfinden. Franz Borgers setzte zunächst

Borgers-Hutablage für den Ford Fiesta, frühe 1990er Jahre.

auf vertrauensbildende Maßnahmen: „Mir war wichtig, den Eindruck zu vermeiden, dass nun der neue Eigentümer aus Deutschland daherkommt und das Unternehmen, ohne Rücksicht auf Verluste erst einmal komplett umkrempelt, um seine eigenen Interessen durchzusetzen." Im gemeinsamen „learning by doing" fanden die Mitarbeiter beider Zulieferer mehr und mehr zusammen, wie sich Franz Borgers erinnert: „In dem gleichen Maße, in dem sich zwischen Alejandro Berenguer und mir nach und nach das für den gemeinsamen Erfolg notwendige Vertrauen und auch die Einigkeit entwickelte, lernten sich auch unsere Mitarbeiter immer besser kennen. Durch die tägliche und gerade in der Aufbauphase sehr intensive Zusammenarbeit stieg nicht nur das Verständnis füreinander, sondern auch die gegenseitige Wertschätzung."[35]

Unter dem Strich hatte sich das Risiko einer fast zeitgleichen „doppelten Internationalisierung" gelohnt: „Im Gegensatz zu England, wo wir komplett bei null anfangen mussten, haben uns das lokale Know-how und die bestehenden Kontakte der CEFSA sehr dabei geholfen, vergleichsweise zügig in Spanien Fuß zu fassen. Bald trug auch die standortübergreifend gute Zusammenarbeit erste Früchte, und wir erhielten – neben der Produktion für den Fiesta – weitere Aufträge, wie zum Beispiel die europaweit alleinige Herstellung der Hutablagen für den Ford Escort in [...] Dingden, Madrid und Telford. Die Gründung der Borgers S.A. war daher für uns in vielfacher Hinsicht ein bedeutender Schritt auf dem Weg zu einer internationalen Unternehmensgruppe",[36] zieht Franz Borgers Bilanz. Die erste Phase der Internationalisierung fand schließlich mit dem Aufbau eines Verkaufsbüros Borgers Nord in Stockholm ihren Abschluss, das den ebenfalls wichtigen schwedischen Markt bearbeitete.

Internationalisierung von West nach Ost – Ost-Berlin und Tschechien

Der Zusammenbruch des sozialistischen „Ostblocks", die friedliche Revolution in der DDR und die Wiedervereinigung Deutschlands veränderten 1989/90 die Perspektiven der gesamten Automobilindustrie fundamental. Neue Märkte und neue Kunden lockten. Für Borgers tat sich zunächst eine Möglichkeit auf, die unter den Bedingungen eines getrennten Deutschlands jahrzehntelang völlig undenkbar erschien. Während der Teilung Deutschlands hatte die Familie Borgers nie vergessen, dass es noch „einen Koffer (sprich: eine Betriebsstätte) in Berlin" gab. Der Betrieb in Weißensee war 1958 in das „Eigentum des Volkes" überführt und später an den VEB Ebro Textilwerke verkauft worden. In Sommer 1982 wurde die ehemalige Betriebsstätte von Borgers dem VEB Imperhandel Berlin zugeschlagen, der zum Industrieverband Fahrzeugbau gehörte. In der Nüßlerstraße produzierte der „Betriebsteil Produktion" des VEB Imperhandels Gummihaarpolster aus Kokosfasern, die aus Sri Lanka importiert wurden, für die Autositze in den Fahrzeugen Trabant und Wartburg. Daneben wurden in Weißensee Campingauflagen gefertigt.

Die Eigentumsrechte am Ostberliner Betrieb hatte Borgers zwar verloren – gleichwohl ergab sich das eine oder andere interessante Geschäft mit den DDR-Behörden. Bis zum Kollaps des SED-Staats bezog das Werk im ostwestfälischen Halle über rund drei Jahrzehnte textile Altkleider aus der DDR. Der langjährige Werksleiter Paul Meyermann reiste regelmäßig in den „wilden Osten", um den Kauf der stets gut sortierten Ware abzuwickeln. In Halle wurde ein Großteil der Textilien neu verpresst und als Altkleider an Kleiderhändler verkauft. Die übrig gebliebenen Stoffe wurden gerissen.

Im Februar 1990 reisten Werner Borgers und Ludger Ernsten nach Berlin, um sich persönlich vom Zustand des ehemaligen Borgers-Standorts zu überzeugen. Bei ihrem Besuch trafen sie auf eine zutiefst verunsicherte Belegschaft. Da sich der Betriebsleiter Karl-Heinz Strohschein zu Gesprächen mit der Führungsspitze des Stammwerks in Berlin-Oberschöneweide aufhielt, nahm die stellvertretende Betriebsleiterin Helma Rasche die Bocholter Delegation in Empfang. Die Stimmung im Werk hat sie auch nach Jahren gut in Erinnerung: „Nach der Wende war überhaupt die Frage: ‚Was passiert mit dem Betrieb? Wem gehört das eventuell?' Das las man ja nun in allen Zeitungen: der Betrieb ist übernommen, weil der ehemalige Besitzer den Betrieb zurückbekam. Und es waren ja hier auch mehrere Bewerber. Wir wussten wirklich nicht, wem unser Betrieb bzw. das Gelände gehörte. Das war vorher ein Volkseigener Betrieb. Uns hat überhaupt nicht interessiert, wer hier ursprünglich einmal Besitzer war; das war nicht wichtig, das war nicht interessant. Dann kam eines Tages der Herr Werner Borgers mit Herrn Ludger Ernsten in Vertretung der Firma Borgers, so dass wir ein bisschen mit den Augen rollten und sagten: Jetzt kommt wieder einer, dem es gehört, angeblich! [...] Wir waren verunsichert."[37]

Nach einem zweiten Werksbesuch im April 1990 setzte sich bei Borgers die Überzeugung durch: Die Chance, den Betrieb in der Nüßlerstraße 14–23 zurückzugewinnen, sollte genutzt werden. Seit Juni 1990 gab es auch mehr Rechtssicherheit. Die Regierungen der Bundesrepublik und der DDR verständigten sich darauf, Grundvermögen,

Das in der sozialistischen Planwirtschaft marode gewordene Ostberliner Werk, um 1990.

das von DDR-Behörden enteignet worden war, „grundsätzlich [...] den ehemaligen Eigentümern oder ihren Erben zurück[zu] gegeben".[38] Franz Borgers ließ nun nicht mehr viel Zeit verstreichen und meldete im August 1990 beim Magistrat von Berlin die vermögensrechtlichen Ansprüche an. Im Sommer 1991 gingen die Verhandlungen mit der Treuhandanstalt in Berlin in ihre „heiße Phase". Wenige Wochen später war Ludger Ernsten, der für Borgers die Gespräche führte, am Ziel. Am 3. September 1991 ging der „Imperhandel-Betriebsteil für Produktion" wieder in den Besitz von Borgers über – für eine D-Mark und 14 Pfennig. Für die „Johann Borgers Berlin Verwaltungsgesellschaft mbH" und die „Johann Borgers Berlin GmbH & Co. KG" begann nun aber erst die Arbeit. Was und für wen sollte überhaupt produziert werden? Der Leiter des Bocholter Stammwerks Karl Giesen, der nun auch die Geschäftsführung des zurückgewonnenen Berliner Standorts übernahm, schlug vor, die Nähe zum Volkswagen-Konzern zu nutzen und mit den Wolfsburgern ins Geschäft zu kommen. Damit war eine wichtige Entscheidung getroffen. Jetzt musste dringend die Betriebsstätte instand gesetzt werden. 40 Jahre Sozialismus waren nicht spurlos am Ostberliner Standort vorbeigegangen, wie Franz Borgers eindrücklich beschreibt: „Bei näherem Hinsehen stellte sich nämlich heraus, daß wir ein Grundstück mit Gebäude-Außenmauern erworben hatten; Dach und Fußboden, Türen und Fenster, die gesamte Energieversorgung, sämtliche Leitungen für Strom, Wasser, Luft, Trafos, alles, aber auch wirklich alles, war zu erneuern."[39] Der erschreckende Zustand des Werksgeländes sorgte keineswegs für eine missmutige Stimmung, sondern spornte eher noch an, die Betriebsstätte wieder ordentlich auf Vordermann zu bringen. Rückblickend betrachtet wäre es wirtschaftlicher gewesen, auf der grünen Wiese ein Werk ganz neu zu

bauen – der „Wiedervereinigungstaumel" sorgte aber für eine andere Entscheidung.

Nun schlug, so Franz Borgers, „die Stunde von Karl Giesen und Heinz Mölders", die maßgeblich den Wiederaufbau des Ostberliner Standorts vorantrieben. Der Leiter der Anlagenabteilung in Bocholt Heinz Mölders wollte ursprünglich nur für wenige Wochen den Aufbau des Ostberliner Betriebs begleiten, stand Karl Giesen dann aber für fast drei Jahre zur Seite. Beide, führt Franz Borgers aus, „konnten sich zwar nicht vorstellen, was auf sie zukam, nur auf einen Gedanken kamen sie nicht, die Sache zögerlich oder unwillig anzugehen und am Ende zu kneifen. Nein, sie richteten sich in Ostberliner Quartieren ein, spuckten in die Hände und stürzten sich in die Arbeit, in einem Milieu, das ihnen kaum fremder war als der Oberlauf des Nils, beispielsweise."[40] Am „Oberlauf des Nils", mitten in Ostberlin, war es durchaus hilfreich, die ehemaligen Mitarbeiter des Imperhandels miteinzubeziehen. Zu den 29 Beschäftigten mit einschlägigen Erfahrungen im Wirtschaftssystem der DDR, die nun in Diensten von Borgers standen, gehörte Hans-Jürgen Strohschein, der auch unter den neuen Eigentümern Betriebsleiter blieb. Der gelernte Maschinenschlosser absolvierte in den 1950er Jahren ein Studium an einer Berliner Ingenieurschule und schloss in den frühen 1970er Jahren ein Fernstudium an der Universität Magdeburg als Diplom-Ingenieur für Betriebstechnik ab. Beim VEB Imperhandel importierte er u. a. die ersten VW-Golfs in die DDR, um ab 1986 in der Nüßlerstraße mitzuhelfen, die „Trabbis" mit annehmbaren Sitzen auszustatten. Mit den Tücken und Eigenarten der Ostberliner Bezirksämter kannte sich Strohschein aus wie kein Zweiter. Die neuen Borgers-Mitarbeiter besuchten seit September gruppenweise das Stammwerk, um sich kompetent einarbeiten zu lassen. Wie geplant, wurden in Weißensee schon im Januar 1992 die ersten verformten

Borgers Berlin, Luftaufnahme 1996.

Der Bocholter Betriebsleiter Karl Giesen (l.) verließ seit 1992 häufig seinen Posten in Bocholt, um das Berliner Werk wiederaufzubauen. Hans Gehrs (r.), der Assistent des Betriebsleitung, übernahm zunehmend die Verantwortung für das Bocholter Werk.

Teppichbodengruppen für den VW-Golf produziert.[41]

Es war nur eine Frage der Zeit, bis die Automobilhersteller ihre neuen Chancen in den ehemaligen sozialistischen Ländern nutzen und neue Ansprüche an ihre Lieferanten formulieren würden. In Bocholt ahnte die Geschäftsleitung seit Februar 1991, wohin die Reise geht. Die Volkswagen AG lud ihre Lieferanten zu einer Konferenz in die „Tschechische und Slowakische Föderative Republik" (ČSFR) ein, um ihnen eine grundlegende strategische Entscheidung mitzuteilen. Der Wolfsburger Konzern wolle eine Kooperation mit dem dortigen Automobilhersteller Skoda eingehen. Zugleich forderte VW seine Geschäftspartner auf, „sich in der tschechoslowakischen Zulieferindustrie zu engagieren".[42] Der unverhohlene Druck eines wichtigen Kunden war das eine, die Trends in der Branche ein anderes Argument, das für Borgers die Expansion in die ČSFR nahelegte. Der hohe Wettbewerbs- und Kostendruck unter den Zulieferern mit Preisstürzen von bis zu 30 Prozent ließ es ratsam erscheinen, zumindest einen Teil der Fertigung ins billigere osteuropäische Ausland zu verlegen. Die ČSFR war für Produzenten und Zulieferer gleichermaßen eine naheliegende Wahl. Der erkennbare Übergang zu einer marktwirtschaftlichen Ordnung, fortschreitende Privatisierungen, die Liberalisierung des Arbeitsrechts und niedrige Arbeitskosten machten Investitionen attraktiv. Borgers kam auch die geographische Lage entgegen. BMW produzierte in München und Regensburg, Audi in Ingolstadt. Mit einem gut gelegenen Standort – etwa im Raum Pilsen – würden sich die Transportkosten im Vergleich zu Bocholt senken lassen.

Im Frühjahr 1992 war es soweit. Franz Borgers machte sich auf, um die Chancen für einen eigenen Produktionsstandort auszuloten, und traf auf eine völlig unbekannte Welt: „Ich kam zum ersten Mal in meinem Leben [...] nach Böhmen. Ich war mit dem Wagen von Waidhaus über die alte Landstraße ohne Probleme nach Pilsen gefahren, wo ich mich auf dem Marktplatz mit einem Dolmetscher verabredet hatte,

Borgers Berlin feiert die Lieferung der 100.000. Garnitur für den VW Golf A3, 6. Juli 1992.

der seine Dienste in einer deutschen Wirtschaftszeitung angeboten hatte. [...] Da stand ich nun und wartete auf den Dolmetscher, der sich verspätet hatte. Ich konnte ihn auch nicht anrufen, denn Handys waren noch nicht verbreitet. Ich muss gestehen, dass ich etwas Herzklopfen hatte, denn ich wollte untersuchen, ob es hier im westlichen Böhmen wohl eine Möglichkeit gäbe, eine kleine Fabrik zu eröffnen. Ich konnte kein Wort tschechisch [...] und stand unter dem Eindruck der vielen negativen Ereignisse in der ungemein komplexen deutsch-böhmischen Geschichte, über die ich ein wenig gelesen hatte. Eigentlich keine guten Voraussetzungen für die Gründung einer Niederlassung. Mir war klar, dass der Erfolg meiner Pläne von Menschen abhängig war, von Deutschen und von Tschechen, die ich für das Projekt gewinnen musste, die ich aber nicht einmal kannte, was die Tschechen anging."[43]

Wie bereits in Großbritannien erforderte die Suche nach einem geeigneten Firmengelände viel Zeit und Geduld. Die Versuche, eine Industriehalle o. Ä. zu mieten, verliefen allesamt im Sande. „Die Hallen waren entweder viel zu teuer, völlig ungeeignet oder beides. Jemand versuchte sogar, uns seinen alten Hühnerstall anzudrehen. Beinahe hätten wir aufgegeben",[44] blickt Franz Borgers zurück, der nun aber auch bereit war, eine „grüne Wiese" zu erwerben, um selbst eine Produktionsstätte zu planen und zu bauen. Schließlich brachten erste Gespräche mit dem Bürgermeister von Rokycany Václav Beneda (eine Empfehlung der Handelskammer in Pilsen) den lange ersehnten Durchbruch. Im September 1993 wies Beneda auf ein Gelände hin, das für eine industrielle Erschließung wohl geeignet wäre. Die Lage und die Besitzverhältnisse des Grundstücks waren nicht optimal. Die Immobilie lag nahe an einem Wohngebiet, nicht vernünftig an ein Straßennetz oder eine Kanalisation angeschlossen, und war auch noch teurer als erwartet. Obendrein gehörte die Liegenschaft nicht nur der Stadt Rokycany, sondern sieben weiteren Eigentümern. Da sich keine besseren Alternativen abzeichneten, ließ Borgers

In der ČSFR begann für Borgers 1992 alles auf einer wilden Wiese. Rudolf Altrogge (l.) und Vertriebsleiter Norbert Beckenuyte bei einem Besuch vor Ort.

keine Zeit mehr verstreichen und machte nun „Nägel mit Köpfen". Franz Borgers zahlte auf die „blauen Augen" von Václav Beneda 50.000 D-Mark an und sah staunend, wie am Tag danach mit den Tiefbauarbeiten begonnen wurde. Die inzwischen gegründete Borgers CS GmbH mit Sitz in Rokycany unterzeichnete den Kaufvertrag für das 14.000 Quadratmeter große Grundstück im Dezember 1993.[45]

Was eher zäh und mit dem Sprung ins kalte Wasser begann, entwickelte sich in den nächsten Monaten zu einer außergewöhnlichen Erfolgsgeschichte, die eng mit zwei Namen verknüpft ist. In Bocholt hatte sich der Leiter des Rechnungswesens und der EDV Rudolf Altrogge schon Anfang 1993 bereit erklärt, dem Projekt in Böhmen auf die Beine zu verhelfen. Altrogge, der bei Borgers eine Lehre zum Industriekaufmann absolviert hatte und nach einem Studium der Betriebswirtschaft 1978 nach Bocholt zurückgekehrt war, war bereits an der Suche nach einem Grundstück beteiligt. Er übernahm die Gründung der neuen Firma und nun auch die Verantwortung für die Planung und den Bau der Produktionsstätte. Unverzichtbar für die Arbeit vor Ort war ferner die Mitarbeit des jungen Juristen Václav Zemann. Von Rudolf Altrogge engagiert, stellte sich der Rechtsanwalt der schwierigen Aufgabe, mit den zuständigen tschechischen Behörden zu verhandeln und zahlreiche Rechts- und Wirtschaftsfragen zu klären, die sich in der Region erstmals stellten.[46]

Für den zügigen Aufbau der neuen Firma war es dringend notwendig, weitere erfahrene Fachkräfte, besonders Produktionsleiter, für eine Mitarbeit zu begeistern. Im Herbst 1994 stießen aus Bocholt Bernhard

Eröffnungsfeier in Rokycany, 1995. (v. l.) Rudolf Altrogge, Franz Borgers, Václav Beneda, (Bürgermeister von Rokycany), Jiří Kozak (Betriebsleiter – er verunglückte wenige Wochen später tödlich, im Juli 1995), Bernhard Epping. 1995.

Epping, bislang Meister in der Hutablagenproduktion, als Fertigungsleiter, sowie Lothar Vering als zweiter Produktionsmeister in Rokycany hinzu. Mit seiner hilfsbereiten Art, seinen offenkundigen Fachkenntnissen, und seiner Bereitschaft, sich auf die kulturellen Eigenarten im tschechischen Arbeitsalltag einzulassen, gewann das deutsche Trio schon bald das notwendige Vertrauen der einheimischen Arbeitskräfte. Zwischen Oktober 1994 und März 1995 gingen zwölf tschechische Borgers-Mitarbeiter nach Bocholt in ein intensives „Trainingslager", um sich die nötigen Fertigkeiten anzueignen. Ende Januar 1995 wurden die ersten Maschinen in der neuen, 2.400 Quadratmeter großen Produktionshalle aufgebaut. Am 1. April 1995 lief die Produktion in Rokycany an: Zu Beginn wurden Kofferraummatten für den neuen Audi A4 serienmäßig hergestellt.[47]

Mit so raschen Fortschritten hatte bei Borgers eigentlich niemand gerechnet, wie Franz Borgers ausführt: „Als wir im Juni 1995 unsere erste Fabrik [...] Rokycany einweihten, waren wir optimistisch. Wir hatten die ersten Aufträge unseres Kunden Audi im Haus und gute Aussichten auf weiteres Geschäft. Wir hatten eine Produktionsfläche von 3.450 qm geschaffen. 112 Menschen arbeiteten damals bei uns, und wir hatten die Möglichkeit auf 6.900 qm zu erweitern. Bis dahin würde aber noch viel Zeit vergehen, dachten wir. Doch unsere kühnsten Erwartungen wurden übertroffen."[48] Neben Audi und Skoda waren mittlerweile auch Opel, Mercedes, Volkswagen, BMW und Volvo von den preisgünstigen Qualitätsprodukten aus Tschechien überzeugt und erteilten Borgers reichlich neue Aufträge.

Das fertige Borgers-Werk Rokycany, Sommer 1995.

Da die Produktion geradezu stürmisch nach oben schoss und auch die zweite Produktionshalle in Rokycany nicht ausreichte, um der hohen Nachfrage gerecht zu werden, suchte Borgers im Frühjahr 1996 ein weiteres Gelände. Im rund fünf Kilometer entfernten Hrádek fanden die Bocholter abermals Fürsprecher in der lokalen Politik. Der Bürgermeister Jaroslav Perlik setzte alle Hebel in Bewegung, für Borgers ein passendes Grundstück zu finden und alle bürokratischen Hürden vor Baubeginn aus dem Weg zu räumen. Seit dem 3. September 1998 wurden in Hrádek u. a. Heckdeckelverkleidungen, Kofferraummatten und Radhausverkleidungen für die Cabrio- und Coupé-Ausführung des neuen Volvo S 70 produziert.[49]

Der letzte Bauabschnitt in Hrádek war gerade abgeschlossen, und schon ging Borgers in Tschechien den nächsten Schritt. Im Februar 2002 erwarb Borgers CS ein Grundstück in Volduchy, ebenfalls ca. fünf Kilometer vom Stammsitz Rokycany entfernt, mit einem guten Autobahnanschluss von Pilsen nach Prag. Hier sollten zukünftig textile Formteile u. a. für die Kunden BMW und Daimler-Chrysler hergestellt werden.[50] Bei der Einweihungsfeier im Mai 2004 zog Franz Borgers nicht ohne Stolz eine Bilanz, die rund zwölf Jahre vorher niemand vorhergesagt hätte: „Hier in Volduchy werden in einigen Monaten 500 Menschen arbeiten, und damit wird sich die Zahl aller Mitarbeiter unserer Gruppe hier im Kreis Rokycany auf 1900 erhöhen. [...] Nach Abschluss dieser Maßnahme hier in Volduchy werden wir insgesamt in dieser Gegend 100 Mio. Euro investiert haben, das entspricht 3,3 Mrd. Kronen.“[51] All das wäre ohne das herausragende Engagement der Techniker in Bocholt nicht möglich gewesen.

Hermann Borgers, um 1990.

Die Borgers AG

Fast parallel zur Internationalisierung der Firmengruppe begannen die Gesellschafter eine Änderung der Rechtsform ihres Unternehmens zu erörtern. Die Diskussion ging seit 1986 zunächst aus einem, so Franz Borgers, „allgemeinem Gegrummel" im Familienkreis hervor. Die bisherige Unternehmensform kam den Vermögensinteressen mancher Familienmitglieder nicht mehr entgegen. Im Zentrum der Kritik stand hauptsächlich die geringe „Fungibilität", die eingeschränkte Art und Weise, KG-Anteile nach eigenen Wünschen zu verwenden. Sie ließen sich nur an die Nachkommen des Unternehmensgründers übertragen, sollten dazu noch im eigenen Stamm bleiben, wurden bei Kreditinstituten als Sicherheit nicht akzeptiert, und ließen sich folglich kaum verkaufen. Das alles minderte die „Freude am Besitz"[52] und sprach für eine modernere Unternehmensverfassung.

Je schneller der Branchenwandel in der Automobilindustrie voranschritt, umso internationaler sich Borgers aufstellte, desto deutlicher kam ein weiteres Argument für eine Reform der Unternehmensverfassung ins Spiel. Die Rechtsform einer GmbH & Co. KG entsprach nicht mehr der Marktposition und nicht mehr den weiteren Wachstumszielen der Firmengruppe. Borgers „stehe gleichsam auf einem Tennisplatz und habe mit seinen derzeitigen Strukturen lediglich einen Ping-Pong-Schläger in der Hand", brachte Franz Borgers die Schieflage treffend aus den Punkt.[53] Das Unternehmen benötigte dringend mehr Eigenkapital, um den Wachstumskurs im Automobilgeschäft fortzusetzen, aber auch, um den Ausbau der Sparten Filter und Filterbau, Formpolster und Maschinenbau zu finanzieren. Eine Aktiengesellschaft bot gute Voraussetzungen für eine Kapitalzufuhr von außen, gegebenenfalls auch über eine Fusion mit geeigneten Partnerunternehmen. Das Dach einer Holding-Kapitalgesellschaft ermöglichte kleinere Unternehmenseinheiten, die sich einfacher und flexibler steuern ließen, und erleichterte die Gründung neuer Tochtergesellschaften. Zu guter Letzt ließen sich externe qualifizierte Führungskräfte leichter für eine AG gewinnen.[54] Die Anpassung der Rechtsform war in den Augen von Franz Borgers unausweichlich geboten und eine „dringende Voraussetzung für das Überleben der Firma in Selbständigkeit". Ansonsten drohe der Firmengruppe ein ähnliches Schicksal wie so vielen anderen Familienunternehmen: „Totalverkauf im besten, Konkurs [und] Liquidation im schlechtesten Fall."[55]

Dass der Vorschlag in allen Familienstämmen ohne Vorbehalt akzeptiert werden würde, war nach den heftigen Streitigkeiten in den letzten Jahren kaum zu erwarten. Als Bedenkenträger trat die Familie von Hermann Borgers auf den Plan, die eine Umwandlung zwar im Grundsatz befürwortete, zugleich aber Vorbehalte anmeldete. Aus ihrer Sicht lief der Familienstamm Gefahr, in einer AG an Einfluss zu verlieren. Ferner befürchtete Hermann Borgers, für „Altverbindlichkeiten" der GmbH & Co. KG zu haften und geradestehen zu müssen. Umstritten war ferner auch die Verwendung des Jahresüberschusses in einer AG.[56]

Mitten in den Verhandlungen spitzte sich der Konflikt zwischen Franz und Hermann Borgers nochmals erheblich zu. Die zähen Gespräche über die zukünftige Unternehmensverfassung wurden jäh von einer noch grundsätzlicheren Frage überlagert. Als Hermann Borgers bei einem Gespräch mit Ludger Ernsten über Steuerfragen ungebührliche Töne anschlug und so sehr aus der Haut fuhr, dass der stets zurückhaltende

Franz Borgers (*1941) auf einer Tagung 1989.

Ernsten anschließend erklärte, für ihn nicht weiter als Ansprechpartner zur Verfügung zu stehen, zog Franz Borgers andere Saiten auf. Am 21. Dezember 1990 schrieb er an Hermann: „Ich bedaure diesen Vorfall außerordentlich und schreibe Dir in der Hoffnung, dass Du einen Weg finden wirst, um den Vorfall zu bereinigen. Dein erneut zu Tage getretenes Misstrauen gegenüber der Firma und ihrer Geschäftsführung müsste konsequenterweise dazu führen, dass Du Dich von Deinem Engagement hier trennst. Lass mich bitte wissen, ob Du Verkaufsabsichten hegst, damit ich Dir Interessenten für Deine Anteile zuführen kann.“[57]

Nun musste Hermann Borgers nicht nur in der Debatte über die Umwandlung der Firmengruppe, sondern auch zur Aufforderung, sich am besten doch ganz aus dem Unternehmen zurückzuziehen, Farbe bekennen. Nach „kurzer, intensiver Überlegung“[58] entschloss sich Hermann, den Vorschlag anzunehmen. Seine Beweggründe brachte er im Sommer 1992 in einem Schreiben an die Borgers-Gesellschafter zu Papier. Franz Borgers habe in der jüngsten Vergangenheit auf eine „unverantwortliche Expansionspolitik“ gesetzt, die nur mit zusätzlichem Eigenkapital zu bewältigen sei. Der Familienzweig Wilhelm Borgers sehe sich aber außerstande, weiteres Eigenkapital in beträchtlicher Höhe aufzubringen. Überhaupt sei er nicht mehr bereit, die „risikoreiche und höchst gefährliche Unternehmenspolitik“ von Geschäftsführung und Beirat, die „einseitige Ausrichtung auf die Automobilindustrie“, und die „Ausdehnung in europäische Märkte [...] ohne Absicherung der finanziellen und personellen Basis“ [Hervorhebung von Hermann Borgers] mitzutragen. Dem Beirat fehle größtenteils die fachliche Kompetenz und Franz Borgers sei an der Spitze des Unternehmens den Aufgaben allein nicht gewachsen. Das „Vertrauen des Stammes Wilhelm Borgers zu der Geschäftsführung ist nachhaltig zerstört“.[59]

Ein konkretes Angebot zum Verkauf der Anteile lag bereits seit Januar 1992 auf dem Tisch. Hermann Borgers wollte, zugleich in Vertretung seiner Schwester Anneliese Röttgen, seines Bruders Wilhelm und seiner vier Töchter, „aus dem Besitz des Stammes Wilhelm Borgers insgesamt einen Anteilsbesitz in Höhe von 28,269 Prozent“ veräußern. Nur, an wen sollten die Anteile verkauft werden? Hermann Borgers hatte im Prinzip nichts dagegen, die Anteile auch an einen oder mehrere Gesellschafter anderer Familienzweige zu verkaufen. Wegen des stattlichen Kaufpreises schien die Variante allerdings von vornherein ausgeschlossen.[60] Der Vorschlag von Hans Georg Pleitgen, Vorsitzender des Beirats, Gespräche mit Beteiligungsgesellschaften aufzunehmen, scheiterte früh. Die Bereitschaft von Hermann Borgers, seine Anteile zu verkaufen, trug vor allem noch nichts dazu bei, die weiteren Schritte zur Umwandlung der Unternehmensgruppe in eine AG einvernehmlich zu klären. Die Diskussion wurde eher noch schwieriger. Geschäftsführung und Beirat favorisierten folgenden Stufenplan: Der Familienstamm Wilhelm Borgers stimmt der Umwandlung zu, Gründung der AG und schließlich der Verkauf ihrer Anteile. Hermann Borgers schwebte hingegen ein anderer Ablauf vor. Seine Familie sei „nicht in der Lage, der Umwandlung von J[ohann] B[orgers] zuzustimmen, ohne dass gleichzeitig und zweifelsfrei ein Verkauf der von ihr gehaltenen Anteile sichergestellt ist.“[61]

Kurz gesagt: Die Situation war im Herbst 1993 in jeder Hinsicht verfahren, eine konsensfähige Lösung nicht in Sicht. Nun war

Borgers-Stammwerk in Bocholt, um 2000.

es Franz Borgers, der das Rad wieder in Bewegung brachte. Er erklärte sich bereit, mit der Familie Hermann Borgers Verhandlungen zu führen, um ihre Anteile selbst zu übernehmen. Am 1. November 1993 machte eine außerordentliche Gesellschafterversammlung den Weg für ein Modell frei, das bis dahin niemand auf dem Zettel hatte. Die Anteilseigner beschlossen einstimmig, das im Gesellschaftsvertrag festgelegte Verfahren zum Verkauf von Anteilen an Mitglieder anderer Familienstämme für sechs Monate außer Kraft zu setzen. Nun war es Franz Borgers möglich, „die Anteile der Familie Borgers [...] unmittelbar und insgesamt" zu kaufen. Zugleich sollte er „im Falle des Zustandekommens dieser Anteilsübertragung [...] den anderen Gesellschaftern unverzüglich ein Verkaufsangebot unterbreiten, wonach die anderen Gesellschafter entsprechend dem Verhältnis ihrer Kapitalbeteiligung von den übertragenen Anteilen Teilanteile [...] erwerben können".[62]

In den nächsten fünf Monaten kamen die Gespräche zwischen Franz Borgers und Carl F. Kolbow, der für Hermann die Verhandlungen führte, zügig voran. Im Brennpunkt der Diskussion standen nun der genaue Unternehmenswert und der konkrete Verkaufspreis der Anteile. Da beide Parteien an einer raschen Einigung interessiert und zu Kompromissen bereit waren, wurden sich Franz Borgers und Carl F. Kolbow bald handelseinig. Am 29. März 1994 wurde folgende Absprache getroffen: Die Anteile der Familie an der Unternehmensgruppe von 29,269 Prozent gehen an Franz Borgers und seine Käufergruppe (den Kauf finanzierte die Commerzbank). Der Kauf der Anteile stand allerdings unter dem Vorbehalt, dass die übrigen Gesellschafter der Umwandlung von Borgers in eine Kapitalgesellschaft auch wirklich zustimmte.[63]

Die Vereinbarung lässt sich mit guten Gründen als ein bemerkenswertes Ausrufezeichen in der Borgers-Geschichte charakterisieren. Einer Reform der Unternehmensverfassung stand nichts mehr im Weg. Die noch verbliebenen Borgers-Gesellschafter sprachen sich am 15. Juni 1994 für die Gründung der Borgers AG aus, die nach einigen Zwischenschritten finanztechnischer Art am 1. Januar 1996 Realität wurde.[64] Was aber vielleicht noch wichtiger war: Die äußerst konfliktträchtige „Drei-Stämme-Ära" gehörte nun endgültig der Vergangenheit an. Mit dem Rückzug von Hermann Borgers aus der Unternehmensgruppe verabschiedete sich sein Stamm unwiderruflich aus der weiteren Geschichte des Unternehmens, was im Übrigen nicht alle Angehörigen des Familienzweigs so wollten. Widerspruch gab es gerade in der jüngeren Generation, die sich allerdings gegen das „Stammesoberhaupt" nicht durchsetzen konnten. Für Franz Borgers war das Ergebnis hingegen ein großer Erfolg. Die Firma hatte nun eine allseits akzeptierte Rechtsform, die es wesentlich einfacher machte, die Anteilsverhältnisse auf Seiten der Eigentümer bei Bedarf nachvollziehbar zu verändern, was auch Beteiligungen Dritter einschloss. Der innere Wert der Aktien wie auch ihr Wert als Sicherheit wurde aus der Finanzierung der ganzen Operation durch nur eine Bank ersichtlich. Und schließlich hatte er als Geschäftsführer und späterer Vorstand eine Sperrminorität erhalten, was für ihn mit weiteren Vorteilen verbunden war.

In den nächsten Jahren blieb die hohe Innovationskraft für Borgers der Schlüssel zum Erfolg. Neue Produkte, die dem Zeitgeist der Automobilbranche entsprachen und den Kundenwünschen gerecht wurden, blieben die Lebensversicherung in einem scharfen nationalen und internationalen Wettbewerb. Für die Automobilproduzenten gewann das Ziel, das Gewicht ihrer Fahrzeuge zu reduzieren, erheblich an Bedeutung. Leichtere Fahrzeuge versprachen, den Treibstoffverbrauch zu reduzieren, Kohlendioxid-Emissionen zu verringern und damit die Umwelt besser zu schonen als bislang. Der Ruf nach leichteren Produkten stellte einige Ansprüche an die Zulieferer, sollte doch gleichzeitig der Komfort und die Sicherheit der Pkw gesteigert werden. Das ließ sich wiederum in der Regel nur mit Bauteilen erreichen, die das Gewicht der Fahrzeuge eher belasten. Borgers stellte sich rasch auf die neuen Kundenwünsche ein und folgte in der Produktpolitik seit Mitte der 1990er Jahre dem Motto „Klasse statt Masse"[65]. Es wurden innovative Bauteile entwickelt, die dank neuer Werkstoffe deutlich zur Gewichtsreduzierung von Fahrzeugen beitrugen, recyclingfähig waren, einen hohen Funktionswert besaßen und zu einem erschwinglichen Preis am Markt platziert wurden (seit 2003 führt Borgers die anspruchsvollen Artikel unter dem Markennamen LowMass®).

Die Abteilung Forschung und Entwicklung leistete zunächst bei der Entwicklung des neuen Werkstoffs „Propylat®" ganze Arbeit, der erst einmal VW überzeugte. Im Mai 1994 entschieden sich die Wolfsburger Konstrukteure, den neuen Golf A4 nicht wie ursprünglich vorgesehen mit einem Teppich aus Polypropylen und Schaumrücken, sondern mit einem "Propylat"-System auszustatten.[66] Die Vorzüge der neuen Generation textiler Verkleidungs- und Isolationsteile, bringt Klaus Menke, seinerzeit Leiter der Technischen Entwicklung, präzise auf den Punkt:

Borgers-Bodenbelag für den VW Golf A4, 1997.

Franz Borgers bei einem Besuch des Maybach-Ateliers. Borgers lieferte für den Maybach die textilen Radlaufschalen (außen), 22. August 2002.

Der von Borgers entwickelte Werkstoff Propylat lässt sich in einem Pkw vielfältig einsetzen (blau), 1999.

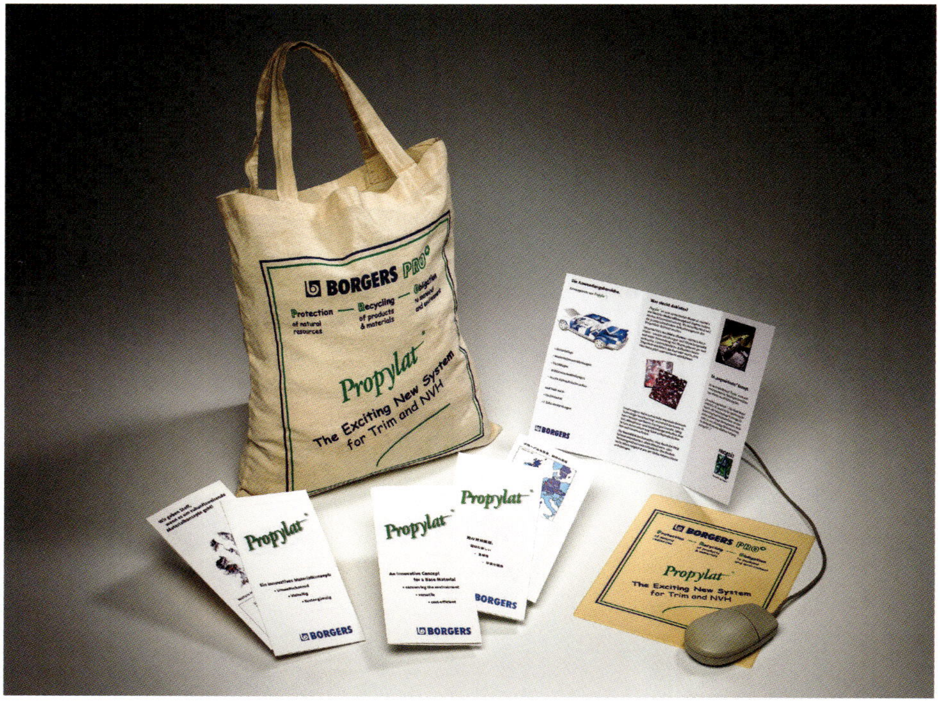

Dauerausstellung bei Borgers zur Unternehmens- und Produktgeschichte, um 2010.

Ursprünglich nur für eine Kundenpräsentation kreiert, entwickelte sich Propylat zu einer weltweit akzeptierten Marke, die auch Eingang in Materialspezifikationen der Automobilindustrie fand. Sie stand und steht für spezifische Faserwerkstoffe mit vielfältigen Anwendungsmöglichkeiten. Die dafür entwickelte Verfahrenstechnik ermöglicht eine abfallfreie Produktion bis zum fertigen Bauteil.

Mit **BORGERS PRO**
Protection — Recycling — Obligation
of natural resources — of products & materials — to mankind and environment

gelang ein überzeugender Rückgriff auf die Gründungsidee der Firma.

„Der Umweltaspekt spielte dabei eine wichtige Rolle. Eine Mischung aus Naturfaser- und Polypropylen-Recyclaten bestimmt die Leistungsfähigkeit des, Propylat-Systems'. Der Einsatz thermoplastischer Fasern als Bindemittel ermöglicht eine vollständige Wiederverwertung der Werkstoffe ohne Wertverlust und somit einen abfallfreien Fertigungsprozess. Daraus resultiert eine Emissionsminimierung bei der Fertigung und beim Endprodukt. Die eigens dafür entwickelte Material schonende Technologie berücksichtigt und erhält die konstruktiven Vorteile von Fasern: geringes Gewicht, Zähigkeit, Absorptions- und Isolationseigenschaften. [...] Propylat ist ein flexibles Werkstoffkonzept mit Zukunft und vielen Anwendungsmöglichkeiten".[67]

In der Tat: Das neue Material entwickelte sich in den nächsten Jahren zu einem echten „Knüller",[68] der Borgers einige Wettbewerbsvorteile sicherte. In den ausgehenden 1990er Jahren wurden aus Propylat („Propylat Trim") der Bodenteppich des VW-Golf, die Seitenverkleidung des Audi A4 und die Heckdeckel-Verkleidung des BMW 3 in Serie hergestellt. Außerdem standen die Forschungs- und Entwicklungsarbeiten für die mit Propylat gefertigten Kofferraumauskleidungen für die Mercedes-Modelle W 203, W 211, W 209 und die Bodengruppe des VW-Polo-Nachfolgers kurz vor dem Abschluss.[69] Die hohe Wertschätzung des neuen Werkstoffs bei den Großkunden zeigte das 2. VW-Umweltsymposium im Mai 1999. Vor rund 800 Vertretern von Zulieferfirmen aus Deutschland, Europa, Asien und Nordamerika wurden sechs Unternehmen mit dem Umweltpreis der Volkswagen AG ausgezeichnet, die „durch

Jährliche Überschwemmungen im Werk Persan zwangen Borgers 2001 zur Planung eines neuen Werks in Frankreich, 2001.

Innovationen, beispielhaftes Engagement im Umweltschutz, hohe Umweltkompetenz bei der Produktfertigung und -qualität sowie durch Entsorgungskonzepte und Managementsystem neue Umweltschutzanforderungen erfüllen" – Borgers gehörte mit seinem Werkstoffkonzept „Propylat" dazu.[70] Der inzwischen sehr bekannte Markenname wurde übrigens 1996 am Vorabend einer großen Präsentation bei Ford in Dearborn von zwei überzeugten Anhängern des Werkstoff-Konzepts erfunden. Klaus Menke und Wilhelm Rochner wollten mit einer „griffigen", einprägsamen Bezeichnung ihren Auftritt beim Kunden gewissermaßen „aufpeppen" – was auch gelang.

Die in den nächsten Jahren entwickelten neuen Produkte entsprachen ganz der LowMass-Philosophie. Borgers konstruierte eine textile Radlaufschale, die im Vergleich mit den herkömmlichen Varianten aus Kunststoff gehörige Vorzüge besaß. Die Akustik der Rollgeräusche verbesserte sich (insbesondere auf nassen Fahrbahnen – das Gewicht des Bauteils nahm zu). Die Radlaufschale der neuesten Generation wurde 1996 erstmals für den Ford Fiesta und den Ford Courier in Serie hergestellt. Das war durchaus eine Revolution: Erstmals wurde textiles Material im Außenbereich von Pkw eingesetzt.

Den gestiegenen Ansprüchen (Gewichtsoptimierung, Recyclingfähigkeit, hohe Stabilität, günstiger Preis) wurden in den nächsten beiden Jahren auch eine neue LowMass®-Bodengruppe (Bodendämpfung ohne Schwerschicht) und ein neuartiger Kofferraumbodenbelag mit integrierter Reserveradabdeckung gerecht. Weitere Innovationen folgten: Eine thermoplastisch

Franz Borgers bei der Werkseröffnung in Saint Quentin, 2003.

Das Borgers-Werk in
Saint Quentin.

Eröffnung des ersten Werks
von Borgers in den USA, Vance/
Alabama, 29. Oktober 2004.

Das Borgers-Team USA (3. v. r.: Michael Scherman, daneben Andreas Schalk, 2. v. l.: Katrin Schalk) in Vance/Alabama, 2005.

gebundene, selbsttragende Hutablage (1999), ein Kofferraumbodenbelag in „Sandwichbauweise" (2000), die erste vollständig aus Propylat gefertigte Kofferraumauskleidung (2001) und ein LowMass®-Ladenboden.[71]

Ausgesprochen wichtig blieb für Borgers das internationale Spielfeld. Da die Aufträge von Volvo spürbar anzogen und außerdem eine Just-in-time-Lieferung an den schwedischen Produzenten auf die Beine gestellt werden sollte, stärkte die Firmengruppe mit der Gründung der Borgers Nord AB in Arendal (Göteborg) ihre Präsenz in Nordeuropa. In der am 12. Dezember 1997 offiziell eingeweihten Produktionshalle wurden im Bocholter Werk vorgefertigte Hutablagen montiert und an das Volvo-Werk Torslanda geliefert.[72]

In Spanien bestimmte zunächst die weitere Expansion und schließlich die Verlagerung bzw. Optimierung des Standorts das Bild. Die Borgers SA eröffnete 1994 ein weiteres Werk in Pamplona. 2001 wurde das Hauptwerk in Madrid an einen Investor verkauft und in Alcalá-Garena, östlich der spanischen Hauptstadt, eine neue Produktionsstätte errichtet. In den modernen Fertigungshallen ließ sich der Material- und Transportfluss wesentlich besser koordinieren als unter den räumlich beengten Bedingungen in Madrid.[73]

Eine große Standortverlagerung stand nicht viel später auch Borgers France bevor. Obwohl die Produktionsanlagen in Persan Schritt für Schritt modernisiert worden waren, entsprachen die Fertigungsprozesse nicht mehr dem neuesten Stand. Regelmäßiges Hochwasser der nahen Oise im Frühjahr zogen die Anlagen zusätzlich in Mitleidenschaft. Innerhalb eines Jahres zog Borgers in St. Quentin einen Standort hoch, der den modernsten Standards entsprach, am 7. März 2003 feierlich eröffnet wurde und in erster Linie die Kunden Renault, Peugeot und Heuliez mit Kofferraumauskleidungen und textilen Radlaufschalen belieferte (rund 20 Prozent der Produktion gingen nach Deutschland).[74]

Seit 1998 nahm Borgers auch den amerikanischen Markt ins Visier und baute ein Verkaufsbüro in Detroit auf, um regelmäßige Kontakte zu General Motors, Ford und Daimler-Chrysler zu pflegen. Als Daimler-Chrysler rund drei Jahre später bekannt gab, die Produktionsmenge in seinem Werk in Vance um das Doppelte zu erhöhen, war Borgers zur Stelle. Das Daimler-Werk in Sindelfingen beauftragte Borgers, zunächst für die neue Mercedes M-Klasse und anschließend für den Grand Sports Tourer Ladeböden und Bodenplatten zu konfektionieren. Da beide Modelle im Daimler-Chrysler-Werk Tuscaloosa produziert werden sollten, suchte Borgers in der Nähe einen geeigneten Standort für das erste Werk in den USA. In einer neuen Produktionshalle, nur drei Kilometer vom Daimler-Chrysler-Werk entfernt, nahmen im September 2004 zwölf Mitarbeiter von Borgers USA Corp. ihre Arbeit auf. In Volduchy bei Borgers CS vorgefertigte Bauteile wurden hier montiert und „just-in-Sequence" zum Produktionsstandort Daimler-Chrysler geliefert.[75]

In den Jahren von 1978 bis 2006 veränderte sich das Gesicht der Unternehmensgruppe deutlich. Es waren insbesondere vier Entwicklungen, die eng mit dem Namen Franz Borgers in Verbindung standen: Eine Produktpolitik, die konsequent auf die Autoindustrie und auf Formteile setzte, die Ausrichtung von Borgers auf den Status eines Systemlieferanten, die Internationalisierung der Firmengruppe und schließlich, im Rahmen der AG-Gründung, die endgültige Entscheidung im Streit der drei Familienstämme, der mit dem Rückzug der Familie von Hermann Borgers aus dem Unternehmen endete. Am Ende der Amtszeit von Franz Borgers nahm Borgers die Position des Marktführers in den Sparten Kofferraumauskleidungen und Radschalen ein, beschäftigte 2006 mittlerweile 4.714 Mitarbeiter und wies einen Gesamtumsatz von 463 Mio. Euro Umsatz aus.[76]

Mit der Konzentration auf den Geschäftszweig Automobil ging bei Borgers fast zwangsläufig eine Produktbereinigung einher. Im Bocholter Werk war schon 1993 die Reißerei aufgegeben worden, die allerdings noch bis zum Juni 2007 in Halle – bis kurz vor der Schließung der Niederlassung – betrieben wurde. Die Watteproduktion (Bekleidungs- und Filterwatten) fand in Bocholt 1995 ihr Ende. Weiße Watte, ein Klassiker unter den Borgers-Produkten, wurde noch bis 2000 in Persan hergestellt und hauptsächlich an Unternehmen der Textilindustrie geliefert, die Winterbekleidung (Mäntel, Steppjacken etc.) herstellten. Ein kleinerer Teil der Produktion entfiel ferner auf Filterwatten, die z. B. für Dunstabzugshauben benötigt wurden. Den Verkauf von Weißwatte, der sich wirtschaftlich immer weniger rentierte, stellte Borgers 2000 endgültig ein. Die Maschinen für die Watteproduktion wurden jedoch nicht entsorgt und zu einer Mischvliesanlage umgebaut und damit die sowieso schon zahlreichen Möglichkeiten, den Werkstoff Propylat® einzusetzen, nochmals erhöht.[77]

X. In der fünften Generation. Zwischen Aufbruch, Krise, Konsolidierung und Wachstum

Ein Meilenstein: Die Nachfolge innerhalb der Familie von der vierten zur fünften Generation. Franz und Werner Borgers, 2006.

Wachwechsel mit großem Bahnhof

„Werner Borgers folgt seinem Vater, der 27 Jahre lang die Geschicke des Unternehmens sehr erfolgreich gelenkt hat, als Vorstand der Borgers AG nach“ – in eher nüchternen Worten teilte die neu gestaltete Firmenzeitschrift BORGERS motive im Oktober 2006 auf der ersten Seite ihren Lesern die Stabübergabe in der Geschäftsführung mit. Für Franz Borgers hieß es zugleich: Niemals geht man so ganz. Der langjährige Geschäftsführer löste Hans Georg Pleitgen an der Spitze des Aufsichtsrats ab.[1]

Die Personalentscheidungen, die Hauptversammlung und Aufsichtsrat am 1. September 2006 einmütig getroffen hatten, waren von einer Revolution gewiss weit entfernt und brachten ein Stück Normalität zum Ausdruck. Gleichwohl markieren die Nachfolgeregelung und der Generationswechsel im Vorstand stets einen historischen Einschnitt für ein Familienunternehmen, der häufig mit Macht- und Positionskämpfen in der Familie einhergeht. Das hatte gerade Borgers in den 1960er und 1970er Jahren zu Genüge erfahren. Darüber hinaus wirft ein Wachwechsel nahezu zwangsläufig Fragen auf. Wie arrangieren sich Vater und Sohn in ihren neuen Ämtern miteinander? Gelingt es dem Kronprinzen, die in ihn gesetzten großen Erwartungen zu erfüllen? Inwieweit setzt „der Neue“ in der Unternehmenspolitik auf Kontinuität? Wo setzt er auf Wandel – und wo neue Akzente?

Auch im Aufsichtsrat ging eine Ära zu Ende. Gleichzeitig mit Franz Borgers wurde Hans Georg Pleitgen verabschiedet. Als Vorsitzender des Beirates und später des Aufsichtsrates war er seit 1988 ein geschätzter Ansprechpartner der Geschäftsführung und begleitete zuletzt auch den Generationswechsel.

Bye, bye, Franz Borgers. Der langjährige Geschäftsführer wird von seinen Freunden, Mitarbeitern und Geschäftspartnern während einer sehr persönlichen Feier auf dem Fabrikhof in Bocholt verabschiedet, 8. September 2006.

Mit dem Übergang von der vierten zur fünften Generation in der Geschäftsführung ging zweifelsohne eine Ära zu Ende. Gemeinsam mit rund 400 Gästen ließ es sich die Unternehmensgruppe eine Woche nach der Sitzung des Aufsichtsrats nicht nehmen, Franz Borgers und Hans Georg Pleitgen mit großem Bahnhof zu verabschieden. Im Innenhof des Borgers-Stammwerks hoben Unternehmensvertreter, Geschäftspartner und Wegbegleiter wie die Top-Manager Jean-Elophe Blaise (Renault), Clemens Börsig (Deutsche Bank), Wolfgang Epple (BMW) und Kazuhiko Miadera (Toyota) sowie der Bürgermeister der Stadt Bocholt, Peter Nebelo, die Verdienste von Franz Borgers und Hans Georg Pleitgen für die Unternehmensgeschichte der vergangenen fast 30 Jahre hervor und gratulierten zu dem nun auch offiziell anstehenden Generationswechsel. Für Franz Borgers fast zu viel des Lobes, der vielmehr die vertrauensvolle Zusammenarbeit mit den Kunden und die Motivation, Einsatzfreude und Loyalität der Mitarbeiter als die wichtigsten Schlüssel für den Erfolg der Unternehmensgruppe herausstellte. Ins gleiche Horn stieß auch sein Sohn Werner, der die Leistungen seines Vaters und Hans Georg Pleitgens würdigte und sich herzlich bei allen Mitarbeitern bedankte, die zum Erfolg der Firmengruppe beigetragen hatten.

Als Werner Borgers das Ruder als Alleinvorstand übernahm, war er zahlreichen Mitarbeitern schon bekannt. Seine Geschäftsphilosophie und sein Führungsstil, geprägt von Veränderungswillen, Transparenz und offener, intensiver Kommunikation, standen bei Borgers bereits seit drei Jahren „unter Beobachtung". Schon als Schüler hatte Werner Borgers bewiesen, dass ihm unternehmerisches Denken offenkundig im

Der neue Aufsichtsrat (v. l.): Martin Fischedick, Dr. Jens Pensel, Franz Borgers, Dr. Ludwig Baum, Dr.-Ing. Wolfgang Peter, Bernd Staschinski.

Blut lag. Er gründete einen kleinen Gewerbebetrieb, der Osterartikel produzierte und an große Einzelhandelsketten verkaufte. Seine Leidenschaft als „Kleinunternehmer" stand einer erfolgreichen Schulzeit freilich nicht im Weg, die 1989 am Bocholter St. Josef-Gymnasium mit dem Abitur ihren Abschluss fand. Nach dem Wehrdienst legte er – wie sein Vater – zunächst mit einer Banklehre den Grundstein für seine weitere berufliche Zukunft. Auch die frankophile Haltung Franz Borgers', seine Freude an der französischen Sprache, der Lebensart und der Kultur Frankreichs, blieben offenkundig nicht ganz ohne Folgen: Nachdem Werner Borgers seinen Militärdienst abgeleistet hatte, absolvierte er in der Pariser Filiale der Commerzbank AG eine zweijährige Ausbildung zum Bankkaufmann. Anschließend zog es ihn an die Universität in Bayreuth, um Betriebswirtschaftslehre mit den Schwerpunkten Bankbetriebslehre und Finanzen sowie Marketing zu studieren. Dabei war die Studienzeit für ihn mehr als eine eintönige theoretische Veranstaltung. Werner Borgers engagierte sich in der Hochschulpolitik und rührte mit Freunden kräftig die Werbetrommel für den Ring Christlich-Demokratischer Studenten, der während seiner Zeit als Vorsitzender in Bayreuth erstmals die Wahlen zum Konvent (Studentenparlament, ungefähr vergleichbar mit dem Allgemeinen Studierendenausschuss) entscheiden konnte. Darüber hinaus war er neugierig auf verschiedene Berufsfelder. So erstellte er Marktstudien, verfasste Artikel für diverse Tageszeitungen (u. a. Die Welt, die FAZ), gab Trainingsseminare und baute die Vertriebsorganisation für ein deutsches Unternehmen in Südostasien auf. Später gründete er noch einen Weinhandel, der zuletzt (bis 2009) als Großhan-

Werner Borgers (*1969) trat 2003 nach jeweils mehrjährigen Tätigkeiten für Mannesmann VDO (Autozulieferer) und Roland Berger (Unternehmensberatung) zunächst als Prokurist in das Unternehmen Borgers ein.

del und mit drei stationären Geschäften in Bocholt und Stadtlohn betrieben wurde.

Mit dem Abschluss eines Diplom-Kaufmanns in der Tasche sammelte er seit 1997 die ersten beruflichen Erfahrungen in einer Branche, die er von Haus aus gut kannte: Werner Borgers war für rund zwei Jahre beim Automobilzulieferer Mannesmann VDO AG beschäftigt, wo er als Projektcontroller in der Sparte „Cockpitsystems", später als Assistent der Geschäftsführung und schließlich als Vertriebsgruppenleiter in der Verantwortung stand. Im Jahr 1999 betrat er berufliches Neuland und wechselte zur Roland Berger Strategy Consultants GmbH. Bei einer der renommiertesten Unternehmensberatungen war er in zahlreichen Projekten maßgeblich daran beteiligt, die Marketing- und Vertriebsstrategien von Unternehmen neu zu justieren. Im Winter 2002/03 führte ihn sein Weg zu guter Letzt zurück nach Bocholt. Im Februar 2003 trat Werner Borgers, nach einigen Monaten als selbständiger Unternehmensberater, als Prokurist in die Borgers AG ein und kümmerte sich insbesondere um den Vertrieb.[2]

Bei seinem beruflichen Werdegang verwunderte es niemanden, dass er besonderen Wert darauf legte, das Marketing der Unternehmensgruppe zu modernisieren. Grundsätzlich müsse, so Werner Borgers, noch offensiver als bisher auf den Kunden zugegangen werden: „Wir müssen künftig viel aktiver vorgehen, d. h. wir dürfen nicht mehr warten, bis der Kunde mit einem Problem an uns herantritt, sondern wir müssen aktiv unsere Stärken und Innovationen beim Kunden vorstellen. Genau das erwarten nämlich die Kunden von uns."[3] Ein erster Baustein der neuen Marketing-Offensive war die bewusste Gestaltung und Pflege von Marken, die bestimmte Produkteigenschaften wie etwa Qualität und Zuverlässigkeit symbolhaft zum Ausdruck bringen. Für Werner Borgers war eine gezielte Markenpolitik ein vielversprechender Weg, um das Ansehen der Unternehmensgruppe ins richtige Licht zu rücken: „Jeder von uns sollte unsere Marken nun auch verwenden. Wir wollen künftig wieder Ibolours® sagen anstelle von Dilour [...]. So erkennt auch der Kunde unsere Marken wieder und bringt sie in eine positive Verbindung mit dem Namen Borgers."[4] Der neuen Denkweise folgend wurde zum Beispiel die Marke LowMass® ins Leben gerufen. Unter dem Markenlabel führte Borgers fortan alle gewichtsoptimierten Produkte, die sich durch eine hohe Funktionalität und einen günstigen Preis auszeichnen sowie zum Recycling eignen.

Im Herbst 2006 hatte die Borgers AG in der Tat allen Grund zum Feiern. Der Generationswechsel im Vorstand lief ohne erkennbare Hürden und Widerstände ab, Borgers blickte auf eine Unternehmensgeschichte mit Höhen und Tiefen zurück, die mittlerweile bemerkenswerte 140 Jahre zurückreichte, und auch der Blick in die Zukunft erschien vielversprechend. Im verschärften Wettbewerb der Automobilproduzenten blieb Borgers ein geschätzter Geschäftspartner. Nachdem die Zusammenarbeit mit Toyota bei der Produktion der Modellreihe „Corolla" seit etwa zwei Jahren bestens verlaufen war, erhielt der Borgers-Standort in Telford auch den Zuschlag, um den Kofferraum des „Avensis" sowohl in der Limousine als auch in der Kombi-Variante auszustatten. Dank der neuen Vertragsabschlüsse im Herbst 2006 erhöhte sich das Geschäftsvolumen mit dem weltweit größten und sehr erfolgreich agierenden Autohersteller Toyota bis 2009 gleich um das Vierfache. Zur selben Zeit intensivierte sich die Partnerschaft mit Audi. Der LowMass-Philosophie folgend, produzierte Borgers für das neue TT-Coupé eine leichte und zugleich stabile Hutablage aus einer Papierwabenkonstruktion in Serie. Ferner sollte das neue Sport Utility Vehicle-Modell Q5 in Zukunft mit einer Gepäckraumauskleidung aus dem Hause Borgers seine Fahrt aufnehmen. Erfolge vermeldete Borgers auch auf dem französischen Markt. Citroën, Peugeot und Renault setzten mehr denn je auf Kofferraumausstattungen und textile Radlaufschalen made by Borgers. Preisverleihungen von Kunden unterstrichen zusätzlich den guten Ruf des Unternehmens. So wurde Borgers von Volvo Trucks zum Kreis seiner acht besten von insgesamt 1.500 Zulieferern auf der ganzen Welt gezählt und für seine Produktqualität und Lieferantentreue ausgezeichnet.[5]

Neben den Bemühungen, Marketing und Vertrieb zu stärken, um durch zusätzliche Aufträge eine höhere Auslastung der Werke und letztlich mehr Gewinn zu erzielen, kündigte Werner Borgers bereits in seiner Antrittsrede an, worum es ihm vor allem bei der Optimierung der inneren Strukturen und Prozesse ging: Die Steigerung von Transparenz, Effizienz und Profitabilität als Voraussetzung für die strategisch notwendige Globalisierung. In den nächsten Jahren wurden, teilweise unterbrochen durch die Auswirkungen der Finanzkrise, das Geschäft mit Objekt-Bodenbelägen verkauft, die wenig profitable Weberei der Firma Rensing geschlossen und später auch ihre Geschäfte mit Heimtextilien, Arbeitsschutzbekleidung und weiteren Webereiprodukten verkauft. Das notleidende Werk in Frankreich wurde saniert und verkauft und die Performance der übrigen Werke gesteigert. Dazu war eine deutlich stärker ausgeprägte kaufmännische Führung notwendig: Controlling und Rechnungswesen sowie die Einführung moderner Kennzahlensysteme wurden forciert, und auch alle übrigen internen Prozesse wurden in mehreren Stufen analysiert und optimiert.[6]

„Die Lage in der Automobilindustrie ist dramatisch […] und die schlägt 1:1 auf uns durch“ – Krisenmanagement in stürmischen Zeiten

Bis in den Spätsommer 2008 hinein brummte die Autokonjunktur. Im Geschäftsjahr 2007 liefen in Deutschland, dem wichtigsten Absatzmarkt für Borgers, so viele Fahrzeuge vom Band wie niemals zuvor (5,5 Mio.). Auch wenn die Inlandsnachfrage so schwach wie nie seit der Wiedervereinigung war, sorgte der Rekordwert von 4,3 Mio. exportierten Pkw für guten Umsatz. Als Wachstumsmärkte erwiesen sich insbesondere die neuen Mitgliedsländer der EU. In Rumänien stieg die Zahl der Pkw-Zulassungen um 26,3 Prozent, in Polen um 22,9 Prozent. Bis in den Spätsommer 2008 hinein änderte sich an der insgesamt guten Konjunkturlage der Automobilindustrie und ihrer Zulieferer wenig. In den ersten sechs Monaten stieg die Pkw-Produktion in der Bundesrepublik im Vergleich zum Vorjahreszeitraum um zwei Prozent und die Neuzulassungen um 3,6 Prozent. Auch der Export erhöhte sich im Vergleich zum hohen Niveau des Vorjahres noch einmal um zwei Prozent.[7]

Die Zulieferbranche in der Bundesrepublik brachte es 2007 auf ca. 321.000 Beschäftigte (im Zehnjahres-Vergleich stieg die Zahl um 56.900) und durfte damit erneut „für sich in Anspruch nehmen, der aktivste Job-Motor in der Automobilindustrie zu sein“.

Mit etwa 75 Mrd. Euro erwirtschafteten die Zulieferfirmen sieben Prozent mehr Umsatz als im Vorjahr. Allerdings gingen die Automobilzulieferer gewiss nicht ohne Sorgen ihren Geschäften nach, die häufig genug im Zeichen eines hohen Preis- und Kostendrucks standen. Die gesamte Branche hatte seit Ende 2007 unter deutlich steigenden Rohstoffkosten zu leiden. Bis in den Sommer 2008 hinein legten die Preise für Aluminium und Kupfer um 22 Prozent, für Strom um 30 Prozent und für Warmbreitbandstahl um 58 Prozent zu.[8]

Der hohe Wettbewerbsdruck von Kunden- und Lieferantenseite, sinkende Verkaufspreise bei steigenden Material- und Energiekosten und damit sinkende Margen belasteten auch Borgers. Hinzu kamen noch interne, hausgemachte Probleme, die das Gesamtergebnis 2007 signifikant trübten. Für Unruhe sorgten in erster Linie die seit Jahren schlechte Entwicklung in den spanischen, englischen und französischen Werken, die zu einer unbefriedigenden Ertragssituation in der Gruppe führte. Die Material- und Produktionskosten waren höher als kalkuliert, Geschäftsprozesse nicht optimal und in Frankreich war zudem das neu errichtete Werk mit großen Überkapazitäten konfrontiert. Dort blieben die Umsätze mit Citroën und Renault weit hinter den Erwartungen zurück und die hohe Abhängigkeit von einem Fahrzeugmodell (das Werk erzielte 81 Prozent des Gesamtumsatzes mit Lieferungen für den Renault Mégane) erwies sich als ungünstig. Eine ungenügende Qualifikation der Mitarbeiter und Schwächen im Management (sowohl in den jeweiligen Werken als auch in Bocholt) belasteten den Geschäftsalltag zusätzlich.

Bei allen berechtigten Sorgen – eine schwere Krise hatten jedoch selbst erklärte Pessimisten der Autobranche nicht auf ihrer Rechnung. Kaum im Amt, stand Werner Borgers vor seiner ersten großen Bewährungsprobe, in der es um nicht mehr und nicht weniger ging als um die Existenz der Firmengruppe. Entgegen allen Erwartungen hatte die Automobilindustrie nur wenige Monate später nahezu weltweit mit den schweren Folgen einer globalen Finanz- und – in der Folge – Wirtschaftskrise zu kämpfen. „Das Jahr 2008 markiert das Ende eines lange anhaltenden Aufschwungs der Weltwirtschaft“ – kurz und knapp resümiert der Jahreswirtschaftsbericht der Bundesregierung eine ökonomische Entwicklung, die im Winter 2008/09 in eine „konjunkturelle Talfahrt von historischer Dimension“, so das Kieler Institut für Weltwirtschaft, mündete.[9] Eine ungezügelte expansive Geldpolitik, die leichtfertige Vergabe von Krediten und Versäumnisse bei der Regulierung der Finanzmärkte ließen in den USA die Immobilienblase platzen. Hohe Abschreibungen der Banken und Versicherungen, ein massiver Vertrauensverlust auf den Finanzmärkten und die Lähmung der Geldkreisläufe zwischen den Banken rissen die Weltwirtschaft im Spätsommer in eine tiefe Krise. Im Euroraum sank das Bruttoinlandsprodukt in den letzten drei Monaten des Jahres 2008 gegenüber dem dritten Quartal um 5,7 Prozent. Ebenso blieben auch Staaten, die wie China oder Indien jahrelang zu den neuen Boomregionen der Weltwirtschaft gehört hatten, nicht mehr vor der Krise verschont und mussten kräftige Einbußen im Export hinnehmen. Im vierten Quartal konnte sich auch die deutsche Volkswirtschaft dem Strudel der weltweiten Rezession nicht mehr entziehen. Da die Exporte im vierten Quartal 2008 im Vergleich zum Vorjahr geradezu dramatisch um 26,2 Prozent einbrachen, hatte die Bundesrepublik den stärksten Rückgang der gesamtwirtschaftlichen Produktion seit vier Jahrzehnten zu verkraften.[10]

Die globale Konjunkturflaute traf auch die Automobilindustrie mit voller Wucht. Von der wirtschaftlichen Krise erheblich verunsichert, waren immer weniger Konsumenten zum Kauf eines Neuwagens bereit. Ganz abgesehen davon, dass auch die Banken nun häufig zögerten, Kredite für den Erwerb eines Pkw zu vergeben. Die Nachfrage- und Absatzkrise hinterließ bis zum Ende des Jahres 2008 deutlich ihre Spuren: die Automobilproduktion ging weltweit um 2,9 Mio. auf ca. 69 Mio. zurück. Allerdings verlief die Entwicklung von Wirtschaftsregion zu Wirtschaftsregion unterschiedlich. Eine rapide Talfahrt erlebten besonders die Produzenten in den USA, die 19,3 Prozent weniger als 2007 herstellten und insgesamt auf 8,7 Mio. produzierte Einheiten kamen. In Westeuropa sank die Zahl der hergestellten Fahrzeuge im Vergleich zum Vorjahr um 7,5 Prozent (auf etwa 15,6 Mio.). Dagegen vermeldeten die Hersteller in Osteuropa – auch wenn die Dynamik der vergangenen Jahre verloren ging – schwarze Zahlen. Getragen vom Boom kleiner, preiswerter Fahrzeuge für den Export in andere europäische Länder erhöhten die ehemaligen Ostblockstaaten ihre Fahrzeugproduktion um 6,8 Prozent auf 3,3 Mio. Zu den Wachstumsregionen gehörte 2008 auch noch China, das seine Produktion um 6,6 Prozent steigerte und insgesamt rund 9,4 Mio. Fahrzeuge vom Band laufen ließ.[11] In der Bundesrepublik erlebten Produzenten und Zulieferer das Geschäftsjahr 2008 als ein „Jahr der zwei Gesichter".[12] Erfolgreichen ersten sechs Monaten folgte im vierten Quartal der jähe Absturz. Seit Oktober 2008 häuften sich die Hiobsbotschaften. Opel drosselte seine Produktion in Bochum und Eisenach. Im gleichen Monat kündigten BMW sowie die VW-Töchter Seat und Skoda an, weniger Pkw herzustellen.[13] Die Fahrzeugproduktion brach zwischen Oktober und Dezember bundesweit gegenüber dem Vorjahr um 16,7 Prozent ein. Im Herbst 2008 gab es auch bei den Zulieferern nichts mehr zu beschönigen, wie Werner Borgers gegenüber der Rheinischen Post im Oktober 2008 ausführte: „Die Lage in der Automobilindustrie ist dramatisch und die schlägt 1:1 auf uns durch."[14] Nachdem der Umsatz in der Sparte Automotive im ersten Halbjahr noch um zehn Prozent gestiegen war (die Werke in Tschechien erreichten sogar ein Umsatzplus von 18 Prozent), musste Borgers nun den „Wechsel vom Vollgas zur Vollbremsung"[15] bewältigen. So betraf etwa die Entscheidung bei Mercedes, die Pkw-Fertigung um 20 Prozent herunterzufahren, unmittelbar den Borgers-Standort in Bocholt. Die Produktion des Dachhimmels für den Mercedes Sprinter ging bis zum Oktober 2008 im Vergleich zum ersten Geschäftshalbjahr sogar um 40 Prozent zurück. Unter dem Strich sank der Umsatz im letzten Quartal im Vergleich zum Vorjahreszeitraum um satte 25 Prozent. Bis zum Jahresende sorgten die Geschäfte mit VW, Volvo und Audi noch für ein leichtes Umsatzplus. Dagegen brachen die Aufträge von Mercedes-Benz, Ford und Renault deutlich ein.[16]

Nun war guter Rat teuer. Nachdem die Geschäftsführung sehr schnell auf eine Kapazitätsanpassung durch „weiche Maßnahmen" (Abbau von Urlaub und Überstunden etc.) zurückgegriffen hatte, blieb Borgers ab November nichts anderes übrig, als unpopuläre Entscheidungen zu treffen, zu denen es aber keine Alternative gab. Im zweiten Halbjahr 2008 entließ die Firmengruppe insgesamt rund 450 Mitarbeiter, davon ca. 100 am Stammsitz. Trotz der Dramatik und der äußerst unsicheren Zukunft formulierte

Werner Borgers bereits zu diesem Zeitpunkt während einer Betriebsversammlung den Anspruch: „Wir werden gestärkt aus der Krise hervorgehen."

Auch in anderer Hinsicht war die Opferbereitschaft der Beschäftigten gefragt, die manche finanziellen Einbußen hinnehmen mussten. Für 2008 wurde mit den Mitarbeitern der Johann Borgers AG die Kürzung des Weihnachtsgelds um 57,1 Prozent und für das darauf folgende Jahr um 28,6 Prozent vereinbart. Neben Entlassungen, neben der Kündigung von Leiharbeits-, befristeten und unbefristeten Arbeitsverträgen sowie Leistungskürzungen wurde nun die Kurzarbeit in Deutschland zu einem bevorzugten Instrument der Personalpolitik, das sich in den nächsten Monaten als effektiv erwies, um den Personaleinsatz der Auftragslage gemäß zu steuern.[17]

Um die Folgen der Krise möglichst zu begrenzen, setzte Borgers ferner auf einen umfangreichen Maßnahmenkatalog zur Optimierung der Betriebsabläufe. Das Effizienzsteigerungs-Programm „In Motion" wurde schon vor der Automobilkrise initiiert und gewann nun mehr denn je an Bedeutung. In den Worten der Geschäftsführung meinte „In Motion": „Borgers bewegt sich und macht sich auf zu neuen (besseren) Ufern. Dabei ging es 2007 zunächst darum, durch eine Vielzahl bereichsübergreifender Maßnahmen die Ertragsschwächen zu beseitigen und sich als Familienunternehmen erfolgreich am Markt zu positionieren."[18] In der Krise wurde das Programm zur Effizienzsteigerung dann intensiviert und zu einem – im wortwörtlichen Sinne – „Überlebensprogramm". Es betraf die Gesamtstrategie der Borgers-Gruppe, die Produktionsprozesse, die Entwicklungs- und Projektarbeit, Einkauf und Vertrieb, den IT- sowie den Finanzbereich. Konkret beschlossen die Führungsgremien hier z. B. die „Produktions- und Informationslogistik", die Risikoberichterstattung und das Risiko-Controlling zu verbessern.[19]

Erschwerend kam für Borgers hinzu, dass die Konsortialfinanzierung der Gruppe (d. h.: ein Finanzierungsvolumen wird auf Basis eines einheitlichen Kreditvertrages zu meist unterschiedlich großen Tranchen auf mehrere Banken verteilt) im April 2009 vertragsgemäß fällig wurde und erneuert werden musste. Angesichts der massiven Erschütterungen der Finanzkrise, die auch die für Borgers relevanten Banken (z. B. die Commerzbank und einige Landesbanken) in arge Bedrängnis gebracht hatten und der großen Absatzrückgänge, mit denen die Automobilbranche kämpfte, kein leichtes Unterfangen. Der ganzen Automobilindustrie standen Banken und Unternehmensberater wenig freundlich gegenüber, bis hin zu der Aussage, dass in Deutschland das Geschäft mit Premiumfahrzeugen tot sei. Fahrzeuge über 10.000 Euro waren in Europa praktisch unverkäuflich. Wie kann man also angeschlagene Banken überzeugen, Kredite an einen Autozulieferer zu gewähren, der zu 70 Prozent Premiumfahrzeuge (= „Ladenhüter") ausstattet und dazu noch massive Verluste ausweist? Erschwerend kam hinzu, dass die damals für den Mittelstand relativ innovative Konsortialfinanzierung bei Borgers 16 (!) Banken umfasste. Neben den langjährig verbundenen deutschen Geschäftsbanken waren Institute aus Österreich, Dänemark, Schweden, Japan und Spanien beteiligt, die als „Asset-Taker" das Unternehmen Borgers großteils nur aus den Akten kannten und den Kredit für ein ausgewogenes Portfolio brauchten, d. h., keine strategische Kundenbeziehung zu Borgers hatten. Um es kurz zu machen: Die Verhandlungen bis zum Abschluss eines neuen, dreijährigen

Intensive Kommunikation mit den Mitarbeitern auf allen Ebenen begleitete das Krisenmanagement in stürmischen Zeiten. Am 30. Oktober 2009 war es endlich soweit: Werner Borgers konnte den erfolgreichen Abschluss der Finanzierung verkünden. Damit ging ein Jahr der intensiven Bemühungen und des Bangens um das Überleben des Unternehmens zu Ende.

Kreditvertrages dauerten über ein Jahr. In dieser Zeit war das Unternehmen zwei Mal konkret von einer Insolvenz bedroht, wurden Alternativszenarien durchgespielt und wieder verworfen, wurden Unternehmensberater mit Restrukturierungsgutachten beauftragt, regelmäßige Bankenmeetings abgehalten, unzählige bilaterale Gespräche mit Banken geführt, Papiere erstellt, Sicherheiten aus der Familie (Franz Borgers) gestellt, Gespräche mit der Landesregierung bezüglich einer Landesbürgschaft geführt und der dafür notwendige Prozess gestartet, immer wieder Kreditverlängerungen erkämpft, um Konditionen verhandelt und parallel ein neuer Vertrag erarbeitet. Massive Verluste und Liquiditätsengpässe haben die Sache nicht leichter gemacht. Es ging um die Existenz des Familienunternehmens. Die neue Finanzierung kam im November 2009 schließlich nur unter der Bedingung zu Stande, dass zuvor die Gesellschafter der von einer beteiligten Bank geforderten doppelnutzigen Treuhandvereinbarung (quasi eine bedingte Verpfändung der Anteile) für ihre Anteile zugestimmt haben, mit dem Effekt, dass ihre Eigentumsrechte deutlich eingeschränkt waren. Zusätzlich dazu (und neben dem stark rückläufigen, aber gerade deshalb besonders anspruchsvollen „Normalbetrieb") gab es aber noch weitere Großbaustellen: Inmitten der Krise mussten die Kunden überzeugt werden, Borgers weiterhin mit neuen Aufträgen zu versorgen, damit das Unternehmen von einem danach einsetzenden Aufschwung in vollem Umfang profitieren könnte. Mit der Ausnahme von Toyota, die nicht an ein Überleben von

Willkommen in der Borgers-Gruppe. Werner Borgers begrüßte zusammen mit Dr. Stephan Funke die Mitarbeiter der Standorte Krumbach und Ellzee der ehemaligen AKsys GmbH nach der erfolgten Übernahme der Standorte aus der insolventen AKsys GmbH. Dabei stellte er sein Unternehmen vor und erläuterte die Zukunftspläne der neugegründeten Borgers Süd.

Borgers glaubten, haben alle Kunden teils sogar vermehrt Aufträge an das Bocholter Zulieferunternehmen vergeben.

Das Krisenmanagement wurde im Übrigen von einer für die Mitarbeiter ungewohnt offensiven, transparenten und persönlichen Kommunikationspolitik zur jeweils aktuellen Situation und zu den eingeleiteten Maßnahmen begleitet. Eindringlich appellierte Werner Borgers dabei an die Mitarbeiter, die Köpfe nicht hängen zu lassen und an die Zukunft der Unternehmensgruppe zu glauben – möglicherweise ein Grund dafür, warum kein Mitarbeiter (freiwillig) das Unternehmen verließ. Im Frühjahr 2009 erteilte Werner Borgers allen „wehleidigen Abhandlungen über die Finanzkrise" und ihren Folgen für das eigene Unternehmen eine entschiedene Absage. Und weiter führte er an die Leser der BORGERS motive gerichtet aus: „Es wurde genug zu diesem Thema gesagt und geschrieben, mehr oder weniger erhellend, und die Folgen spürt ohnehin jeder bei uns: Entlassungen, Kurzarbeit, Kostensenkungsprogramme und eine dementsprechende Stimmung. Das Reden über die Krise, die Schlagzeilen in der Presse (nach dem Motto, schlechte Nachrichten sind gute Nachrichten') und der zelebrierte Pessimismus haben zu dem dramatischen Ausmaß der Krise erheblich beigetragen." Damit müsse endlich Schluss sein: „Nun ist es langsam an der Zeit, ohne die Krise aus den Augen zu verlieren, den Blick nach vorne zu richten; Optimismus und Mut müssen wieder Raum gewinnen!" Letztlich müsse die Krise auch als Chance begriffen werden. Die Aufgabe, so Werner Borgers, sei klar: „Bewährtes verbessern, Fesseln abwerfen und Hindernisse, die dem Erfolg im Wege stehen, zur Seite räumen. Lassen wir frischen Wind durch unser Unternehmen wehen, Neues wagen und die sich bietenden Chancen ergreifen – mutig, entschlossen und positiv denkend!"[20]

Das Unternehmen bemühte sich an allen Stellen, die massiven Verluste 2009 einzudämmen und mit der teils sehr angespannten Liquiditätssituation umzugehen. Daneben begann Borgers bereits vor der Krise aus eigenem Antrieb, während der Flaute aber durch die Banken darin bestärkt, mit zwei Wettbewerbern strategische Allianzen bis hin zu einer Übernahme oder Fusion zu prüfen. Für die Suche nach einem Kooperationspartner gab es für Werner Borgers neben den kurzfristigen finanziellen auch strategisch gute Gründe: Die Überkapazitäten der Zulieferbranche, sinkende Margen, die weiter fortschreitende Globalisierung wichtiger Kunden, die wachsende Bedeutung außereuropäischer Absatzmärkte und die Chance, Kapazitäten zu bereinigen und zu konsolidieren sowie den Unternehmenswert zu erhöhen. Unzählige Gespräche mit potentiellen Partnern, viele davon krisengeplagt, mündeten in zwei konkrete Gespräche für einen Zusammenschluss, in einem Fall bis hin zur Erstellung eines gemeinsamen Businessplans und der Durchführung einer Due Diligence (Risikoprüfung). Letztlich wurden aber beide Optionen aus unterschiedlichen (strategischen) Gründen im Sommer 2009 endgültig verworfen.

Während der verschiedenen Gespräche zu strategischen Optionen stieß Borgers bereits vor der Krise auf ein Unternehmen aus Süddeutschland, die AKsys GmbH in Worms, die sich u. a. im Besitz von mehreren Finanzinvestoren befand und eine operative und strategische Restrukturierung benötigte.[21] AKsys lieferte seine Produkte aus den drei Geschäftsfeldern Akustik, Hitzeschutz und Kunststoffbauteile zu 80 Prozent an Pkw- und Lkw-Hersteller im In- und Ausland und gehörte zu jenen Zulieferern, die, bereits vorher geschwächt, massiv unter der Last starker Auftragseinbrüche litten. Nachdem die Hausbanken nicht bereit waren, das Unternehmen weiter zu unterstützen, und auch Gespräche mit der staatlichen Kreditanstalt für Wiederaufbau über eine Finanzspritze in Höhe von 22 Mio. Euro ins Leere gelaufen waren, drohte der AKsys GmbH die Zahlungsunfähigkeit. Am 26. Mai 2009 ging die Firma den letzten Schritt und meldete Insolvenz an.

Da sich kein Investor bereitfand, die gesamte Unternehmensgruppe zu übernehmen, lief, nicht ohne Einfluss von Borgers, die Sanierung nun darauf hinaus, den Verbund zu entflechten und einzelne Betriebe zu veräußern. Das Schicksal von AKsys war seit dem Herbst 2009 dann auch bei Borgers mehr denn je ein Thema. Die Bocholter Führungsspitze zeigte sich an der Sparte Akustik mit damals noch vier Werken der Wormser Firma interessiert. In Krumbach produzierte AKsys Auskleidungen für Lkw-Kabinen, in Ellzee u. a. Konsolen und Instrumententafeln für Nutzfahrzeuge sowie Radlaufschalen, Unterbodenschutze und Akustikschäume für das Interieur von Pkw. „Als sich herausstellte, dass nach einer langfristigen Lösung, einem soliden, industriellen Partner und einem Übernehmer, der die Unterstützung der Kunden hat, gesucht wird, deutete sich an, dass Borgers der richtige ist“, blickt Werner Borgers zurück.[22] Aus seiner Sicht fügten sich die Betriebe in Krumbach und Ellzee, auf die Borgers die Produktion konzentrieren wollte, perfekt in die Gesamtstrategie von ein. „Zum einen stärken wir damit unsere Kernkompetenzen im Bereich textiler Fahrzeugausstattung, zum anderen gewinnen wir beispielsweise in Sparten wie Akustik und Dämmung neue technische Möglichkeiten hinzu“, begründete Werner Borgers im Sommer 2010 die Übernahme. Die Technologien für die Produktion von Weich-, Hart-, Schwer- und Integralschäumen ergänzten die von Borgers angebotenen textilen Pro-

Supplier Award 2005 – Auszeichnung von Volvo Trucks. Borgers wurde als einer der acht besten von 1.500 Lieferanten für ausgezeichnete Leistungen in Qualität und Liefertreue sowie für besonders kundenorientiertes Verhalten gewürdigt.

Supplier Award 2009 – Die Auszeichnung von Volvo-Trucks wurde nach der Verleihung an die Borgers-Mannschaft, die für den Erfolg verantwortlich war, weitergegeben. Borgers wurde als einer der neun besten Lieferanten für ausgezeichnete Leistungen in Qualität, Liefertreue und Projektmanagement gewürdigt.

gramme bestens. Auch der Standort der Werke in der Nähe von BMW, Mercedes-Benz, Audi und MAN war gewiss kein Nachteil. Nach Ansicht von Werner Borgers passten auch die Unternehmenskulturen der Betriebe hervorragend zueinander, die allesamt „bodenständig, solide, nachhaltig" und ohne „große Sprünge" ihrem Alltag nachgingen.[23] Im Mai 2010 meldete Borgers Vollzug. Das Bocholter Unternehmen sicherte mit der Übernahme der Betriebe rund 300 Arbeitsplätze und führte die Werke in Krumbach und Ellzee als „Borgers Süd GmbH & Co. KG" weiter.

Als der Deal mit AKsys spruchreif wurde, hatte sich der Sturm über der Borgers-Gruppe langsam wieder gelegt. Im dritten Quartal 2009 fühlte sich Werner Borgers deutlich erleichtert: „Das Schlimmste der wohl heftigsten Wirtschaftskrise seit 1929 scheint überstanden, die Automobilindustrie erholt sich spürbar und auch bei Borgers besteht Grund zu echtem Optimismus."[24] Die gute Stimmung kam nicht von ungefähr. In der Hauptversammlung im August 2009 sprach er von einem Stopp des konjunkturellen Abwärtstrends, einer sich durch Abwrackprämien und steigendem Export stabilisierenden Automobilproduktion, wieder steigenden Umsätzen bei Borgers und Geschäftsergebnissen, die, zwar auf niedrigen Niveau, aber gerade auch wegen der eingeleiteten Maßnahmen doch oberhalb der Erwartungen lägen. Zahlreiche neue Aufträge schürten im Herbst 2009 auch die Zuversicht in der Belegschaft. Mercedes-Benz beauftragte Borgers, die Fahrerkabinen aller neuen Lkw auszukleiden. BMW ließ sich in Zukunft für mehrere Modellvarianten der 1er- und 3er-Reihe alle Radlaufschalen liefern. Überdies sollte die komplette Gepäckraumauskleidung des 3er-Kombi von Borgers produziert werden. Von VW erhielt der Bocholter Zulieferer den Auftrag, die Modelle Passat Limousine und Variant mit Türablagefächern auszustatten. Darüber hinaus entschieden sich Vertreter aus Wolfsburg bei einem Besuch in Bocholt, den neuen Kleinwagen „Up!" mit Bodenteppichen von Borgers auszurüsten.

In der Krise zahlte sich vor allem auch die beharrliche Suche nach Innovationen aus. So gelang es, neue Produkte erfolgreich in die Serienfertigung zu überführen und z. B. für die Modelle X1 von BMW und Ghost von Rolls-Royce einen neuartigen

Schiebedachhimmel zu liefern. Überhaupt sorgte der hohe Innovationsgrad und die grundsätzliche Linie, leichte und umweltschonende Produkte zu entwickeln, dafür, dass die Automobilkrise der Marktstellung von Borgers bei Kofferraumsystemen, Hutablagen und Außentextilien nur wenig bis gar nichts anhaben konnte. Genauso unerwartet wie die Krise über die Automobilindustrie hereinbrach, erlebte die Branche in den nächsten Monaten nun schneller als erwartet einen Aufschwung. In Europa zog die Fahrzeugproduktion 2010 um 16 Prozent auf 19,6 Mio. wieder an, die Produktion von Lkw nahm Fahrt auf, die Exporte deutscher Produzenten in die USA (um 159.000 auf 518.000) und China (um 163.000 auf 462.000) legten zu.

Unter dem Strich musste auch Borgers in den Krisenmonaten seit dem Herbst 2008 „Federn lassen".[25] Nicht zu vergessen ist auch die Entwicklung der Borgers-Tochter in den USA, die 2008/09 einen Umsatzeinbruch von über 50 Prozent zu verkraften hatte.[26] Das rechtzeitige Krisenmanagement, der Abbau von Arbeitsplätzen, Kurzarbeit, die Bereitschaft der Mitarbeiter, Leistungskürzungen mitzutragen, breit angelegte Optimierungsprogramme und der Glaube fast aller Kunden, Banken und externen Berater an die Wettbewerbsvorteile des Zulieferers (hohe Kundenbindung, innovative Produkte etc.) bewahrten die Unternehmensgruppe allerdings vor einem wirtschaftlichen Totalschaden.

Die schweren wirtschaftlichen Turbulenzen überstand die Unternehmensgruppe letztlich deutlich besser als mancher Konkurrent: Bis zum Januar 2010 hatten weltweit rund 340 Zulieferfirmen Konkurs angemeldet. In Europa waren vor allem kleinere und mittlere Unternehmen betroffen, die ihre Produkte bevorzugt an Premiumanbieter lieferten. In Deutschland erhöhte sich die Zahl der Firmenkonkurse von 15 im vierten Quartal 2008 auf 75 im Dezember 2009. Letztendlich brachen aber nur acht Prozent der deutschen Zulieferer unter der schweren Last der Automobilkrise zusammen, da die Kunden sie – häufig in letzter Minute – finanziell unterstützten, um die Lieferkette nicht abreißen zu lassen.[27]

In der Weltwirtschaftskrise kam bei Borgers auch die Sparte Maschinen- und Werkzeugbau nicht ungeschoren davon. Ähnlich wie im Geschäftszweig Automotive war bei der Olbrich GmbH in den Geschäftsjahren 2007 und 2008 von einer wirtschaftlichen Flaute weit und breit nichts zu sehen. Die hohe Bereitschaft ausländischer Kunden in Qualitätsarbeit „made in Germany" zu investieren und ein internes Maßnahmenbündel, um Produktionsprozesse zu optimieren, sorgten 2007 für ein verbessertes Gesamtergebnis. Daneben gelang es, mit Firmenzukäufen die eigene Marktposition zu stärken. Mit der Übernahme der R + S Technik GmbH, als Zulieferer und Ideengeber bei dem Kunden Borgers seit langem bestens bekannt und geschätzt, rückte Olbrich in die Position des Marktführers bei Form- und Stanzwerkzeugen sowie bei Produktionsanlagen für die Verarbeitung textiler Werkstoffe auf. Der Erwerb und die Integration der Schreiner Formen- und Modellbau GmbH & Co. KG stärkte außerdem die Kompetenz der Borgers-Gruppe auf dem Gebiet der Kunststoff-Spritzgießtechnik.[28]

Die weltweite Finanz- und Wirtschaftskrise holte Olbrich ausgerechnet zum 60jährigen Firmenjubiläum ein. Die Geschäftspartner hatten zunehmend Probleme, ihre Investitionen zu finanzieren. Vertragsverhandlungen mit praktisch schon unterschriftsreifen Ergebnissen scheiterten bisweilen noch kurz vor Toresschluss. Die schwache Nachfrage nach Investitionsgütern und die Zurückhaltung bei der Auftragsvergabe trafen besonders R + S, die die Autoindustrie belieferte.[29] Wie in der Automobilsparte sah der Maschinen- und Werkzeugbau bei Borgers seit dem dritten Quartal wieder Land in Sicht. Im Sog eines gesamtwirtschaftlichen Aufschwungs zogen Kundenanfragen und -bestellungen wieder an. Das Kostenmanagement wurde verbessert, das Technologie-Zentrum bei Olbrich ausgebaut und die organisatorischen Reformen abgeschlossen. Die R+S Technik GmbH entwickelte zukünftig innovative Systeme zur Produktion textiler Interieurs. Bei Olbrich verblieb der Geschäftszweig „Converting": die Konstruktion und der Bau von Maschinen und Anlagen für die Produktion bahnenförmiger Artikel wie z. B. Tapeten, Bodenbeläge und Folien.[30]

Nach der Krise – Stabiles Wachstum und beschleunigte Internationalisierung

Nachdem die Borgers-Gruppe die wirtschaftlichen Turbulenzen schneller als gedacht überwunden hatte, mündete der Aufschwung im Geschäftsjahr 2010 in ein mehrjähriges kräftiges Wachstum, zu dem beide Sparten des Konzerns ihren Anteil beisteuerten. Über dessen wirtschaftliches Wohlergehen entschieden jedoch weiterhin in erster Linie die Ergebnisse der Sparte Automotive, die auch nach der Finanz- und Wirtschaftskrise rund 80 Prozent zum gesamten Geschäftsvolumen beitrug. Im Automobilgeschäft verfolgte Borgers zwei grundsätzliche strategische Ziele: Zum einen sollte die „technische und qualitative Führerschaft bei den angebotenen Produkten und Dienstleistungen"[31] ein dauerhaftes profitables Wachstum ermöglichen. Von wichtigen Branchentrends begünstigt, gelang es Borgers in der Tat, seine Marktposition zu konsolidieren und deutlich auszubauen. Das Angebot und die eigenen Innovationen wurden den Bedürfnissen der Hersteller nach leichten und ökologisch verträglichen Produkten gerecht. Borgers lieferte zu 70 Prozent für Premiumfahrzeuge, die von einer hohen Nachfrage im Ausland profitierten. Das „Schwächeln deutscher Wettbewerber",[32] der Marktaustritt mancher Konkurrenten und die kurzfristige Übernahme von Programmen ehemaliger Mitbewerber stärkten ebenfalls die Position von Borgers.[33]

Die weltweite Automobilproduktion zog seit 2010 vor allem dank der hohen Zuwachsraten auf den großen Märkten USA und China von Jahr zu Jahr mehr an, wo die deutschen Hersteller ihre Produktionsstätten massiv ausbauten. Schon seit 2007 hatten die Produktionsziffern der deutschen Hersteller vor allem im Ausland deutlich zugenommen. Bis 2012 erhöhte BMW die Zahl der im Ausland gefertigten Fahrzeuge um 21 Prozent, VW und Audi gar um 49 Prozent. Um die Marktposition und den weiteren Geschäftserfolg nicht zu gefährden, war es für Borgers dringend geboten, seine wichtigsten Kunden ins Ausland zu begleiten. Im Jahr 2010 wurden nach den gescheiterten Kooperations- bzw. Fusionsgesprächen gleich mehrere strategische Eckpfeiler für die Borgers-Automotive-Sparte definiert. Diese wurden u. a. final im Kreis der weltweiten Führungskräfte anlässlich des zwei Mal jährlich stattfindenden Automotive Management Meetings verabschiedet und schließlich den Aktionären

Gegenseitige Gratulation, während die Tinte unter den Verträgen noch trocknet: Die Herren Wu Daiwei, Präsident der Sparte Interior Trim der Tuopu Group, und Werner Borgers freuen sich auf eine erfolgreiche Zusammenarbeit. Seit 2004 kannte man sich, nach der Krise war der richtige Zeitpunkt gekommen und man entschied sich zur Gründung eines 50-50-Joint-Ventures zwischen Borgers und der Tuopu-Group.

auf der Hauptversammlung 2011 vorgestellt. Kernelemente waren (basierend auf dem „Stand-alone-Ansatz", also der Entscheidung, ohne weitere größere Zukäufe oder Kooperationen aus eigener Kraft die Herausforderungen der Zukunft anzugehen) der Anspruch auf die Marktführerschaft bei Produkt- und Entwicklungsleistung sowie die weltweite Präsenz eines Netzwerks von Produktionsstätten, der sogenannte Global Footprint. Bei der Erschließung außereuropäischer Wachstumsmärkte standen die USA und China nachvollziehbar ganz oben auf der Prioritätenliste, wobei sich Borgers, eher untypisch, für die Fokussierung des eigenen Wachstums auf die USA entschied und den chinesischen Markt eher opportunitätsgetrieben und zur Abrundung des Angebots für die europäischen Premiumkunden zusammen mit einem Partner bedienen wollte.

Der chinesische Markt hatte für die Automobilindustrie mit jährlich zweistelligen Wachstumsraten erheblich an Bedeutung gewonnen und verlangte quasi von Borgers 2012 den Schritt ins „Reich der Mitte" zu gehen. Das Unternehmen gründet mit dem Zulieferer Tuopu Group Co., Ltd. aus dem südchinesischen Ningbo das Gemeinschaftsunternehmen „Ningbo Borgers Tuopu Automobile Parts Co., Ltd.", an dem sich beide Firmen mit jeweils 50 Prozent beteiligten.

Das eigentümergeführte Unternehmen stellte in mehreren Betrieben ähnliche Produkte wie Borgers her, war mit den Ansprüchen und Produktionsstandards westlicher Kunden zumindest ansatzweise vertraut und obendrein auch kein Unbekannter. Zwischen beiden Unternehmensgruppen gab es bereits 2004 anlässlich der ersten China-Erkundungsreise von Werner Borgers erste Gespräche über eine Kooperation, die nach mehreren zwischenzeitlichen Besuchen im November 2011 konkret wieder aufgenommen wurden. Nachdem am 6. März innerhalb einer dreistündigen Verhandlung zwischen dem Eigentümer Herrn Wu und Werner Borgers ein vollständiger Letter-of-intent (Absichtserklärung inklusive der sonst häufig kritischen Themen wie die Namensgebung, Beteiligungsverhältnisse, Besetzung des Managements und Aufsichtsrates etc.) verabschiedet wurde, konnte dieser inhaltlich unverändert bereits kurze Zeit später mit den Unterschriften am 13. Juni 2012 als Joint-Venture-Vertrag abgeschlossen werden. Die beiden Partner verständigten sich darauf, Produktentwicklung, Prozesstechnologie und Vertrieb in die Hände von Borgers zu legen, und den Einkauf, die Produktion und die Logistik dem chinesischen Partner zu überlassen.[34]

Die Zusammenarbeit verlief von Beginn an ohne Probleme. 2013 nahm das Gemeinschaftsunternehmen in einer Betriebshalle in Langfang zunächst die Produktion der Sitzlehnenverkleidung für die neue Mercedes-C-Klasse, in einem anderen Werk von textilen Radlaufschalen für Volvo auf. Darüber hinaus erhielt Langfang den Auftrag, die Hutablagen für den Nachfolger der Mercedes E-Klasse herzustellen. Ein neuer Großauftrag von BMW Brilliance Automotive Ltd. (eine Tochterfirma von BMW und dem chinesischen Hersteller Brilliance) ließ sich nur mit einem neuen Produktionsstandort bewältigen, der im Industriepark von Shenyang in Betrieb genommen wurde.[35]

Bei allen (internationalen) Erfolgen gab es in der Automobilsparte aber auch Baustellen, die sich nur mühsam bewältigen ließen. Ein jahrelanges Ringen um die Zukunft des französischen Werks in St. Quentin endete schließlich – in enger Abstimmung mit den Kunden und der lokalen und nationalen Politik – mit dem Verkauf des Betriebs zum 30. April 2012. Neben der ohnehin unzureichenden Auslastung und niedrigen Margen trübte der starke Einbruch der Produktionszahlen unter den französischen Herstellern die Perspektiven der Betriebsstätte weiter ein und ließ nach erfolgreicher operativer Sanierung keine andere Entscheidung zu, die jedoch den Geschäftszweig Automotive gewissermaßen strukturell bereinigte und von Borgers durchaus erleichtert kommentiert wurde. Als kostenintensiv und keineswegs einfach erwies sich der Umbau des britischen Werks, das für die Produktion von Bauteilen für Jaguar Land-Rover bis 2015 aufwändig umgerüstet wurde. Nicht ohne Sorge beobachtete die Geschäftsführung 2013/14 auch die Entwicklung des neu aufgestellten Betriebs in Berlin, der zunächst ungeplante beträchtliche Anlaufverluste, 2015 aber einen beeindruckenden Turnaround mit einem ordentlichen Vorsteuergewinn ausweisen sollte.[36]

Insgesamt betrachtet setzte Borgers jedoch den Weg vom „Wattefritzen“ zum internationalen Automobilzulieferer konsequent und erfolgreich fort. So zeigte nach dem Rückschlag in der Finanz- und Wirtschaftskrise insbesondere das USA-Ge-

Ribbon Cutting – der feierliche Augenblick (v. l.): Wilhelm Rochner (Projektleiter für den Werksaufbau), Franz Borgers mit Enkelin Antonia, Werner Borgers, Jochen Harmeling (Werksleiter Borgers Ohio), Andreas Schalk (Geschäftsführer Borgers USA), Norwalks Bürgermeister Rob Duncan und Ellen Heinz (Personalleiterin Borgers USA, damals verantwortlich für die Wirtschaftsförderung der Stadt Norwalk).

schäft von Borgers eine beeindruckende Entwicklung. Belief sich der Umsatz des Logistikstandorts Vance bis 2010 (nach der Krise) noch auf unter 20 Mio. US-Dollar stieg er bis 2015 auf ungefähr das Vierfache, allerdings auf deutlich erweiterter Grundfläche und mit einer „echten“ Produktion in Vance (eine wesentliche Forderung von Mercedes) sowie einem angegliederten Logistikstandort in der Nähe von Spartanburg. Gründe für das deutliche Wachstum waren ein gestiegenes Auftragsvolumen für die Kofferräume der Mercedes ML- und GL-Klasse (die zudem noch unerwartet hohe Produktionsvolumina verzeichneten) sowie der Auftrag für den BMW X3.[37] Die lokale Produktion weckte dann auch das Interesse weiterer Kunden. So kamen 2012 erste kleinere Aufträge von General Motors (GM) für die Produktion von Radlaufschalen hinzu.

Natürlich hegte Borgers insgeheim die Hoffnung, anschließend weitere Aufträge von GM zu erhalten. Was jedoch nach der erfolgreichen ersten Projektarbeit für die General Motors-Marken Cadillac und Chevrolet folgte, übertraf alle Erwartungen. Der Automobilriese wollte nun für gleich elf unterschiedliche Fahrzeugmodelle die Radlaufschalen sowie die Kofferraumauskleidung für den Chevy Cruze von Borgers in einem neu zu errichtenden Werk in der Nähe von Detroit produzieren lassen, da durch die räumliche Anbindung an die großen GM-Werke in der Nähe von Detroit die Logistikkosten deutlich gesenkt werden konnten. Borgers entschied sich nach einem sechsmonatigen, mehrstufig strukturierten Standortauswahlprozess (Werner Borgers bewertete mit seinem Team mehr als 50 Standorte und besuchte zwölf davon zum Teil mehrfach) am Ende für eine

Kleinstadt mit rund 17.000 Einwohnern: Norwalk im Norden des Bundesstaats Ohio. Die Entscheidung fiel mit Bedacht: Norwalk ist gut an den Großraum Detroit angebunden, zahlreiche gut ausgebildete Arbeitskräfte waren ebenso vorhanden wie genügend Grund und Boden für den Bau einer modernen Produktionsstätte. Auch der Zustand des regionalen Bildungswesens war vielversprechend. Es gab mehrere private und staatliche Schulen, die zum Teil auch Deutsch-Unterricht anboten. Ferner hatte sich die duale Berufsausbildung nach deutschem Vorbild in der Region etabliert. Schließlich schien nach dem Bauchgefühl aller Beteiligten auch die Mentalität in dieser Region zu Borgers zu passen.

Dass das deutsche Unternehmen in Norwalk mehr als willkommen war, zeigte spätestens der Tag des Spatenstichs am 6. August 2014. Nicht nur, dass sich rund 150 namhafte Gäste aus Politik, Wirtschaft und Verwaltung die Ehre gaben, Begrüßungsbanner in der Stadt wehten und das örtliche Kino seine Programmtafeln mit Willkommensgrüßen versah – der Bürgermeister Rob Duncan ließ es sich nicht nehmen, den 6. August kurzerhand zum „Borgers Day“ zu erklären. In Norwalk standen Borgers alle Türen offen. In den nächsten Monaten lief alles nach Plan. Bis zum 12. November 2014, noch vor dem Wintereinbruch, war nach dreimonatiger Bauzeit die 14.000 Quadratmeter große Produktionshalle äußerlich fertiggestellt. Im Winter 2014/15 traten zwölf Mitarbeiter den Weg aus Ohio nach Bocholt an, um sich im Stammwerk die notwendigen Kenntnisse in den Bereichen Organisation, Produktion und Instandhaltung anzueignen. Ab Februar 2015 wurde begonnen, die Maschinen aufzubauen, die in insgesamt ca. 100 Überseecontainern transportiert

In 18 Monaten von der Standortsuche zum Produktionsbeginn: Das hochmoderne zweite Werk in den USA wurde im Oktober 2015 eingeweiht. Kernstück ist eine dreikremplige Vliesanlage – die leistungsfähigste, die jemals in der Gruppe eingesetzt wurde.

Der Führungskreis der Sparte Automotive bei seiner wöchentlichen Sitzung. V. l.: Christian Peters, Norbert Beckenuyte, Dr. Stephan Funke, Olaf Hartwig, Wilhelm Rochner, Oliver Kann und Werner Borgers.

worden waren. Im Juni, 18 Monate nach Beginn der Standortsuche, lief die Serienproduktion an, und am 14. Oktober wurde das Werk feierlich eröffnet. Zu diesem Zeitpunkt war bereits die Standortsuche für ein neues Werk in Polen in vollem Gange.

Mit Erfolg festigte nach der Weltwirtschaftskrise auch die Sparte Maschinen- und Werkzeugbau ihren Platz, die seit 2011 einer klar definierten Wachstumsstrategie folgte. Lag der langjährige Umsatz immer um 70 Mio. Euro, wurde für 2015 eine Steigerung auf wenigstens 100 Mio. Euro angestrebt.[38] Dies sollte durch den Ausbau des Geschäftes außerhalb der Stammmärkte in Europa (insbesondere Russland und Ukraine) mit Fokus auf China und USA sowie durch die Ausweitung der Verkäufe an Drittkunden aus der Automobilindustrie gelingen. Seit 2011 wurde auch die Arbeitsteilung und Produktionsstruktur innerhalb der Sparte internationaler. Neben dem Betrieb in Bocholt, wo unverändert die Fertigung von technisch anspruchsvollen Maschinen und Beschichtungsanlagen im Mittelpunkt stand, und dem Werk von R + S in Tschechien, das schwerpunktmäßig für die Automobilindustrie fertigte, trat nun eine Betriebsstätte in China. Gemeinsam mit einem chinesischen Partner ging Olbrich zunächst daran, Bleche und Gestelle für Absatzmärkte im "Reich der Mitte" herzustellen. Hinzu kam eine Kooperation mit einem chinesischen Werkzeughersteller, der seine Produkte von Olbrich in Europa veredeln ließ. Zum Jahresbeginn 2013 stärkte die Olbrich GmbH ihre Präsenz in Nordamerika und vereinbarte mit der Matik Inc. eine strategische Partnerschaft. Das Unternehmen mit Sitz im US-Bundesstaat Connecticut übernahm die Vertretung für die Sparte „Converting“ und lieferte fortan Zubehör an amerikanische, kanadische und mexikanische Kunden von Olbrich.[39]

Die Olbrich-Geschäftsführer Dr. Stephan Funke (l.) und Rolf Langkamp im „Technikum", 2013.

Bei einer der zahlreichen Besuche in Polen wurden u. a. die angebotenen Grundstücke vom Borgers-Team begutachtet. Auf dem Bild zu sehen ist die Besichtigung des später ausgewählten Standorts in Złotoryja im September 2015.

Zum Wachstum der Sparte trug ferner eine Betriebsübernahme in der Bundesrepublik bei. Zum 17. Januar 2013 übernahm die Olbrich GmbH Mitarbeiter und Betriebsmittel der SAM SUNGAN PAGENDARM GmbH, die zuvor Insolvenz anmelden musste. Das Unternehmen mit Sitz in Hamburg war auf die Konstruktion von Maschinen und Anlagen für die Verpackungs- und Etikettenindustrie spezialisiert. Mit diesem Schritt konnten Arbeitsplätze am Standort in Hamburg und Know-how der insolventen SAM SUNGAN PAGENDARM GmbH gesichert werden und Olbrich stärkte seine Kompetenz im Bau von Beschichtungsanlagen. Die Niederlassung in Hamburg wurde als Kompetenzzentrum Coating Technology Hamburg (CTH) fortgeführt, um dort innovative Lösungen für den Maschinen- und Anlagenbau zu entwickeln. 2013 konnte mit 724 Mitarbeitern erstmals ein Umsatz von mehr als 100 Mio. Euro erzielt werden (101 Mio. Euro), der 2014 nochmals um fünf Prozent auf 106 Mio. Euro gesteigert wurde.

Die Globalisierung der Auto- und Maschinenbauindustrie veränderte nicht nur die Gesamtstrategie von Borgers, sondern hinterließ auch im „Innenleben" zunehmend ihre Spuren. Seit 2012 wurden mehrere interne Projekte angestoßen, um die Voraussetzungen für die globale Präsenz der Unternehmensgruppe weiter zu optimieren. Die einzelnen Stufen des Entwicklungsprozesses wurden analysiert und überarbeitet, der Ablauf von der Kundenbestellung bis zum Zahlungseingang („Order-to-Cash-Prozess") verbessert, erste Umstellungen des Systems zur Warenbewirtschaftung auf SAP vorgenommen, Maßnahmen zur Fortbildung von Mitarbeitern und Führungskräften intensiviert.[40] Eine unverändert hohe Bedeutung hatte der „Kontinuierliche Verbesserungsprozess" (KVP), der seit 2009 darauf abzielte, mit Hilfe der Mitarbeiter (u. a. über Workshops) sämtliche Fertigungsschritte und Produktionsprozesse zu „verschlanken".[41]

Die beschleunigte Internationalisierung veränderte auch zusehends den Arbeitsalltag und die Anforderungen an die Mitarbeiter, was Werner Borgers im Juni 2014 treffend beschrieben hat: „Inzwischen erfahren wir täglich, was es heißt, wirklich ‚global' zu handeln und

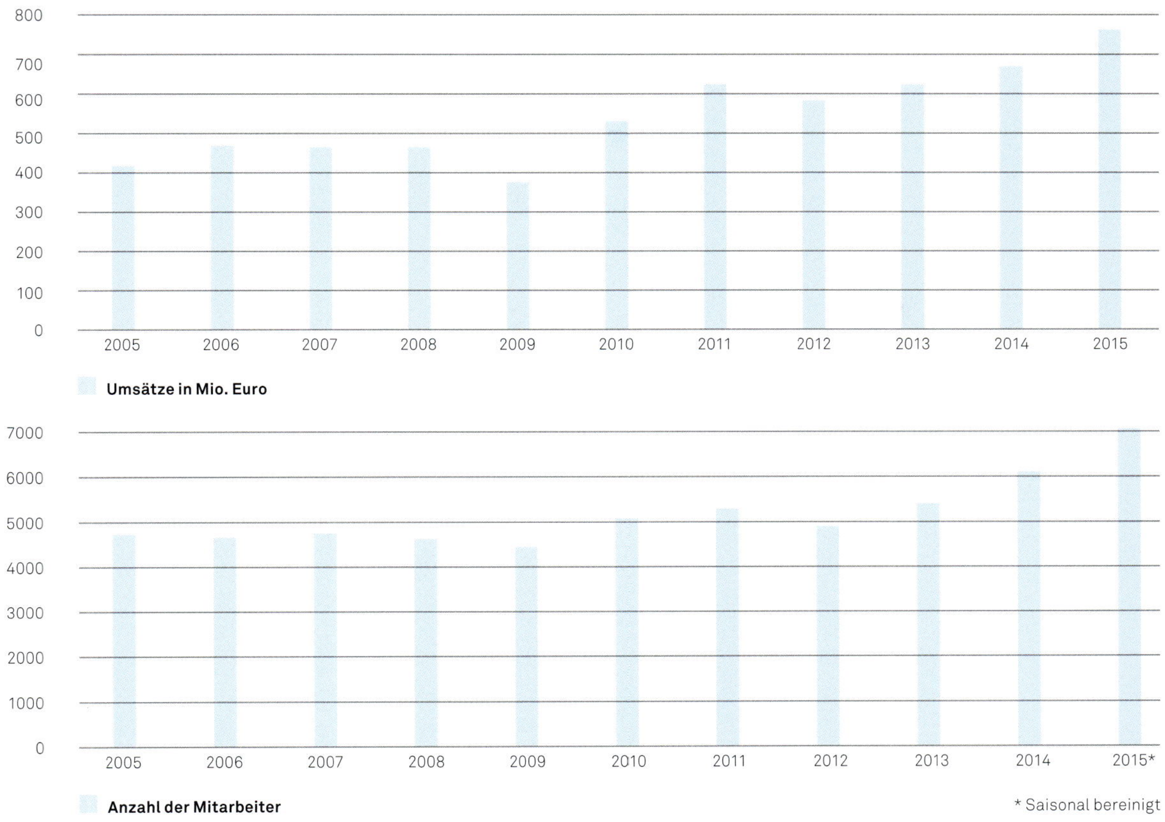

Graphik 2: Die Borgers-Gruppe in Zahlen: Umsatzentwicklung 2005 bis 2015 und Anzahl der Mitarbeiter 2005 bis 2015.

zu denken: gleichzeitige Telefon- oder Videokonferenzen über drei Erdteile hinweg, Mitarbeiter, die zwischen Ländern und Kontinenten hin- und herpendeln, mehr und mehr Dokumente in englischer Sprache (nicht ganz selbstverständlich für einen münsterländischen Traditionsbetrieb), Kunden mit Hauptsitz und Entwicklungsabteilung außerhalb Europas, die dezentral bedient werden wollen etc." Die globalisierte Welt müsse jeder Beschäftigte als einmalige Chance begreifen: „Und so kann ich Sie […] nur einladen, sich der Herausforderung zu ste.len, Globalisierung auch für Sie persönlich als Chance zu sehen und eine Aufgabe im Ausland oder im Umfeld dieser globalen Aktivitäten zu suchen. Ein Erlebnis ist es allemal […]."[42]

Schlussbetrachtungen

Warum hat es ausgerechnet Borgers geschafft, 150 Jahre alt zu werden? Was macht die Geschichte von Borgers zugleich so besonders, so unverwechselbar? Historiker wissen nur zu gut, dass es schwer fällt, eine so lange Unternehmensgeschichte schlüssig zu erklären und dass sie schon gar nicht mit Hilfe zeitlos gültiger „Erfolgsgeheimnisse“ mittelständischer Unternehmen zu verstehen ist. Eine Gewähr für eine 150jährige Firmengeschichte hat es auch für Borgers nie gegeben. Gleichwohl legt der Blick in die Vergangenheit Einflüsse und Umstände frei, die dazu beigetragen haben, dass es Borgers heute noch gibt.

Zunächst fällt auf: Die zahlreichen wirtschaftlichen Krisen in der Textil- und Zulieferbranche forderten natürlich auch Borgers heraus und glichen bisweilen auch dem sprichwörtlichen „Tanz auf der Rasierklinge“, der existenzbedrohende Ausmaße annahm. Allerdings musste Borgers auch nach tiefen Krisen niemals „bei Null“ anfangen. Der Insolvenz entging die Firmengruppe einerseits dank vieler, mitunter auch einmaliger Umstände, wie etwa dem Willen und der Ausdauer eines Werner Borgers bei der Suche nach Geldgebern in den frühen 1970er Jahren oder auch dem Engagement und der Umsicht von Werner Borgers jun. und seinem Team während der existenzbedrohenden Wirtschaftskrise 2008/09. Hinzu kam das Vertrauen der Banken, Mitarbeiter, Kunden und nicht zuletzt der Gesellschafter in die handelnden Personen. Andererseits begriffen die Geschäftsführungen wirtschaftlich schwierige Zeiten stets auch als Chance, die eigene Marktposition zu stärken. Erinnert sei nur an die „Eigentümerkrise“ Ende der 1960er Jahre, die den Aufbau einer grundlegend neuen und effizienteren Führungsstruktur nach sich zog, an die Talsohle der frühen 1990er Jahre, die Borgers u. a. mit dem Ausbau der Unternehmensgruppe zum Systemlieferanten in der Automobilbranche beantwortete, und an die Übernahme der Firma AKsys inmitten der stürmischen Finanz- und Wirtschaftskrise.

Eine offensive Krisenpolitik setzt den Mut voraus, Risiken einzugehen. Die Chancen neuer Märkte zu nutzen und dabei auch riskante unternehmenspolitische Entscheidungen zu treffen, zeichnet gewiss auch die Geschichte anderer erfolgreicher Familienunternehmen aus. Dennoch ist bemerkenswert, dass sich fast jede Generation der Familie Borgers auf Sprünge ins Ungewisse eingelassen hat, die sich freilich im Nachhinein als richtig erwiesen haben. Eine Unternehmensgründung ohne Kapital, die Entscheidung, früh mit der Automobilindustrie ins Geschäft zu kommen, die den modernen Lebensstil westeuropäischer Gesellschaften nachdrücklich prägen sollte, sowie schließlich die Internationalisierung des Unternehmens seit Mitte der 1980er Jahre, die bereits in der Zwischenkriegszeit erstmals risikobehaftet erprobt wurde.

Ohne Kundennähe geht gar nichts. Das gilt gerade auch für die Automobilbranche. Bisher ist es Borgers immer gelungen, mit einem leistungsstarken Team von Ingenieuren und Technikern ständig wechselnden Kundenwünschen und neuen Moden mit innovativen, flexiblen Lösungen zu entsprechen. Bei der Suche nach neuen Werkstoffen und neuen technischen Verfahren waren früh Kontakte und Geschäftsbeziehungen ins Ausland, vor allem in die USA, sehr hilfreich. Die hohe Innovationskraft brachte Borgers bei seinen Großkunden schnell in die Position eines anerkannten Partners, dem Volkswagen, Daimler & Co. auch in Zeiten wirtschaftlicher Krisen und Umbrüche ihr Vertrauen schenkten.

Eine Unternehmenskultur, die sich früh dem Ideal der Betriebsfamilie verpflichtet fühlte, trug bis weit in die Bundesrepublik hinein zu insgesamt stabilen innerbetrieblichen Beziehungen bei. Die Idee, in einer großen Familie den Arbeitsalltag zu bestreiten, bestimmt grundsätzlich bis heute die Unternehmensphilosophie (Abende für Jubilare, Rubrik „Familienbuch" der Firmenzeitschrift „BORGERS motive" etc.). Nicht zufällig wurde das Jubiläumsmotto „one family", das ausdrücklich auf den starken Zusammenhalt zwischen den Beschäftigten und der Geschäftsleitung verweist, von Borgers-Mitarbeitern entwickelt. Die große Identifikation der Belegschaft mit dem Unternehmen und der gelebte Anspruch „Wir gehören zusammen" sind für Borgers vielleicht heute wichtiger denn je. In der globalisierten Welt mit ihren vielfältig verflochtenen wirtschaftlichen Beziehungen stiftet die Betriebsfamilie Orientierung, vermittelt Sicherheit in einem komplexen Umfeld und bringt zusätzlich die lokale Verankerung des international aufgestellten Unternehmens zum Ausdruck. Auch darauf weist der Slogan „one family" hin.

Besonders spannend entwickelte sich bei Borgers das Zusammenspiel zwischen Familie und Unternehmen. Auf den ersten Blick ist es geradezu erstaunlich, dass die Unternehmensgruppe ihren Charakter als Familienunternehmen nicht verloren hat. Seit der zweiten Generation lagen die Familienzweige im Streit. Die unterschiedlichen Auffassungen führten gar bei der Umgründung in eine Aktiengesellschaft in der Weimarer Republik dazu, dass sich ein Familienstamm zunächst nicht beteiligte. Während der eine der Modernisierung der Automobilbranche mit Blick auf Amerika folgen wollte und für diese Innovation bereit war, große Investitionen und sogar fremde Kapitalgeber in das Unternehmen aufzunehmen, wollte der andere lieber bedachtsamer vorgehen. Die Spannungen zwischen dem „Techniker Franz" und dem jüngeren „Macher Wilhelm" sowie unterschiedliche Lebenswege und Erfahrungen während des Zweiten Weltkriegs sorgten für Zündstoff, der sich auch längerfristig nicht leicht entschärfen ließ. Seit den späten 1960er Jahren spitzte sich der Streit zwischen den drei Familienstämmen dramatisch zu. Das Ende des Wirtschaftswunders, das die Konflikte quasi noch eingehegt hatte, die Suche nach einer tragfähigen Nachfolgeregelung und das Experiment, familienfremde Manager zu berufen, schienen den Familienverband zu überfordern. Die Führungskrise in wirtschaftlich schwierigen Monaten führte Borgers in den frühen 1970er Jahren beängstigend nahe an den Abgrund heran.

Erst auf den zweiten Blick wird deutlich, dass Borgers als Familienunternehmen Wettbewerbsvorteile besaß. Bei allem Zwist verband die drei Familienzweige eine gemeinsame Weltanschauung, eine gemeinsame Vorstellung davon, wie die Welt zu deuten und wie ein gottgefälliges Leben zu führen. Zu den generationsübergreifenden Werten gehörten ein hoher Arbeitseifer, eine tiefe Verwurzelung im katholischen Glauben und eine gehörige Portion münsterländische Bodenständigkeit. Darüber hinaus war das Wohl des Unternehmens am Ende des Tages stets wichtiger als egoistische Privatinteressen. Familienmitglieder, die um des eigenen

„Jetzt geht's los": Spatenstich in Norwalk. V. l.: David Mustine, Senior Managing Director Jobs Ohio; Mindy MacLaughlin, Manager of Foreign Direct Investments Jobs Ohio; Ellen Heinz, Director Norwalk Economic Development Corporation; Rob Duncan, Mayor of City of Norwalk; Werner Borgers; Franz Borgers; Mary Taylor, Ohio Lt. Governor; Jack Partridge, President of Columbia Gas of Ohio.

finanziellen Vorteils willen das Unternehmen unbedingt verlassen wollten, gab es über Jahrzehnte so gut wie gar nicht. Und schließlich ist nicht zu vergessen: Der Einfluss der Familie auf das operative Geschäft steht bis heute für eine längerfristig orientierte Gesamtstrategie, steht für Unabhängigkeit und für Geschäftsbeziehungen, die auf einem langjährigen gegenseitigen Vertrauensverhältnis und dem hohen Ansehen der geschäftsführenden Familienmitglieder beruhen. Das inhabergeführte Unternehmen steht damit für Werte, die nicht nur bei Premiumkunden Gefallen finden.

Den Weg vom „Wattefritzen" zum internationalen Automobilzulieferer setzte Borgers zuletzt konsequent fort. Nach dem Rückschlag in der Finanz- und Wirtschaftskrise entwickelte sich das USA-Geschäft von Borgers sehr gut, was zu einem deutlichen Wachstum und der Weiterentwicklung des bisherigen Logistikstandorts in Vance zu einem Produktionswerk führte. Die Geschäftsausweitung mit amerikanischen Kunden hatte schließlich zur Folge, dass ein zweites, hochtechnisiertes Werk in Ohio unweit der großen Fertigungsstandorte der amerikanischen Hersteller in Betrieb genommen wurde. Bestens vorbereitet ging Borgers auch in China den Schritt ins globale Zeitalter. Nach der Gründung des 50-50-Joint-Ventures mit dem Partner Ningbo Tuopu im Jahr 2012 wurde 2015 in Shenyang bereits der dritte Standort der Borgers Tuopu Automobile Parts Co. gegründet. Borgers ist für die Zukunft gerüstet. Für wie lange? Das können auch Historiker nicht beantworten.

Anmerkungen zu: Borgers in Bocholt – Eine außergewöhnliche Geschichte

1 Christian Stadler/Philipp Wältermann, *Die Jahrhundert-Champions. Fünf Prinzipien für den dauerhaften Unternehmenserfolg,* Stuttgart 2012.

2 David Landes, *Die Macht der Familie. Wirtschaftsdynastien in der Weltgeschichte,* München 2006.

3 Obwohl sich die historische Forschung in jüngster Zeit vermehrt der Geschichte von Familienunternehmen angenommen hat, liegen bisher wenig Studien vor, die mit Hilfe eines dichten Quellenbestandes die Geschichte eines inhabergeführten Unternehmens im historischen Längsschnitt von ihren Anfängen bis zur Gegenwart erzählen; neuere Studien u. a., Johannes Bähr/Jörg Lesczenski/Katja Schmidtpott *Handel ist Wandel. 150 Jahre C. Illies und Co.,* München 2008; Paul Erker, *Das Logistikunternehmen Dachser. Die treibende Kraft der Familie als Erfolgsfaktor im globalen Wettbewerb,* Frankfurt a. M. 2008; ders., *Die Geschichte der Unternehmensgruppe Streicher (1909–2009). Von der lokalen Straßenbaufirma zum global operierenden Ingenieurunternehmen,* Regensburg 2009; Wolfgang Fischer, *Das Baustoffunternehmen Kemmler. Die Geschichte eines schwäbischen Familienunternehmens über fünf Generationen,* Frankfurt a. M. 2010; Jörg Lesczenski, *100 Prozent Messer. Die Rückkehr des Familienunternehmens, 1898 bis heute,* München 2007; Christina Lubinski, *Familienunternehmen in Westdeutschland. Corporate Governance und Gesellschafterkultur seit den 1960er Jahren,* München 2010.

4 Siehe vor allem Johann Borgers KG (Hg.), *Alte Erfahrung, neue Wege,* Bocholt 1966; Johann Borgers KG (Hg.), *Aufgabe und Dienst. Werner Borgers zum 65. Geburtstag,* Bocholt 1979 sowie die unveröffentlichte Arbeit: Eduard Westerhoff, *Mehr als Watte, Chronik der Johann Borgers GmbH & Co. KG,* Bocholt 2005.

5 Jürgen Kocka, *Unternehmer in der deutschen Industrialisierung,* Göttingen 1975, 55.

Anmerkungen zu: Not macht erfinderisch. Die Gründung

1 Wie kam es zur Firmengründung im Jahr 1866? Darüber erfahren wir nur aus handschriftlichen Überlieferungen der Ehefrau Franziska Borgers (1841 bis 1924), des Gründersohns Franz (1872 bis 1935) und des Schwiegersohns von Johann Borgers, Bernhard Lensing (1871 bis 1965). Alle Aussagen rund um die Unternehmensgründung 1866 sind Erinnerungen des Gründers, die von seinen Angehörigen später aufgeschrieben worden sind. „Die nächsten Angehörigen wissen weniges von Vater Borgers". B. Lensing, Johann Borgers, dem Gründer der heute weltbekannten Firma zum Gedächtnis, Handschrift (Hs.), undatiert, 14 Bl., hier Bl. 1/1, 1/2, in: Borgers-Archiv, ABD Gfg-7/4. Diese Lebensskizze ist wohl um 1953 verfasst worden, weil 1953 das Borgers-Werk in Ostberlin de facto enteignet worden ist. Lensing (Bl. 7/1): „In der Filiale Berlin Weissensee/Sowjetsektor machen sich z. Zt. die Russen breit." Johann Borgers. Fabrikant und Jägersmann, Masch(inenschrift), 9 S., hier 3, in: Borgers-Archiv, ABD Gfg-7/5; *Das Bürgerbildnis: Johann Borgers. Geschäftsmann und Jäger,* in: Unser Bocholt [künftig UB] 12 (1953), 244–246 und ders. *Johann Borgers – Geschäftsmann und Jäger,* in: Werner Borgers u. a. (Hrsg.), Familie Borgers, Bocholt 1961, 11–14.

2 Zum Folgenden: *Geschichte des 1. Westfälischen Husaren-Regiments Nr. 8,* Berlin 1882, 28.

3 Ebd., 32, 9ff. Werner Bergengruen überliefert in *Der letzte Rittmeister* eine angebliche Bemerkung des Zaren Nikolaus I. (1825 bis 1855) über die zuerst in Ungarn im 16. Jh. aufgestellte Husarentruppe: „Ich kann forsche Husaren brauchen, nur nicht gerade im Finanzministerium."

4 Ebd., 39.

5 Zum Folgenden: Franz Borgers, Firma J. Borgers, um 1934, Bl. 1, in: Borgers-Archiv, ABD Gfg-7/2.

6 Heute: Wesemannstraße. Eduard Westerhoff, *Mehr als Watte. Chronik der Johann Borgers GmbH & Co. KG,* (unveröffentlicht) 2005, 4.

7 Zum Folgenden: Franziska B., Lebensgeschichte, Hs. vor 1884–1907, 2f., in: Borgers-Archiv, Gfg-7/1; Franz Borgers, Firma Johann Borgers 1866–1896, Hs. um 1934, Bl. 1, in: Borgers-Archiv, ABD Gfg-7/2.

8 Franziska B., Lebensgeschichte, Hs. vor 1884–1907, 2f., in: Borgers-Archiv, Gfg-7/1.

9 Gen. Vik., Hs. 152, Bl. 225ff., in: Bistumsarchiv Münster [künftig BAM]; Status animarum für Stadt und Kirchspiel Bocholt, 1749/1750 aufgezeichnet von J. B. S. Breving, Pfarrer von St. Georg, hier Bl. 230 (R 21), abgedruckt in: UB 2/3 (1987), 70–80, hier 75. Zur 1569 gegründeten „boemsider gilden" Bocholts und zum Bocholter Gilde- und Zunftwesen vgl. Friedrich Reigers, *Beiträge zur Geschichte der Stadt Bocholt und ihrer Nachbarschaft,* Bocholt 1891, 796–799 (=Reigers, *Bocholt bis 1800*). *Die Stadt Bocholt während des 19. Jhs.,* Bocholt 1907, 1–20, 40–45 (=Reigers, *Bocholt 19. Jh.*).

10 Gerhard Adelmann, *Die Baumwollgewerbe Nordwestdeutschlands und der westlichen Nachbarländer beim Übergang von der vorindustriellen zur frühindustriellen Zeit, 1750–1815: Verflechtung und regionale Differenzierung,* Stuttgart 2001, 17.

11 Eduard Westerhoff, *Die Bocholter Textilindustrie. Unternehmen und Unternehmer,* Bocholt 1983, 15f. Vgl. Johann C. Adelung, *Grammatisch-kritisches Wörterbuch der Hochdeutschen Mundart*, Band 1, Leipzig 1793, 766 (s.v. Baumseide).

12 Notiz-Register über die Anmeldungen zum Gewerbsbetrieb 1859, in: Stadtarchiv Bocholt [künftig StABo], 1240/K412, Nr. 49; Lensing, J. Borgers, 1., in: Borgers-Archiv, ABD Gfg-7/5; Lensing gibt unrichtig an, dass Anton Borgers nur Webermeister gewesen sein soll.

13 Lensing, J. Borgers, Hs., Bl. 2/1, in: Borgers-Archiv, ABD Gfg-7/4.

14 Zum Folgenden: Bl. 1, 2, vgl. zu Johann Borgers Schwiegersohn: Fritz Lindenberg, *Das Bürgerbildnis: Bernhard Lensing,* in: UB 4 (1951), 83. Postrat a.D. Lensing, der Leiter des Bocholter Postamts (1922–1936), war Alterspräsident des Vereins für Heimatpflege und Mitarbeiter von „UB", Bl. 1/2, 2/1.

15 Dass der Firmengründer noch am unrentablen Handwebstuhl arbeiten musste, lag auch an Englands Ausfuhrverboten für 1764 bzw. 1785 erstmals eingesetzte Spinnmaschinen und mechanische Webstühle sowie für andere Maschinen. Paul W. Roth, *Industriespionage im Zeitalter der Industriellen Revolution,* in: Blätter für Technikgeschichte 38 (1978), 4–54, hier 41.

16 Ebd., 44. Eduard Westerhoff gibt an, dass bis 1842 die Ausfuhr innovativer Textilmaschinen bei Todesstrafe verboten war. Ders., *Bocholter Textilindustrie*, 26.

17 August Cornelius Tangerdings Antrag an den Magistrat der Stadt Bocholt (17.1.1852), eine erste „Baumwollspinnerei, welche durch eine Dampfmaschine in Bewegung gesetzt wird, zu errichten", in: StABo, K 18/590; Kopie des Originals in: Westerhoff, *Bocholter Textilindustrie,* 48. Andere Gründe sind Napoleons Kontinentalsperre gegen England, die ländliche Infrastruktur etc.

18 Franziska B., Lebensgeschichte, Hs. vor 1884–1907, 2, in: Borgers-Archiv, Gfg-7/1.

19 Im sozialkritischen Drama des Bocholter Schulleiters Johannes Ostendorf (1876 bis 1937) spielt die Auswanderungsdiskussion für die Bocholter Handweber eine große Rolle. Vgl. Ders., *„Den Wäwedamp". Ein Volksspiel in fünf Aufzügen,* Bocholt 1922.

[20] Zum Folgenden: Lensing, *Bürgerbildnis,* 244; Lensing, J. Borgers, Hs., Bl. 2/1, in: Borgers-Archiv, ABD Gfg-7/4.

[21] Ebd., Bl. 2/1.

[22] Lensing, *Bürgerbildnis,* 244.

[23] Lensing, J. Borgers, Hs., Bl. 2/1, in: Borgers-Archiv, ABD Gfg-7/4.

[24] Ebd.; Lensing, *Bürgerbildnis,* 244.

[25] Pierre Bourdieu spricht von der „Akkumulation von Kultur in inkorporiertem Zustand", die einen Verinnerlichungsprozess voraussetze. Vgl. ders., *Ökonomisches Kapital, kulturelles Kapital, soziales Kapital,* in: R. Kreckel (Hg.), Soziale Ungleichheiten, Göttingen 1983, 183–198, hier 186.

[26] Lensing, *Bürgerbildnis,* 244. Bis 1867 war A. C. Tangerdings Hauptprodukt die Watte. Vgl. Westerhoff, *Bocholter Textilindustrie,* 31. J. Westerhoff hatte 1866 noch eine Färberei, Druckerei, ein Verlagsgeschäft und einen Textil-Laden, vgl. Eduard Westerhoff, *Die Westerhoffs (1402–1973),* in: Hans Jürgen Teuteberg (Hg.), Die westmünsterländische Textilindustrie und ihre Unternehmer, Münster 1996, 253–285, hier 261.

[27] Wolfgang Tembrink (StABo) hat nachgewiesen, dass Borgers' Vermieterin spätestens seit 1848 bis zu ihrem Tode (1876) im Hause der damaligen Osterstr. (ehemals 43= heute 37) mit Hintergebäude (ehemalige Bocholter Nr. 569) gewohnt hat (vgl. Schreiben StABo von W. Tembrink vom 23.06. und 11.06.2015).

[28] Franziska B., Lebensgeschichte, Hs. vor 1884–1907, 5, in: Borgers-Archiv, Gfg-7/1.

[29] Vgl. dazu die Zeichnung des Pferdegöpelhauses.

[30] Zum Folgenden: Franziska B., Lebensgeschichte, Hs. vor 1884 bis 1907, 3–5, in: Borgers-Archiv, Gfg-7/1.

[31] Johann Heinrich Thesing (*Bocholt 24.4.1806, † ebd. 16.8.1858), der Mann von J. Borgers' Vermieterin Maria Catharina Thesing, geb. Döink, (8.12.1807 in Bocholt, † ebd. 10.6.1876) ist nicht zu verwechseln mit einem Bruder von Johann Borgers' Onkel Friedrich Christian Thesing (*1806, †1848).

[32] Der Wolf ist eine kleine Faseröffnungsmaschine aus dem Spinnereivorwerk. Franz Borgers, Firma J. Borgers (1934), Bl. 1f., in: Borgers-Archiv, ABD Gfg-7/2.

[33] Thesing hatte 1849 „6 Spinnmaschinen, 500 Spindeln und 18 Beschäftigte", die Größe der Handspinnanstalt war also vergleichbar mit der von Anton Borgers. Vgl. dazu Westerhoff, *Bocholter Textilindustrie,* 20, 24.

[34] Personenstandsregister der Stadt Bocholt 1847 bis 1885, hier 1821, 1831: Laurenz Ellering war lediger Bäckermeister in Bocholt (1831 bis 1904), in: StABo (unverzeichnet).

[35] Franziska B., Lebensgeschichte, Hs. vor 1884 bis 1907, 3f., in: Borgers-Archiv, Gfg-7/1.

[36] Ebd., 5.

[37] Eduard Westerhoff, *Wilhelm Urbach (1808 bis 1886),* in: Teuteberg (Hg.), westmünsterländische Textilindustrie, 303–323, hier 308ff; Reigers, *Bocholt 19. Jh.,* 158f.; Westerhoff, *Bocholter Textilindustrie,* 34f. Johann Borgers' Beschäftigung in der seit 1853 dampfbetriebenen Willemsen-Weberei ist wahrscheinlich, weil sie bis 1857 die modernste und größte in Bocholt war. Dies erklärt auch die Bekanntschaft des Firmengründers zur Witwe Thesing und zu Tacke, die ja beide indirekt mit der Firma Willemsen verbunden waren.

[38] Lensing, *Bürgerbildnis,* 244.

[39] Lensing, J. Borgers, Hs., Bl. 2/2, in: Borgers-Archiv, ABD Gfg-7/4.

[40] Lensing, *Bürgerbildnis,* 244.

[41] Ebd., 245.

[42] Lensing, J. Borgers, Hs., Bl. 1/1, 2/2, in: Borgers-Archiv, ABD Gfg-7/4.

[43] Franziska B., Lebensgeschichte, Hs. vor 1884–1907, 11, in: Borgers-Archiv, Gfg-7/1.

[44] „Wenn du im Kriege fällst, schenke ich dir die Schuld, wenn du wiederkommst, bist du ehrlich genug, es zu bezahlen.". Ebd., 6.; Lensing, *J. Borgers,* in: UB (1953), 244.

[45] Franziska B., Lebensgeschichte, Hs. vor 1884–1907, 5, in: Borgers-Archiv: Gfg-7.

[46] Vgl. Franz Borgers, Firma J. Bg., (um 1934), Bl. 2, in: Borgers-Archiv, Gfg-7/3.

[47] Lensing, J. Borgers, Bl. 2/2, 3/1, in: Borgers-Archiv, ABD Gfg-7/4.

[48] Jacobus Borgers wird 1749 als „gossipiarius min[oris] cond[itionis]" bezeichnet. Vgl. BAM: Gen. Vik., Hs. 152, Bl. 225ff.; Status animarum Bocholt, 1749/1750, Bl. 230 (R 21), abgedr. in: UB 2/3 (1987), 70–80, hier 75. Als „factor in gossipio" werden dort je vier Baumwollhändler bzw. -verleger genannt, darunter Bernhardus Diepenbrock. Status animarum Bl. 232 (R 54), abgedr. in: ebd., 78.

[49] Vgl. Reigers, *Bocholt 19. Jh.,* 40f.

50 Zum Folgenden: Stephanie Reekers, *Die Bocholter Gewerbe im 18. Jahrhundert,* in: Elisabeth Bröker (Hg.), Bocholter Quellen und Beiträge, Bd. 1, Münster 1976, 155–194, hier 163; Reigers, *Bocholt 19. Jh.,* 18f.

51 Vgl. Pierre Bourdieu, *Die verborgenen Mechanismen der Macht,* Hamburg 1992, 37.

52 Bourdieu spricht hier von sozialem bzw. kulturellem Kapital. Ebd., 49–63 bzw. 63–70.

53 Eduard Westerhoff, *Die Bocholter Textilindustrie,* in: Arnold Lassotta/Paula Lutum-Lenger (Hrsg.), Textilarbeiter und Textilindustrie: Beiträge zu ihrer Geschichte in Westfalen während der Industrialisierung, Hagen 1989, 39–54, hier 39; Chronik des Bocholter Bürgermeisters Bernhard von Raesfeld (†1823), handschriftlich um 1820, 50–52, in: StABo.

54 Vgl. vor allem Pierre Bourdieu, *Ökonomisches Kapital,* 183–198; Chronik des von Raesfeld um 1820, 50–52, in: StABo; Reigers, *Bocholt bis 1800,* 908.

55 Zum Folgenden ausführlich: Rudolf Wissell, *Des alten Handwerks Recht und Gewohnheit,* 2 Bände, Berlin 1929.

56 Vgl. Reekers, *Bocholter Gewerbe,* 173, 167ff.

57 Bericht zum Verzeichnis der Bocholter Bürger und Nichtbürger 1763, zit. nach ebd. 167.

58 Reigers, *Bocholt 19. Jh.,* 20.

59 „profitetur agricultura", abgedr. in: UB 2/3 (1987), 78.

60 Reigers, *Bocholt bis 1800,* 934f., 921ff. Reigers Angabe („1 münstr. Rthlr.=3 heut. Mark") und die Angabe, dass die Mark von 1891 heute 6,30 Euro wert sei, liegen der Wertberechnung zugrunde. Vgl. Bundesbank (Hg.), *Kaufkraftäquivalente historischer Beträge.*

61 Reigers, *Bocholt bis 1800,* 935; Lutz Ilisch, *Anmerkungen zur Münzprägung der Stadt Bocholt,* in: UB 2 (1977), 26–29, hier 28.

62 Konvolut betreffend das städtische Münzrecht: „Concession" „Ausprägung 4000 Rthlr." an Bocholt 1761, zit. nach Reigers, *Bocholt bis 1800,* 928f. Anm. 10.; Ilisch, *Münzprägung Bocholt,* in: UB 2 (1977) 26–29; Oliver Seggewiße, *Das rätselhafte Münzgeld der Stadt Bocholt,* in: UB 3 (2004), 72–74.

63 Eintrag v. 14.8.1787 im Taufregister St. Georg. Eintrag v. 25.2.1811 im Trauregister (1654 angelegt) der Pfarrei St. Georg Bocholt: (Ludwig) Heinrich Borgers stammte aus Bocholt, seine 19-jährige Braut Friederica Wißing (Wißinck) aus Aalten, in: Pfarrarchiv St. Georg Bocholt. Bevölkerungsverzeichnung 1816, zit. nach Reigers, *Bocholt 19. Jh.* 86.
„Acta [...]: Bevölkerungs-Listen und Statistik 1843", in: StABo, K321 Nr. 125. Das Verlagssystem ist eine sich spätestens seit dem 14. Jahrhundert herausbildende Form der dezentralen Produktion. Der Verleger beschafft die benötigten Rohstoffe, gibt diese meist vorschussweise an den Produzenten aus und organisiert schließlich den Vertrieb des Endproduktes. Der Verleger tritt also mit Geld und/oder Rohstoffen in Vorlage. Die Produktion selbst

64 wird in selbständiger Heimarbeit vorgenommen. Vgl. zur Entstehung des Textilverlagssystems: Rudolf Holbach, *Frühformen von Verlag und Großbetrieb in der gewerblichen Produktion (13.–16. Jahrhundert),* Stuttgart 1994, 47–208.

65 Reigers, *Bocholt 19. Jh.,* 104f., 132.

66 Ebd., 86f. Nach der Missernte bedingten Teuerung von 1816/1817 kosteten 6 kg Brot einen klevischen Reichstaler. Die Kaufkraft eines Talers im Jahr 1816 entspricht heute etwa 26,20 Euro. Bundesbank (Hg.), *Kaufkraftäquivalente historischer Beträge* vgl. Reigers, *Bocholt 19. Jh.*, 19.

67 Neun Verleger haben 20–100 verlegte Arbeiter, fünf 265–500, in: StABo, KA 22/192. Vgl. auch Westerhoff, *Bocholter Textilindustrie,* 16f.

68 Vgl. ausführlich ebd., 45, 58ff.

69 Einträge v. 1812, 1813, 1814, 1815, 1817 im Taufregister der Pfarrei St. Georg Bocholt; auch Heinrichs Bruder Johann Anton (1784–1820) war Spinner, Eintrag v. 21.5.1811 im Trauregister der Pfarrei St. Georg Bocholt, beides in: Pfarrarchiv St. Georg Bocholt.

70 Reigers (*Bocholt 19. Jh.,* 75, 79) geht von einer Einquartierung in Bocholt aus, die 1813/1814 „oftmals so stark" war, „daß Bürger des Mittelstandes 15 bis 20 Mann und noch mehr in Quartier und Verpflegung hatten."

71 Ebd., 87f.

72 Vgl. StABo, K410, K411; Bundesbank (Hg.), *Kaufkraftäquivalente historischer Beträge.*

73 Vgl. Reigers, *Bocholt 19. Jh.,* 141–143. Anton Borgers hat für seine Spinnerei 1847 keine Steuern mehr bezahlt, vgl. StABo, 1180/K411, Nr. 5.

74 Gewerbesteuer-Rolle der Stadt Bochold, Kreis Borken, Regierungsbezirk Münster für das Jahr 1848, in: StABo, 1180/K411, Nr. 5–6; 1849, in: StABo, 1195/K411, Nr. 7; Zugangs-Liste zur Gewerbesteuer-Rolle der Stadt Bochold für das 1te Halbjahr 1848, Bundesbank (Hg.), *Kaufkraftäquivalente historischer Beträge.*

75 Gewerbesteuer-Rolle der Stadt Bochold [...] für das Jahr 1850, in: StABo, 1200/K411, Nr. 7; Hans Bahlow, *Deutsches Namenlexikon. Familien- und Vornamen nach Ursprung und Sinn erklärt, [Frankfurt a. M.]*[9] 1987, s. v. Hocke.

76 Vgl. Reigers, *Bocholt 19. Jh.,* 143–149; Ingrid Beiring, *„Gefahr in Verzug!" Die Revolution 1848/49 in Bocholt,* in: UB 3 (2010), 13–19.

77 Acta des Magistrats der Stadt Bochold, Bevölkerungs-Listen und Statistik 1843ff., in: StABo, K321, Nr. 125.

78 Westerhoff, *Bocholter Textilindustrie,* 29f., 41f.; Eduard Westerhoff, *Die Familie Schwartz aus Bocholt,* 343-375; Lydia Maria Merker, *Peter Driessen (1756–1843) und seine Familie,* 286–302, beide in: Teuteberg (Hg.), *Textilindustrie.*

79 Westerhoff, *Bocholter Textilindustrie,* 42f.

80 So der Besitzer der ersten dampfbetriebenen Fabrik in Bocholt (1852), August C. Tangerding, im April 1859 an die Regierung in Münster, in: StABo, K 18/590.

81 Franziska Borgers, Lebensgeschichte, Hs. vor 1884–1907, Notizen von 1914, 2f., in: Borgers-Archiv, Gfg-7/1; Gesuch von Bernhard Joseph Sommers an die Kgl. Hochlöbliche Regierung in Münster, 10.04.1852, in: StABo, KA 17/545; Westerhoff, *Bocholter Textilindustrie,* 20, 33.

82 Gewerbesteuer-Rolle der Stadt Bochold […] für das Jahr 1857, in: StABo, 1225/K412, Nr. 4; Notiz-Register über die Anmeldungen zum Gewerbsbetrieb 1858/1859, in: StABo, 1235/K412, Nr. 46.

83 Notiz-Register über die Anmeldungen zum Gewerbsbetrieb 1859, in: StABo, 1240/K412, Nr. 49.

84 Gewerbesteuer-Rolle der Stadt Bochold […] für das Jahr 1861, in: StABo, 1230/K412, Nr. 12; Eintrag v. Ende Okt. 1861 im Taufregister der Pfarrei St. Georg Bocholt, in: Pfarrarchiv St. Georg Bocholt.

85 Einträge v. 1853 1845, 1847, 1848, 1855, 1859 im Taufregister der Pfarrei St. Georg Bocholt, in: Pfarrarchiv St. Georg Bocholt; Franziska B., Lebensgeschichte, Hs. vor 1884–1907, 2, in: Borgers-Archiv, Gfg-7/1.

86 Borgers s. u. a. (Hrsg.), *Familie Borgers,* 4.

87 Reigers, *Bocholt 19 Jh.,* 162; Sylvester Rademaker, *Aus den Aufzeichnungen eines alten Bocholters,* in: UB 7 (1952), 114f.; Westerhoff, *Bocholter Textilindustrie,* 42f.; *Statistische Darstellung des Kreises Borken,* Wesel 1863, 18.

88 Horst A. Wessel, *Kontinuität im Wandel. 100 Jahre Mannesmann 1890–1990,* Düsseldorf 1990, 16.

89 So hat Peter Driessen, der bei seiner Heirat 1782 nur 775 Gulden besaß, 1832 seinen Kindern 100.000 Gulden (2 Mio. Euro) geschenkt. Bis zu seinem Tod 1843 hat Driessen ein Vermögen von 350.000 Gulden (5,95 Mio. Euro) – großenteils in Ländereien angelegt – mit Fleiß, Sparsamkeit und kaufmännischer Effizienz zusammengetragen. Merker, *Peter Driessen (1756–1843),* 289f.

Anmerkungen zu: Wattefertigung von 1866 bis 1896

1 Zum Folgenden: Franziska B., Lebensgeschichte, Hs. vor 1884–1907, 4, in: Borgers-Archiv Gfg-7/1.

2 Lensing, J. Borgers, Hs., Bl. 2/2, 3/1, in: Borgers-Archiv, ABD Gfg-7/4.

3 http://www.feuerwehr-nrw.de/geschichte/1901–2000/1901–1910/1907.html (letzter Zugriff 1.5.2015).

4 *Josef Ueffings Sohn, Erinnerungen an Alt=Bocholt,* in: Bocholter Volksblatt (20.12.1933).

5 Ebd.

6 Zum Folgenden ebd.

7 Lensing, J. Borgers, Hs., Bl. 2/2, 3/1, in: Borgers-Archiv, ABD Gfg-7/4.

8 Franziska B., Lebensgeschichte, Hs. vor 1884–1907, 10f., in: Borgers-Archiv, Gfg-7/1. Zum Hochzeitsdatum vgl. Franz Borgers, Firma J. Bg. 1866–1897, um 1934, Bl. 2, in: Borgers-Archiv, Gfg-7/3.

9 In der Tat war Franziskas Aussteuer im heutigen Wert von 700 Euro selbst für eine kleinbürgerliche Familie relativ klein.

10 Franziska B., Lebensgeschichte, Hs. vor 1884–1907, 11, in: Borgers-Archiv, Gfg-7/1.

11 Ebd., 6. Die Kaufkraft eines Talers 1869 entspräche 2014: 26,60 Euro. Bundesbank (Hg.), *Kaufkraftäquivalente historischer Beträge.*

12 Zum Folgenden: Franziska B., Lebensgeschichte, Hs. vor 1884–1907, 7, in: Borgers-Archiv, Gfg-7/1.

13 Zum Folgenden: ebd., 7. Die wortbrüchige Schwester war vermutlich Johanna Friederika Rosina (1845 bis 83), die Franz Wilhelm Zours (*1838 bis 1900) geheiratet hat und später nach Amerika ausgewandert ist. Es könnte aber auch eine der beiden ältesten Schwestern gewesen sein: Johanna Maria (*1840) oder Rosa Josephine (*1843). Vgl., Borgers u. a. (Hrsg.), *Familie Borgers,* 4.

14 Zum Folgenden: ebd., 7f.

15 Zum Folgenden: ebd., 8.

16 Zum Folgenden: ebd., 9.

17 Zum Folgenden: ebd., 9f.

18 Ebd., 11.

19 Franziska B., Lebensgeschichte, Hs. vor 1884–1907, 1, in: Borgers-Archiv, Gfg-7/1.

20 Zum Folgenden Westerhoff, *Mehr als Watte,* 14.

21 Ebd., 18; Franz Borgers zum Vf., 10.6.2011.

22 Westerhoff, *Mehr als Watte,* 18.

23 G. Friedland, Geschäftsführer der La Ouate Industrielle (L.O.I.) (1931–1975), 1966/1967 zu Franz Borgers (Franz Borgers gegenüber Vf., 10.06.2011).

24 Transkript des Interviews mit Fritz Borgers jun. (1914 bis 2007) (Dr. Hans Oppel, Dr. Lassotta), 7.11.1996, 29.

25 Die folgende “Friseurgeschichte” wurde überliefert vom Leiter des Bocholter Handwerksmuseums Walter Dues (*1929) tel. zu Vf. am 23.04.2015.

26 Zum Folgenden: Transkript des Interviews mit Fritz Borgers jun. (1914 bis 2007) (Dr. Hans Oppel, Dr. Lassotta), 7.11.1996, 29.

27 Franz Borgers, Firma J. Bg. 1866–1897, um 1934, Bl. 4, in: Borgers-Archiv, Gfg-7/3.

28 Franz Borgers, Firma J. Borgers, um 1934, Bl. 3, in: Borgers-Archiv, ABD Gfg-7/2. Zum Folgenden: Bernhard Lensing, *Johann Borgers, Geschäftsmann und Jäger,* in: Borgers u. a. (Hrsg.), Familie Borgers, 1961, 11–14, hier 12.

29 Zum Folgenden: Franziska B., Lebensgeschichte, Hs. vor 1884–1907, 12, in: Borgers-Archiv, Gfg-7/1.

30 Ebd.

31 Ebd., 12f.

32 Ebd., 13.

33 Ebd., 14.

34 Ebd., 11f.

35 Werner Borgers, *Das Elternhaus*, in: Der s. u. a. (Hrsg.), „Familie Borgers“, Bocholt 1961, 10.

36 Reigers, *Bocholt 19. Jh.,* 189.

37 Ebd.

38 Lensing, *Bürgerbildnis,* 244.
39 Zum Folgenden: Franziska B., Lebensgeschichte, Hs. vor 1884–1907, 13, in: Borgers-Archiv, Gfg-7/1.
40 Franz Borgers, Firma J. Borgers, um 1934, Bl. 3, in: Borgers-Archiv: ABD Gfg-7/2.
41 In der zweiten Steuerklasse sind 105 und in der dritten 453 Personen aufgelistet (ebd.). Johann Borgers ist an 40. Stelle der III. Abteilung aufgeführt.
42 Zum Folgenden: Lensing: *Bürgerbildnis,* 244.
43 Franziska B., Lebensgeschichte, Hs. vor 1884–1907, 14, in: Borgers-Archiv: Gfg-7/1.
44 Lensing, *Bürgerbildnis,* 244.
45 Zum Folgenden: Franz Borgers, Firma J. Borgers, Bl. 3f., in: Borgers-Archiv, um 1934, ABD Gfg-7/2.
46 Zum Folgenden: Franziska B., Lebensgeschichte, Hs. vor 1884–1907, 13f., in: Borgers-Archiv, Gfg-7/1. Grundbuch, Bd. 61, Bl. 45, in: Grundakten des Grundbuchamts des Amtsgerichts Bocholt.
47 Genehmigungsgesuch von Johann Borgers an den Bürgermeister Degener, 18.9.1875, in: StABo, 70/K10.
48 Zum Folgenden: Pliesterdecken bestehen aus dünnen Holzleisten, die in Abständen unter die Deckenbalken angebracht und anschließend verputzt werden.
49 Franz Borgers, Firma J. Borgers, um 1934, Bl. 4, in: Borgers-Archiv, ABD Gfg-7/2.
50 Ebd.
51 Franziska B., Lebensgeschichte, Hs. vor 1884–1907, 15, in: Borgers-Archiv, Gfg-7/1.
52 Zum Folgenden: Lensing, J. Borgers, in: UB H. 12/1953, 244.
53 Zum Folgenden: Franz B., „Firma J. Borgers“, Bl. 4, in: Borgers-Archiv: ABD Gfg-7/2.
54 Franziska B., Lebensgeschichte, Hs. vor 1884–1907, 16, in: Borgers-Archiv: Gfg-7/1.
55 Einträge im Taufregister St. Georg vom 6.3.1872, 6.7.1874 und 1.9.1876, in: Pfarrarchiv St. Georg Bocholt.
56 Zum Folgenden: Johann Borgers, Gesuch zur Erlangung der Concession zur Aufstellung und in Betriebsetzung eines Locomobil Dampfkessels auf Flur A Nr. 210, 16.12.1875. StABo: 70/K10.
57 Eine Lokomobile ist eine Dampfmaschinenanlage, bei der alle zum Betrieb der Anlage erforderlichen Baugruppen (Feuerung, Dampfkessel, Steuerung, Antriebseinheit) auf einer gemeinsamen Plattform montiert sind. Vgl. David Lockett, Norman Lockett, *Dampfzugmaschinen,* Eggolsheim 2002.
58 Franziska B., Lebensgeschichte, Hs. vor 1884–1907, 15, in: Borgers-Archiv, Gfg-7/1.
59 Franz Borgers, „Firma J. Borgers“, Bl. 6, in: Borgers-Archiv: ABD Gfg-7/2.
60 Franziska B., Lebensgeschichte, Hs. vor 1884–1907, 15, in: Borgers-Archiv, Gfg-7/1.
61 Zum Folgenden: Franz B., „Firma J. Borgers“, Bl. 5, in: Borgers-Archiv: ABD Gfg-7/2.
62 Franziska B., Lebensgeschichte, Hs. vor 1884–1907, 15, in: Borgers-Archiv, Gfg-7/1. Die Kaufkraft einer Mark 1876 entspräche 2014: 6,40 Euro. Vgl. Bundesbank (Hg.), *Kaufkraftäquivalente historischer Beträge.*
63 Franz B., „Firma J. Borgers“, Bl. 4, in: Borgers-Archiv: ABD Gfg-7/2.
64 Franziska B., Lebensgeschichte, Hs. vor 1884–1907, 16, in: Borgers-Archiv, Gfg-7/1.
65 Zum Folgenden: Franz B., „Firma J. Borgers“, Bl. 5, in: Borgers-Archiv: ABD Gfg-7/2.
66 Zur folgenden Lohntaggeschichte mit Emma Oberhagen vgl. Franz B., „Firma J. Borgers“, Bl. 5, in: Borgers-Archiv: ABD Gfg-7/2.
67 Zum Folgenden: Lensing, *Bürgerbildnis,* 244.
68 Ebd.
69 Ebd., 245.
70 B. Lensing, J. Borgers, Masch., 2, in: Borgers-Archiv: ABD Gfg-7/5.
71 Lensing, *Bürgerbildnis,* 245.
72 Ebd.
73 Franziska B., Lebensgeschichte, Hs. vor 1884-1907, 16, in: Borgers-Archiv, Gfg-7/1.
74 Franz B., „Firma J. Borgers“, Bl. 5f., in: Borgers-Archiv: ABD Gfg-7/2.
75 Die Firma Gebr. Driessen, bekannt durch den Bau der ersten großen mechanischen Spinnerei in Bocholt 1857, hat in der Bocholter Nordstraße 38 bis zum Zweiten Weltkrieg auch ein Bankgeschäft betrieben. Vgl. dazu Westerhoff, *Bocholter Textilindustrie,* 41ff.

[76] Zum Folgenden: Franziska B., Lebensgeschichte, Hs. vor 1884–1907, 16, in: Borgers-Archiv: Gfg-7/1.
[77] Ebd.
[78] Ebd.
[79] Zum Folgenden: Franz B., „Firma J. Borgers", Bl. 7, in: Borgers-Archiv: ABD Gfg-7/2.
[80] Ebd.
[81] Zum Folgenden: Franz B., „Firma J. Borgers", Bl. 11, in: Borgers-Archiv: ABD Gfg-7/2.
[82] Ebd., Bl. 11f.
[83] Ebd., Bl. 12.
[84] Kleinere Kratzenwalzen am Tambour-Umfang.
[85] Zum Folgenden: Franz Borgers, „Firma J. Borgers", Bl. 14f., in: Borgers-Archiv: ABD Gfg-7/2.
[86] Zum Folgenden: ebd., Bl. 13.
[87] Franz B., Firma J. Borgers, Bl. 4, in: Borgers-Archiv: ABD Gfg-7/2.
[88] Franz Borgers, „Firma J. Borgers", Bl. 6, in: Borgers-Archiv: ABD Gfg-7/2.
[89] Eingabe des Kreisausschusses des Kreises Borken vom 3. April 1891 wegen des Baues einer Bahn von Münster über Bocholt nach Emmerich, in: StABo.
[90] Zum Folgenden: Borgers, *Das Elternhaus,* 9f.
[91] Zum Folgenden: Franz Borgers, „Firma J. Borgers", Bl. 12, in: Borgers-Archiv: ABD Gfg-7/2.
[92] Franz B., Firma J. Bg., Bl. 5, in: Borgers-Archiv: ABD Gfg-7/2.
[93] Borgers, *Das Elternhaus,* 10.
[94] Franz B., Firma J. Bg., Bl. 5, in: Borgers-Archiv: ABD Gfg-7/2.
[95] So nannte man die Ehefrau des Firmengründers in der Familie Nienhaus, weil Vater Nienhaus Gärtner von Franz Borgers (1872 bis 1935) war. Zum Folgenden: Gespräch des Verfassers mit Gärtnermeister Theo Nienhaus am 17.3.2006.
[96] Zum Folgenden: Hartmut Berghoff, *Zwischen Kleinstadt und Weltmarkt. Hohner und die Harmonika 1857–1961,* Paderborn [2]2006, 128.
[97] B. Lensing: J. Borgers, 1951/52 (Ms.), 2, in: Borgers-Archiv: ABD Gfg-7/5.
[98] Hlawatschek, 132, zit. nach Berghoff, *Hohner,* 128.
[99] Jean-Claude Wolf, *Paternalismus,* in: Studia Philosophica 49 (1990), 49–59.
[100] Zum parentistischen Unternehmensführungsstil vgl. Thomas Mayer, Von der Webermeisterstube zur Wattefabrik, in: H. J. Stenkamp u. a. (Hrsg.), *Geschichte der Textilindustrie im Westmünsterland,* Vreden 2013, 85–163, hier 119ff.
[101] Tanja Bettge, *Das Familienunternehmen Gebrüder Stollwerck (1839-1932). Unternehmensnachfolge zwischen tradierten Führungsmustern und ökonomischer Ratio,* in: Susanne Hilger/Ulrich Soénius (Hrsg.), Familienunternehmen im Rheinland in 19. und 20. Jahrhundert. Netzwerke – Nachfolge – soziales Kapital, Köln 2009, 221–237, hier 229.
[102] Vgl. Herbert Matis/Dieter Stiefel, *Das Haus Schenker. Die Geschichte der internationalen Spedition 1872–1931, Wien 1995,* 22f., 77, 97.

Anmerkungen zu: Das Industrieunternehmen. Von der Jahrhundertwende bis zum Ersten Weltkrieg

1 Zum Folgenden vgl. *Deutsche Bundesakte vom 8ten Juni 1815 (No. 23.),* in: Gesetz-Sammlung für die Königlich-Preußischen Staaten 1815, 143ff. Ausführlich: Jürgen Müller, *Der Deutsche Bund 1815–1866,* München 2006.

2 Die Petition vom 7. Mai 1866 wurde am 18. Mai gegen den Protest des Magistrats verabschiedet, in: StABo und in Eduard Westerhoff, *Zeugnisse ihrer Zeit. Dokumente zur Bocholter Stadtgeschichte,* Bd. 1: 1850–1918, Kleve 1987, 9, 13.

3 Friedrich von Kühlwetter, seit 1871 Oberpräsident von Westfalen, verstand sich nämlich als „Feind des jesuitischen Ultramontanismus", also als Feind lehramtstreuer Katholiken (W. Stribrny, *Kühlwetter, Friedrich v. (1809–1882),* in: NDB, hg. von der Historischen Kommission, Bd. 13, Berlin 1982, 190f.

4 Vgl. *amtliche Zeitungsberichte* vom Bocholter Bürgermeister Bernhard Degener an den Landrat, in: Borken 1.–4. Quartal 1874, vor allem 2. Quartal, in: StABo, 1/K143. Die staatliche Bestätigung der vom Gemeinderat auf sechs bzw. zwölf Jahre gewählten Ratsherren bzw. Bürgermeister und Beigeordneten in den Gemeindevorstand war ja seit 1850 eine Selbstverständlichkeit der kommunalen Selbstverwaltung. Vgl. *Gemeinde=Ordnung für den Preußischen Staat. Vom 11. März 1850, in Gesetz=Sammlung für die Kgl. Preußischen Staaten 1850 Nr. 18 (Nr. 3254),* Berlin 1850, 213–251, vor allem die §§ 27–32.

5 Das Zentrum forderte Freiheit der Kirche, Bundesstaatlichkeit und „Lösung der sozialen Aufgaben" (Karl Bachem, *Vorgeschichte, Geschichte und Politik der Deutschen Zentrumspartei,* Bd. 3, Köln 1927, 113f.

6 Reigers, *Bocholt 19. Jhd.,* 198.

7 Zum Folgenden und zu allen Schützenvereinsfeiern von 1871 bis 1884: *Festbuch St. Georgius Schützenverein,* 1911, 22ff. Johann Borgers war Oberst aller Georgsschützen (1874/1875; 1881 bis 1883). Johann Ratering, Vorsitzender 1856 und Platzgeneral 1877 bis 1884, und Laurenz Ellering waren spätestens seit 1856 bzw. 1861 Vorstandsmitglieder des seit 1407 nachweisbaren Schützenvereins (J.-J. Seggewiß, *575 Jahre St.-Georgius-Schützenverein,* Bocholt 1982, 42, 45f., 99, 101, 103).

8 Pius IX. hat nämlich im Februar 1875 die kirchenfeindlichen Kulturkampfgesetze (vor allem die im Mai 1873 erlassenen) als moralisch unverbindlich erklärt, insoweit sie der göttlichen Verfassung der Kirche widersprächen. Papstschreiben vom 5.2.1875 an die preußischen Bischöfe, zit. nach Rudolf Morsey, *Der Kulturkampf,* in: Anton Rauscher (Hg.), *Der soziale und politische Katholizismus,* Bd. 1, München 1981, 72–109, hier 86f.

9 Reigers, *Bocholt 19. Jh.,* 213.

10 Ebd., 289.

11 Ebd., 218, 296.

12 37 Prozent der im Münsterland aufgestellten Webstühle standen 1895 in: Bocholt. An zweiter Stelle kommt Rheine mit 2000 Webstühlen 1895. Westerhoff, *Bocholter Textilindustrie,* 44.

13 Westerhoff, *Mehr als Watte,* 15; Franz Borgers, Firma J. Bg. 1866–1897 um 1934, Bl. 12, in: Borgers-Archiv, Gfg-7/3.

14 Zum Folgenden: A. Hupertz, *Landwirtschaftlicher Obstbau. Vorschläge zur Reorganisation,* Würzburg 1902, 71, 191.

15 Vgl. Rainer Bolle, *„Als das Licht kam..." Die Elektrifizierung in Westfalen 1890–1955,* Münster 1997, 5ff.

16 Vgl. unter „Herstellung von Watte", in: *Jahresbericht der Handelskammer zu Wesel: mit den Wahlbezirken Wesel, Emmerich und Bocholt 1913.*

17 Zur Verbilligung der Wolframlampen von 1906 bis 1913 vgl. Noe Lazar Müller, *Die Fabrikation und Eigenschaften der Metalldrahtlampen,* Halle 1914, 184.

18 Wolfram war das geeignetste Metall für den Glühdraht. Otto Lueger, *Lexikon der gesamten Technik und ihrer Hilfswissenschaften,* Bd. 1, Stuttgart 1920, 256–259, hier 256; Müller, *Metalldrahtlampen,* 3ff.

19 *Jahresbericht der Handelskammer zu Wesel: mit den Wahlbezirken Wesel, Emmerich und Bocholt 1913.*

20 *Borgers-Monatsversandziffern,* 2 Bl.: 1898-1908 und 1909-1917, in: Borgers-Archiv, ABD Gb-1.

21 Ludwig Gützloe, *Ueber den Watte-Verband,* Inaug. Abh. der Med. Fak. der Uni Bonn, Bonn 1867, 26ff.

22 Borgers-Hauptbuch 1898–1907, 69 in: Borgers-Archiv, ABD Gb-1.

23 Gützloe, *Watte-Verband,* 12f.

24 Franz Borgers, Firma J. Bg., um 1934, JB-Bl. 11, in: Borgers-Archiv, ABD Gfg-7/3. *Kessel= und Maschinen Anlage des Herrn Johann Borgers* in: Bocholt, 27.11.95 genehmigter Plan von Ing. C. Forstmann i. A. J. Borgers Okt. 1895, in: Bauakten der Stadt Bocholt, in: StABo.

25 Hülskamps Zeichnungen zur Fabrik-Vergrößerung J. Borgers vom 17.7.1888 und zum Folgenden: Schreiben von J. Borgers an den Bürgermeister vom 9.8.1888 (mit Vermerk „die Oeffnung ist zugemauert B[ocholt], 13./8.[18]88") in: Bauakten der Stadt Bocholt, in: StABo.

26 Vgl. Franz Borgers, Firma J. Bg., um 1934, JB-Bl. 8, in: Borgers-Archiv, ABD Gfg-7/3.

27 Ebd. JB-Bl. 12.

28 Zum Folgenden: Schwarzwatten ebd., Bl. 12f.

29 Rauabfälle sind das beim Rauen abgelöste Material. Damals wurden bereits Gewebe maschinell geraut, d.h. die Faserenden herausgezupft, um den Stoff plüschig, weich und wärmend zu machen *(Neuerungen an Rauhmaschinen für Gewebe,* in: Polytechnisches Journal 1888, Bd. 268, 299–307).

30 Franziska B., Lebensgeschichte, Hs. vor 1884-1907, 17, in: Borgers-Archiv, Gfg-7/1.

31 Franz Borgers, Firma J. Bg., um 1934, JB-Bl. 9, in: Borgers-Archiv, ABD Gfg-7/3.

32 Handzeichnung von den [...] im Grundbuche Band 61 Blatt 45 eingetragenen Liegenschaften des Borgers, Johann, Wattenfabrikant, zu Bocholt, 17.09.1895, in: StABo, 70/K10.

33 Franz Borgers, „Firma J. Borgers", Bl. 7f., in: Borgers-Archiv, ABD Gfg-7/2.

34 Baugesuch von J.Borgers, 17.10.1894 (Bl. 17) (inkl. Bl. 16: Situationsplan), in: StABo, Bauakten; Doppelhaus Osterstraße 62/64; Franz Borgers, „Firma J. Borgers", Ford-Bl. 8f., in: Borgers-Archiv, ABD Gfg-7/2. Vgl. die Aufnahme des Hauses wohl um 1920, jedenfalls lange vor der Bomben-Zerstörung im März 1945 in Borgers u. a. (Hrsg.), Familie Borgers, 9.

35 In der Tat wohnte sie bis zu ihrem Tod Weihnachten 1924 in diesem Haus. Erst danach wurde das Haus an den Arzt Dr. Hochheimer verkauft.

36 Zum Folgenden: Grund- und Bauakten: Grundbuch Bocholt, Bd. 86, Bl. 31. Hauptbuch der J. Borgers Wattefabrik 1898–1907, in: Borgers-Archiv: ABD Gb-1, hier 3.

37 Franz Borgers, Firma J. Bg., um 1934, JB-Bl. 8f., in: Borgers-Archiv, ABD Gfg-7/3.

38 Ebd., Bl. 10.

39 Zum Folgenden: C. Forstmanns Zeichnungen vom Okt. 1895 zur Genehmigung einer Kessel= und Maschinen Anlage des Herrn Johann Borgers in Bocholt, in: StABo, 70/K10.

40 Zum Folgenden: Franziska B., Lebensgeschichte, Hs. vor 1884-1907, 17, in: Borgers-Archiv, Gfg-7/1.

41 Franz Borgers, Firma J. Bg., um 1934, JB-Bl. 9, in: Borgers-Archiv, ABD Gfg-7/3.

42 Zum Folgenden: W. Tembrink, *Ehrenbürger Max Hugo von Velsen,* in: UB 2 (2015), 53.

43 Borgers-Hauptbuch 1898–1907, in: Borgers-Archiv, ABD Gb-1: 140 (3.717 Mark in 1898), 142 (1.321 Mark in 1899), 52 (1.472 Mark (9.715 Euro) in 1900), 146 (1.342 Mark in 1901), 148 (1.607 Mark in 1903), 151 (3.382 Mark in 1905), 153: (3.263 Mark in 1907).

44 Zum Folgenden: Franz Borgers, Firma J. Bg., um 1934, JB-Bl. 9, in: Borgers-Archiv, ABD Gfg-7/3.

45 Zum Folgenden Doppelhaus Osterstraße 62/64: Franz Borgers, „Firma J. Borgers", Ford-Bl. 8f., in: Borgers-Archiv, ABD Gfg-7/2.

46 1875 gründeten Emil Dübigk und Wilhelm Schuster die Firma Schuster & Dübigk, die 1921 mit der Vermietung der Weberei die Produktion eingestellt hat (Westerhoff, *Bocholter Textilindustrie,* 139). Schuster & Dübigk belieferte Borgers z. B. im Jahre 1900 *(Borgers-Hauptbuch 1898–1907,* 52, in: Borgers-Archiv: ABD Gb-1).

47 Grundakten Grundbuch Bocholt, Bd. 86, Bl. 3, in: Amtsgericht Bocholt. *Grundstücksconto Wattefabrik & Weberei,* in: Borgers-Hauptbuch 1898–1907, 4, in: Borgers-Archiv, ABD Gb-1. Es waren die Flurstücke 173/51 und 173/52.

48 Vgl. Franz Borgers, Firma J. Bg., um 1934, JB-Bl. 13, in: Borgers-Archiv, ABD Gfg-7/3.

49 Ebd., Bl. 14.

50 Riet, Rietkamm, Rietblatt, Weberblatt oder -kamm ist am Webstuhl ein Rahmen, dessen innere Fläche dicht aneinander stehende Rohr- oder Metallstäbchen enthält, zwischen denen die Kettenfäden durchgehen.

51 Stadtplan des „Bürgerbuchs der Stadt Bocholt" von 1898, in: StABo. Das Einwohnerbuch Bocholt 1929 belegt den neuen Standort der Rietfabrik: „Küppers, Karl, sen., Rietfabrik, Schanze 30, F. 2726."

52 Franz Borgers, Firma J. Bg., um 1934, Bl. 14, in: Borgers-Archiv, ABD Gfg-7/3.

53 „Baugesuch des Wattenfabrikanten Joh. Borgers" an die Stadt „Bocholt, den 15/9 1896", in: StABo, 70/K10.

54 Grundstücksconto Wattefabrik & Weberei, in: Borgers-Hauptbuch 1898–1907, 4, in: Borgers-Archiv, ABD Gb-1.

55 *„Firma J. Borgers",* Ford-Bl. 11, in: Borgers-Archiv: ABD Gfg-7/2.

56 Borgers-Hauptbuch 1898–1907, 10, in: Borgers-Archiv, ABD Gb-1. Vorwärmer sind Vorrichtungen zur Erhöhung der Temperatur des Speisewassers für Dampfkesselanlagen. Franz Borgers, Firma J. Bg., um 1934, JB-Bl. 13, in: Borgers-Archiv, ABD Gfg-7/3.

57 Franziska B., Lebensgeschichte, Hs. vor 1884–1907, 18, in: Borgers-Archiv, Gfg-7/1.
58 Ebd., 18f.
59 Ebd.
60 Zum Folgenden: Gesuch des Joh. Borgers in: Bocholt um Erteilung der Bauerlaubnis, 24.3.1897, in: StABo, 70/K10.
61 Die Borgers-„Closetts“ von 1911 waren noch keine WC-Anlagen (Wasserklosetts). Vgl. InventurBuch J. Borgers 1898–1915, 7, in: Borgers-Archiv, ABD Gb-10.
62 Rechnung für Fa. Joh. Borgers. Wattefabrik von Installations-Geschäft Joh. Radhauer, Bocholt, 1.8.1913, 2, in: Borgers-Archiv, ABD Gfg-9.
63 Borgers-Hauptbuch 1898-1907, 4, in: Borgers-Archiv, ABD Gb-1; Gewerbe-Verzeichnis der Stadt Bocholt: Eintrag am 22.11.1897; Bocholts Stadtplan 1897, in: StABo. Unrichtig dagegen Westerhoff, *Bocholter Textilindustrie,* 81f., der die Weberei in der Südmauerfabrik angesiedelt sieht.
64 Grundakten Grundbuch Bocholt, Bd. 86, Bl. 31, in: Amtsgericht Bocholt.
65 Eingabe des Kreisausschusses des Kreises Borken vom 3. April 1891 wegen des Baues einer Bahn von Münster über Bocholt nach Emmerich, in: StABo.
66 Liste der Stadtverwaltung Bocholts vom 8.8.1913 über die vom Arbeitskampf betroffenen Firmen, in: StABo, 23/K192, abgedr. in Westerhoff, *Bocholter Sozialgeschichte,* 180f., hier 181.
67 Detlef Suermann, *Die soziale Sicherung der Bocholter Textilarbeiterschaft,* in: UB 2 (1988), 27-34, hier 31.
68 Vgl. Westerhoff, *Bocholter Sozialgeschichte,* 219ff.
69 Ein Eintrag vom 31. März 1921 im Borgers-Kassabuch zeigt, dass Borgers „für den Bauverein“ der Fabrikanten-Vereinigung in: Bocholt 1.355 Mark gezahlt hatte.
70 Ulrich S. Soénius, *„Hatte von Jugend an Interesse an Industrie“ – Unternehmer am Mittleren Niederrhein,* in: Dieter Porschen (Hg.), 200 Jahre Industrie- und Handelskammer Mittlerer Niederrhein, Köln 2004, 125–157, hier 150.
71 Borgers-Monatsversandziffern, 2 Bl.: 1898-1908 und 1909–1917, in: Borgers-Archiv, ABD Gb-1.
72 *Handelsgesetzbuch.* Erstes Buch. Handelsstand, in: Deutsches Reichsgesetzblatt Bd. 1897, Nr. 23, 219-240.
73 § 39 HGB.
74 Im Hauptbuch 1898–1907, in: Borgers-Archiv, ABD Gb-1 hat vor allem Franz Borgers Einträge gemacht. Im InventurBuch J. Borgers 1898–1915, 105f., in: Borgers-Archiv, ABD Gb-10) findet sich die Ablösung von Franziskas Handschrift durch Unlands sehr schöne Handschrift 1910/1911. Wenige Einträge finden sich auch von Willy Borgers.
75 Vgl. Lensing, *Bürgerbildnis,* 245. „Besprechung der Vermögenslage der Firma Johann Borgers zwecks Auseinandersetzung der Inhaber“, Bocholt, 26.5.1910, in: Borgers-Archiv, ABD- 5, Anlage 10.
76 Florian Breitsameter u. a. *Technik im Überblick. Die bedeutendsten Daten, Fakten, Ereignisse und Personen,* München 2009, 231.
77 https://de.wikipedia.org/wiki/Wäscheschleuder (letzter Zugriff 5.10.2015).
78 E. Sauer, *Leim und Gelatine: Sonderabdruck aus der Kolloidchemischen Technologie,* Berlin 1927, 34.
79 Borgers-Hauptbuch 1898–1907, 36, in: Borgers-Archiv, ABD Gb-1.
80 Ebd., 136, 158.
81 Von 1900 bis 1904 sank in Bocholt die Zahl der Textilindustriebetriebe von 71 auf 61; 500 Arbeiter wurden arbeitslos. Vgl. Westerhoff, *Bocholter Textilindustrie,* 171. Erhielt Borgers 1900 für eine Mark noch 6,25 Kilogramm bunte Rauabfälle, so 1906 nur noch 2,5 Kilogramm. 7.700 kg für (1.232 Mark x 6,6 = 8.131,2 Euro) 1900 und 360 kg für (144 Mark x 5,8 = 835,20 Euro) 1906 (Hauptbuch 1898–1907, 52, 157, in Borgers-Archiv, ABD Gb-1).
82 Zur folgenden Bocholter Textilindustriekrise 1910 vgl. den Bericht in der Textilarbeiter-Zeitung (10.9.1910), abgedruckt in: Westerhoff, *Bocholter Sozialgeschichte,* 153.
83 „Herstellung von Watte“ in: *Jahresbericht der Handelskammer zu Wesel: mit den Wahlbezirken Wesel, Emmerich und Bocholt 1913.*
84 Holzschliff und Zellstoff verdrängten um 1900 die Lumpen als Rohstoffe für die Massenpapierfertigung. Vgl. Hermann Stern, *Die geschichtliche Entwicklung und die gegenwärtige Lage des Lumpenhandels in Deutschland,* (Diss.), Erlangen 1914.
85 Zum Folgenden: Borgers-InventurBuch 1898–1915, 112–114, in: Borgers-Archiv, ABD Gb-10.
86 Ebd., 8f.
87 Ebd., 39. Von Ende 1913 bis Aug. 1914 kaufte Borgers für die Reißmaschinen zwei Metalltische, zwei Beläge und Ersatzteile ein (62).
88 Ende 1899: 1,2 Tonnen Rohbaumwolle (Hauptbuch 1898–1907, 36, in Borgers-Archiv, ABD Gb-1).
89 Alle erwähnten Rohstoffe sind aufgelistet im Borgers-Lagerbestand 1898/1899. Hauptbuch 1898–1907, 22, 36, in Borgers-Archiv, ABD Gb-1.

90 Für 1.685 Mark hat Johann Borgers einen „Greenhalgh's Willow“ vom englischen Willowbauer John Greenhalgh and Sons of Vulcan Ironworks in Oldham gekauft. Borgers-Hauptbuch 1898–1907, 10, in: Borgers-Archiv, ABD Gb-1. *Pierer's Universal-Lexikon,* Bd. 19, Altenburg 1865, 238 (s.v. Willow).

91 Borgers-InventurBuch 1898–1915, 117, in: Borgers-Archiv, ABD Gb-10: „1 2/3 Faß Schmelzoel“ im Wert von 100 Mark.

92 Zum Folgenden: *Pierer's Universal-Lexikon,* Bd. 2, 433–437 (s.v. Baumwolle), hier 435.

93 Hauptbuch 1898–1907, 10, in: Borgers-Archiv, ABD Gb-1. InventurBuch 1898–1915, 30, in: Borgers-Archiv: ABD Gb-10.

94 Franziska B., Lebensgeschichte, Hs. vor 1884-1907, 18, in: Borgers-Archiv, Gfg-7/1.

95 Vgl. R. Wielinski, *1913–2013: 100 Jahre Bocholt unter Strom,* in: UB Heft 2 (2013), 4-19, hier 6ff.

96 Rechnung der Siemens-Schuckert-Werke GmbH Köln an Borgers, 31.12.1912, in: Borgers-Archiv, Gfg-8. Borgers-InventurBuch 1898-1915, 38, in: Borgers-Archiv, ABD Gb-10.

97 Franziska B., *Mein tägliches Gebet,* als Anhang 1–3 dies., Lebensgeschichte, in: Borgers-Archiv, Gfg-7/1.

98 Fritz Borgers an Franziska B., 15.8.1902, 2, in: Borgers-Archiv, P FB-1.

99 Zum Folgenden: Franziska Borgers an Fritz B. , 20.8.1902, 2, in: Borgers-Archiv, P.

100 Diesen Reinigungsbatteur konnte man auch vor dem Reißen einsetzen.

101 Zum Folgenden: *Pierer's Universal-Lexikon,* Bd. 2, 435 (s.v. Baumwolle).

102 Hertha Göpfert/Lisa Adebahr, *Von der Faser zum Stoff. Textile Werkstoff- und Warenkunde für Berufs-, Berufsfach- und Fachschulen,* Hamburg[12] 1956 (mit Zeichnung).

103 Borgers-InventurBuch 1898–1915, 32f., in: Borgers-Archiv, ABD Gb-10.

104 Borgers-Hauptbuch 1898–1907, 11, in: Borgers-Archiv, ABD Gb-1.

105 Zum Folgenden: Franziska Borgers (1841–1924), *Mein tägliches Gebet,* in: Dies., Lebensgeschichte, Anhang 1–3 in: Borgers-Archiv, Gfg-7.

106 Vgl. auch Joh 15,5. In der Festschrift 1979 teilt Prof. Peter Berglar diese Auffassung: “Er, Gott, und niemand sonst ist der Arbeitgeber.“ Ders., *Aufgabe und Dienst,* in: Johann Borgers GmbH & Co. KG (Hg.), *Aufgabe und Dienst. Werner Borgers zum 65. Geburtstag,* Bocholt 1979, 69–84, hier 74f.

107 Die bis heute in ihren Grundlagen gültige Lehre ist in der Enzyklika Rerum novarum von Leo XIII. 1891 dargelegt.

108 Bocholter Volksblatt (14.4.1905), in: StaBo, BBV-Sammlung.

109 „Besprechung der Vermögenslage der Firma Johann Borgers zwecks Auseinandersetzung der Inhaber“, Bocholt, 26.5.1910, in: Borgers-Archiv, ABD Gfg-5, Anlage 10

110 Fritz B. an Aenne Weber, Oldham, 17.10.1912, 5, in: Borgers-Archiv, P FB-3. Noch vor 1900 wurde Platt Brothers & Co Ltd mit über 12.000 Mitarbeitern zum größten Textilmaschinenbauer der Welt. https://en.wikipedia.org/wiki/Platt_Brothers, (letzter Zugriff 12.10.2015).

111 Zum Folgenden: ebd., 5f.

112 Fritz B. an Aenne Weber, Oldham, 13.11.1912 bis 15.3.1913, in: Borgers-Archiv, P FB-4 bis P FB-24. Am 4.9.1913 hatten Fritz und Aenne geheiratet.

113 Westerhoff, *Bocholter Sozialgeschichte,* 307. Lensing war übrigens 1945 Mitgründer der Bocholter CDU.

114 Ebd., 34–41, 306.

115 Dies wird als Spezialität christlicher Gewerkschaften „im gut katholischen Münsterland“ angesehen im 1913er Geschäftsbericht des Zentralvorstands des SPD-nahen Textilarbeiter-Verbands (zit. nach Westerhoff, *Bocholter Sozialgeschichte,* 171).

116 „Christlicher Textilarbeiter“ (7.2. und 8.8.1903).

117 Der SPD-nahe Textilgewerkschaftsverband hieß „Verband aller in der Textilindustrie beschäftigten Arbeiter u. Arbeiterinnen Sitz Berlin“. Die Bocholter Ortsgruppe hatte 1908 147 Mitglieder. Westerhoff, *Bocholter Sozialgeschichte,* 78.

118 „Der Textil-Arbeiter“ (9.6.1905).

119 Westerhoff, *Bocholter Sozialgeschichte,* 69.

120 „Christlicher Textilarbeiter“ (24.6.1905).

121 Westerhoff, *Bocholter Sozialgeschichte,* 147, 149.

122 Vgl. Bocholter Volksblatt (14. 4.1905) und auch *Christlicher Textilarbeiter. Centralorgan für Deutschland. Gott und unser Recht!,* Krefeld, 29.4.1905.

123 Z. B. Kaplan Schütte als Präses des katholischen Arbeitervereins. Westerhoff, *Bocholter Sozialgeschichte,* 36f., 307.

124 Handelskammer zu Wesel: *Jahresbericht 1900,* 73f.

125 Vgl. ausführlich dazu Westerhoff, *Bocholter Sozialgeschichte,* 167–213.

[126] Ebd., 169–171. Liste der Stadtverwaltung Bocholts vom 8.8.1913 über die vom Arbeitskampf betroffenen Firmen in: StABo, 23/K192.

[127] Liste der Stadtverwaltung Bocholts vom 8.8.1913 über die nicht vom Arbeitskampf betroffenen Firmen, in: StABo, 23/K192.

[128] So nannte man die Ehefrau des Firmengründers in der Familie Nienhaus, weil Vater Nienhaus Gärtner von Franz Borgers (1872 bis 1935) war. Zum Folgenden: Gespräch des Verfassers mit Gärtnermeister Theo Nienhaus am 17.3.2006.

[129] Borgers-Hauptbuch 1898–1907, 140, 152 u. a. Ende 1902 hatte ein Spediteur eine Forderung von 183 Mark an Borgers (ebd., 147).

[130] „Notiz für die Familie Borgers!“ 1913, 1f., in: Borgers-Archiv, ABD Gfg-5 Anl. 11. Von „der inaktiven Tätigkeit des Herrn Johann Borgers“ im Unternehmen spricht auch diese Notiz (ebd., 2). Zum Folgenden: Lensing, *Bürgerbildnis,* 245.

[131] Vgl. ebd.

[132] Fritz Lindenberg, *Alt Bocholt – Stadt und Land,* Bocholt 1965, 48.

[133] Westerhoff, *Mehr als Watte,* 63.

[134] Borgers-Hauptbuch 1898–1907, 122–135. Ende 1898 waren es erst 221 Debitoren (26–33). Vgl. die größer werdenden Debitorenlisten 1898–1904 auf 24–135.

[135] Borgers-Hauptbuch 1898–1907, 115, 135.

[136] Die Summe der offenen Endjahresforderungen von 1899 bis 1904, die Borgers gegenüber Seiler hatte, beträgt fast 21.200 Mark (ca. 135.700 Euro). Borgers-Hauptbuch 1898–1907, in: Borgers-Archiv, ABD Gb-1, 44.

[137] Zum Folgenden: Inserat im *Adressbuch der Hoflieferanten im Königreiche Sachsen, Dresden von 1905.* Bernd Nowack, *Das Grabmal der Familie Seiler auf dem Dessauer Friedhof III,* 2010, in: http://barrynoa.blogspot.de/2010/09/das-grabmal-der-familie-seiler-auf-dem.html, darin die Anzeige mit Versandhausansicht (Jugendstil) vor 1914 (letzter Zugriff: 5.4.2016).

[138] Kartell-Rundschau. Zeitschrift für Kartellwesen und verwandte Gebiete 19 (1921), 86. Gegenüber H. Esders & Co. Hamburg hatte Borgers von 1899 bis 1904 Endjahresforderungen mit einem Gesamtwert von 10.836 Mark aufgelistet Borgers-Hauptbuch 1898–1907.

[139] Er ist Geschäftsfüher der Firma „P. v(an) d(e) Locht Geldern“ und schuldet z. B. Ende 1900 Borgers 41,20 Mark (Borgers-Hauptbuch 1898–1907, 56).

[140] Borgers hatte Endjahresforderungen gegenüber Juda von 1901 bis 1904 in der Gesamthöhe von 8.506 Mark . Borgers-Hauptbuch 1898–1907.

[141] 1914 hinterließ Leonhard Tietz einen Konzern mit 5.000 Angestellten und 25 Warenhäusern und Niederlassungen in ganz Europa. Die Nationalsozialisten enteigneten das Unternehmen der deutsch-jüdischen Familie Tietz, die ins Exil gehen musste: Die Leonhard Tietz AG wurde im Juli 1933 in die Westdeutsche Kaufhof AG umgewandelt.

[142] Die Fabrik Phil. Heymann befand sich von 1885 bis zur „Arisierung“ 1938 mit der Nr. 47/49 in der berühmten Textilgroßhandels- und Textilfabrikstraße Hofaue in Elberfeld. Vgl. Phil. Heymann, in: Hinrich Heyken, *Die Hofaue – das Textil-Großhandelszentrum in Elberfeld,* Wuppertal 2012, 78ff.

[143] Die Summe der Endjahresforderungen gegenüber Gobert von 1900 bis 1904 betrug 2.438 Mark. Borgers-Hauptbuch 1898–1907, 63, 92, 110, 128.

[144] Von 1900 bis 1904 hatte Borgers Forderungen von 1.790 Mark an P & C. Zum Folgenden: ebd. 61, 93, 111. http://www.peek-cloppenburg.de/unternehmen/geschichte/ [letzter Zugriff 12.10.2015].

[145] InventurBuch J. Borgers 1898–1915, 117, 123, 126, in: Borgers-Archiv: ABD Gb-10. Vgl. dazu unten das Berliner Borgers-Lager.

[146] Ebd., 123.

[147] Eintrag „Gebr. Heinemann“ in: *Adreßbuch für die Stadt M.Gladbach 1888.* Borgers-Hauptbuch 1898–1907, 58.

[148] Borgers-Hauptbuch 1898–1907, 87ff.

[149] 1903/1904 und gewiss darüber hinaus war sie Borgers-Kunde. Borgers-Hauptbuch 1898–1907, 106, 125.

[150] Debitor Ende 1903: „Schweizerische Kleiderfabrik Zürich 282,90“ Mark. Borgers-Hauptbuch 1898–1907, 105.

[151] Borgers-Hauptbuch 1898–1907, 106, 123 (392,96 Mark 1903 bzw. 204,60 M 1904).

[152] https://www.globus.ch/unternehmen/geschichte/1892–1953 (letzter Zugriff 20.11.2015).

[153] Borgers-Hauptbuch 1898–1907, 134.

[154] Borgers-Hauptbuch 1898–1907, 22, in: Borgers-Archiv, ABD Gb-1: Anfangs (1898) hatte man in Berlin aber nur 25 kg Deckenwatte III im Wert von 14 Mark gelagert.

[155] Warenconto Ende 1903: „V. Auswärtige Lager“ in: Borgers-Hauptbuch 1898–1907, 103. InventurBuch J. Borgers 1898–1915, 100–118, 139, in: Borgers-Archiv ABD Gb-10. Mit Ausnahme von Berlin werden die Lager vor 1903 nicht erwähnt.

[156] Borgers-Hauptbuch 1898–1907, 139: Lager in Breslau bei Spedition Freund, in Stettin bei Spedition Böhm, in Liegnitz bei Spedition Zitschke, in Berlin bei Packetfahrt-Gesellschaft und in Rotterdam bei Gebr. Scheuer.

157 InventurBuch J. Borgers 1898–1915, 117, 123, 126, in: Borgers-Archiv, ABD Gb-10.

158 Mit Watteballenvorräten im Wert von 280 Mark bzw. 667 Mark. Borgers-Hauptbuch 1898–1907, 139, 164, 171.

159 Transkript des Interviews mit Fritz Borgers jun. (1914 bis 2007) (Dr. Hans Oppel, Dr. Lassotta), 7.11.1996, 24.

160 Karin Ebelsberger, *Pralinen & Konfekt*, München o. J., 21.

161 Es fehlen aber Belege der Formenreinigung durch Watte bei Sarotti und Nestlé. https://www.sarotti.de/sarotti/markenhistorie/komplettetour/1852–1920/1903 (letzter Zugriff 19.11.2015).

162 (Nr. 1478.) Bekanntmachung, betreffend eine Abänderung des Verzeichnisses der gewerb.ichen Anlagen, welche einer besonderen Genehmigung bedürfen. Vom 12. Juli 1882, in: Deutsches Reichsgesetzblatt Bd. 1882, Nr. 17, 123.

163 Zum Folgenden: Briefköpfe Büren & Eisfellers Rechnungen, Elberfeld, 7.12.1899 und 27.8.1908 (Kopien im Borgers-Archiv). Hauptbuch 1898–1907, 41 (991 Mark Ende 1899), 57 (994 Mark Ende 1900), 73 (75 Mark Ende 1901), 125 (206 Mark Ende 1904).

164 Vgl. Lexikonteil s.v. Büren & Eisfeller, in: Heyken, Die Hofaue, 78ff. Die Textilgroßhandlung Büren & Eisfeller GmbH hat noch bis zu ihrer Fusion mit Friedrich Seydt & Söhne 1923 existiert.

165 Zum Folgenden: N. Gunn, Manufacturers' Agent London an Johann Borgers, 30.1.1913, in: Borgers-Archiv, Gfg.

166 Zum Folgenden: Postkarte von Franz, 6.6.1914, in Borgers-Archiv, Gfg.

167 Vgl. Borgers' Forderungsbestände in: Borgers-Hauptbuch 1898–1907; Borgers-Bilanz per 31/12.1910, 1, in: Borgers-Archiv, ABD Gb-13, 181.905 Mark Ende 1910. Borgers-Rohbilanz per 31/12.1911, 2, in: Borgers-Archiv, ABD Gb-14.

168 Werner Borgers, *Das Elternhaus, in: Ders. u. a. (Hrsg.), Familie Borgers,* 9f., hier 10.

169 Transkript des Interviews mit Fritz Borgers jun. (Dr. Hans Oppel, Dr. Lassotta), 7.11.1996, 2.

170 Borgers, *Das Elternhaus,* 1961, 10.

171 Welche Betriebsgrößenparameter (Umsatz, Beschäftigtenzahl, regionale Ausdehnung, Bilanzsumme oder Ausbringungsmenge usw.) das Bocholter Volksblatt vom 14.2.1914 hier vor Augen hatte, bleibt offen.

172 Aenne B. an Fritz B., 29.11.1914, in: Borgers-Archiv, ABD, PAB.

173 Lageplan (StABo, 70/K10) bzw. Zeichnung zur Dampfkesselanlage bzw. Kaminsäule für Herrn Joh. Borgers in Bocholt (M.: 1:100 (StABo, 65/K10, Kopien in Borgers-Archiv, ABD-11, Bl. 9/3, 11)

174 Grundriß, Schnitt a-d, Mai 1910, Geprüft den 22. Juni 1910 Der Königl. Gewerbeinspektor Müller (ebd., Bl. 12) „Kesselhaus der Firma Joh. Borgers in Bocholt", Schnitt und Grundriss gez. am 3. März 1911 (ebd., Bl. 13).

175 Westerhoff, *Mehr als Watte,* 19.

176 „Notiz für die Familie Borgers!" nach 1912, in: Borgers-Archiv, ABD Gfg-5, Anl. 11.

177 Handelsregister Bocholt HRA 178: Einträge vom 23.04.1907 und vom 23.12.1908.

178 „Notiz für die Familie Borgers!" nach 1912, in: Borgers-Archiv, ABD Gfg-5, Anl. 11.

179 Die Firma H. Beckmann Söhne galt 1913 als moderne „Mechanische Baumwoll-Weberei und -Rauherei" mit 128 Mitarbeitern. Sie exportierte Gewebe bereits nach England, Südamerika und Indien. Ibena Textilwerke Beckmann (Bocholt)/Severin Roeseling [Text und Redaktion], Ibena. 175 Jahre Ibena Textilwerke Beckmann GmbH, Bocholt 2002, 68–73.

180 Bocholter Volksblatt (14.2.1914).

181 Fritz Borgers (1884 bis 1954) an seine Schwester Franziska Borgers (1879–1965), 27.9.1908, in: Borgers-Archiv: ABD Gfg-7.

182 Ebd.

183 Stadtarchiv Neuss (SN), B.02.04.109, Personalakte 4723, zit. nach Claudia Chehab, *Die Ehrenbürger der Stadt Neuss (2): Wilhelm Thywissen, Unternehmer und Kommunalpolitiker,* in Novaesium (2006), 73–87, hier 74.

184 Ebd., 156: Er war von 1913 bis 1925 nur stellvertretender Vorsitzender.

185 Ebd., 144.

186 Ebd. So hat Heinrich Thywissen jun. den Turnverein und die Feuerwehr mitgegründet, er war Redner im Demokratischen Bürgerverein und „Wortführer" der Neusser Wirtschaft.

187 Vgl. B. Sippel-Amon, *Die Auswirkung der Beendigung des sogenannten ewigen Verlagsrechts am 9.11.1967 auf die Editionen deutscher „Klassiker",* in: Archiv für Geschichte des Buchwesens 14 (1974), Sp. 349–416, hier Sp. 351, 369.

[188] So der Enkel Franz Borgers.

[189] „Abteilungsliste der Stadt Bocholt" von 1895 in StABo: Im Vergleich zum Spitzensteuerzahler Fabrikant Cosmann Cohen (10.551 Mark), hat Borgers mit 352 Mark (an der 10. Stelle der III. Abteilung) 1895 relativ wenig Jahressteuern zu zahlen.

[190] *Aus Stadt und Land,* in: Bocholter Volksblatt. Organ der Zentrumspartei (14.2.1914).

[191] Bürgermeister Wesemann, *Zeitungsbericht an den Landrat in: Borken,* 22.3.1914, in: StABo, 2/K143.

[192] 21.398 Mark für Gebäude; 124.773 Mark für Maschinen, 9.634 Mark für Waren. InventurBuch J. Borgers 1898–1915, 10, 42, 124, in: Borgers-Archiv, ABD Gb-10.

[193] *Warmlaufen der Maschinenlager,* in: Polytechnisches Journal 1895, Bd. 295/Miszelle 7, 301f.

[194] J. Borgers' Gesuch um Wiederaufbau der Fabrik, in: Stadt Bocholt, FB Stadtplanung und Bauordnung: Bauakten Borgers: Barloerweg/Stenernerweg, Bl. 5.

[195] J. Borgers' Baugesuch vom 14.4.1914, in: Stadt Bocholt, FB Stadtplanung und Bauordnung: Bauakten Borgers: Barloerweg/Stenernerweg, Bl. 8.

[196] Zu folgenden Informationen über Johann Borgers vgl. Lensing, J. Borgers, Masch., 5 in: Borgers-Archiv, ABD Gfg 7/5.

[197] „Ich bin wieder so gelenkig, daß ich mich mit beiden Beinen zugleich auf den Hintern schlagen kann."

[198] Sterbebild von Johann Borgers, in: Borgers-Archiv, Gfg.

[199] Dieses von den Essener Architekten Wellhoff & Schäfters entworfene Haus wurde 1912/13 im Südwall 14 errichtet, wobei das benachbarte Haus von Paul Herding (Spinnerei & Weberei Herding AG) als Vorbild diente. Franz Borgers hat sich als Bauherr in den Hausbau stark eingebracht.

[200] Zu den folgenden Familiendaten vgl. Stammbaum der Gründerfamilie Joh. Borgers in: Borgers u. a. (Hrsg.), *Familie Borgers,* 8f.

[201] Das junge Paar hat das Haus aber nur gemietet. InventurBuch J. Borgers 1898–1915, 214, in: Borgers-Archiv, ABD Gb-10.

[202] CapitalConto Wilhelm Borgers 1910–1923, 4–32, in: Borgers-Archiv, ABD Gb-5: Von 1910 bis 1913 und 1919/20 ist ein Dienstmädchen, im Krieg zwei Mädchen (18–28) im Hause Wilhelm Borgers beschäftigt. Auch die Familien Franz bzw. Fritz Borgers hatten ein Dienstmädchen, Franz zudem noch ein „Kinderfräulein". Vgl. InventurBuch J. Borgers 1898–1915, 208–211, 214, in: Borgers-Archiv, ABD Gb-10.

[203] Zum Folgenden: „Besprechung der Vermögenslage der Firma Johann Borgers zwecks Auseinandersetzung der Inhaber", Bocholt, 26.5.1910, Punkt 4, in: Borgers-Archiv, ABD- 5, Anlage 10.

[204] Franz: 449 Mark+36.832 Mark+28.405 Mark=65.686 Mark; Wilhelm: 25.584 Mark+7.661 Mark+15.481 Mark=48.726 Mark. Vgl. Besprechung, in: Borgers-Archiv, ABD- 5, Anlage 10; Borgers-Bilanzen per 31.12.1910 bzw. 1911, in: Borgers-Archiv, Abd Gb-13 bzw. Gb-14.

[205] Military Gov. Of Germany, Fragebogen von Fritz Borgers (*1884), 4, in: Borgers-Archiv, ABD Gfg (Kopie).

[206] „Notiz für die Familie Borgers!" 1913, 2, in: Borgers-Archiv, ABD Gfg-5, Anl. 11. Vermutlich sind die beiden 15.000 Mark-Entnahmen als Entgelt für die Leistungen von Franz und Willy in der Notiz wiederaufgegriffen worden. Die Geschwister, die nicht im Betrieb arbeiteten – Joseph, Maria und Franziska – erhielten als Auszahlung zusammen 194.000 Mark vom Firmenvermögen. Ebd., 3.

[207] Zum Folgenden ebd., 1: Anfang 1902 wurde aus dem Firmenvermögen der Wert der Grundstücke Osterstraße 62–64 und Blücherstraße (90.000 Mark) herausgenommen.

[208] Bernhard Deckers in: http://www.bocholt.de/rathaus/planen-und-bauen/denkmalliste-online/buchstabe-a/?type=98&print=1&no_cache=1, [letzter Zugriff 23.1.2016].

[209] Bocholter Volksblatt (18.7.1914).

[210] Zum Folgenden: ebd.

[211] Bernhard Deckers in: http://www.bocholt.de/rathaus/planen-und-bauen/denkmalliste-online/buchstabe-a/?type=98&print=1&no_cache=1,) (letzter Zugriff 23.1.2016).

[212] Zu August Fischer vgl. Westerhoff, *Bocholter Textilindustrie,* 88ff.

[213] Aenne Borgers an Fritz B. stationiert in Königsberg, 13.2.1915, in: Borgers-Archiv: P AB-4.

[214] *InventurBuch J. Borgers 1898–1915,* 45, 11, in: Borgers-Archiv: ABD Gb-10.

[215] Bocholter Volksblatt (17.7.1914).

[216] Die Reißerei war das Herzstück der Kunstbaumwollfabrik. Vgl. dazu Aennes Urlaubsgesuch für Fritz B., wohl Mitte 1915, in: Borgers-Archiv, PAB.

[217] Vgl. Christopher Clark, *Die Schlafwandler. Wie Europa in den Ersten Weltkrieg zog,* München 2013; Herfried Münkler, *Der Große Krieg. Die Welt 1914–1918,* Berlin [4]2014, 9ff.

[218] Münkler, *Der Große Krieg,* 91.

[219] Clark, *Schlafwandler,* 616ff.

[220] Urlaubsgesuch von Aenne Borgers für Fritz B., wohl Mitte 1915, in: Borgers-Archiv, PAB.

[221] Zum Folgenden: Aenne Borgers an Fritz B. stationiert in Königsberg, 13.2.1915, in: Borgers-Archiv, P AB-4.

[222] Vgl. Willy Borgers an Fritz B. in Königsberg, 30.12.1914, in: Borgers-Archiv, P WiB-3; Aenne B. an Fritz, 28.03.1915, 5, in: Borgers-Archiv, P AB-11; Willy B. an Fritz B., 13.6.1915, 4, in: Borgers-Archiv, P WiB-5.

[223] Baugesuch vom 26.8.1914 und Beschluß der Baukommission vom 7. September 1914, in: Stadt Bocholt, FB Stadtplanung und Bauordnung: Bauakten Borgers: Barloerweg/Stenernerweg, Bl. 36/1-2.

[224] In der Borgers-Bilanz 1915 sind für diese Bauten Ausgaben in Höhe von 188.897 Mark ausgewiesen.

[225] Karte der Fa. Borgers an das Bürgermeisteramt Bocholt, 28.9.1915. Ebd., Bl. 42/3.

[226] Zum Folgenden: Borgers-Monatsversandziffern, 2 Bl.: 1898–1908 und 1909–1917, in: Borgers-Archiv, ABD Gb-1.

[227] Urlaubsgesuch von Aenne Borgers für Fritz B., wohl Mitte 1915, in: Borgers-Archiv, P AB.

[228] Brief von Aenne Borgers an Fritz, stationiert in Königsberg, Bocholt 21.02.1915, 9, in: Borgers-Archiv, P AB-7; Jakob Zenzmaier, *Brisante Entdeckungen. Vom Schwarzpulver zu TNT,* http://ww1.habsburger.net/de/kapitel/brisante-entdeckungen-vom-schwarzpulver-zu-tnt, (letzter Zugriff 13.11.2015).

[229] Willy B. an Fritz B., 13.6.1915, 4, in: Borgers-Archiv, P WiB-5.

[230] Münkler, *Der Große Krieg,* 205ff.

[231] Schreiben von Willy B. an Fritz B., 30.12.1914, 3 in: Borgers-Archiv, P WiB-3.

[232] Ebd., 4.

[233] H. Unland an Fritz, 5.7.1915, in: Borgers-Archiv, P HU-2.

[234] Franz Borgers an Fritz, 9.10.1915, in: Borgers-Archiv, P FB.

[235] Aenne Borgers an Fritz, 11.7.1915, in: Borgers-Archiv, A AB.

[236] H. Unland an Fritz, 5.7.1915, Bl. I, in: Borgers-Archiv, P HU-2.

[237] Schreiben von Willy B. an Fritz B., 11.4.1915, 6, in: Borgers-Archiv, P WiB-4.

[238] Aenne Borgers an Fritz, 28.03.1915, 4, in: Borgers-Archiv, P AB-11.

[239] Schreiben von Willy B. an Fritz B., 13.6.1915, 4, in: Borgers-Archiv, P WiB-5; Borgers-Monatsversandziffern, 1909–1917, in: Borgers-Archiv, ABD Gb-1.

[240] Willy Borgers an Fritz B., 11.4.1915, in: Borgers-Archiv, P WiB-4; Momme Rohlack, *Kriegsgesellschaften (1914-1918): Arten, Rechtsformen und Funktionen in der Kriegswirtschaft des Ersten Weltkrieges,* Frankfurt a.M. 2001.; H. Unland an Fritz B., 27.12.1916, Bl. 1, in: Borgers-Archiv, P HU-2.

[241] https://www.archivesportaleurope.net/ead-display/-/ead/pl/aicode/DE-1958/type/hg/id/Bestaendeuebersicht/unitid/R+8734#sthash.RlnA7Nti.dpuf, 1 (letzter Zugriff, 6.11.2015).

[242] Briefkopf Wwe. B. Messing um 1920, in: Westerhoff, *Bocholter Textilindustrie,* 112f. (Bildteil); Westerhoff, *Bocholter Sozialgeschichte,* 180f.

[243] Borgers-Hauptbuch 1898–1907, 116, in: Borgers-Archiv, ABD Gb-1.

[244] Willy Borgers an Fritz B., 11.4.1915, in: Borgers-Archiv, P WiB-4.

[245] Willy Borgers an Fritz B., 13.6.1915, 7, in: Borgers-Archiv, P WiB-5.

[246] Die hier nach ihrem Mitgründer Joseph Wiethold benannte Actiengesellschaft für Baumwoll-Industrie, Industriestraße 1.

[247] Borgers schuldete „Maurenbrecher Krefeld, 1.266,75 Mark Ende 1903. Borgers-Hauptbuch 1898–1907, 148, in: Borgers-Archiv, ABD Gb-1.

[248] Die damals zum Zarenreich gehörende polnische Stadt Lodz war eine der größten Textilstädte Europas, die 1916 nach Ermittlungen der deutschen Verwaltung 66.000 Spindeln und 42.275 Webstühle aufwies.

[249] Geschäftsbericht der Aktiengesellschaft zur Verwertung von Stoffabfällen 1915, in: Bundesarchiv Koblenz, R 8776/60.

[250] Die im August 1914 gegründete Kriegsrohstoffabteilung unter Rathenau war dem preußischen Kriegsministerium unterstellt und diente zur Bewirtschaftung der Rohstoffe.

[251] Franz Borgers in Lodz an Fritz B., 29.8.1915; Franz B. an Fritz B., 9.10.1915, in: Borgers-Archiv, P FB.

[252] Willy Borgers an Fritz B., 13.6.1915, in: Borgers-Archiv, P WiB-5.

[253] Allein in Westfalen stieg die Zahl der versorgungsberechtigten Kriegsheimkehrer von 5.000 (Ende 1914) auf fast 71.000 (1920) an. Nils Löffelbein, *„Aus Krüppelnot empor zum Heldentum!“,* in: Geschichte im Westen (GiW) 29 (2014), 47–74, hier 51f.

254 Willy Borgers an Fritz B., 13.6.1915, in: Borgers-Archiv, P WiB-5. Franz Borgers an Fritz B., 9.10.1915.
255 Zum Folgenden: Hermann Unland an Fritz Borgers, 27.12.1916, Bl. I, in: Borgers-Archiv, P HU-2.
256 Zum Folgenden: Willy Borgers an Fritz B., 1.10.1916, 2, in: Borgers-Archiv, P WiB-7. Hermann Unland an Fritz B., 27.12.1916, Bl. 1, in: Borgers-Archiv, P HU-2.
257 Zeitungsbericht des Bocholter Bürgermeisters Wesemann an Landrat in Borken, 26.3.1918, in: StABo, 2/K143, Bl. 211: Diese Beimischungen gab es ab Herbst 1917 in den Kohlelieferungen an die Bocholter Privathaushalte.
258 W. Tembrink, *Bocholt wird Garnison,* in UB 4 (2014), 52–68.
259 Aenne an Fritz, 13.12.1916, 1, in: Borgers-Archiv, P AB-48.
260 Die 1862 gegründete Kufner Watte AG hat sich als „Europas größter Hersteller von Watte" um 1900 bezeichnet. Vgl. Kufner Textil GmbH, *Innovativ aus Tradition,* in: Wirtschaftsforum 109 (2.2.2011), 72f.
261 Zum Folgenden: Hermann Unland an Fritz B., 27.12.1916, Bl. 1, in: Borgers-Archiv, P HU-2.
262 Schreiben von Willy B. an Fritz B., 30.12.1914, 3 in: Borgers-Archiv, P WiB-3.
263 Zum Folgenden: Brief von Aenne Borgers an ihren Gatten Fritz, stationiert in Königsberg, Bocholt 21.2.1915, 8f., in: Borgers-Archiv, P AB-7.
264 Ebd., 8ff.
265 Ebd., 10.
266 Ebd., 9.
267 Zum Folgenden: Ebd., 10f.
268 So Willys Töchter Franziska („Ika") Baum, Marlene Mosters und Hildegard Roessing zu Westerhoff, *Mehr als Watte,* 18.
269 Zum Folgenden: Zeitungsbericht des Bürgermeisters der Stadt Bocholt vom 12.1.1917, in: StABo, 2/K 143, Bl. 184f.
270 Zum Folgenden: Willy Borgers an Fritz B., 13.6.1915, 6, in: Borgers-Archiv, P WiB-5.
271 Gehalts-, Lohnkontobuch Borgers 1909–1923, 58, in: Borgers-Archiv, ABD Gb-12.
272 Münkler, *Der Große Krieg,* 575.
273 Willy Borgers an Fritz B. in Königsberg, 30.12.1914, in: Borgers-Archiv, P WiB-3.
274 Zum Folgenden: Willy an Fritz Borgers, 11.4.1915 in: Borgers-Archiv, P WiB-4.
275 Zum Folgenden: Willy an Fritz Borgers, 13.6.1915, 3, in: Borgers-Archiv, P WiB-5.
276 Willy B. an Fritz B., 13.6.1915, Borgers-Archiv, P WiB-5. Zum Folgenden: Hermann Unland an Fritz, 5.7.1915, in: Borgers-Archiv, P HU-1.
277 Schreiben von Willy B. an Fritz B., 11.4.1915, 4, in: Borgers-Archiv, P WiB-4.
278 Schreiben von Willy B. an Fritz B., 13.6.1915, 7, in: Borgers-Archiv, P WiB-5.
279 Zum Folgenden: Aenne B. an Fritz, 13.12.1916, 4, in: Borgers-Archiv, P AB-48.
280 Lehrzeugnis August Dieckhues vom 19.5.1912 und Zeugnis August Dieckhues vom 13.11.1913, in: Borgers-Archiv, ABD Gb-12 (beigelegt zu 58: A. Dieckhues).
281 Schreiben von Willy B. an Fritz B., 11.4.1915, 6, in: Borgers-Archiv, P WiB-4.
282 Gehalts-, Lohnkontobuch Borgers 1909–1923, 58f., 62f., 68f., 74f., 78f., 82f., in: Borgers-Archiv, ABD Gb-12.
283 Vgl. dazu: Matthias Elbers, *Der patriarchale Unternehmer aus soziologischer Sicht,* in: Sabine Strick (Hg.), Die Psyche des Patriarchen, Frankfurt a.M. 2008, 29.
284 Willy Borgers an Fritz B., 13.6.1915, in: Borgers-Archiv, P WiB-5.
285 Ebd., 5f.
286 Vgl. dazu Ute Daniel, *Der Krieg der Frauen 1914-1918: Zur Innenansicht des Ersten Weltkriegs in Deutschland,* in: Gerhard Hirschfeld u. a. (Hrsg.), „Keiner fühlt sich hier mehr als Mensch…". Erlebnis und Wirkung des Ersten Weltkriegs, Essen 1993, 131–149, hier 135f.; dies., *Arbeiterfrauen in der Kriegsgesellschaft 1914–1918: Beruf, Familie und Politik im Ersten Weltkrieg,* Göttingen 1989.
287 Willy an Fritz Borgers, 11.4.1915, in: Borgers-Archiv, P WiB-4.
288 Borgers-Abschluß vom 31. Dez. 1915, 29, in: Borgers-Archiv, ABD Gb-15.
289 Borgers-Abschluß vom 31. Dez. 1918, 16, in: Borgers-Archiv, ABD Gb-15. Vgl. Bilanzen von Johann Borgers OHG zum 31.12.1915, zum 31.12.1916
290 zum 31.12.1917, in: Borgers-Archiv, Gb-15.
291 Gustavo Corni, *Hunger,* in: Gerhard Hirschfeld u. a. (Hrsg.), Enzyklopädie Erster Weltkrieg, Paderborn 2009, 565.
Rerum novarum 1891, Kap. 20.

292 Zum Folgenden: Wilhelm Seggewiß, *Bocholts Kampf gegen die Tuberkulose in der stadteigenen Walderholungsstätte,* in: UB 2 (1994), 20–24.

293 Bocholter Volksblatt (26.8.1916).

294 StABo: 2/K143: Zeitungsbericht des Bocholter Bürgermeisters Wesemann an den Landrat in: Borken, 12.1.1917, Bl. 186f.; Westerhoff, *Bocholter Sozialgeschichte,* 272–280.

295 Zeitungsbericht des Bocholter Bürgermeisters Wesemann an den Landrat in Borken (17.1.1917), Bl. 179, in: StABo: 2/K143.

296 Bilanz der Fa. Johann Borgers 1916, in: Borgers-Archiv, Gb.

297 Bocholter Volksblatt (16.12.1916).

298 Verwaltungsbericht 1917, zit. nach Westerhoff, *Bocholter Sozialgeschichte,* 276.

299 Z. B. 20 M am 6.12.1911 an den „Vincenz V.“, vgl. Capital Conto Johann Borgers ab 1902 [bis 1924], 8, in: Borgers-Archiv, ABD Gb-4.

300 Vgl. Borgers-Bilanzen 1914–1918, in: Borgers-Archiv, Gb.

301 Westerhoff, *Bocholter Sozialgeschichte,* 278ff.

Anmerkungen zu: Vom Sturmgewehr zum Auto

1 So zitiert Westerhoff einen Brief, in dem Borgers den früheren Betriebsleiter August Dieckhues dringend um seine Wiedereinstellung bittet. Vgl. Eduard Westerhoff, *Mehr als Watte. Chronik der Johann Borgers GmbH & Co. KG,* Bocholt 2005, 36.

2 Dies erfolgte über die kommenden zwei Jahre, in denen die Kriegsanleihe 1920 auf 325.380 Mark und schließlich 1921 auf 125.380 Mark abgeschrieben war, bevor sie aus den Büchern der Borgers OHG verschwand. Vgl. Bilanzbücher der Borgers OHG, in: Borgers-Archiv.

3 Für 1919 weist die Bilanz jedoch auch deutliche Privatentnahmen der Familie aus: Fritz erhielt 99.556 Mark, Wilhelm 129.432 Mark und Franz sogar 170.508 Mark. Es finden sich keinerlei Hinweise, wie diese Entnahmen motiviert waren oder welchem Zweck sie dienten. Vgl. Bilanz Borgers 1919, in: Borgers-Archiv.

4 Vgl. Gerald D. Feldman, *The Great Disorder. Politics, Economics, and Society in the German Inflation, 1914–1924,* New York 1997; Carl-Ludwig Holtfrerich, *Die deutsche Inflation 1914–1923. Ursachen und Folgen in internationaler Perspektive,* Berlin 1980.

5 Nach der Währungsreform vom November 1923 wurden die Goldmarkmünzen des Kaiserreichs mit dem Gesetz vom 30.8.1924 ausdrücklich wieder als gesetzliches Zahlungsmittel im Rahmen der neuen Rentenmark bzw. Reichsmark zugelassen. Sie blieben formal gesetzliche Zahlungsmittel bis 1938, als die NS-Regierung sie außer Kurs setzte und explizit vorschrieb, sie der Reichsbank zum Ankauf anzubieten, um an dringend benötigte Edelmetallressourcen zu kommen – ohne viel Erfolg: Seit langem schon waren Gold- und Silbermünzen endgültig aus dem Geldumlauf verschwunden und wurden als privates Wertdepot genutzt.

6 Die Goldmark hatte dabei einen Gegenwert von 0,24 US-Dollar. Dieser hatte vor dem Krieg einen Wert von ca. 4,20 Mark. Damit entsprach die Goldmark exakt der Vorkriegsmark.

7 Reichskanzler Gustav Stresemann führte am 20.11.1923 die Rentenmark ein, um die grassierende Hyperinflation zu beenden. Eine Billion Papiermark entsprach einer Rentenmark. Die Rentenmark war durch die sog. Rentenbankgrundschuld gedeckt. Diese wurde als Abgabe auf den Grundbesitz aller industriellen und agrarischen Betriebe erhoben. Mit der Einführung der Rentenmark war die Inflation gestoppt. Vgl. Manfred Pohl/Andrea H. Schneider, *Die Rentenbank. Von der Rentenmark zur Förderung der Landwirtschaft,* München 1999; Andrea H. Schneider, *Von der Rentenmark zum Weltmarkt,* in: An der Seite der Bauern. Die Geschichte der Rentenbank, München 2014, 95–171.

8 *Chronik der Firma Johann Borgers KG, Watte- und Reißbaumwollfabrik Bocholt, 1866–1966,* 66.

9 Dieses Verhältnis sollte sich zwar in den 1920er Jahren etwas bessern, verschlechterte sich aber bereits in den 1930er Jahren wieder. Vgl. Heidrun Edelmann, *Der Umgang mit dem Rückstand. Deutschlands Automobilindustrie in der Zwischenkriegszeit,* in: Rudolf Boch (Hg.), Geschichte und Zukunft der deutschen Automobilindustrie, Stuttgart 2001, 41–108.

10 Vgl. ebd.

11 Vgl. ebd.

12 Vgl. ebd.

13 Jörg Feldkamp, *75 Jahre Auto Union,* o. O. 2007, 12–16.

14 Gerald Lingau/Max Krak, *100 Jahre Daimler Benz. Das Unternehmen*, Frankfurt a.M. 1986, 103–132.

15 Ebd.

16 Reiner Flik, *Automobilindustrie und Motorisierung in Deutschland bis 1939,* in: Rudolf Boch, Geschichte und Zukunft der deutschen Automobilindustrie, Stuttgart 2001

17 Ebd.; Edelmann, *Der Umgang mit dem Rückstand.*

18 Vgl. ebd.

19 Vgl. Unterlagen im Borgers-Archiv. Die genauen Motivlagen sind nicht ersichtlich. Die Hypotheken datieren aus den frühen 1930er Jahren und stammen aus dem Privatvermögen von Fritz Borgers.

20 Flik, *Automobilindustrie.*

Anmerkungen zu: Auf Expansionskurs

1 Hinweis auf diese USA-Reise bei Westerhoff, *Mehr als Watte,* 40.

2 Im Bauantrag für die Erweiterung des Werks I finden sich entsprechende Hinweise: „Um nun jedoch so rationell arbeiten zu können, wie es in der heutigen Zeit unbedingt nötig ist ...“ Vgl. Bauantrag Firma Johann Borgers, Vergrößerung der Reißerei und des Lagers vom 8.4.1929, in: Borgers-Archiv.

3 Der Barmener Bankverein fusionierte nach der Weltwirtschaftskrise mit der Commerzbank.

4 Bericht Betriebsprüfung (bis 31.10.1936), in: Landesarchiv Nordrhein-Westfalen (künftig LA NRW), Finanzamt Borken, L208, 12.

5 Vgl. Bilanz 1934, Blatt 3, in: Borgers-Archiv.

6 Hierzu finden sich auch immer wieder Hinweise in den Bilanzen „Vergütung für Beratung“, W. Kühler. Vgl. Berichte zu Bilanzprüfungen 1940 bis 1941, 21. Aber auch 1942 bis 1945 wurden Beratungshonorare an Herrn Kühler gezahlt.

7 Vgl. Entnazifierungsakte Werner Borgers.

8 Pressebericht, Auszug Handelsregister, Nr. 4099, in: Bundesarchiv Berlin [künftig BArch], R8127/11692.

9 Vermutlich waren dies die Vertreter der Bank.

10 Einer Zeitungsmeldung war zu entnehmen, dass die Gründer sämtliche Aktien hielten. Vgl. Kopien 1594.

11 Vgl. Klaus-Dietmar Henke/Johannes Bähr/Dieter Ziegler/Harald Wixforth, *Die Dresdner Bank im Dritten Reich,* München 2006.

12 Pressebericht, in: BArch, R8127/11692.

13 Vgl. Frankfurter Zeitung, in: BArch, R8127/11692.

14 Vgl. Pressebericht, in: BArch, R8127/11692 sowie Bilanz Borgers 31.12.1928, in: Borgers-Archiv.

15 Warum Franz kein Aktienkapital hielt, lässt sich anhand der überlieferten Akten nicht klären.

16 Wenige Jahre später – Mitte der 1930er Jahre – hatte der Aufsichtsratschef Kühler allerdings 250.000 Reichsmark des Aktienkapitals übernommen. Auszug des Kontobuches der Commerz- und Privatbank vom 2.1.1936, in: Borgers-Archiv.

17 Vgl. Rapport i/z „Drei Stämme Borgers“ en hun bezit in Nederland, in: Borgers-Archiv, ABF Gfg. 6, Tehan/La Ouate.

18 Ob es sich bei dem Aktionär Fritz um Fritz Borgers der ersten oder der zweiten Generation handelt, lässt sich aus den uns vorliegenden Unterlagen nicht erkennen. Jedoch wäre der Fritz der dritten Generation zu diesem Zeitpunkt gerade einmal 15 Jahre alt gewesen.

19 Vgl. Anlage zum notariellen Protokoll, Verzeichnis der Aktionäre, 5. April 1930, in: Borgers-Archiv.

20 Vgl. Schreiben Franz Borgers an Vermittler (Entwurf) um 1930, in: Borgers-Archiv, ABD Gfg., 2.

21 Dort war er zumindest bis 1943 tätig. Vgl. Personalbogen, Oskar Peter Walther Kühler, geb. 28.6.1892, in: Commerzbank-Archiv.

22 Eintrag ins Handelsregister, in: BArch, R8127/11692.

23 Vgl. Edelmann, *Der Umgang mit dem Rückstand,* III.

24 Vgl. ebd., IV.

25 Ambi-Budd war ein 1926 gegründetes Joint-Venture der US-amerikanischen Edward G. Budd Manufacturing Company und der Arthur Müller Bauten und Industriewerke in Berlin zur Herstellung von Fahrzeugkarosserien. Sie hatten 1926 das erste Ganzstahlkarosseriewerk in Deutschland errichtet. Allerdings gelang es nicht unmittelbar, die deutschen Automobilhersteller hierfür zu begeistern. Diese fertigten weiterhin in Holz-Stahl-Bauweise. Vgl. Edelmann, *Der Umgang mit dem Rückstand.*

26 Vgl. Westerhoff, *Mehr als Watte,* 44.

27 Vgl. Manfred Grunert/Florian Triebel, *Das Unternehmen BMW seit 1916,* Baden-Baden 2006, 310.

28 Überführt wurden sieben Krempel und vier Pelztrommeln sowie Schleifböcke und Langpelzapparate. Vgl. Akte Abschätzung, Firma Johann Borgers AG, Watte und Kunstbaumwollfabrik, 1936, in: Borgers-Archiv.

29 Vgl. Bilanz Borgers AG 1933, in: Borgers-Archiv, ABB-Gfg-20.

30 Vgl. Westerhoff, *Mehr als Watte,* 46 und Chronik. Kunden waren zu dieser Zeit z. B. in Berlin Wilhelm Brandt, Georg Albrecht, Lämmrich&Friedrich, Spluwacz & Bartfeld, H. Wittenberg und in Hamburg Steppdecken-Salwitz und Bruno Ott in Plauen. Vgl. Bilanz Borgers AG 1933, in: Borgers-Archiv, ABB-Gfg-20.

31 Vgl. Westerhoff, *Mehr als Watte,* 57f.

32 Fritz trat infolgedessen dann im März 1939 in das NS Kraftfahrkorps ein, um einer NS-Gliederung anzugehören.

33 Bericht Betriebsprüfung Dr. Jörn bis 31.10.1936, in: LA NRW, Finanzamt Borken, L208.

34 Am 31. Dezember 1935 lagen auf dem Konsortialdepot Franz, Wilhelm und Fritz Borgers bei der Commerz- und Privatbank, Filiale Düsseldorf Aktien der Johann Borgers AG in Höhe von 250.000 Reichsmark . Möglicherweise die Aktien, die man von Kühler zurückgekauft hatte. Vgl. Aufstellung der Commerz- und Privatbank vom 2.1.1936, in: Borgers-Archiv.

35 Dies war bereits 1935 durch die vorübergehende Übernahme des kompletten Aktienpakets durch Werner Borgers gelungen.

36 Bekanntmachung, in: Borgers-Archiv, Johann Borgers GmbH Co. KG, 8207274.

37 27.750 Reichsmark der Lippischen Landes-Spar- und Leihkasse in Detmold und 29.000 Reichsmark für den Fabrikbesitzer August Heyne in Münster. Vgl. Bericht Betriebsprüfung (bis 31.10.1936), in: LA NRW, Finanzamt Borken, L208, 39f.

38 Das Eigenkapital der AG betrug zum 31. Oktober 1936: Aktienkapital in Höhe von 1,1 Mio. Reichsmark, den gesetzlichen Reservefonds in Höhe von 110.000 Reichsmark, Andere Reservefonds in Höhe von 370.000 Reichsmark, Steuerliche Pensionsreserve von 20.000 Reichsmark sowie steuerliche Ausgleichsposten in Höhe von 535.939,91 Reichsmark. Die KG eröffnete zum 1. November dann mit einem Kapitalkonto von 2,1 Mio. Reichsmark, der steuerlichen Pensionsreserve von 20.000 Reichsmark sowie dem steuerlichen Ausgleichskonto von 41.143,66 Reichsmark. Der Umwandlungsgewinn betrug damit 27.494 Reichsmark. Bericht Betriebsprüfung (bis 31.10.1936), in: LA NRW, Finanzamt Borken, L208, 84.

39 Bericht Betriebsprüfung (bis 31.10.1936), in: LA NRW, Finanzamt Borken, L208, 43.

40 Vgl. Sonderbericht zur Betriebsprüfung (bis 31.10.1936), in: LA NRW, Finanzamt Borken, L208, 2.

41 Bereits 1925 lässt sich die Einräumung eines Kontokorrentkredits zur Bezahlung von Rohwaren der Borgers OHG bei der Rotterdamschen Bankvereeniging N.V., Leiden nachweisen. Wie üblich, bedurfte es Sicherheiten, die in diesem Fall die N.V. Beuth & Zonen, Leiden stellte; vermutlich ein Handelspartner der Borgers OHG. Mit einem Limit von 35.648,70 Gulden (das bis 1937 auf 44.669,30 anwuchs). Kredit-Erläuterung der Johann-Borgers K.-G. vom 23.2.1937, in: BArch, R2501/9452.

42 Die Familie Borgers begab zusätzlich eine Anleihe in Höhe von 100.000 Gulden an die Tehan, um sie mit hinreichend finanziellen Mitteln zum Aufbau der französischen Firma auszustatten. Vgl. Schreiben Reichsbankstelle Bocholt i. Westf. an Abteilung der Reichsbank für Auslandsschulden vom 3.5.1938, in: BArch, R2501/9452.

43 Der Vertrag lief bis 31. Dezember 1940. Vgl. Vertrag, in: Borgers-Archiv, Balansen etc. N.V. Tehan, La Ouate Industrielle, Civile Immobilière, 1931 bis 1936.

44 Auszug aus dem Devisenprüfungsbericht vom 2.1.1940, in: BArch, R2501/9452.

45 Notarielle Urkunde vom 8.6.1932, in: Borgers-Archiv, ABF Gfg. 2, Societe Civile Immobilière.

46 Stoffers verstarb bereits 1932. Die Abtretungssurkunden der „Strohmänner" Stoffers, Zaalberg, Driessen und De Gooyer lagen in Frankreich bei Gericht. Die Abtretungsurkunden wurden darüber hinaus blanko in Frankreich ausgestellt und in Holland dann ausgefüllt, so dass Eigentümer die Tehan und eine zweite willkürliche Gesellschaft (weil dies gesetzlich vorgeschrieben war) wurden. Die Blanko-Urkunde wurde bei der Tehan im Safe verwahrt, da sie durch die Möglichkeit, jederzeit jemanden einzutragen, sehr wertvoll war.

47 Der Kauf wurde mittels zweier Strohmänner durchgeführt: Paulus Adrianus de Gooyer aus Leiden und Jonathan Zaalberg aus Wassenaar.

48 Ste. Trust et Handelsmaatschappij „tehan" à Leiden (Pays-Bas), in: Borgers-Archiv, Akte Balansen Tehan, La Ouate, Soc. Civile, 1937–1940.

49 Vgl. Schreiben Tehan an Friedland vom 13.10.1936, in: Borgers-Archiv, ABF Gfg. 8, Tehan 1932–1939. Sein Vertrag wurde 1936 um weitere fünf Jahre verlängert und auch nach dem Zweiten Weltkrieg fortgeführt.

50 Schreiben an Fritz Borgers vom 16. Juni 1937, in: Borgers-Archiv, Balansen etc. N.V. Tehan, La Ouate Industrielle, Civile Immobilière, 1931 bis 1936.

51 Schreiben Borgers AG an Gérard Friedland vom 11. September 1936, in: Borgers-Archiv, Balansen etc. N.V. Tehan, La Ouate Industrielle, Civile Immobilière, 1931 bis 1936.

52 Schreiben Johann Borgers KG an Tehan vom 30. Juni 1937, in: Borgers-Archiv, Balansen etc. N.V. Tehan, La Ouate Industrielle, Civile Immobiliere, 1931 bis 1936.

53 Das Bußgeld sollte 68.000 Franc betragen. Vgl. Schriftwechsel Borgers, Tehan, La Ouate aus dem Jahr 1937, in: Borgers-Archiv, ABF Gfg 37, Persan Umänderung.

54 Vgl. Vertrag Tehan mit Driessen vom 6.11.1937, in: Borgers-Archiv, ABF Gfg. 11, Cessie Akten Persan, 1946–1971; Handschriftliche Notiz, in: Borgers-Archiv, ABF Gfg. 10, LOI Tehan 1944–50; vgl. Schreiben Tehan an Gérard Friedland vom 7.7.1937, in: Borgers-Archiv, ABF Gfg 37, Persan Umänderung; vgl. Schreiben La Ouate Industrielle an N.V. Tehan, 9.7.1937, in: Borgers-Archiv, ABF Gfg 37, Persan Umänderung. Vgl. Zessionsakten, in: Borgers-Archiv, ABF Gfg 37, Persan Umänderung.

55 Schreiben Borgers an Monsieur Gèrard Friedland vom 27. September 1937, in: Borgers-Archiv, Balansen etc. N.V. Tehan, La Ouate Industrielle, Civile Immobilière, 1931 bis 1936.

56 Allerdings waren diese Übertragungen allesamt nur treuhänderisch, gewährleistet durch die gleichzeitige Ausstellung von Blankoübertragungs-

papieren, welche die Rückführung jederzeit auf den Inhaber dieser Blankopapiere garantierten. Diese Papiere lagen im Tresor der Tehan verwahrt.

57 Vgl. Schreiben Reichsbankstelle Bocholt an Abteilung für Reichsbank für Auslandsschulden vom 1.2.1937, in: BArch, R2501/9452.

58 Im September 1934 waren von Borgers für in Holland gekaufte, aber noch nicht gelieferte Lumpen größere Beträge – mit Genehmigung der Devisenstelle – auf ein Zwischenkonto eingezahlt worden. Allerdings versäumten es die Bocholter Wattefabrikanten, die Devisenstelle darüber in Kenntnis zu setzen, so dass es nun zu einem Devisenverfahren kam. Bericht über die in der Zeit vom 14. bis 17. Juli 1936 bei der Firma Johann Borgers, Akt.Ges. Bocholt i.W. vorgenommene Devisenprüfung, 5, in: BArch, R2501/9452.

59 Schreiben Oberfinanzpräsident Westfalen an Abteilung der Reichsbank vom 7.5.1940, in: BArch, R2501/9452.

60 Aktenvermerk zu Afa 308511 vom 2.8.1939, in: BArch, R2501/9452.

61 Dies wurde künftig durch eine Zwischengesellschaft – N.V. Internationale Handel-Mij. „Imenexco" – vermieden, in der ab 1937 die Gelder zwischengeparkt wurden. Schreiben Borgers an Monsieur Gèrard Friedland vom 27. September 1937, in: Borgers-Archiv, Balansen etc. N.V. Tehan, La Ouate Industrielle, Civile Immobilière, 1931 bis 1936; so hatte in diesem Jahr die La Ouate eine Forderung in Höhe von 1,26 Mio. Franc gegenüber der Imenexco. Der Vertrag zwischen Tehan und Imenexco datiert vom 19. November 1937, in: Borgers-Archiv, ABF Gfg. 11, Cessie Akten Persan, 1946–1971.

62 Schreiben Borgers an Tehan vom 19.7.1940, in: Borgers-Archiv, Balansen Tehen, La Ouate, Soc Civile, 1937 bis 1940.

63 Vgl. Schreiben Borgers KG an RA Keil vom 19.7.1940, in: Borgers-Archiv, Balansen Tehen, La Ouate, Soc Civile, 1937 bis 1940.

64 Schreiben Tehan an Borgers vom 14.11.1940, in: Borgers-Archiv, ABF Gfg. 9, Tehan 1940.

65 Vgl. Schreiben Johann Borgers KG an Holst-Weber vom 15.7.1950, in: Borgers-Archiv, ABF Gfg. 6, Tehan/LaOuate. Anleihe Nederland 1938 im Wert von 80.000, Anleihe Nederland 1937 im Wert von 25.000 sowie Aktien der Ned. Farb. V. Verd.Levensm. vgl. Kontoauszug Rotterdamsche Bankvereeniging, vom 2.1.1945, in: Borgers-Archiv Gfg. 6, Tehan/LaOuate.

66 „Ich werde die Beträge laut Ihren Instruktionen und den Verhandlungen mit Ihrem Herrn Hermann Borgers verwalten und werde über die Einzelheiten Herrn Hermann Borgers Bericht erstatten, wenn er nächstes Mal nach hier kommt". Schreiben Holst-Weber an Firma Johann Borgers KG vom 12.1.1944, in: Borgers-Archiv Gfg. 6, Tehan/LaOuate. Der Kontoauszug bestätigte den Eingang von 113.036,93 f.

67 Schreiben Johann Borgers KG an Holst-Weber vom 11.12.1943, in: Borgers-Archiv Gfg. 6, Tehan/LaOuate.

68 Weitere 30 Aktien an De Goyer. Vgl. Schreiben Hermann Borgers an Holst-Weber und De Goyer vom 31.7.1944, in: Borgers-Archiv, ABF Gfg. 19.

69 Dann wollte er dieses Amt niederlegen und schlug Hermann Borgers als Nachfolger vor in seiner Funktion als Geschäftsführer der Tehan, auf die auch die Treuhandanteile von Driessen an der La Ouate übertragen worden waren. Borgers sollte ferner 75.000 junge Aktien der Tehan übernehmen sowie 200.000 Aktien, die Holst-Weber hielt. Aktien im Wert von 50.000 holländischen Gulden behielt Holst-Weber und verpflichtete sich, diese bis zu seinem Tod in einem Safe zu verwahren, so dass sie dann an Borgers gehen könnten. Aktennotiz Besprechung Borgers/Tehan vom 26.3.1959, in: Borgers-Archiv, ABF Gfg. 11, Cessie Akten Persan, 1946–1971.

70 Vgl. Bericht über die in der Zeit vom 14. bis 17. Juli 1936 bei der Firma Johann Borgers, Akt.Ges. Bocholt i.W. vorgenommene Devisenprüfung, in: BArch, R2501/9452.

71 Schreiben Syndikus an das Beschaffungsamt (Bekleidung und Ausrüstung) für Heer und Marine vom 17. Februar 1936, in: IHK Nordwestfalen-Münster, Johann Borgers GmbH Co. KG, 8207274.

72 Bericht Betriebsprüfung (bis 31.10.1936), in: LA NRW, Finanzamt Borken, L208, 12.

73 C. Der Öffentliche Auftrag, Bocholt 1936, in: IHK Nordwestfalen-Münster, Johann Borgers GmbH Co. KG, 8207274.

74 Bericht Betriebsprüfung (bis 31.10.1936), in: LA NRW, Finanzamt Borken, L208, 10.

75 Ebd., 11.

76 Vgl. Fragebogen der Militärregierung, in: LA NRW, AR, NW 1062, Nr. 226.

77 Fragebogen Militärregierung, in: Landesarchiv Nordrhein-Westfalen, Abteilung Rheinland [künftig LA NRW, AR], NW 1041, Nr. 183.

78 Franz B. an Werner Borgers, 2.6.1934, 2, in: Borgers-Archiv.

79 Vgl. Bilanz zum 31.12.1939, 6, in: Borgers-Archiv.

80 Liste Industriewattehersteller, in: BArch, R13 XIV/154.

81 Dies war eine überschaubare Zahl von 53 Betrieben. Zugelassene Betriebe, in: BArch, R13 XIV/155.

82 Vgl. Interview Dr. Hans Oppel und Dr. Arnold Lassotta mit Fritz Borgers vom 7.11.1996, in: Borgers-Archiv.

83 Vgl. Schreiben IHK (Dr. Baldewein) an Oberfinanzpräsidenten, Devisenstelle, vom 7.6.1938, in: IHK Nord-Westfalen, Münster, Geiger, Borgers GmbH & Co. KG, Id-Nr. 22391250.

84 Übersicht Herstellung von Industriewatte 1936, in: BArch, R8I/166. Bei den Reißereien lag Bocholt mit nur fünf Prozent deutlich unter dem Anteil an der Industriewatte.

85 Vgl. Fragebogen der Niederrheinischen IHK Duisburg-Wesel vom 8.2.1936, in: IHK Nord-Westfalen, Münster, Johann Borgers GmbH & Co. KG, 8207274.

86 Vgl. Interview Dr. Hans Oppel und Dr. Arnold Lassotta mit Fritz Borgers jun. vom 7.11.1996, in: Borgers-Archiv.

87 Tabelle Lumpenverarbeitung, in: BArch, R8I/215.

88 Akte Gebäudeabschätzung, Firma Johann Borgers KG, Bocholt, 6.6.1941, in: Borgers-Archiv.

89 Volker Beckmann, *Die jüdische Bevölkerung der Landkreise Lübbecke und Halle i.W. (1815–1945),* (Diss.) überarb. 2015.

90 Bericht Betriebsprüfung (bis 31.10.1936), in: LA NRW, Finanzamt Borken, L208, 11.

91 Vgl. Internchronik, 42, in: Borgers-Archiv.

92 Vgl. Westerhoff, *Mehr als Watte.*

93 Vgl. Erklärung aufgrund Order Nr. 10 vom 20.4.1948, in: LA NRW, Abt. Ostwestfalen-Lippe, D 27, Nr. 936.

94 Vgl. Graphik 18, S. 130.

95 Vgl. Erklärung vom 20.4.1948, in: LA NRW, Abt. Ostwestfalen-Lippe, D 27, Nr. 936.

96 Vgl. Sicherheitsbescheid vom 8.12.1938, in: LA NRW, Abt. Ostwestfalen-Lippe, D 26, Nr. 40.

97 Vgl. Erklärung Robert Stern aufgrund einer Vorladung am 20.12.1938, in: LA NRW, Abt. Ostwestfalen-Lippe, D 26, Nr. 40.

98 Antrag, in: LA NRW, Abt. Ostwestfalen-Lippe, D20A, Nr. 6056.

99 Vgl. Schreiben Wiedergutmachungsamt an RA Austermann vom 15.3.1950, in: LA NRW, Abt. Ostwestfalen-Lippe, D20A, Nr. 6056.

100 Vgl. Schreiben Borgers-Vertriebs GmbH an Kreisbeauftragten für gesperrte Vermögen, Wiedenbrück, vom 21.6.1950, in: LA NRW, Abt. Ostwestfalen-Lippe, D 27, Nr. 936.

101 Vgl. Beschluss und Vergleich vom 3.6.1950, Wiedergutmachungsamt beim Landgericht Bielefeld, in: LA NRW, Abt. Ostwestfalen-Lippe, D20A, Nr. 6056.

102 Vgl. Vorgang, in: LA NRW, Abt. Ostwestfalen-Lippe, D 27, Nr. 936.

103 Vgl. Schreiben Borgers-Vertriebs GmbH an Kreisbeauftragten für gesperrte Vermögen, Wiedenbrück, vom 21.6.1950, in: LA NRW, Abt. Ostwestfalen-Lippe, D 27, Nr. 936.

104 Der Sachbearbeiter von Borgers informierte die IHK, dass man sich „ernsthaft bemüht, das Ausfuhrgeschäft noch weiter auszubauen" und verwies dazu, dass einer der früheren jüdischen Besitzer als Vertreter dazu in England mit Genehmigung der zuständigen Stellen tätig war. Schreiben Hauptgeschäftsführer der IHK Duisburg-Ruhrort an Reichswirtschaftsminister vom 20.6.1939 betreff ZAV Auszahlung von V.A.-Beträgen an die Firma Geiger, Borgers & Co. KG, Bocholt, in: Archiv IHK Nord-Westfalen, Münster, Geiger, Borgers GmbH & Co. KG Id-Nr. 22391250.

105 Es gab Überlegungen, den Kaufpreis nachträglich zu mindern, weil es wohl noch offene Verlustausgleichforderungen der Käufer gab, während sie gleichzeitig 1939 noch nicht die gesamte Kaufsumme gezahlt hatten. Schreiben Hauptgeschäftsführer der IHK Duisburg-Ruhrort an Reichswirtschaftsminister vom 20.6.1939 betreff ZAV Auszahlung von V.A.-Beträgen an die Firma Geiger, Borgers & Co. KG, Bocholt, in: Archiv IHK Nord-Westfalen, Münster, Geiger, Borgers GmbH & Co. KG Id-Nr. 22391250, 3.

106 Schreiben Hauptgeschäftsführer der IHK Duisburg-Ruhrort an Reichswirtschaftsminister vom 20.6.1939 betreff ZAV Auszahlung von V.A.-Beträgen an die Firma Geiger, Borgers & Co. KG, Bocholt, in: Archiv IHK Nord-Westfalen, Münster, Geiger, Borgers GmbH & Co. KG Id-Nr. 22391250.

107 Ebd., 2.

108 Er war von 1934 bis 1937 als ehrenamtlicher Kreiswirtschaftsberater tätig.

109 Vgl. LA NRW Abt. Rheinland, NW 1041 Nr. 440.

110 Schreiben Hauptgeschäftsführer der IHK Duisburg-Ruhrort an Reichswirtschaftsminister vom 20.6.1939 betreff ZAV Auszahlung von V.A.-Beträgen an die Firma Geiger, Borgers & Co. KG, Bocholt, in: Archiv IHK Nord-Westfalen, Münster, Geiger, Borgers GmbH & Co. KG Id-Nr. 22391250, 2.

111 Die Brüder Friede hatten einen Transfer von 300.000 Reichsmark beantragt. Über ein befreundetes Exportgeschäft sollte das Geld nach London gelangen, sodass die jüdische Familie dann auswandern konnte. Schreiben Zollfahndungsstelle an Oberfinanzpräidenten Westfalen, Devisenselle vom 13.9.1938, in: LA NRW, L001a, Nr. 2185.

112 Vgl. Interview Dr. Hans Oppel und Dr. Arnold Lassotta mit Fritz Borgers jun. vom 7.11.1996, in: Borgers-Archiv.

113 Schreiben Finanzamt an Wiedergutmachungsamt vom 19.5.1950, in: LA NRW, L325, Nr. 11.

I Vgl. Interview Dr. Hans Oppel und Arnold Lassotta mit Fritz Borgers jun. vom 7.11.1996, in: Borgers-Archiv.

II Zum Folgenden: Josef Niebur, Buch der *Erinnerung. Juden in Bocholt 1937-1945,* Bocholt 2013, 94–102, vor allem 94f., 102.

III Interview-Transkript Fritz Borgers (jun.), 7.11.1996, 29. Bestätigt durch Elisabeth Sarrazin (Tochter von Fritz B. sen.) am 26.3.2009 an Vf. Elisabeths Tochter Gesine hat dies von ihrer Mutter gehört: „Auch von der Familie Friede im Dachstock erzählte sie mir. Aber alles musste da recht heimlich gehen, und die Kinder zog man da nicht mit hinein. Ich weiß auch nicht, wie lange sie da beherbergt wurden. Ich glaube es waren nur einige Tage. Nur bis sie weg konnten" (zit. nach H. Sarrazin an Franz Borgers, 4.2.2015). Im Behnen-Interview mit Thomas Mayer 14.2.2015, 6 bestätigt dies Hermanns Tochter Gabriele Behnen: „Mein Vater hat das auch erzählt, dass Onkel Fritz dafür gesorgt hat, dass die Friedes aus Bocholt rauskamen. Das hat er erzählt. Ja, das weiß ich. Ja, und dann ist ja mein Vater von Halle aus 1949 nach Amerika geflogen zu Friedes." #00:18:26-0#. Friede-Notaufnahme bestätigt von Charlotte Osterhoff (geb. Staedeler), der Nichte der zweiten Frau von Fritz Borgers sen.), an Hermann Sarrazin, 22.1.2015.

IV Saul Friedländer, *Das Dritte Reich und die Juden:* Bd. 1: Die Jahre der Verfolgung 1933–1939, München [3]2007, 298.

114 Zum Folgenden: Ursula Bamberger, geb. Friede am 13.5.1988 an B. Demming, und Richard Friedes Einwohnermeldekarte, zit. nach Niebur, *Buch der Erinnerung,* 102.

115 Richard Friede baute in London eine Vertriebsfirma für die Produkte von Geiger auf, die Waren aus Deutschland bezog. Tatsächlich wurde ihm dadurch ein Handel mit deutschen Waren ermöglicht, der offiziell genehmigt war, weil er Devisen brachte. Er selbst schrieb in einem Brief an Georg Geiger: „Die Gründung der Friede Ltd. wird erheblich dazu beitragen die Schwierigkeiten zu überbrücken [...]".

116 Ebd. Urkundenrolle 51 des Jahrgangs 1939, in Borgers-Archiv.

117 Franziska Borgers und Max Friede kamen zu einem Vergleich über das Haus am Südwall 7. Da das Haus jedoch zerbombt worden war, fiel der Betrag vermutlich gering aus. Property Control, Ser.No. 45/12/5854, in: LA NRW, L325, Nr. 11.

118 1931 waren bei Seyd & Nierwetberg vor der Übernahme durch Borgers 13 Arbeiter und 20 Arbeiterinnen beschäftigt, die aber von Borgers gehalten wurden.

119 Vgl. Ulrich Herbert, *Fremdarbeiter. Politik und Praxis des „Ausländer-Einsatzes" in der Kriegswirtschaft des Dritten Reiches,* Berlin 1985; Mark Spoerer, *Zwangsarbeit unter dem Hakenkreuz,* Stuttgart 2001.

120 Vgl. Umschlag zum Baugesuch, Fa. Johann Borgers KG, Unterbringung v. ukrainischen Arbeiterinnen, 11.7.1942: in Borgers-Archiv.

121 Das Lager in Bocholt war für 3.268,97 RM, das in Halle für 3.383,96 RM errichtet worden. Vgl. Bericht über die Prüfung der Bilanzen zum 31. Dezember 1942 bis 1945, in: Borgers-Archiv.

122 Westerhoff, *Mehr als Watte,* 63.

123 Vgl. Internchronik, 39, in: Borgers-Archiv.

124 Vgl. Interview Dr. Hans Oppel und Dr. Arnold Lassotta mit Fritz Borgers vom 7.11.1996, in: Borgers-Archiv.

125 Leider gibt es aufgrund des Brandes am 22.3.1945 keinerlei interne Unterlagen und auch in den staatlichen Archiven finden sich keine Hinweise auf Namenslisten der Zwangsarbeiter.

126 Chronik der Firma Johann Borgers KG, Watte- und Reißbaumwollfabrik Bocholt 1866-1966, Franz Fritsch, in: Borgers-Archiv, 36.

127 Nachweisen lassen sich zum Beispiel Listen an E.G. Rudolf, Eibau, Joh. Becker, Raesfeld/Westfalen., Mechanische Weberei Landshut, Schlesische Feinwebeberei AG, Neustadt /O.S., vgl. Aktennotiz vom 15.10.1942, in: BArch, R13 XIV/181. Borgers kann und wird in den Akten niemals direkt genannt, da Borgers Zulieferbetrieb war und damit vermutlich gegen Bezugsscheine an die mit den Heeresaufträgen versehenen Betriebe lieferte. Das Heeresbeschaffungsamt bestellte also die benötigten Wattemengen nicht direkt bei Borgers.

128 Vgl. Direktversorgung der Truppe ab Fabrik, Beauftragter des Vierjahresplans, vom 10.2.1945. Das waren mit 45 Kg. minimale Mengen. Hauptsächlich wurden Gewehrreinigungsdochte benötigt sowie auch Verbandmull.

129 Abgeschrieben wurden für Erfurt 4.010 Reichsmark, für Berlin 838 Reichsmark und für die Organisation Todt 4.474 Reichsmark.

130 In Bocholt wurden 247.752 Reichsmark abgeschrieben; davon fast 17.000 Reichsmark gegenüber holländischen Kunden. In Berlin wurden 119.538 Reichsmark abgeschrieben und in Halle 5.731 Reichsmark. Vgl. Bericht über die Prüfung der Bilanzen zum 31. Dezember 1942 bis 1945, in: Borgers-Archiv.

131 Vgl. Schreiben Unterausschuss Industriewatte an Borgers vom 6.6. 1944, Anlage 25, Intern-Chronik, in: Borgers-Archiv.

132 Handschriftliche Aufstellung, in: BArch, R8I/215.

133 Mittelbare Aufträge gab es von einzelnen Wehrmachtsstellen an weiterverarbeitende Betriebe. Arlt meldete alle Bedarfe an das Verwaltungsamt, Berlin Friedenau, Rheingaustraße 17. Dort wurden die mittelbaren Aufträge genehmigt. Schreiben Arlt an das Oberkommando des Heeres (Heeres-Rohstoffabteilung) mit Durchschlag an die Fachuntergruppe-Reißspinnstoff-Industrie, in: BArch, R8I/155.

134 Vgl. Bericht über die Prüfung der Bilanzen zum 31. Dezember 1942 bis 1945, in: Borgers-Archiv, 15.

135 Während man auch für viele besetzte Gebiete eine „nennenswerte Produktionserhöhung" ausschloss, erhoffte man sich einen Kapazitätsausbau nur noch in Italien. Notiz Großraumplanung vom 16.6.1944, in: BArch, R8I/155.

136 Dies brachte für andere Firmen der Branche (Tuchfabrik Hinrichssegen, Schüffer & Co.) Probleme mit sich, so dass sie bei den Reichsstellen intervenierten. Vgl. Aktennotiz für Reichsstelle für Textilwirtschaft vom 15.3.1943, in: BArch, R8I/215.

137 Schreiben Beauftragter für den Vierjahresplan, Reichskommissar für die Preisbildung, 19.1.1943, an Oberkommando der Wehrmacht, Reichsstelle für Textilwirtschaft, Fachgruppe Tuch- und Kleiderstoff-Industrie, Fachuntergruppe Streichgarnspinnerei, in: BArch, R81/215.

138 „Wie jedoch die Rücksprache mit dem Oberkommando der Wehrmacht Verwaltungsamt, ergeben hat, läuft der Wehrmachtsbedarf für Matratzenabdeckung anscheinend im großen Teil nicht über Mitglieder unserer Fachabtl. Matratzen, also nicht über Industriebetriebe, sondern über Handwerksbetriebe, während ein anderer erheblicher Teil in Werkstätten der Standorte erledigt wird. Bisher haben sich Reibungen daraus, dass etwa nicht genügend Polsterflocken nachgeliefert werden konnten, noch nicht ergeben, anscheinend weil genügend Vorrat darin vorhanden war, oder der Bedarf anderweit gedeckt wurde ohne dass dies zu unserer Kenntnis gelangte." Mit Einrichtung der neuen Beschaffungsstelle kündigte man an, dass dann alles nur noch über diese Fachgruppe laufen musste. Vgl. Schreiben an Reichsstelle für Textilwirtschaft, 3.4.1943, in: BArch, R8I/215.

139 Programm in Polsterwolle, Steppdeckenfüllungen und Industriewatte der Fachgruppe Reiß-Spinnstoffe und verwandte Industrien vom 29.3.1943, in: BArch, R8I/215.

140 Im vierten Quartal 1943 wurden bereits 365 Tonnen Industriewatten für Matratzen verwendet. Hierfür benötigte man 522 Tonnen Lumpen. Daher die dringende Bitte des Beschaffungsamtes, das Kontingent der Polsterwolle auf 2.100 Tonnen zu erhöhen.

141 Für die übrige Industriewatte sollten 1.240 bis 1.340 Tonnen Lumpen freigegeben werden. Schreiben Fachgruppe Reiß-Spinnstoffe und verwandte Industrien an Reichsstelle für Textilwirtschaft, Reichsstelle für Kleidung und verwandte Gebiete vom 1.3.1943, in: BArch, R8I/215.

142 Vgl. Bericht über die Prüfung der Bilanzen zum 31. Dezember 1942 bis 1945, in: Borgers-Archiv, 28.

143 Vgl. Bericht über besondere Prüfungsarbeiten, Düsseldorfer Treuhand-Gesellschaft Altenburg & Tewes AG, 25.10.1940, in: Borgers-Archiv.

144 Vgl. Bilanz zum 31.12.1939, in: Borgers-Archiv.

145 Den größten Posten nahmen die Oberschlesischen Hydrierwerke mit 50.000 RM ein, gefolgt von der Deutsche Waffen- und Munitions AG mit 40.000 RM, Elektrowerke Oberschlesien mit 38.000 RM, Hydrierwerke Pölitz (20.000 RM), Westdeutsche Bodenkredit Pfandbriefe (20.000 RM), Hoesch, Siemens-Halske, Rheinmetall, RWE, Ruhrchemie, Mannesmann, IG Farben-Aktien etc. sowie Reichsschatzanweisungen fanden sich im Portfolio der Borgers KG. Vgl. Bericht über die Prüfung der Bilanzen zum 31. Dezember 1942 bis 1945, in: Borgers-Archiv.

146 Verluste in Höhe von 35.000 Reichsmark und unsichere Forderungen gegen das Reich in Höhe von fast 40.000 Reichsmark; Primär Reichsschatzanweisungen sowie eine Anleihe der Alpen Elektrowerke über 15.000 Reichsmark und der Vorarlberger Illwerke über 1.000 Reichsmark. Vgl. Bericht über die Prüfung der Bilanzen zum 31. Dezember 1942 bis 1945, in: Borgers-Archiv.

147 Neben der Dalbker Zellstoff- und Papierfabrik des Josef Borgers (51.905,88 RM), an den Bocholter Bauverein (27.763 RM), W. Günsing (1.800 RM), H. Benning (1.081 RM), Wilhelm Beusker (114 RM), Wilhem Berendsen (372 RM) – diese Hypotheken bestanden schon mindestens seit 1939 – Magnus Wilms (619,71 RM), Bernhard Beyering (610,54), Hubert Unland (3.800 RM), August Dieckhues (8.936 RM), Wilhelm Dieckhues (674 RM), Alfons Ratering (100 RM) – auch die Darlehen liefen schon länger und waren unter anderem auch deutlich höher gewesen, z. B. August Dieckhues mit fast 15.000 Reichsmark 1939. Vgl. Prüfbericht der Bilanzen zum 31. Dezember 1940 und 1941, 12, in: Borgers-Archiv.

148 1940 wurde das Bankguthaben mit 257.000 RM, 1941 mit 202.000 RM, 1942 mit 309.000 RM, 1943 mit 403.000 RM, 1944 mit 228.000 RM und 1954 mit 407.000 RM ausgewiesen. Vgl. Prüfbericht der Bilanzen zum 31. Dezember 1940 und 1941, 12, in: Borgers-Archiv.

149 Vgl. Bilanz zum 31. Dezember 1938, in: Borgers-Archiv, 10.

150 Nicht nur im Unternehmen, sondern auch privat hatten die Borgers derartige Engagements noch ausgebaut (so hatte man noch einmal bei der Tehan Barmittel nachgeschossen 1943/44).

151 Und dabei auch fast alle Dokumente des Unternehmens vernichtet.

152 1928 war das Werk für 133.773,60 Reichsmark erworben worden. Aufgrund der zwischenzeitlichen Abschreibungen belief sich der Buchwert noch auf 88.000 Reichsmark, die auf das Kriegsschädenkonto eingetragen wurden. Vgl. Bericht über die Prüfung der Bilanzen zum 31. Dezember 1942 bis 1945, in: Borgers-Archiv.

153 Vgl. Bericht über die Prüfung der Bilanzen zum 31. Dezember 1942 bis 1945, in: Borgers-Archiv, 19.

Anmerkungen zu: Zerstörung und Wiederaufbau

[1] Zu den letzten Kriegsmonaten in Deutschland bzw. am Niederrhein: Richard J. Overy, *Der Bombenkrieg. Europa 1939 bis 1945,* Berlin 2014; Dietmar Süß, *Tod aus der Luft. Kriegsgesellschaft und Luftkrieg in Deutschland und England,* Berlin 2011; Ralf von Anselm, *Bomber über Bocholt. Eine Dokumentation,* Bocholt 1985, 68ff.; Gisela Schwarze, *Das Jahr 1945 im Westmünsterland,* in: Unser Bocholt 45 (1994), 3–15; O. V., *Zur Lage der Stadt Bocholt 1944/45. Anhang zur offiziellen Chronik der Stadt Bocholt 1939–1945,* in: Unser Bocholt 45/46 (1994/95), 161–172.

[2] Aus dem Tagebuch von Elisabeth Borgers (später Elisabeth Sarrazin), das sie mit 16 Jahren schrieb, 3f., in: Borgers-Archiv.

[3] Ebd., 4.

[4] Ebd.; zu den Luftangriffen am 22. März 1945 und seinen Folgen siehe auch mit zahlreichen Berichten von Augenzeugen: von Anselm, *Bomber über Bocholt,* 113ff.; daneben Elisabeth Bröker, *Der 22. März 1945 – Bocholts Schicksalstag. Bericht aus der Stadtchronik,* in: Unser Bocholt 6 (1955), 17–27; Ludger Tewes, *Der Luftangriff auf Bocholt vom 22. März 1945 nach Unterlagen des Britischen Staatsarchivs,* in: Unser Bocholt 41 (1990), 24–27.

[5] Schreiben Werner Borgers an die Feststellungsbehörde der Stadt Bocholt i. Westf., Bocholt i.W., 5. August 1947, in: Borgers-Archiv, Quellen- und Materialsammlung „40er–60er".

[6] Angaben nach Hans Liffers, *Bocholt und seine Industrie,* Frankfurt a.M., o. J. [1950], 31.

[7] Zum Wiederaufbau des Unternehmens seit dem Frühjahr 1945: Diverse Schreiben, in: Borgers-Archiv, ABD, Gfg-38; Wirtschaftsprüfungsgesellschaft Ludwig Tewes, Düsseldorf: Berichte über die Prüfung der Jahresabschlüsse 1946 bis 1949 in: Borgers-Archiv; Franz Frisch, *Chronik der Firma Johann Borgers KG Watte- und Reißbaumwollfabrik Bocholt 1866–1966,* unveröffentlichtes Manuskript von 1966 mit Korrigenda, 46ff., in: Borgers-Archiv, ABD-5, Gfg 5; Eduard Westerhoff, *Mehr als Watte. Chronik der Johann Borgers GmbH & Co. KG,* unbearbeitete Rohfassung, Bocholt 2005, 86ff., in: Borgers-Archiv; Borgers aktuell (1990), 3ff., in: Borgers-Archiv; als weiteres Bocholter Fallbeispiel siehe etwa Eduard Westerhoff, *Der Wiederaufbau der Firma Gebr. Westerhoff nach dem Zweiten Weltkrieg,* in: Unser Bocholt 55 (2004), 21–28.

[8] Der Verlauf der Konferenzen von Teheran, Jalta und Potsdam sowie die Entnazifizierung in den vier Besatzungszonen sind in kaum noch überschaubaren Studien aufgearbeitet worden. Den Forschungsstand fassen u. a. präzise zusammen Wolfgang Benz, *Potsdam 1945. Besatzungsherrschaft und Neuaufbau im Vier-Zonen-Deutschland,* München [4]2005; Clemens Vollnhals (Hg.), *Entnazifizierung. Politische Säuberung und Rehabilitierung in den vier Besatzungszonen 1945–1949,* München 1991; Irmtrud Wojak, *Entnazifizierung. Geschichte und Interessen,* München 2015.

[9] Schreiben von Fritz Borgers an Herrn Theophil Müller, Stuttgart, Bopserstraße 17 I, Bocholt, 6. Dezember 1945, in: Borgers-Archiv, Quellen- und Materialsammlung "40er–60er".

[10] Ebd.

[11] Denkschrift des Industriellen Günter Henle an Konrad Adenauer, 11. September 1945, in: Vollnhals (Hg.), *Entnazifizierung,* 138–142.

[12] Zum Siedlungswerk Sonnenschein e. V. vgl. Siedlungswerk Sonnenschein e. V. (Hg.), *Siedlungswerk Sonnenschein,* Bocholt 1949; Eduard Westerhoff, *Siedlungswerk Sonnenschein e. V.,* in: Unser Bocholt 59 (2008), 57–59.

[13] Westerhoff, *Mehr als Watte,* 107.

Anmerkungen zu: Borgers in den Jahren des „Wirtschaftswunders" …

1 Fritz Lindenberg, *Über die Entwicklung Bocholts von 1945 bis 1952. Unter Zugrundelegung der Verwaltungsberichte der Stadt Bocholt,* in: Unser Bocholt 3 (1952), 186f.

2 Karl Teppe, *Trümmergesellschaft im Wiederaufbau,* in: Aus Politik und Zeitgeschichte B 18–19 (1995), 22–33.

3 Michael Wildt, *Vom kleinen Wohlstand. Eine Konsumgeschichte der fünfziger Jahre,* Frankfurt a.M. 1996.

4 Zum wirtschaftlichen Aufschwung seit den frühen 1950er Jahren vgl. Werner Abelshauser, *Deutsche Wirtschaftsgeschichte seit 1945,* Bonn 2005, 200ff., 282ff.; Philipp Heldmann, *Das „Wirtschaftswunder" in Westdeutschland. Überlegungen zu Periodisierung und Ursachen,* in: Archiv für Sozialgeschichte 36 (1996), 323–344; Ludger Lindlar, *Das missverstandene Wirtschaftswunder. Westdeutschland und die westeuropäische Nachkriegsprosperität,* Tübingen 1997.

5 O. V., *Textilkrise. Weiße Halden,* in: Der Spiegel (5. November 1958), 25.

6 Stephan H. Lindner, *Textilindustrie zwischen „Wirtschaftswunder" und Erdölkrise,* in: Konrad H. Jarausch (Hg.), Das Ende der Zuversicht? Die siebziger Jahre als Geschichte, Göttingen 2008, 53.

7 Zahlen nach ebd.

8 Die Argumente von Hermann Borgers gibt sein Berater Carl Huffelmann von der Düsseldorfer Treuhand-Gesellschaft Altenburg & Tewes wieder. Siehe: Schreiben von Carl Huffelmann an Hermann Borgers, o. O., 1. März 1955, in: Borgers-Archiv.

9 Ebd.

10 Ebd.

11 Schreiben von Hermann Borgers an Carl Huffelmann, Düsseldorfer Treuhand-Gesellschaft Altenburg & Tewes AG, o. O., 4. März 1955, in: Borgers-Archiv.

12 Ebd.

13 Stephanie Tilly, „… *VW hat Wort gehalten". Moral und Vertrauen in Hersteller-Zulieferbeziehungen in der deutschen Automobilindustrie 1948–1979,* in: Veronique Töpel (Hg.), Mehrwert, Märkte und Moral: Interessenkollision, Handlungsmaximen und Handlungsoptionen in Unternehmen und Unternehmertum der modernen Welt, Leipzig 2012, 115–138, 1. Zu den Beziehungen zwischen Pkw-Herstellern und Zulieferern siehe auch dies., *Kooperation in der Krise? Beziehungspraktiken in der deutschen Automobilindustrie von den fünfziger bis zu den siebziger Jahren des 20. Jahrhunderts,* in: dies. Florian Triebel (Hrsg.), Automobilindustrie 1945–2000. Eine Schlüsselindustrie zwischen Boom und Krise, München 2013, 155–184.

14 Axel Schildt, *Die Sozialgeschichte der Bundesrepublik Deutschland,* München 2007, 44.

15 Zum Aufschwung der Automobilindustrie in der frühen Bundesrepublik und zu seinen gesellschaftlichen und kulturellen Folgen zusammenfassend: Nils Beckmann, *Käfer, Goggos, Heckflosse. Eine retrospektive Studie über die westdeutschen Automobilmärkte in den Jahren der beginnenden Massenmotorisierung,* Vaihingen/Enz 2006, 57ff.; Wolfgang Ruppert, *Das Auto. „Herrschaft über Raum und Zeit",* in: ders. (Hg.), *Fahrrad, Auto, Fernsehschrank. Zur Kulturgeschichte der Alltagsdinge,* Frankfurt a.M. 1993, 126ff.; Schildt, *Sozialgeschichte der Bundesrepublik,* 44ff.

16 Westerhoff, *Mehr als Watte,* 110ff.

17 Otto Jacob, Automatisierung unserer Einkaufsarbeit. Rede auf der Fachtagung der Bundesarbeitsgemeinschaft der Industriellen Einkäufer, 5. Oktober 1956, 12, in: Daimler-Benz Konzernarchiv, Bestand Einkauf/43, zit. nach Tilly, *Moral und Vertrauen,* 119.

18 Tilly, *Moral und Vertrauen,* 119ff.

19 Franz Borgers, *Forschung und Entwicklung innerhalb der Firma Borgers,* in: Johann Borgers KG (Hg.), Aufgabe und Dienst. Werner Borgers zum 65. Geburtstag, Bocholt 1979, 39ff.; Westerhoff, *Mehr als Watte,* 114.

20 Zu den Produktinnovationen in den Jahren des Wirtschaftswunders siehe: Frisch, *Chronik der Firma Johann Borgers KG,* 58 ff., in: Borgers-Archiv, ABD-5, Gfg 5; Borgers, *Forschung und Entwicklung,* 42f.; Reinhard Hirt, *Die Schweißwatten,* in: Johann Borgers KG (Hg.), Aufgabe und Dienst, 61–67; Westerhoff, *Mehr als Watte,* 108ff.

21 Frisch, *Chronik der Firma Johann Borgers KG,* 54, in: Borgers-Archiv, ABD-5, Gfg 5.

22 Westerhoff, *Mehr als Watte,* 98.

23 Zur Entwicklung der Niederlassung in Halle: Frisch, *Chronik der Firma Johann Borgers KG,* 61ff., in: Borgers-Archiv, ABD-5, Gfg 5.

24 Zahlen nach ebd., 54ff.; Westerhoff, *Mehr als Watte,* 117ff.

25 Frisch, *Chronik der Firma Johann Borgers KG,* 39ff., in: Borgers-Archiv, ABD-5, Gfg 5.

Anmerkungen zu: Familienstreit, überforderte Fremdmanager …

1 Zu Ursachen, Verlauf und Wahrnehmung der Wirtschaftskrise 1966/67 siehe den zusammenfassenden Überblick von Tim Schanetzky, *Die große Ernüchterung. Wirtschaftspolitik, Expertise und Gesellschaft in der Bundesrepublik, 1966 bis 1982,* Berlin 2007, 35ff.

2 Angaben nach Anlage zum Protokoll über die Gesellschafterversammlung am 23. August 1968, Kurzfassung des in der Gesellschafterversammlung gegebenen Berichts über das vergangene Geschäftsjahr, über die gegenwärtige Lage des Unternehmens und seine Zukunftsaussichten, 2ff., in: Borgers-Archiv, Ordner „Johann Borgers KG Bocholt. Firmenverträge, HV-Protokolle, sonstige Gesellschafter-Unterlagen, Dezember 1967 – März 1974".

3 Werner Borgers, Aufzeichnungen, Bocholt, im Oktober 1971, 1, in: Borgers-Archiv, Ordner „Johann Borgers KG Bocholt. Firmenverträge, HV-Protokolle, sonstige Gesellschafter-Unterlagen, Dezember 1967 – März 1974".

4 Fritz Borgers, i/Fa. Johann Borgers KG: Zusammenarbeit in der Geschäftsführung und Ausblick auf 1968, Bocholt, 27. März 1968, 2, in: Borgers-Archiv.

5 1973 wurde die L.O.I. in A. Tinon umbenannt und ein Zweigwerk in Macon, 60 Kilometer nördlich von Lyon, errichtet. Zum Lebenslauf von Franz Borgers und zur Entwicklung der L.O.I. siehe Franz Borgers, Beruflicher Werdegang, in: Borgers-Archiv, Ordner „Beirat, Verträge"; Franz Borgers, Notiz für den Beirat. A. Tinon, Persan/Macon, in: Borgers-Archiv, Ordner „Protokolle Beirat, ab 1979 – 30. Juni 1988"; Borgers aktuell 2 (1990), in: Borgers-Archiv.

6 Düsseldorfer Treuhand-Gesellschaft Altenburg & Tewes AG Wirtschaftsprüfungsgesellschaft, Steuerberatungsgesellschaft, Stellungnahme, Düsseldorf, 2. Mai 1972, in: Borgers-Archiv, Ordner „Johann Borgers KG, Bocholt. Beirat von Januar 72 – Juli 72, einschl. 5. BR-Sitzung in Düsseldorf".

7 Johann Borgers KG, Bericht über das vergangene Geschäftsjahr und die gegenwärtige Lage des Unternehmens sowie seiner Zukunftsaussichten, Bocholt, Anfang Oktober 1969, 5, in: Borgers-Archiv, Ordner „Johann Borgers KG Bocholt. Firmenverträge, HV-Protokolle, sonstige Gesellschafter-Unterlagen, Dezember 1967 – März 1974".

8 Protokoll über die Gesellschafterversammlung der Firmen Borgers GmbH und Johann Borgers KG, 23. August 1968, 5, in: Borgers-Archiv, Ordner „Gesellschaftsprotokolle 23. August 1968 – 15. Juni 1989".

9 Anlage zum Protokoll über die Gesellschafterversammlung am 23. August 1968, 3, in: Borgers-Archiv, Ordner „Johann Borgers KG Bocholt. Firmenverträge, HV-Protokolle, sonstige Gesellschafter-Unterlagen, Dezember 1967 – März 1974".

10 Johann Borgers KG, Rundschreiben von Fritz Borgers und Harald Goertz, Bocholt, im Mai 1970, in: Borgers-Archiv , Ordner „Johann Borgers KG Bocholt. Firmenverträge, HV-Protokolle, sonstige Gesellschafter-Unterlagen, Dezember 1967 – März 1974".

11 Schreiben von Leopold Horstmann, Vorsitzender des Aufsichtsrates der Firma Johann Borgers KG, Bocholt, an Franz Borgers, Düsseldorf, 27. Dezember 1967, in: Borgers-Archiv, Ordner „Korrespondenz".

12 Schreiben von Franz Borgers an Leopold Horstmann, L'Isle-Adam, 21. Oktober 1967, in: Borgers-Archiv, Ordner „Korrespondenz".

13 Franz Borgers, Beruflicher Werdegang, in: Borgers-Archiv, Ordner „Beirat, Verträge".

14 Ebd.

15 Johann Borgers KG Bocholt/Westf., GmbH-Vertrag, Bocholt, November 1967, 5, in: Borgers-Archiv, Ordner „Gesellschaftsverträge 1936 und 1968, Protokoll 20. Januar 1968".

16 Ebd., 8.

17 Fritz Borgers, i/Fa. Johann Borgers KG: Zusammenarbeit in der Geschäftsführung und Ausblick auf 1968, Bocholt, 27. März 1968, 3, in: Borgers-Archiv.

18 Johann Borgers KG, Bericht über das vergangene Geschäftsjahr und die gegenwärtige Lage des Unternehmens und seiner Zukunftsaussichten, Bocholt, Anfang Oktober 1969, 1f., in: Borgers-Archiv, Ordner „Johann Borgers KG Bocholt. Firmenverträge, HV-Protokolle, sonstige Gesellschafter-Unterlagen, Dezember 1967 – März 1974"; Protokoll über die Gesellschafterversammlung der Firmen Borgers GmbH und Johann Borgers KG, 15. Dezember 1970, 4ff., in: Borgers-Archiv, Ordner „Protokolle Gesellschafter-Versammlung, Juni 1970ff".

19 Protokoll über die Gesellschafterversammlung der Firmen Borgers GmbH und Johann Borgers KG, beide in Bocholt, 26. Oktober 1971, 4ff., in: Borgers-Archiv, Ordner „Protokolle Gesellschafter-Versammlung, Juni 1970ff".

20 Zur Kritik an den Direktoren siehe u. a.: Protokoll über die Gesellschafterversammlung der Firmen Borgers GmbH und Johann Borgers KG, 15. Dezember 1970, 9ff.; Protokoll über die Gesellschafterversammlung der Firmen Borgers GmbH und Johann Borgers KG, 26. Oktober 1971, 14ff., in: Borgers-Archiv, Ordner „Protokolle Gesellschafter-Versammlung, Juni 1970ff."

[21] Schreiben von Fritz Borgers an alle Gesellschafter, Bocholt, 19. Oktober 1971, in: Borgers-Archiv, Ordner „Johann Borgers KG Bocholt. Firmenverträge, HV-Protokolle, sonstige Gesellschafter-Unterlagen, Dezember 1967 – März 1974“.

[22] Fritz Borgers, i.Fa. Johann Borgers KG: Zusammenarbeit in der Geschäftsführung und Ausblick auf 1968, Bocholt, 27. März 1968, 3, in: Borgers-Archiv.

[23] Zu den Hintergründen siehe: Protokoll über die Gesellschafterversammlung der Firmen Borgers GmbH und Johann Borgers KG, 15. Dezember 1970, 35ff., in: Borgers-Archiv, Ordner „Protokolle Gesellschafter-Versammlung, Juni 1970ff“.

[24] Ebd., 36.

[25] Ebd., 37f.

[26] Ebd., 39ff.

[27] Ebd., 41f.

[28] Werner Borgers, Aufzeichnungen, Bocholt, im Oktober 1971, 3, in: Borgers-Archiv, Ordner „Johann Borgers KG Bocholt, Firmenverträge, HV-Protokolle, sonstige Gesellschafterunterlagen, Dezember 67 – März 74“.

[29] Protokoll über die ordentliche Gesellschafterversammlung der Firmen Borgers GmbH und Johann Borgers KG, beide in Bocholt, 7. August 1972, 4f., in: Borgers-Archiv, Ordner „Gesellschaftsprotokolle 23. August 1968 – 15. Juni 1989“.

[30] Schreiben von Hermann Borgers an die Mitgesellschafter, Bocholt, 19. November 1971, in: Borgers-Archiv, Ordner „Johann Borgers KG Bocholt, Firmenverträge, HV-Protokolle, sonstige Gesellschafterunterlagen, Dezember 67 – März 74“. Exemplarisch zur Kritik an Horstmann siehe auch: Werner Borgers, Aufzeichnungen, Bocholt, im Oktober 1971, in: Borgers-Archiv, Ordner „Johann Borgers KG Bocholt, Firmenverträge, HV-Protokolle, sonstige Gesellschafterunterlagen, Dezember 67 – März 74“.

[31] Fritz Borgers, Johann Borgers KG, Aktennotiz, 10. Dezember 1971, in: Borgers-Archiv, Ordner „Johann Borgers KG Bocholt, Firmenverträge, HV-Protokolle, sonstige Gesellschafterunterlagen, Dezember 67 – März 74“.

[32] Ebd.

[33] Schreiben von Franz Borgers an Fritz Borgers, Bonn, 9. Januar 1972, in: Borgers-Archiv, Ordner „Johann Borgers KG Bocholt, Firmenverträge, HV-Protokolle, sonstige Gesellschafterunterlagen, Dezember 67 – März 74“.

[34] Zur Diskussion um Hermann Borgers siehe Schreiben von Fritz Borgers an seine Geschwister u. a., Bocholt, 5. Januar 1972; Fritz Borgers, Entwurf für die Antwort auf das Schreiben von Hermann Borgers vom 6. Januar 1972, Bocholt, 7. Januar 1972, in: Borgers-Archiv, Ordner „Johann Borgers KG Bocholt, Firmenverträge, HV-Protokolle, sonstige Gesellschafterunterlagen, Dezember 67 – März 74“.

[35] Protokoll über die ordentliche Gesellschafterversammlung der Firmen Borgers GmbH und Johann Borgers KG, beide in Bocholt, 17. Januar 1972, 7ff., in: Borgers-Archiv, Ordner „Gesellschaftsprotokolle 23. August 1968 – 15. Juni 1989“.

[36] Protokoll über die Sitzung des Beirats der Firma Johann Borgers KG in Bocholt, 8. Februar 1972, 3, in: Borgers-Archiv, Ordner „Johann Borgers KG, Bocholt. Beirat von Januar 72 – Juli 72, einschl. 5. BR-Sitzung in Düsseldorf“.

[37] Protokoll über die Sitzung des Beirats der Firma Johann Borgers KG in Bocholt, 16. März 1972, 2f., in: Borgers-Archiv, Ordner „Johann Borgers KG, Bocholt. Beirat von Januar 72 – Juli 72, einschl. 5. BR-Sitzung in Düsseldorf“.

[38] Ebd., 4f.

[39] Protokoll über die Sitzung des Beirats der Firma Johann Borgers KG in Bocholt, 8. Februar 1972, 4, in: Borgers-Archiv, Ordner „Johann Borgers KG, Bocholt. Beirat von Januar 72 – Juli 72, einschl. 5. BR-Sitzung in Düsseldorf“.

[40] Ebd., 5.

[41] Protokoll über die ordentliche Gesellschafterversammlung der Firmen Borgers GmbH und Johann Borgers KG, beide in Bocholt, 7. August 1972, 5f., in: Borgers-Archiv, Ordner „Gesellschaftsprotokolle 23. August 1968 – 15. Juni 1989“.

[42] Schreiben von Fritz Borgers, Johann Borgers KG, an Jürgen Terrahe, stellv. Mitglied des Vorstands der Commerzbank AG, Bocholt, 27. Juli 1972, in: Borgers-Archiv, Ordner „Johann Borgers KG Bocholt, Firmenverträge, HV-Protokolle, sonstige Gesellschafterunterlagen, Dezember 67 – März 74“.

[43] Ebd.

[44] Schreiben von Franz Borgers an Werner Borgers, Hermann Borgers u. a., Wachtberg-Niederbachem, 24. Juli 1972, in: Borgers-Archiv, Ordner „Johann Borgers KG Bocholt, Firmenverträge, HV-Protokolle, sonstige Gesellschafterunterlagen, Dezember 67 – März 74“.

45 Schreiben von Hermann Borgers an die Mitgesellschafter, Bocholt, 10. Juli 1972, in: Borgers-Archiv, Ordner „Johann Borgers KG Bocholt, Firmenverträge, HV-Protokolle, sonstige Gesellschafterunterlagen, Dezember 67 – März 74“.

46 Schreiben von Hermann, Werner und Fritz Borgers an die Mitgesellschafter, Bocholt, 27. Juli 1972, in: Borgers-Archiv, Ordner „Johann Borgers KG Bocholt, Firmenverträge, HV-Protokolle, sonstige Gesellschafterunterlagen, Dezember 67 – März 74“.

47 Schreiben von Dr. Leopold Horstmann an die Herren des Beirats der Johann Borgers KG, Bocholt, 3. August 1972, in: Borgers-Archiv, Ordner „Johann Borgers KG, Bocholt. Beirat von Januar 72 – Juli 72, einschl. 5. BR-Sitzung in Düsseldorf“.

48 Schreiben von Walter Brandt an den Geschäftsführer der Johann Borgers KG Herrn Leopold Horstmann und an den Vorsitzenden und die Mitglieder des Beirates der Johann Borgers KG, Bocholt, 3. Augst 1972, in: Borgers-Archiv, Ordner „Johann Borgers KG, Bocholt. Beirat von Januar 72 – Juli 72, einschl. 5. BR-Sitzung in Düsseldorf“.

49 Schreiben von Fritz Borgers an Franz Borgers, Bocholt, 3. Juli 1972, in: Borgers-Archiv, Ordner „Johann Borgers KG, Bocholt. Beirat von Januar 72 – Juli 72, einschl. 5. BR-Sitzung in Düsseldorf“.

50 Schreiben von Jürgen Terrahe, stellv. Mitglied des Vorstands der Commerzbank AG, an Herrn Fritz Borgers, Düsseldorf, 21. Juli 1972, in: Borgers-Archiv, Ordner „Johann Borgers KG Bocholt, Firmenverträge, HV-Protokolle, sonstige Gesellschafterunterlagen, Dezember 67 – März 74“.

51 Schreiben von Franz Borgers an Fritz Borgers, Wachtberg-Niederbachem, 2. August 1972, in: Borgers-Archiv, Ordner „Johann Borgers KG Bocholt, Firmenverträge, HV-Protokolle, sonstige Gesellschafterunterlagen, Dezember 67 – März 74“.

52 Ebd.

53 Protokoll über die ordentliche Gesellschafterversammlung der Firmen Borgers GmbH und Johann Borgers KG, beide in Bocholt, 7. August 1972, 15f., in: Borgers-Archiv, Ordner „Gesellschaftsprotokolle 23. August 1968 – 15. Juni 1989“.

54 Protokoll über die 6. Sitzung des Beirats der Firma Johann Borgers KG in Bocholt, 7. August 1972, 2, in: Borgers-Archiv, Ordner „Johann Borgers KG, Bocholt. Beirat von Januar 72 – Juli 72, einschl. 5. BR-Sitzung in Düsseldorf“.

55 Ebd.

56 Schreiben des Beirats der Borgers GmbH und Johann Borgers KG an Herrn Hermann Borgers, Bocholt, 8. August 1972, in: Borgers-Archiv, Ordner „Johann Borgers KG, Bocholt. Beirat von Januar 72 – Juli 72, einschl. 5. BR-Sitzung in Düsseldorf“.

57 Schreiben von Leopold Horstmann, Johann Borgers KG, an die Herren des Beirats der Johann Borgers KG, Bocholt, 3. September 1972, in: Borgers-Archiv, Ordner „Johann Borgers KG, Bocholt. Beirat von Januar 72 – Juli 72, einschl. 5. BR-Sitzung in Düsseldorf“.

58 Protokoll über die 7. Sitzung des Beirats der Firma Johann Borgers KG, 5. September 1972, 1ff., in: Borgers-Archiv, Ordner „Johann Borgers KG, Bocholt. Beirat von Januar 72 – Juli 72, einschl. 5. BR-Sitzung in Düsseldorf“.

59 Ebd., 3.

60 Schreiben von Fritz Borgers, Johann Borgers KG, an die Herren des Beirats, Bocholt, 5. Oktober 1972, in: Borgers-Archiv, Ordner „Johann Borgers KG, Bocholt. Beirat von Januar 72 – Juli 72, einschl. 5. BR-Sitzung in Düsseldorf“.

61 Schreiben von Hermann Borgers an den Beirat der Firmen Borgers GmbH und Johann Borgers KG, Bocholt, 5. Januar 1973, in: Borgers-Archiv, Ordner „Johann Borgers KG, Bocholt. Beirat von Januar 72 – Juli 72, einschl. 5. BR-Sitzung in Düsseldorf“.

62 Schreiben des Beirats der Borgers GmbH und Johann Borgers KG an Herrn Hermann Borgers, Bocholt, 22. Januar 1973, in: Borgers-Archiv, Ordner „Johann Borgers KG, Bocholt. Beirat von Januar 72 – Juli 72, einschl. 5. BR-Sitzung in Düsseldorf“.

63 Zur Unternehmenspolitik unter Werner Borgers u. a.: Schreiben von Franz Borgers an Fritz Borgers, Wachtberg-Niederbachem, 11. Oktober 1972, in: Borgers-Archiv, Ordner „Johann Borgers KG, Bocholt. Beirat von Januar 72 – Juli 72, einschl. 5. BR-Sitzung in Düsseldorf“; Protokoll über die ordentliche Gesellschafterversammlung der Firmen Borgers GmbH und Johann Borgers KG, beide in Bocholt, 22. August 1973, 5ff.; Protokoll über die außerordentliche Gesellschafterversammlung der Firmen Borgers GmbH und Johann Borgers KG, beide in Bocholt, 28. März 1974, 3, in: Archiv Borgers AG , Ordner „Johann Borgers KG Bocholt. Firmenverträge, HV-Protokolle, sonstige Gesellschafter-Unterlagen, Dezember 1967 – März 1974“.

64 Fritz Borgers, Kurz-Notiz über [die] Unterredung des Herrn Fritz Borgers mit den Herren Mosters und Behnen am 21. Dezember 1973, 11.00–12.30 h, Bocholt, 4. Januar 1974; Fritz Borgers, Notiz, Anruf von Hermann Borgers am 28. Januar 1974, 12.20 h, Bocholt, 29. Januar 1974; Protokoll über die außerordentliche Gesellschafterversammlung der Firmen Borgers GmbH und Johann Borgers KG, beide in Bocholt, 28. März 1974, 4f., in: Borgers-Archiv , Ordner „Johann Borgers KG Bocholt. Firmenverträge, HV-Protokolle, sonstige Gesellschafter-Unterlagen, Dezember 1967 – März 1974“.

65 Protokoll über die ordentliche Gesellschafterversammlung der Firmen Borgers GmbH und Johann Borgers KG, 17. Juli 1975, 4ff., in: Borgers-Archiv, Ordner „Gesellschaftsprotokolle 23. August 1968 – 15. Juni 1989".

66 Alle Zahlen nach: o. V., Bericht über die wirtschaftliche Entwicklung der Johann Borgers GmbH & Co. KG für die Jahre 1972–1977, o. O. [Bocholt], o. J. [1977/78], 20 Seiten, in: Borgers-Archiv.

67 Siehe exemplarisch das Schreiben der Familie Wilhelm Borgers an die Herren Mitglieder des Beirats und an die Gesellschafter der Firma Johann Borgers GmbH & Co. KG, Bocholt, 29. Juni 1976, in: Borgers-Archiv, Ordner „Joh. Borgers KG Bocholt, Firmenverträge, HV-Protokolle, Gesellschafter-Unterlagen, April 74 – Januar 83".

68 Bocholt-Borkener Volksblatt (27.4.1979), in: Borgers-Archiv.

Anmerkungen zu: Die Ära Franz Borgers (1978/79 bis 2006)

1 Schreiben von Fritz Borgers in Fa. Johann Borgers Gmbh & Co. KG an die Gesellschafter des Familienstammes Fritz Borgers, Bocholt, 29. April 1976, in: Borgers-Archiv, Ordner „Joh. Borgers KG Bocholt, Firmenverträge, HV-Protokolle, Gesellschafter-Unterlagen, April 74 – Januar 83".

2 Ebd.

3 Schreiben von Fritz Borgers in Fa. Johann Borgers Gmbh & Co. KG an die Gesellschafter der Familienstämme Franz B. und Fritz Borgers, Bocholt, 17. Mai 1978; Protokoll über die ordentliche Gesellschafterversammlung der Firmen Borgers GmbH und Johann Borgers GmbH & Co. KG, beide in Bocholt, 14. Juni 1978, 13; Vortrag bzw. Erklärung von Hermann Borgers nach der Wahl des Beirats an die Herren des Beirats als Anlage zum Protokoll, 14. Juni 1978, in: Borgers-Archiv, Ordner „Joh. Borgers KG Bocholt, Firmenverträge, HV-Protokolle, Gesellschafter-Unterlagen, April 74 – Januar 83".

4 Protokoll über die ordentliche Gesellschafterversammlung der Firmen Borgers GmbH und Johann Borgers GmbH & Co. KG, beide in Bocholt, 14. Juni 1978, 14, in: Borgers-Archiv, Ordner „Joh. Borgers KG Bocholt, Firmenverträge, HV-Protokolle, Gesellschafter-Unterlagen, April 74 – Januar 83".

5 BORGERS motive 52 (Oktober 2006), 12, in: Borgers-Archiv.

6 Ebd.

7 Franz Borgers, Tätigkeitsbericht, Bocholt, 24. April 1979, in: Borgers-Archiv, Ordner „Beirat, Verträge".

8 Siehe Die Zeit (6. August 1993).

9 Der Spiegel (24. Mai 1993).

10 Borgers aktuell 2 (1993), 2, in: Borgers-Archiv.

11 Borgers aktuell 3 (1993), 2, in: Borgers-Archiv.

12 Aufzeichnungen von Herrn Franz Borgers, 4. Januar 2016, in: Borgers-Archiv.

13 Werner Borgers, Erweiterung der Triflex-Produktionskapazität, Bocholt, 25. April 1987, in: Borgers-Archiv, Ordner „Protokolle Beirat, an 1979 – 30. Juni 1988".

14 Borgers AG, 139 Jahre Innovation, Mai 2005, 9f., in: Borgers-Archiv.

15 Der Gesamtumsatz bei Borgers stieg von 96,9 Mio. D-Mark (1980) auf 227,8 Mio. D-Mark (1989). Wird der Umsatz 1975 = 100 Prozent gesetzt lauten die Zahlen bei Borgers: 1980 = 174,9; 1989 = 411,2. Für die gesamte deutsche Textilindustrie ergeben sich folgende Kennziffern: 1980 = 117,3; 1989 = 139,4. Zahlen nach: Johann Borgers GmbH & Co. KG, Bericht 1989, Bocholt, 23. Juli 1990, 6, in: Borgers-Archiv, Ordner „Gesellschafterversammlungen, Einladung, Tagesordnung, Protokolle".

16 Ebd., 7.

17 Zur internen Diskussion der Geschäftszahlen siehe: Ordner „Protokolle Beirat, ab 1979 – 30. Juni 1988", in: Borgers-Archiv.

18 Borgers aktuell 2 (1993), 2, in: Borgers-Archiv.

19 Ebd.

20 Borgers aktuell 2 (1994), 8, in: Borgers-Archiv.

21 Protokoll über die außerordentliche Gesellschafterversammlung der Borgers GmbH und Johann Borgers GmbH & Co. KG, 1. November 1993, o. S., in: Borgers-Archiv, Ordner „Firmenordnung, ab: Feb. 91".

22 Protokoll über die ordentliche Gesellschafterversammlung der Borgers GmbH und Johann Borgers GmbH & Co. KG, beide in Bocholt, 23. Juni 1993, 5, in: Borgers-Archiv, Ordner „Joh. Borgers KG Bocholt, Gesellschafterunterlagen, Februar 1983 bis Dezember 1996".

23 Borgers aktuell 3 (1993), 8, in: Borgers-Archiv.

24 Borgers aktuell 2 (1994), 3f., in: Borgers-Archiv.

25 Borgers aktuell 3 (1994), 6, 8, in: Borgers-Archiv.

26 BORGERS motive 70, (2013), 1, in: Borgers-Archiv.

27 Zum politischen Hintergrund in Großbritannien siehe: Franz Borgers, Borgers UK Ltd., Bocholt, 30. Juni 1987, 2, in: Borgers-Archiv, Ordner „Protokolle. Beirat, ab 1979 – 30. Juni 1988".

28 BORGERS motive 52 (2006), 12, in: Borgers-Archiv.

29 BORGERS motive 70 (2013), 1, in: Borgers-Archiv.

30 Ebd., 2.

31 Ebd., 1.

32 BORGERS mot ve 73 (2014), 1, in: Borgers-Archiv.

33 Franz Borgers, Vorlage für den Beirat, CEFSA, Bocholt, 30. März 1988, 3, in: Borgers-Archiv, Ordner „Protokolle. Beirat, ab 1979 – 30. Juni 1988“.

34 Ebd., 1. Zum Verlauf der Verhandlungen siehe auch: Franz Borgers, Besuchsbericht Compañía Española de Flockage S.A., 6./7. Oktober 1987, Bocholt, 12. Oktober 1987 sowie Franz Borgers, Besuchsnotiz, H. Alejandro Berenguer, Bocholt, 27. November 1987, in: Borgers-Archiv, Ordner „Protokolle. Beirat, ab 1979 – 30. Juni 1988“.

35 BORGERS mot ve 73 (2014), 3, in: Borgers-Archiv.

36 Ebd.

37 Interview (transkribiert) von Herrn Dr. Thomas Mayer mit Frau Helma Rasche und Herrn Karl Giesen am 30. Juli 2008, 18, in: Borgers-Archiv.

38 Gemeinsame Erklärung der Regierungen der Bundesrepublik Deutschland und der Deutschen Demokratischen Republik zur Regelung offener Vermögensfragen vom 15. Juni 1990.

39 Franz Borgers, Ansprache anlässlich der Verabschiedung von Herrn Hans-Jürgen Strohschein, 21. April 1995, in: Borgers-Archiv.

40 Borgers aktuell 3 (1999), 7, in: Borgers-Archiv.

41 Borgers aktuell 2 (1992), 3f.; Franz Borgers, Ansprache anlässlich der Verabschiedung von Herrn Hans-Jürgen Strohschein, 21. April 1995, in: Borgers-Archiv.

42 Franz Borgers, Besuchsbericht: VW ČSFR-Lieferantenkonferenz Bratislava am 21. Februar 1991, [Bocholt], 25. Februar 1991, in: Borgers-Archiv.

43 Franz Borgers, Rede zur Eröffnung des Werks Volduchny, 14. Mai 2004, in: Borgers-Archiv.

44 Ebd.

45 Ebd.

46 Ebd.; Borgers aktuell 1 (1990), 11, in: Borgers-Archiv.

47 Zu den einzelnen Schritten bis zur Eröffnung des Werks siehe: Borgers aktuell 1 (1994), 3, und Borgers aktuell 2 (2004), 3, in: Borgers-Archiv; Franz Borgers, Rede zur Eröffnung des Werks Volduchny, 14. Mai 2004, in: Borgers-Archiv.

48 Borgers aktuell 3 (1998), 4, in: Borgers-Archiv.

49 Borgers aktuell 2 (1997), 5, in: Borgers-Archiv.

50 Borgers aktuell 2 (2003), 10, in: Borgers-Archiv.

51 Borgers, Rede zur Eröffnung des Werks Volduchny, 14. Mai 2004, in: Borgers-Archiv.

52 Schreiben von Franz Borgers an alle Gesellschafter der Johann Borgers GmbH & Co. KG, Bocholt, 15. Oktober 1993, in: Borgers-Archiv, Ordner „Joh. Borgers KG Bocholt, Gesellschafterunterlagen, Februar 1983 bis Dezember 1996“.

53 Protokoll über die außerordentliche Gesellschafterversammlung der Borgers GmbH und Johann Borgers GmbH & Co. KG, 1. November 1993, 3, in: Borgers-Archiv, Ordner „Firmenordnung, ab: Feb. 91“.

54 Schreiben von Franz Borgers an die Gesellschafter der Firma Johann Borgers GmbH & Co. KG, Bocholt, 26. Juni 1989, in: Borgers-Archiv, Ordner „Firmenneuordnung, ab: Nov. 89 bis: Jan. 91“; Schreiben von Franz Borgers an alle Gesellschafter der Johann Borgers GmbH & Co. KG, Bocholt, 15. Oktober 1993, in: Borgers-Archiv, Ordner „Joh. Borgers KG Bocholt, Gesellschafterunterlagen, Februar 1983 bis Dezember 1996“.

55 Protokoll über die außerordentliche Gesellschafterversammlung der Firmen Borgers GmbH und Johann Borgers GmbH & Co. KG, beide in Bocholt, 22. November 1993, o. S., in: Borgers-Archiv, Ordner „Firmenordnung, ab: Feb. 91“.

56 Zur Kritik der Familie Hermann Borgers u. a.: Hermann Borgers, Umwandlung JB in JB Holding AG. Vertragsentwürfe von Dr. Leiers vom 19. Juni 1990, in: Borgers-Archiv, Ordner „Firmenneuordnung, ab: Nov. 89 bis: Jan. 91“.

57 Schreiben von Franz Borgers an Hermann Borgers, o. O. [Bocholt], 21. Dezember 1990, in: Borgers-Archiv, Ordner „Firmenneuordnung, ab: Nov. 89 bis: Jan. 91“.

58 Schreiben von Hermann Borgers an die Gesellschafter der Johann Borgers GmbH & o. KG, Bocholt, 28. August 1992, in: Borgers-Archiv, Akte „Firmenordnung, ab: Feb. 91“.

59 Ebd.

60 Schreiben von Hermann Borgers an Hans-Georg Pleitgen, Vorsitzender des Beirats der Johann Borgers GmbH & Co. KG, Bocholt, 17. Januar 1992 und 13. April 1992, in: Borgers-Archiv, Ordner „Firmenneuordnung, ab: Nov. 89 bis: Jan. 91".

61 Stellungnahme der Familie Hermann Borgers zu der geplanten Umwandlung/ Änderung der Rechtsform der Johann Borgers GmbH & Co. KG, in: Borgers-Archiv, Akte „Firmenordnung, ab: Feb. 91".

62 Protokoll über die außerordentliche Gesellschafterversammlung der Borgers GmbH und Johann Borgers GmbH & Co. KG, 1. November 1993, 5f, in: Borgers-Archiv, Akte „Firmenordnung, ab: Feb. 91".

63 Schreiben von Carl F. Kolbow an Franz Borgers, Krailling, 29. März 1994, in: Borgers-Archiv, Akte „Firmenordnung, ab: Feb. 91".

64 Zum genauen Ablauf siehe: Düsseldorfer Treuhandgesellschaft Altenburg & Tewes AG, Studie über eine Neugliederung der BORGERS-Firmengruppe (Installierung einer Holding-Kapitalgesellschaft), Stand Mai 1989, 3, in: Borgers-Archiv, Akte „Firmenordnung, ab: Feb. 91"; Protokoll über die außerordentliche Gesellschafterversammlung der Borgers GmbH und Johann Borgers GmbH & Co. KG, 1. November 1993, o. S., in: Borgers-Archiv, Akte „Firmenordnung, ab: Feb. 91"; Borgers aktuell 1 (1995), 5, in: Borgers-Archiv.

65 Borgers aktuell 2 (2003), 8, in: Borgers-Archiv.

66 Borgers aktuell 3 (1997), 3f., in: Borgers-Archiv.

67 Borgers aktuell 2 (1999), 3, in: Borgers-Archiv.

68 Franz Borgers, Rede auf den Betriebsversammlungen 30. November/ 1. Dezember 1998, in: Borgers-Archiv.

69 Borgers aktuell 1 (1999), 7, in: Borgers-Archiv.

70 Borgers aktuell 2 (1999), 3, in: Borgers-Archiv.

71 Borgers AG, 139 Jahre Innovation, Mai 2005, 20ff., in: Borgers-Archiv.

72 Borgers aktuell 1 (1998), 3, in: Borgers-Archiv.

73 Borgers aktuell 1 (2001), 3, in: Borgers-Archiv.

74 Borgers aktuell 2 (2003), 3f., in: Borgers-Archiv.

75 Borgers aktuell 1 (2003), 3; in: Borgers-Archiv.

76 BORGERS motive 52 (2006), 11, in: Borgers-Archiv.

77 Freundliche Information von Thomas Mayer, Borgers AG (6. Januar 2016).

Anmerkungen zu: In der fünften Generation.

1 BORGERS motive 52 (Oktober 2006), 1, in: Borgers-Archiv. Mit Hans Georg Pleitgen legten auch Ludger Ernsten, Werner Heüveldop und Andreas de Maizière ihre Aufgaben nieder, da ihre Amtszeit endete. Zu den Mitstreitern von Franz Borgers im neuen Aufsichtsrat gehörten zukünftig Martin Fischedick, Dr. Jens Pensel, Dr. Ludwig Baum und Dr.-Ing. Wolfgang Peter.

2 Angaben zum Lebenslauf nach: Borgers aktuell 2 (2003), 11, in: Borgers-Archiv.

3 Ebd., 9.

4 Ebd.

5 BORGERS motive 52 (Oktober 2006), 4, 13, in: Borgers-Archiv.

6 Zu den unternehmenspolitischen Zielen von Werner Borgers siehe: Rede von Werner Borgers anlässlich der Verabschiedung von Franz Borgers, September 2006, in: Borgers-Archiv; BORGERS-Konzern-Strategie. 1. Group-Management Meeting 2006, Bocholt, 11. November 2006, in: Borgers-Archiv.

7 Branchenzahlen nach: Borgers AG, Geschäftsbericht 2007, Bocholt, 30. Juni 2008, 8f.; Borgers AG, Geschäftsbericht 2008, Bocholt, 16. März 2009, 8ff., in: Borgers-Archiv.

8 O. *Automobilzulieferer. Die Macher im Hintergrund,* in: Informationsdienst des Instituts der deutschen Wirtschaft Köln, 34, (31. Juli 2008), 8. Bundesministerium für Wirtschaft und Technologie, Konjunkturgerechte Wachstumspolitik, *Jahreswirtschaftsbericht 2009,* Januar 2009, 12;

9 Institut für Weltwirtschaft Kiel, *Weltkonjunktur im Frühjahr 2009. Kieler Diskussionsbeiträge,* Nr. 461/462, März 2009, 4.

10 Zu Ursachen und Verlauf der Finanz- und Wirtschaftskrise 2008/09 siehe u. a.: Johannes Bähr/Bernd Rudolph, *1931 – Finanzkrisen – 2008,* München 2011; Wolfgang Münchau, *Flächenbrand. Krise im Finanzsystem,* Bonn 2008; Hans-Werner Sinn, *Kasino-Kapitalismus. Wie es zur Finanzkrise kam, und was jetzt zu tun ist,* Berlin [2]2009.

11 Zahlen nach: Borgers AG, Geschäftsbericht 2008, Bocholt, 16. März 2009, 8, in: Borgers-Archiv.

12 So Werner Borgers im Geschäftsbericht für 2008. Siehe: ebd, 4.

13 Die Zeit (7. Oktober 2008).

14 Rheinische Post (28. Oktober 2008).

15 Borgers AG, Geschäftsbericht 2008, Bocholt, 16. März 2009, 4, in: Borgers-Archiv.

16 Ebd., 11; Rheinische Post (28. Oktober 2008).

17 Angaben nach: Borgers AG, Geschäftsbericht 2009, Bocholt, 19. März 2010, 11ff.; Roland Berger Strategy Consultants/ Matthias Kampshoff, Borgers AG – Closing Bible. Borgers AG – Restructuring, 10. Mai 2010, 37, in: Borgers-Archiv.

18 So Werner Borgers in der Firmenzeitschrift BORGERS motive. Siehe: BORGERS motive 58 (Oktober 2008), 2, in: Borgers-Archiv.

19 Zu den Inhalten des Programms „In Motion“ ausführlich: Bankenmeeting der Borgers AG, Bocholt, 25. Juni 2008, 42–46; Roland Berger Strategy Consultants, Borgers AG – Restructuring, 78–85, in: Borgers-Archiv

20 BORGERS motive 59 (Juni 2009), 2, in: Borgers-Archiv.

21 *Bocholter Textilunternehmen Borgers. Rückenwind aus Süd,* in: Wirtschaftsspiegel IHK Nord Westfalen, 7–8 (2010), 46.

22 Augsburger Allgemeine (06. Mai 2010).

23 Ebd.

24 BORGERS motive 60 (November 2009), in: Borgers-Archiv.

25 So das Fazit von Werner Borgers im Frühjahr 2010. Vgl. Augsburger Allgemeine (6. Mai 2010).

26 Borgers-Archiv: BORGERS motive 68 (Dezember 2012), 1.

27 Zahlen nach: Roland Berger Strategy Consultants, Angezogene Handbremse – Die Konsolidierung der Zulieferindustrie kommt nicht in Fahrt, München/Stuttgart 2010, 5ff.

28 Borgers AG, Geschäftsbericht 2008, Bocholt, 16. März 2009, 12ff., in: Borgers-Archiv.

29 Borgers AG, Geschäftsbericht 2009, Bocholt, 19. März 2010, 13, in: Borgers-Archiv.

30 BDO AG, Wirtschaftsprüfungsgesellschaft, Konzernabschluss, Konzernlagebericht und Bestätigungsvermerk für das Geschäftsjahr vom 1. Januar 2010 bis 31. Dezember 2010 der Borgers AG, Bocholt, Düsseldorf, 22. März 2011, o. S., in: Borgers-Archiv.

31 BDO AG, Wirtschaftsprüfungsgesellschaft, Konzernabschluss, Konzernlagebericht und Bestätigungsvermerk für das Geschäftsjahr vom 1. Januar 2013 bis 31. Dezember 2013 der Borgers AG, Bocholt, Düsseldorf, 7. April 2014, o. S., in: Borgers-Archiv.

32 BDO AG, Wirtschaftsprüfungsgesellschaft, Konzernabschluss, Konzernlagebericht und Bestätigungsvermerk für das Geschäftsjahr vom 1. Januar 2011 bis 31. Dezember 2011 der Borgers AG, Bocholt, Düsseldorf, 26. März 2012, o. S., in: Borgers-Archiv.

33 Zu den Gründen für die die gute Marktposition von Borgers-Automotive nach 2010 siehe die Konzernlageberichte in den Berichte der BDO AG 2011 bis 2014.

34 BDO AG, Wirtschaftsprüfungsgesellschaft, Konzernabschluss, Konzernlagebericht und Bestätigungsvermerk für das Geschäftsjahr vom 1. Januar 2013 bis 31. Dezember 2013 der Borgers AG, Bocholt, Düsseldorf, 7. April 2014, o. S., in: Borgers-Archiv.

35 Ebd.

36 BORGERS motive 67 (September 2012), 1, in: Borgers-Archiv.

37 Zur Entwicklung in China: BORGERS motive 74 (Juni 2014), 1, in: Borgers-Archiv.

38 BDO AG, Wirtschaftsprüfungsgesellschaft, Konzernabschluss, Konzernlagebericht und Bestätigungsvermerk für das Geschäftsjahr vom 1. Januar 2014 bis 31. Dezember 2014 der Borgers AG, Bocholt, Düsseldorf, 10. April 2015, Anlage II, 17, in: Borgers-Archiv.

39 BDO AG, Wirtschaftsprüfungsgesellschaft, Konzernabschluss, Konzernlagebericht und Bestätigungsvermerk für das Geschäftsjahr vom 1. Januar 2012 bis 31. Dezember 2012 der Borgers AG, Bocholt, Düsseldorf, 26. März 2013, o. S., in: Borgers-Archiv.

40 BDO AG, Wirtschaftsprüfungsgesellschaft, Konzernabschluss, Konzernlagebericht und Bestätigungsvermerk für das Geschäftsjahr vom 1. Januar 2011 bis 31. Dezember 2011 der Borgers AG, Bocholt, Düsseldorf, 26. März 2012, o. S., in: Borgers-Archiv.

41 BORGERS motive 69 (März 2013), 1, in: Borgers-Archiv.

42 BORGERS motive 74 (Juni 2014), 2, in: Borgers-Archiv.

Bildnachweis

1 Schleswig-Holsteinische Landesbibliothek (Bildsammlung) in 24103 Kiel: S. 11 (Schleiübergang der preußischen Truppen am 6.2.1864). Borgers-Familien und Borgers-Geschäftsführung: S. 12 (Joh. Borgers: *auch Coverbild*); S. 15 u. 27 (Franziska B.); S. 30 (Borgers-Familie);

2 S. 33f., 50 (Franz B.); S. 34 (Willy B.); S. 35 (Fritz B.); S. 40 (Werkstattfoto); S. 41 (Borgers-Haus 1875–95); S. 42 (Borgers-Villa); S. 46ff. (Ika bzw. Aenne u. Fritz Borgers; Familie B.); S. 47 (JB-Briefkopf: *auch Coverbild*); S. 49 (Kessel-Rechnung); S. 53 (Borgers-Familie 1903); S. 56 (Büren & Eisfeller); S. 57 (Fritz B. u. Gunn) u. (Postkarte Franz B.); S. 59 (Ausflug); S. 61 (Familie B. 1913); S. 63 (Joh. B.); S. 65 (Franz u. Gudula B.); S. 66 (Gründerpaar) u. (Sterbebild J.B.); S. 67 (Südwall 14); S. 70 (Fam. Borgers); S. 71 (Borgers-Stammbaum); S. 72 (Brandzerstörte Fabrik: *auch Coverbild*); S. 73 (Gründersöhne); S. 74 (Rechnung); S. 79 (Willy B.); S. 80 (Zeugnis); S. 81 (Hochzeit); S. 82 (Osterstr. 62/64); S. 88 (Sterbebild Aenne B.) u. (Fritz u. Hilde B.); S. 94 (Franz B.); S. 95, 122 (Borgers-Werk); S. 97 (2 Briefköpfe); S. 99 (Aktie: *auch Coverbild*); S. 100 (Hermann und Willy) und (Fabrik); S. 102 (JB-Briefkopf); S. 106 (Franz B.), (Berliner Werk); S. 110 (Anholt); S. 111 (Fritz B.) u. (Sterbebild Franz B.); 3 S. 112 (Familie Franz B.); S. 113 (Familie von Fritz B.); S. 114 (JB-Briefkopf); S. 115 (Tehan-Aktie); S. 116 (LOI); S. 117 (2 Schreiben); S. 121 (Sterbebild Willy B.); S. 126f. (Werner B.); S. 129 (Straßenroller: *auch Coverbilder*); Coverbild Muli Paula; S. 131, 149 (Fritz B.); S. 135 (Drehbank); S. 140 (Fam. Werner B.); S. 143 (*auch Coverbild*), 146f. (Zerstörte JB-Maschinen); S. 147 (Südwall 14); S. 149 (Fabrikaufbau); S. 150 (A. Dieckhues; Aufnahme von der Gfg., wohl von Fritz Borgers jun.) u. (JB-Dreherei); 2 S. 151 (JB-Werk); S. 155 (Werkswohnungen); 2 S. 158 (Lager); S. 160 (Werk I); S. 161 (Betriebsfest); S. 162 (Werner u. Herm. B.); S. 163 (Wattenanlage); S. 164 (Watteformpolster: *auch Coverbild*) u. (Reißerei); S. 165 (Werner B.); S. 166 (Triflex) u. (Formteil: *auch Coverbild*); S. 167 (Triflex-Formteil) u. (Ibotex); S. 168 (geleimte Watte); S. 171 (100-Jahrfeier); S. 172 (Jubilar) u. (Fam. B. 1966); S. 173 (Gfg. 1965); S. 192 (Bundesverdienstkreuz); S. 210 (JB-Hutablage); 2 S. 212f. (Borgers Berlin); S. 218 (Borgers CS-Werk); 2 S. 223 (Bodenbeläge) u. (Propylat); S. 225 (Persan); S. 226 (Eröffnung S. Quentin); 2 S. 227 (Werke S. Quentin u. Vance); S. 228 (JB-US-Team); S. 247 (Norwalk-JB-Halle); Coverbilder: 1. Umschlagseite: 1. Reihe v. l.: 1.; 2. Reihe v. l.: 2., 5., 6.; 3. Reihe v.l.: 1.; 4. Umschlagseite: 1. Reihe v. l.: 2. bis 4.; 2. Reihe v. r.: 1., 3., 5.; 3. Reihe v.l.: 1., 2., 3., 5. 175–191: (3 Borgers-Prospekte nach 1960); (Alttextilienlager); (ungeleimte Wattenfertigung); (Batteur); (Kastenspeiser Krempel Haspel); (Epo-Anlage).

3 Ford-Werke GmbH Köln und Ford of Europe Köln: Coverbild: 1. Umschlagseite: 3. Reihe: 2. v.l.

4 „Manes Schlatt"-Erben: Peter u. Renate Spiertz (Am Prinzenbusch 49, 46414 Rhede): S. 12 (Schlatt-Zeichnung: Webstube).

5 Temming Verlag KG Bocholt: S. 13 (Textilwarenladen); S. 52 (Bahnhof); S. 69 (Nordallee) aus Fritz Lindenberg, Alt Bocholt – Stadt und Land, Bocholt 1965, S. 32, 48, 54; S. 73 (BV-Schlagzeilen).

6 Bibliographisches Institut GmbH Dudenverlag (Mecklenburgische Str. 53, 14197 Berlin): S. 14 (Reißwolf); S. 32 (Tafel: Spinnmaschinen); S. 45f. (Zweiwellen-Schlagmaschine).

7 Stadtarchiv Bocholt und Stadt Bocholt: S. 14 (Thesings Haus); alle S. 17, S. 21 (Bocholt); S. 28 (Südmauerwerkstatt); S. 29 (Lokomobile); S. 40 (Werkstatterweiterung); S. 72 (1.WK-Collage); S. 75 (Aug. 1914); S. 77 (13er); S. 89 (700-Jahr-Feier); S. 105 (Luftschiff); S. 107 (Rathaus); S. 108 (Franz u. Werner B.); S. 142, 145 (Bombenangriff).

8 S. 16 (Husar-Sammelbild um 1930); S. 54f. (Ansichtskarten Dessau u. Stettin).

9 LVR-Landesmuseum Bonn des Landschaftsverbandes Rheinland: S. 18 (Carl Wilhelm Hübner (1814–79).

10 George Eastman Museum (900 East Ave. Rochester, New York 14607): S. 20 (*auch Coverbild*): „Child working (Sadie Pfeifer) in Lancaster Cotton Mill (USA). Photographed in 1908 by Lewis Hine for the National Child Labor Committee" (No. 362).

11 LVR-IndustriemuseumTuchfabrik Müller (Carl-Koenen-Straße,53881 Euskirchen): S. 31f. (Krempel).

12 Otto Becker & Maass, Fotoatelier (Leipziger Str. 94 in Berlin, 1938 geschlossen): S. 27 (Franziska B.).

13 Meyer Frankfurter Hofphotograph (Kaldenberstr. 1181 in Wesel): S. 33 (Franz B.); S. 35 (Fritz B.).

14 Verlag Handwerk und Technik GmbH (Lademannbogen 135, 22339 Hamburg): S. 46 aus Göpfert/L. Adebahr: Von der Faser zum Stoff, 9. Aufl., 1952, Verlag Handwerk und Technik, S. 59.

15 Peek & Cloppenburg KG (Berliner Allee 2, 40212 Düsseldorf): S. 51 (P&C-Geschäft; P&C-Anzüge).

16 Stollwerck Schokoladen Vertriebs GmbH Köln: S. 56 (Sarotti).

17 Bruno Wansing, Bernhard Deckers (Stadt Bocholt): S. 60 (Woord).

18 Marion Sarrazin (Thomas-Mann-Weg 4, 46414 Rhede-Krechting) und Schriftleitung Unser Bocholt (UB Dez. 1952, S. 199): S. 64 (Jagdgesellschaft).

19 Hiltrud von Rappard, geb. Schwartz (Im Bollwerk 6, 46397 Bocholt): S. 60 (L. Schwartz).

20 LWL-Industriemuseum TextilWerk Bocholt, Sammlung Eduard Westerhoff und Eduard Westerhoff (+): S. 61 (Dampfmaschinenraum: *auch Coverbild*); S. 155 (Sonnenschein-Gründer).

21 Bernhard Deckers (Stadt Bocholt): S. 68 (Villa Fritz B.); S. 69 (Villa Willy B.).

22 Wolfgang Tembrink (Bocholt): S. 72 (13er in der Bocholter Nordstraße); S. 78 (13er).

23 Kreis Borken als ehemaliger Herausgeber der Zeitschrift Westmünsterland, Monatsschrift für Heimatpflege 1 (1914), S. 208: S. 75 (Bocholter Kriegsfreiwillige).

24 Heinrich Lohscheller (Platanenweg 36, Bocholt): 5 S. 84 (Hünting-Manöver).

25 Bundesarchiv Koblenz: S. 87 (F. Ebert); S. 91 (Autoausstellung); S. 124 (NSKK); S. 125 (Jugend-Wettkampf) u. (Organigramm Textilwirtschaft).

26 Ullstein Buchverlage GmbH (Friedrichstraße 126, 10117 Berlin): S. 93 (Produktion bei GM); S. 94 (Laubfrosch); S. 103 (Dreirad); S. 115 (Autosalon); S. 127 (Pralinen); S. 138 (Ju 88).

27 Bürgergesellschaft zu Neuss e. V.: S. 104 (C. Thywissen).

28 Karl Giesen (Akazienweg 29, Bocholt): S. 108 (Mitarbeiter Berlin).

29 Maria und Sohn Jan Borgers (Bocholt): S. 113 (Familie Fritz B.); S. 126 (Fritz B. jun.).

30 Hans und Gabriele Behnen (Stenerner Weg 13, Bocholt): S. 94 (Willy B.); S. 100 (Hermann u. Willy B.); S. 130 (Hermann B.); 2 S. 175 (Hermann B. 60. Geburtstag 1969); S. 219 (Hermann B.).

31 Georg und Jutta Letschert (Schonenberg 7, Bocholt): S. 124 (rechts: Viktor Lutze).

32 Stadt Bocholt (FB Stadtplanung und Bauordnung): S. 44 (Borgers-Kesselhaus); S. 62 (3 Zeichnungen; ein Antrag); 2 S. 136f. (Zwangsarbeiterinnen).

33 Wolfgang Olbrich (+) (Bocholt): S. 150 (Dreherei); S. 152 (Montage).

34 LWL-Industriemuseum TextilWerk Bocholt, Sammlung Eduard Westerhoff und Ludger Ernsten (+): 2 S. 159 (Straßenroller); S. 160 (Streik).

35 Fritz Pitz (1923–2006): S. 195 (Fritz B.); S. 197 (Werner B.).

36 deutz fotografie | werbung, Inh. Michael Deutz (Franzstr. 97, Bocholt) und Jan Bloemendal, Pensionär von J. Borgers (Aalten/NL u. Spanien): S. 199 (Leitende Techniker: *auch Coverbild*) (2 Fotografen: Rösler und Bloemendal).

37 deutz fotografie | werbung, Inh. Michael Deutz (Franzstr. 97, Bocholt): S. 221 (JB-Werk BOH); S. 234 (Werner B.).

38 Jan Bloemendal, Pensionär von J. Borgers (Aalten/NL u. Spanien): 2 S. 200f. (Franz B.) u. (Franz B. u. L. Ernsten); 2 S. 207 (Borgers UK-Eröffnung); S. 208 (CEFSA-Vertrag); S. 214 (Giesen, Gehrs); S. 215 (Borgers Berlin); 2 S. 216f. (Altrogge rechts); Coverbild 1. US: 2. Reihe links (Dieter Eisele mit Kopfhörer)

39 Adam Opel AG (Bahnhofsplatz, 65423 Rüsselsheim): S. 201 (Lieferant 1985); Coverbild: 1. Umschlagseite: 1. Reihe rechts.

40 Hubert Hüls (1936–2015) (Epskamp 5, 46325 Borken): 2 S. 202 (JB-Brand 1987: *auch Coverbild).*

41 Autoneum Management AG . Schlosstalstrasse 43 . CH - 8406 Winterthur: S. 205 (FIMIT).

42 OTSUKA BOSEKI Co. Ltd. (Kogyo Japan) (erloschen): S. 206 (Otsuka).

43 Paisajes Españoles, S.A. (Marques de Monteagudo, 22, 28028 de Madrid): 2 S. 208 (Borgers-Werke Spanien).

44 BSF Swissphoto GmbH (Mittelstr. 7, 12529 Schönefeld): S. 216 (Luftbild JB Berlin).

45 Lindenthal-Institut (Friedrich-Schmidt-Str. 20a, 50935 Köln): S. 220 (Franz B.).

46 Daimler AG (Mercedesstraße 137, 70327 Stuttgart): S. 223 (Maybach).

47 Dirk Bauschen, Mitarbeiter Borgers AG (Bocholt): S. 224 (JB-Ausstellung); (Propylat-Werbeträger); S. 239 (Betriebsversammlung); S. 242 (Volvo Trucks-Auszeichnung 2009); S. 245 (Wu Daiwei u. Werner B); S. 233 (Aufsichtsrat seit 2006); S. 249 (Führungskreis Borgers). Coverbilder: 1. Umschlagseite: 1. Reihe v. r.: 2.; 2. Reihe v. r.: 3./ 4.; 3. Reihe v.r.: 1./2.

48 Berthold Blesenkemper (Agentur M hoch 3, Westend 4, Bocholt) und/oder Jan Bloemendal, Pensionär von J. Borgers (Aalten/NL u. Spanien): 231 (Franz u. Werner B.: auch Coverbild); 232 (Franz B.' Winkszene).

49 Berthold Blesenkemper (Agentur M hoch 3, Westend 4, Bocholt): S. 232 (Pleitgen u. W.B.).

50 Georg Steenkamp (PST Production Studios GmbH, Franzstraße 30, Bocholt): S. 234 (Werner B.).

51 Georg Drexel (Mozartstr. 67, 86381 Krumbach): S. 240 (Borgers Süd).

52 Volvo Trucks (Gropegårdsgatan SE-40508 Göteborg): S. 242 (Volvo Trucks-Auszeichnung 2005).

53 Ludger Heßling, JB-Mitarbeiter: S. 251 (JB in Polen).

54 Kathy Limbird (Ohio) (i. A. von Borgers USA): S. 247 (Norwalk-Ribbon Cutting); S. 255 (Norwalk-Spatenstich).

Autoren

Jörg Lesczenski, Dr. phil.,
ist wissenschaftlicher Mitarbeiter am Lehrstuhl für Wirtschafts- und Sozialgeschichte der Goethe-Universität Frankfurt a. M. Zur Zeit geht er in einer Forschergruppe der Deutschen Forschungsgemeinschaft "Personalentscheidungen und Karriereverläufen in deutschen Großunternehmen 1860 bis 1970" nach. Seine wichtigsten Veröffentlichungen sind: *100 Prozent Messer. Die Rückkehr des Familienunternehmens. 1989 bis heute* (2007), *August Thyssen 1842–1926. Lebenswelt eines Wirtschaftsbürgers* (2008) und *Ausblick,* in: Dieter Ziegler et. al. (Hrsg.) *Vertrauensbildung als Auftrag. Von der Deutsch-Amerikanischen Treuhand-Gesellschaft zur KPMG AG* (Mitautor, 2015).

Thomas Johannes Mayer, Dr. phil.,
studierte Geschichte, Germanistik und Sozialwissenschaften in Tübingen und Mainz. Zunächst als Lehrer (1998 bis 2001), Lektor (2002/2003) und Archivar (Firmenarchiv der Novartis AG) tätig, übernahm er seit Anfang 2005 Aufbau und Leitung des Archivs der Borgers AG. Heute ist er auch Patentreferent der Borgers-Gruppe.

Andrea H. Schneider, Dr. phil.,
studierte Geschichte an der Goethe-Universität Frankfurt a. M. Seit 1996 ist sie Geschäftsführerin der Gesellschaft für Unternehmensgeschichte e. V., Frankfurt a. M., seit 2015 Präsidentin der European Business History Association. Ihre wichtigsten Publikationen sind: *Teilzahlung im Wandel. Von der Kreditanstalt für Verkehrsmittel AG zur Diskont und Kredit AG* (Mitautorin, 2006), *Immergrüner Wandel, 85 Jahre Rentenbank* (2009), *An der Seite der Bauern. Die Geschichte der Rentenbank* (Mitautorin, 2014), *Ausblick,* in: Dieter Ziegler et. al. (Hrsg.), *Vertrauensbildung als Auftrag. Von der Deutsch-Amerikanischen Treuhand-Gesellschaft zur KPMG AG* (Mitautorin, 2015).

 296